AF504856

COMPILADAS POR JORGE DEL VALLE MATHEU

OBRAS DE JOSÉ CECILIO DEL VALLE

**ORAS DE JOSÉ CECILIO DEL VALLE
COMPILADAS POR JORGE DEL VALLE MATHEU**

Prólogo

Hace mucho tiempo venía acariciando, en unión de mi señor padre, la idea de compilar y publicar las obras del máximo pensador centroamericano, José Cecilio del Valle. Esta no era una empresa fácil: la indiferencia que han mostrado los gobiernos de Guatemala para sus glorias legítimas[1] indicaba que su cooperación era imposible e indeseable, y que tan útil propósito, como todo lo que tiene mérito, necesitaba madurar en aislamiento. No podía ser lo último sin base económica, sobre todo sin tiempo: afortunadamente existía aquella, y nuestro constante empeño hizo que existiera este. Nos dedicamos a la obra con entusiasmo; tuvimos a la vista las compilaciones (fragmentarias) ordenadas por el gobierno de Honduras; visitamos bibliotecas particulares y nacionales, copiando lo que se relacionaba con el fin perseguido; con sincero gusto recibieron nuestra idea el licenciado Virgilio Rodríguez Beteta, el licenciado Tácito Molina Izquierdo, el licenciado Silverio Laínez, don Gilberto Valenzuela y don Arturo Taracena, quienes nos suministraron amablemente lo que tenían de las obras de Valle; estudiamos lo que obraba en nuestro poder y formamos al fin el plan de la publicación en 4 volúmenes, siendo este el primero de la serie.

Séanos permitido declarar paladinamente que nuestra satisfacción es muy legítima. Aparte de realizar este trabajo como su bondad exigía que lo fuese, sin ninguna cooperación oficial, hemos ofrendado un empeño en servicio de la literatura centroamericana, menospreciada por lo desconocida. Y esto, que constituye exclusivamente nuestro interés, será la mejor y única recompensa que podemos esperar.

Sin embargo, mucho de lo que escribió Valle permanecerá desconocido: su correspondencia con los sabios de aquella época[2] es muy difícil de obtener, así como bastantes producciones inéditas que desaparecieron.

---

[1] Yo creo, sin merecer el calificativo de utopista, que Centroamérica es una sola colectividad dentro de nuestra América Latina, y que, por consiguiente, las glorias de cada fragmento deben ser glorias del todo. Con mayor razón tratándose de pensadores como Valle, que formó y desarrolló sus mejores actividades en Guatemala.

[2] Valle tuvo constante relación epistolar con Jeremías Bentham, el conde de Pechio, el conde de Sack, el barón de Humboldt, Andrés del Río, Álvaro Flores Estrada, Jacobo Villaurrutia, etc., etc.

A pesar de ello creo que daremos a la publicidad, prescindiendo de lo inadquisible, todas las obras de Valle, con lo cual se realizará íntegramente el trabajo que otros compiladores dejaron comenzado.

Desde el primer momento creímos necesario comentar la biografía de Valle escrita por una pluma que enaltece a Centroamérica. ¿Qué mejor prólogo? La voz justa, vigorosa y autorizada del Dr. Ramón Rosa delineó magistralmente la vida de aquel americano ilustre que más amplia y completamente concibió la doctrina de una libre y justa solidaridad continental, y si hubiera interpretado en igual forma su personalidad y los problemas sociales correlativos, bastaría la simple transcripción de lo expuesto por el Dr. Rosa. El momento histórico en que fue escrita la valiosa biografía, y algunos documentos que su autor no conoció, justifican los pequeños errores interpretativos de la obra. Algo más: demuestran el indiscutible mérito del Dr. Rosa, que pudo encauzar tan diestramente su crítica en una época sobresaturada de prejuicios.

Esta obra, que fue redactada y editada por disposición del gobierno de Honduras con el fin de orientar a los intelectuales vanguardistas del mundo sobre la personalidad de José Cecilio del Valle, ha sido, quizás por la pequeña cantidad de ejemplares impresos, un libro raro que conocen muy pocos; y aunque fue merecedor a la reproducción íntegra en dos revistas[3] necesita darse a conocer y exige serena meditación.

Podría desde luego desarrollar aquí el plan que me he propuesto, mas debo explicar previamente por qué escribí esta introducción.

Nuestras sociedades modernas, profundamente imbuidas de los prejuicios necesarios para mantener una solidez estructural en las instituciones que les dan vida, han llegado a los extremos más peregrinos del ridículo. El concepto vulgar de la modestia, por ejemplo, me impediría escribir encomiásticamente de Valle, considerando el vínculo familiar que nos une. Así lo entiende esa concepción burguesa, pero yo he prescindido de ella por inútil y falsa. Creo sinceramente que el pensamiento es universalista, no reconoce patria ni familia y es también individualista en lo que se refiere a la gloria o mérito. De tal manera, al hablar de Valle hablo de un hombre que pertenece en igual proporción a todos los que hemos sentido la influencia de su mentalidad poderosa, y no puede ninguno a título familiar ser copartícipe de su gloria. Esta introducción habla del pensador y no del antecesor: por eso la escribí.

---

[3] La Juventud, revista literaria de El Salvador, y La Gaceta, publicación oficial de Honduras.

El meritísimo trabajo del Dr. Rosa, en el cual se admira tanto la galanura y vigor del estilo, cuanto la sinceridad e inteligencia del concepto, algunas veces de poeta, principia con un informe al presidente de Honduras, en el cual su autor da cuenta con la comisión que le encomendará el gobierno; informe que es muy digno de considerar y que dice así:

Excelentísimo Señor Doctor Don Marco Aurelio Soto, Presidente de la República,

Excelentísimo Señor:

En 22 de diciembre del año próximo pasado tuvisteis a bien darme, oficialmente, la delicada cuanto honrosa comisión de que revisase y ordenase, para imprimirlas, las obras de don José Cecilio del Valle, y de que escribiese la biografía de tan distinguido centroamericano, para que sirviese de introducción al libro en que deben aparecer sus principales escritos.

No son para dichas, Señor, pero sí para sufridas muy penosamente, las dificultades con que he tropezado al poner por obra la ejecución de mi encargo. Entre nosotros no se ha prestado atención a los estudios históricos, ni ha habido gusto por ellos; y de aquí ha provenido la pérdida de muchos materiales y datos preciosos, la cual ha embarazado, en gran manera, el cumplimiento de mi comisión.

No obstante, después de haber superado graves obstáculos, a fuerza de pacientes investigaciones y de laboriosos estudios, he dado remate a mis trabajos; y hoy tengo el honor de presentaros, ordenadas y revisadas, las copias de los principales escritos del ilustre Valle, lo mismo que la biografía que ha de precederles en el libro que va a publicarse por cuenta del Estado.

La biografía de don José Cecilio del Valle, por su extensión, es una obra completa, aunque por su mérito muy lejos está de ser una obra acabada. Está dividida en ocho capítulos, y cada capítulo contiene un sumario de los principales puntos que abraza.

Los capítulos de la biografía se refieren a los periodos importantes de la vida de Valle, periodos que he dividido tomando en cuenta los sucesos de mayor interés, personal o político, que formaron, por decirlo así, verdaderas épocas para el hombre cuyos hechos y vicisitudes me he ocupado en historiar.

El primer capítulo comprende el periodo transcurrido desde 1780, en que nació Valle, hasta 1803, en que se recibió de abogado en la Real

Audiencia de Guatemala; el segundo capítulo se extiende desde 1803 hasta 1812, en que Valle contrajo matrimonio, y en que, en toda la madurez de sus facultades, expuso sus ideas de economista como regente de la cátedra de Economía Política; el tercer capítulo recorre desde 1812 hasta 1821, en que Valle redactó el Acta de Independencia de Centroamérica; el cuarto capítulo comprende desde 1821 hasta 1822, en que Guatemala se anexó al imperio de México, y en que Valle fue, como diputado, a la capital imperial; el quinto capítulo se extiende desde 1822 hasta 1824, en que recobrada la independencia centroamericana, Valle regresó a Guatemala a hacerse cargo del Poder Ejecutivo provisional de Centroamérica; el sexto capítulo comprende desde 1824 hasta 1829, en que, domeñada por Morazán la reacción liberticida del presidente Arce y de los conservadores de Guatemala, Valle volvió a ocupar su puesto de diputado en el Congreso Federal; el séptimo capítulo abraza desde 1829 hasta 1834, en que falleció Valle, cuando había sido electo, por segunda vez, presidente de la República Federal de Centroamérica; y el octavo y último capítulo se refiere a la gran sensación y consecuencias políticas que produjo la muerte de Valle, al olvido que se hizo después de su vida y de sus obras, a la justicia que hoy se hace en Honduras a su memoria, y a las enseñanzas morales y políticas que ha dejado a la posteridad aquel sabio hondureño.

Imposible historiar la vida y hechos de Valle, ligados íntimamente con la sociedad, con la política y vicisitudes de su tiempo, sin historiar, aunque a grandes rasgos, los sociales acaecimientos, de capital carácter, de la época en que vivió, y en que fue actor o espectador en la escena de los sucesos políticos. He aquí por qué, señor, he tenido que hacer de la biografía de Valle un gran cuadro histórico en que aparece, en lugar preferente, su noble figura. A la manera que, en el arte plástico, el pintor tiene que formar un cuadro, con un fondo de luz y de sombras, para que puedan verse distintamente las formas, líneas y rasgos fisonómicos de un retrato que su pincel produce, así el biógrafo, pintor de almas, si se me permite la frase, tiene que formar un cuadro de hechos históricos, fielmente apuntados y con crítica apreciados, para que puedan conocerse clara y distintamente los móviles de conducta, las acciones, las obras, las ideas, las tendencias, aspiraciones e ideales del personaje cuya vida, por la virtud de la palabra escrita, reproduce para que se perpetúe en las páginas de la historia. El pincel y la pluma, al retratar, emplean procedimientos análogos, con la diferencia de que el pintor debe impresionar, ante todo, de un modo estético, la vista; y el biógrafo debe impresionar, ante todo, de un modo científico, el espíritu de los contemporáneos y de las generaciones venideras.

Debo, además, deciros, Señor, cuál es el criterio a que obedecen mis apreciaciones históricas. Como bien lo sabéis, hay un criterio de circunstancias, interesado, de provechos positivos; y hay un criterio impersonal, de desinterés y de justicia, ajeno a las pequeñeces y miserias que oponen los límites del tiempo y del espacio. Entre nosotros, en que la política, la mal entendida política, lo ha dominado todo, hasta la historia que debe ser soberana, se ha adoptado, por lo común, el criterio de las circunstancias, el criterio de la pasión y de la conveniencia del momento, cuando algo se ha escrito sobre nuestros sucesos históricos y nuestros hombres públicos.

¿Se tienen ideas conservadoras? Pues es necesario presentar a los liberales como monstruos de la anarquía. ¿Se tienen ideas liberales? Pues es necesario presentar a los conservadores como fieras en sus antros, incapaces de toda idea acertada y de todo sentimiento generoso. ¿Se tienen ideas clericales? Pues es necesario presentar a los libres pensadores como desnaturalizados impíos y corruptores de oficio. ¿Se tienen ideas anticlericales? Pues es necesario presentar siempre a los clérigos como amigos del absolutismo, del retroceso y de la inquisición.

Tal ha sido y tal es, en lo general, el criterio histórico en Centroamérica: es el criterio de la subordinación de una conveniencia que infama al predominio de las pasiones de un partido triunfante que oprime, que degrada, que envilece. El iracundo exclusivismo político ha traído el irracional exclusivismo histórico. Tan impudente ha sido la falsificación que se ha hecho de los principios de la República, como horrible la falsificación que se ha hecho de la historia.

Señor: Vos habéis tenido piedad del pasado, rehabilitando la memoria del gran Valle; y yo he querido tener piedad de la historia, rechazando el estrecho, el inmoral criterio de las circunstancias al escribir su biografía y juzgar los principales acontecimientos de su época. Ese criterio no es el criterio de la ciencia, no es el criterio de la razón, no es el criterio de la recta justicia, no es el criterio del noble sentimiento. Señor: yo, que tengo la buena suerte de estar de acuerdo con vuestras elevadas ideas, sé que vos estáis de acuerdo con mi criterio histórico; sé que no queréis hacer de la historia un santo oficio, una despiadada inquisición. Nosotros no podemos decir a liberales ni a conservadores: creed o arded; nosotros somos y debemos ser de nuestro siglo de tolerancia, de libertad y de crítica imparcial: nosotros, cueste lo que cueste, debemos mirar al porvenir de las ideas, que es el porvenir de nuestra Patria.

Por tristísima experiencia, que ha agostado casi en flor la vida de mi alma, de mi pensamiento, sé, Señor, lo que ha de costarme lo que os digo, lo que han de costarme los juicios políticos que encierra la biografía de Valle. Sé que he de atraerme la malevolencia de liberales y conservadores exaltados. En realidad, ¿cuál será el principal éxito inmediato de esta obra? A buen seguro, el odio ya, y la venganza en perspectiva. Los más benévolos, por hoy, se encogerán de hombros y verán con soberano desdén mi escrito: los menos benévolos, tal vez me calumnien y me injurien de una manera soez, porque los unos me verán muy reaccionario y los otros me verán muy rojo; cuando a la verdad, Señor, no he sido más que imparcial y justiciero.

Muchos habrá que, puesto que hablo de éxito, me preguntarán qué títulos tengo para esperar que alguien se ocupe en mi escrito, para esperar que en lo político, en lo literario o en lo científico llame en alguna manera la atención. ¿Títulos? No los tengo; pero cuando escribo tengo una excusa: la de tener corazón, sinceridad y franqueza; y esto basta para que, hoy que esas prendas brillan por su ausencia, pueda ser el blanco del desdén, de la calumnia o de la injuria. No importa. Pocos, como yo, tendrán tanta altivez y tan profundo desprecio para todos los que se yerguen, ostentando falsos títulos en política, para difamar a los que piensan con su cabeza y sienten con su corazón.

Pero basta, Señor, en este informe, tal vez de impropias digresiones; basta de pesimismo, pues aún quedan hombres de conciencia en la América Central. Concluyo, pues, Señor, diciendo que al mirar al pasado, rehabilitando la memoria de Valle y de nuestros más ilustres hombres, habéis mirado al porvenir. La causa del porvenir es la causa de aquellos hombres[4]. Centroamérica unida bajo un régimen de moralidad política, bajo un régimen de efectivas instituciones republicanas; he aquí la fórmula del pasado; he aquí la enseñanza para el porvenir. La revolución de ideas, la revolución de principios, que sean en espíritu y en verdad, está por hacerse en Centroamérica. Contra exaltados y espurios liberales y conservadores, vos, con la biografía del sabio Valle,

---

[4] En virtud de decretos del señor presidente Soto, se están erigiendo estatuas, en las plazas principales de esta capital, al sabio don José del Valle, al benemérito general don Francisco Morazán, al inmaculado héroe, general don José Trinidad Cabañas, y al ilustre poeta, presbítero doctor don José Trinidad Reyes, uno de los fundadores de la universidad de la República.

dais una enseñanza regeneradora, un elemento revolucionario, en la despejada esfera de las ideas. Por ello, ante las disociadoras y enconadas pasiones, vuestro crimen es grande, Señor: ¿Quién os absolverá de tan enorme crimen? Os absolverá el tribunal a donde no se necesita acudir en grado de apelación o de súplica: os absolverá el más respetable de los tribunales, el augusto Tribunal de la Historia.

RAMÓN ROSA

Tegucigalpa, 10 de diciembre de 1882.

Capítulo Primero

La solidez mental del Dr. Rosa se manifiesta desde un principio, y sobre ella, la nobleza de su carácter incapaz de claudicaciones ni temores.

¿Cuándo comprenderán nuestros pueblos la funesta política que los envuelve? Muy bien lo explica el escritor, más yo hago extensivas sus apreciaciones a todos los pueblos que existen sobre la faz de la tierra. No ha llegado la hora de la felicidad universal: el desorden, la intriga y el triunfo de la ineptitud azotan en diversas escalas de crueldad al máximum de hombres, miserable, ignorante y animalizado.

Nuestro siglo no es de tolerancia, de libertad y de crítica imparcial como lo afirma aquel escritor. Debería serlo, pero la fuerza insospechada del determinismo histórico no lo ha permitido aún. Sin embargo ya vemos los albores de un amanecer grandioso y no son pocos los que afrontan peligros, diciendo la verdad donde impera la farsa y la opresión.

Los 8 capítulos, en que el Dr. Rosa dividió la biografía de Valle merecen transcribirse. A cada uno de ellos seguirán los comentarios que he creído del caso hacer, a fin de completar o rectificar el sentido de algunas apreciaciones.

Consideraciones preliminares. Nacimiento de Valle. Sus primeros años. Su traslación de Honduras a Guatemala. Su aprendizaje primario. Su segunda enseñanza. Sus estudios privados. Su grado de Bachiller en Filosofía en la Universidad, y su recibimiento de abogado en la Real Audiencia de Guatemala.

Descripción del físico y del carácter moral de Valle.

Dos años hace que Centro América, por deber, por gratitud, y aún por su propia honra, estuvo en el caso de celebrar el primer Centenario de José Cecilio del Valle. Pero Centro América no paró mientes en el recuerdo del sabio estadista que redactó el acta inmortal de su independencia. Centro América casi ha perdido la memoria; Centro América casi lo ha olvidado todo; ha hecho silencio, completo silencio al sueño de la muerte de sus más ilustres hijos, como si temiera despertarlos, como si temiera que se levantasen, de improviso, para lanzarle una severa y amarga y cruel reconvención.

Lo que pasa es muy lógico. No existe la nación centroamericana de quien José Cecilio del Valle fue uno de los más esclarecidos fundadores: no existe el pueblo respetable de quien José Cecilio del Valle fue uno de los más valientes y abnegados defensores: no existe la noble y grande patria a quien José Cecilio del Valle consagró los votos de su corazón, las inspiraciones de su alma, la actividad de su genio. La que fuera Centro América es hoy, en lo político, un pueblo degenerado y destrozado, lleno de un aturdimiento tal, que casi le impide tener grandes recuerdos e ideales.

Natural, y muy natural, es lo que sucede con respecto a la memoria del sabio Valle, tan digna de venerarse. Natural es que reine un profundo silencio; que casi no se pronuncie el nombre del sabio estadista; que no se recuerden los hechos de su vida fecunda en beneficios públicos y en altas enseñanzas; que no se conozcan sus obras, verdaderos monumentos de sabiduría, tan dignas de ser estudiadas, tan idóneas para enriquecer la inteligencia de la juventud y elevar el sentimiento nacional, y tan merecedoras de formar, para exhibirla ante propios y extraños, la ejecutoria de nuestras instituciones y de nuestras letras. Pero el verdadero mérito tiene el privilegio singularísimo de abrirse paso, aunque a veces tarde, a través de las generaciones que olvidan, o de las generaciones que maldicen. Por esto a José Cecilio del Valle, que debe gozar de los privilegios que trae aparejados un innegable y sobresaliente mérito, se empieza a hacer justicia, salvando su ilustre nombre y sus obras valiosísimas de un ingrato y criminal olvido. La justicia de la posteridad comienza. He aquí por qué el gobierno de esta sección de Centro América, de este jirón desgarrado de la Gran Patria, ha acordado nobilísimamente se escriba la biografía de José Cecilio del Valle, y se publiquen sus obras, por cuenta de la Nación: he aquí por qué, como encargado del gobierno de mi país, aunque falto de aptitudes y merecimientos, pero sobrado de buenos deseos, tengo la señalada honra de escribir la biografía del célebre hijo de Honduras, del sabio estadista que supo honrar, en el más alto grado, las instituciones y las letras centroamericanas.

José Cecilio del Valle nació el día 22 de noviembre del año de 1780, en la villa de Choluteca[5], situada a la margen del río que lleva su nombre, y perteneciente, durante la dominación española, a la antigua provincia de Tegucigalpa. Según consta en la relación oficial de los títulos y méritos de Valle, hecha en Madrid, a 3 de septiembre de 1815, por la Secretaría de la Cámara de Gracia y Justicia y del Estado de Castilla, José Cecilio del Valle fue hijo legítimo de don José Antonio Díaz del Valle y de doña Gertrudis Díaz del Valle; noble hijodalgo, y de las más distinguidas familias españolas de la provincia de Guatemala, quienes, por lo tanto, han obtenido en ella los más principales empleos políticos y militares[6].

Los primeros años de Valle transcurrieron en esta provincia, como transcurrían los años de los hijos de todas las familias distinguidas de aquel tiempo; esto es, en medio de un absoluto retraimiento, y casi sin recibir otras impresiones que las producidas en el seno del hogar doméstico. El apartamiento colonial, ley de desamor que presidía a las sociedades hispanoamericanas, labrando su desunión, y haciendo imposible su armonía y su progreso, se hacía sentir en la nación, en la provincia, en la ciudad, en la villa, en la familia y en el individuo. Bajo los auspicios de ley social, tan huraña y lúgubre, pasó la infancia de José del Valle, del hijodalgo que había nacido con un alma expansiva, predispuesta para amar la más grande armonía social de nuestros tiempos, la armonía de la República. Los padres de Valle, aunque poseedores de grandes riquezas consistentes principalmente en valiosas

---

[5] Choluteca es hoy la capital del departamento de su nombre

[6] La copia de esta relación, autorizada con la firma autógrafa del Secretario de S. M., Fernando de Harrolas, está en poder del autor de esta biografía, quien ha obsequiado una segunda copia a la Biblioteca Nacional de Honduras, en donde puede verse ese importante documento, al que ha de referirse varias veces en algunos capítulos de esta obra.

haciendas de ganado; la de Ola, situada al oeste de Choluteca, y la inmediata a Namasigüe, situada al norte[7]; aunque ricos en materiales propiedades, carecían, moralmente, de todo recurso para dar educación, siquiera fuese mediana, al hijo de su predilección, objeto de su cariñosa solicitud, de sus tiernos afanes, y de sus lisonjeras esperanzas. La provincia, de Tegucigalpa estaba falta, en aquel entonces, hasta de escuelas primarias elementales. Con suma dificultad aprendían algunos niños, hijos de padres pudientes, a leer y escribir en escuelas privadas, costeadas por las familias interesadas en su sostenimiento. Respecto a enseñanza superior, tan solo había en Comayagua, capital de la provincia de su nombre, un colegio tridentino, fundado por el Obispo Vargas y Abarca, destinado a la enseñanza teológica, a la que se aumentó, en 1784, por iniciativa del Obispo Antonio de Guadalupe, una clase de filosofía escolástica[8]. Tales eran los únicos medios de cultivar, en Honduras, la inteligencia de la juventud, a fines del pasado siglo.

Dada esa situación, los padres de Valle, sin duda cediendo, más que todo, al noble deseo de educar a su hijo, se trasladaron con toda su familia, en 1789, de la provincia de Tegucigalpa, a la ciudad de Guatemala, centro de la Capitanía General que constituían las provincias de Centro América. Valle, pues, dejó su tierra nativa a la edad de 9 años; pero no la olvidó nunca, pues siempre consagró a su provincia amada[9], como él la llamaba, los más tiernos recuerdos filiales, y los más fervientes votos por su prosperidad y engrandecimiento.

Establecida la familia de Valle en Guatemala, una de sus primeras atenciones fue la de proporcionarle la primera enseñanza, y para el logro de este fin, fue colocado en la escuela de Belén, en donde el niño, apenas salido de la infancia, aprendió con provecho las primeras letras.

Aunque, la situación de Guatemala, en lo tocante a la vida moral y literaria, aventajaba en mucho a la de Honduras, empero, era sumo el atraso que se notaba en orden a la enseñanza, al desarrollo de las ideas, entorpecido, casi paralizado por la influencia de las instituciones de la colonia, y de las funestas preocupaciones que formaban su cortejo. Refiriéndose a la situación social de Guatemala, existente a fines del

---

[7] Datos tomados de la parte histórica del cuadro estadístico del departamento de Choluteca, formado, bajo el gobierno del Señor Soto, por el director de Estadística, don Francisco Cruz.

[8] Datos tomados del Archivo de la Catedral de Comayagua, incendiado en 1872 por el general José María Medina.

[9] Véase el Manifiesto de don José del Valle a la Nación guatemalana.1825.

pasado siglo, decía, en 1867, el erudito don José Milla y Vidaurre lo que sigue: Las doctrinas atrevidas que en el antiguo mundo habían producido una transformación completa en las ciencias morales y políticas, apenas eran conocidas en este reino, que por sus escasas y tardías comunicaciones con Europa, permanecía casi enteramente extraño al movimiento intelectual del resto del mundo, y a los acontecimientos que cambiaban la faz de las naciones. De la tempestad deshecha que destruía las creencias e instituciones seculares, llegaba solamente, algún rumor lejano a estas remotas y pacíficas comarcas, que hacían de la conservación de la fe religiosa y de la lealtad al soberano, sus más espléndidos blasones. Las ciencias exactas eran casi enteramente ignoradas, y los pocos hombres estudiosos que se dedicaban a cultivarlas, excitaban las sospechas del vulgo, que creía ver el resultado de artes diabólicas en las operaciones más inocentes y sencillas de la física experimental. Relativamente adelantados los conocimientos en las ciencias eclesiásticas, en la jurisprudencia y en la bella literatura, eran desconocidos los estudios de la economía política y de las matemáticas; y la filosofía no había logrado desembarazarse de los embrollados sistemas de los peripatéticos[10].

Tal era el medio social, si así vale decirlo, de Guatemala, cuando Valle hacía el aprendizaje de las primeras letras. Pero los adelantamientos de la sociedad se operan bajo la ley indefectible de las oposiciones, ley de penosos contrastes y de acerbas luchas, pero de resultados armónicos que realizan, de manera gradual, el bien de la humanidad. Reacción hubo, pues, a fines del pasado siglo, contra las preocupaciones, contra las supersticiones, contra el escolasticismo triunfantes. Villaurrutia, Flores, Rayón, Mociño, Martínez y, sobre todo, Fr. José Antonio de Liendo y Goicoechea, oriundo de Cartago de Costa Rica, fueron los grandes representantes de reacción tan fecunda en beneficios públicos. Goicoechea de alma grande, de acerado carácter, de talento superior, y de vastos y sólidos conocimientos; formado en la escuela del escolasticismo, escéptico después, y casi positivista por último, fue el más activo reformador del plan de estudios en Guatemala, estableciendo los principios fundamentales y útiles de que las ciencias exactas debían subordinarse a la demostración; las ciencias naturales a los experimentos; las ciencias políticas y morales al bien de los pueblos;

---

[10] Véase el discurso, en el elogio de Fr. Matías Córdova, que leyó el socio consultor, don José Milla, en el salón principal de la Sociedad Económica de Guatemala, el día 13 de enero de 1867.

y las ciencias filosóficas al examen crítico de la razón humana. Valle, refiriéndose a los trabajos de aquel reformador atrevido, dice: En el seno mismo de los escolásticos: en la edad de los errores, supo elegir los libros más sublimes de las ciencias a que fue dedicado: apropiarse los conocimientos más grandes, darles las gracias de su genio, y comunicarlos a nosotros y a nuestros mayores. Ved aquí su justo valor. Fue lo que Fontenelle dice de un filósofo: *El Prometeo de la fábula que robó el fuego de los dioses para comunicarlo a los hombres[11].*

La reforma social, aun en la esfera pacífica de las ciencias y de las letras, nunca se opera impunemente. El reformador tiene que ser víctima de las pasiones y preocupaciones de los contemporáneos, a la vez que victimario de un sistema de errores. El anatema y la condenación en el presente, y la honra: y la gloria en el porvenir: he aquí la suerte de todo verdadero reformador. Goicoechea lo fue en alto grado. Por las ideas que difundió, por los nuevos libros que trajo de España, que conoció bajo el reinado glorioso de Carlos III, por el nuevo criterio que dio a la enseñanza, por las heridas mortales que infirió al estéril escolasticismo, atrajo contra su persona la malevolencia, los anatemas y aun las persecuciones del clero ignorante y de las clases sociales que rendían pleito homenaje a las más añejas y retrógradas ideas. Pero a despecho del encono y de la persecución, Goicoechea alcanzó un éxito feliz: la reforma triunfó; el plan de estudios se transformó benéficamente en Guatemala.

No es fuera de propósito que haya tratado de la transformación social que, en materia de enseñanza, se operó en Guatemala, a fines del pasado siglo. Esa transformación dichosa fue la que dio a Valle oportunidad de cultivar su claro talento bajo los auspicios de la verdadera ciencia. Valle, en aquella época esencialmente revolucionaria, y que, en términos ortodoxos, podría llamarse herética, apenas salido de la escuela primaria, fue el discípulo de Rayón, de Escoto, y del gran reformador Fray José Antonio de Liendo y Goicoechea. Goicoechea abrió las anchas y despejadas vías que debía recorrer, como hombre de ciencia y de letras, José del Valle. Goicoechea, aquel fraile reformador, aquel fraile de las herejías, aquel nuevo Savonarola, aquel nuevo Lutero, en la esfera de la

---

[11] Véase el elogio que de Fr. José Antonio de Liendo y Goicoechea, que murió el 2 de julio de 1814, hizo don José del Valle, por encargo de la Sociedad Económica de Guatemala, el día 7 de agosto del mismo año.
Este elogio fue publicado en El Amigo de la Patria que figurará en el tomo II de las OBRAS DE VALLE. N de los C.

reforma de las ciencias, fue el Bautista del sabio que, un poco más tarde, había de atraerse, por su positivo saber, la admiración de todos los centroamericanos y el alto aprecio de algunos sabios de Europa. Sin la reforma, sin las enseñanzas del franciscano Goicoechea y sus adeptos, no puede explicarse, ante la filosofía de la historia, cómo en aquella oscurísima época colonial, cómo en Guatemala, uno de los limbos más remotos de los pueblos colonizados por España, pudo formarse un hombre que, a principios de este siglo, divulgó, en todos los ramos de las ciencias, verdades tan útiles como trascendentales, que hoy mismo tan solo las comprenden y popularizan los más célebres y afamados escritores del antiguo y nuevo continente.

Es indudable que nada se pierde, así en lo físico como en lo moral: en la vida, y en las producciones fecundas, de José del Valle, palpita el alma creadora y luminosa de Liendo y Goicoechea. Bajo los auspicios de la nueva época de transformación en la enseñanza de las ciencias y de las letras, época que dio de sí, en 1794, el planteamiento provechosísimo de la Sociedad Económica de Amigos de Guatemala[12]; bajo auspicios tan felices, el joven Valle estudió gramática latina en el Colegio Tridentino, y siguió después los cursos de filosofía, de derecho civil y de derecho canónico en la pontificia universidad encargada de proporcionar la enseñanza secundaria y profesional.

Autorizada y antigua costumbre ha sido en nuestros establecimientos de enseñanza, calcados sobre constituciones y tradiciones españolas, la de elegir, al fin de cada año escolar, uno de los alumnos de más talento e instrucción para sostener un examen público, revelador del Estado y progresos de la enseñanza. Valle fue elegido, en la antigua Universidad de Guatemala, para que sustentase el primer acto público de Lógica, Metafísica y Física experimental. Lucidísimo fue el acto, e inusitada la sensación que produjo. Valle, con todo el despejo de su clarísimo talento, discurrió sobre el origen, construcción y usos de varios instrumentos de física que se expusieron a la vista de los concurrentes[13].

Harto justificada fue la novedad: el acto público debió ser un acontecimiento literario para quienes, de antiguo, estaban

---

[12] La Sociedad Económica por sus trabajos progresivos, inspirados en las ideas modernas, se atrajo la malevolencia del gobierno de la Colonia, quien la disolvió en 1799. La Sociedad fue restablecida en 1811, y perseveró en la prosecución de utilísimos trabajos. A esta corporación benemérita tuvo la honra de pertenecer el autor de esta biografía, lo que es para él un grato recuerdo.

[13] Relación de los méritos y títulos de José del Valle, ya citada.

acostumbrados a oír abstrusas disertaciones teológicas y controversias metafísicas, tan insustanciales como faltas de atractivo y útil enseñanza. Desde temprano el estudio de las ciencias y de las letras fue para Valle una vocación irresistible, enérgico estímulo de sus más perseverantes esfuerzos, y fuente perenne de sus más puros goces. Así es que Valle en su juventud no se limitó, como por deber, a hacer los estudios de las ciencias y artes oficialmente establecidos en el Seminario y en la Universidad. Ávido de saber, recibió, en lo privado, de las personas más instruidas, lecciones de álgebra, de geometría, de literatura y de los idiomas inglés, francés e italiano, distinguiéndose en el aprendizaje de tan variados e importantes ramos, tanto por su decidida aplicación, como por sus notables aprovechamientos. Valle trataba de complementar, por su propio esfuerzo, la deficiente instrucción que recibiera en el seminario y en la universidad. Particularmente el estudio de las lenguas vivas, más preciadas en el mundo civilizado, le interesaba en gran manera. Él sabía que el conocimiento de los idiomas extranjeros multiplica, por decirlo así, las facultades, las aptitudes perceptivas de nuestra alma: él sabía que cada idioma que se posee es un nuevo sentido, es un nuevo órgano de que se sirve la inteligencia para ensanchar, de modo prodigioso, sus ideas.

Por esto no es extraño que Valle se familiarizase con las literaturas latina, española, francesa, inglesa e italiana, y que viviese en intimidad espiritual con Tácito y Virgilio, con Mariana y Cervantes, con Buffon y Cuvier, con Newton y Bentham, con el Dante y Gioberti.

Viviendo vida austerísima, casi olvidado de su juventud, edad hermosa que de ordinario se deshoja por la mano febricitante de inconsideradas pasiones, Valle continuó honrada y pacientemente sus estudios, hasta graduarse, en diciembre de 1794, de Bachiller en Filosofía en la Universidad de Guatemala. Con la misma disposición de ánimo, con la misma rigidez de costumbres, continuó sus estudios mayores hasta obtener, en julio de 1799, el grado de Bachiller *in utroque iure*, como se decía en aquel tiempo, esto es, en derecho civil y canónico.

Graduado de Bachiller en derecho, hizo los estudios de lo que, hasta en nuestros días, se ha denominado la pasantía, es decir, los estudios prácticos de la legislación adjetiva, de las leyes de procedimientos. Después de haberlas estudiado, con provecho, asistiendo a los tribunales y observando sus prácticas en los diversos géneros de enjuiciamiento, Valle dio término a sus estudios forenses. En agosto de 1803 fue examinado, aprobado y recibido de abogado en la Audiencia de la ciudad de Guatemala e incorporado en ella[14]. De esta suerte a los 22 años y meses de edad, y tras afanes y estudios sin cuento, José del Valle vio coronados sus votos y esfuerzos, teniendo una profesión honrosa, y un título expresivo de grandes e incontestables merecimientos. A la edad en que se recibió de abogado, José del Valle era ya física y moralmente, como suele decirse, un hombre completo. Voy a intentar describirlo en su físico, y fijar, a seguida, los rasgos característicos de su fisonomía moral, puesto que pueden dar idea de lo que prometía para lo porvenir el joven abogado, incorporado en la Real Audiencia, cuyos altos destinos no eran siquiera presentidos en la época en que dio feliz remate a sus estudios.

José del Valle era de regular estatura, ni alto ni bajo; era de esos hombres que no impresionan ni por lo exiguo ni por lo grande: sus formas constituían un conjunto armónico: su color era trigueño; su cabeza era pequeña, pero esférica; su frente era ancha, espaciosa, pero un tanto limitada por el pelo echado hacia adelante: tenía ojos pequeños y vivísimos, y de un negro profundo en que reverberaba mucho de la luz meridional de las ardientes playas del Choluteca; su nariz era regular, y sus mejillas, ligeramente cóncavas y empalidecidas, hacían resaltar sus pómulos, dándole un interesante aspecto reflexivo: su boca era graciosa, con sus labios un tanto contraídos, contracción que se notaba más por la ausencia del bigote: el resto de su cuerpo era proporcionado y delgado, aunque no flexible, pues había en los movimientos y en la apostura de Valle algo de tiesura, y mucho de severidad. Vestía con cierta sencilla elegancia. Usaba blanquísima camisa de alto cuello que casi le ocultaba las partes laterales de la barba; llevaba enorme corbata, de finísima seda blanca, muy anudada, levita de paño negro, abotonada de arriba abajo, que ocultaba en su totalidad el chaleco, y pantalones del mismo color, perfectamente tallados.

En lo moral, Valle era hombre entero, inflexible en la línea de su deber, de costumbres regulares, austeras, severísimas, y no obstante poseía un alma muy afectuosa, muy apasionada. Tenía la conciencia clara de su propio valer, y era hasta orgulloso; tenía tal vez el único orgullo excusable; y sin embargo era dulce, afabilísimo en el seno de la amistad y de la familia, y muy caritativo para con los desvalidos. Tenía cierta seriedad de carácter, muy propia del hombre de la reflexión profunda y de los cálculos matemáticos; y a pesar de esto, amaba apasionadamente las artes bellas, en especial, la música y la poesía. Tenía

---

[14] Relación, etc.

una conversación animadísima y variada, y particularmente cuando explicaba una materia, lo hacía hasta la saciedad: parecíale que sus amigos o contertulios no le entendían lo bastante, o que no se explicaba cómo debía, y usaba y abusaba de la palabra en sus conversaciones, cuando en ellas creía ver algo instructivo, algo de enseñanza.

Tal era física y moralmente, a la edad de 23 años, el joven abogado, José del Valle.

En su persona había un bello conjunto de eminentes cualidades prometedoras de grandes cosas. ¿Qué faltaba a aquel joven extraordinario para que llegase a ser grande, y legase su nombre, lleno de enseñanzas, a la posteridad? Le faltaban vida y movimiento en lo social; espacio y teatro en lo político; atmósfera respirable para los hombres de carácter, de talento y de saber; libertad e instituciones; verdadera Patria! ¡Qué el carácter se quebranta, qué el talento se eclipsa, qué el saber es infecundo, cuando las densas sombras del Escorial monárquico oscurecen los horizontes de la vida de las sociedades, o cuando las tinieblas, aún más espesas y odiosas, de brutales e indianas dictaduras, de caricaturescas repúblicas, llevan el caos a la conciencia, y oponen, si así puede decirse, un veto infame a los progresos del genio, a los progresos de la libertad, de la razón y la justicia.

Muy oportunas son las indicaciones que hace el autor en este capítulo. Centro América ofrece uno de los casos más sugerentes del régimen económico actual, incapaz de sublimes creaciones. Un ejemplo elocuentísimo de la degeneración social, que es el medio favorable a los políticos venales sin conciencia y sin amor a lo grande.

Desgraciadamente para el pueblo centroamericano, estos falsos políticos guían sus destinos, haciendo de los más grandes recuerdos un himno a la mediocridad. No elevan estatuas que perpetúen la memoria de los hombres insignes; las elevan, en la mayoría de los casos, a todos aquellos que viven tristemente en el alma de sus conciudadanos… Y son tantos los bronces inmerecidos que es insulto para un hombre de mérito dedicarle un monumento.

Hablando en representación de la Universidad Popular de Guatemala[15] y refiriéndome al mismo tema, dije entre otras cosas lo siguiente:

El homenaje que se tributa a los hombres de mérito tiene una gran significación social por lo que enseña a la humanidad. Pero así como representa el estímulo maravilloso del pensamiento, valor por

---

[15] Recepción a Víctor Raúl Haya de la Torre, efectuada el 22 de junio de 1928.

excelencia, cuando no es merecido lleva el germen de la indisciplina a los criterios débiles, que desgraciadamente han constituido y constituyen inmensa mayoría en las sociedades... Y es que a veces la palabra mérito sin comprenderse se otorga...

En el caso de José Cecilio del Valle se ha llegado al extremo de querer substituir el bronce por la calumnia. Naturalmente el ridículo ha llenado a sus detractores, arquetipos de la envidia, que con título tan mezquino juzgaron al hombre íntegro, poseedor de una moral firme, y de las tres aristocracias que menciona Schopenhauer: la del nacimiento y el rango, la del dinero y la del talento[16].

Siempre que un elemento útil a la sociedad ha reconocido y hecho reconocer sus méritos, se ha levantado la voz de la envidia para censurar su orgullo, que es el único excusable, como lo dice muy bien el Dr. Rosa. Por eso, cuando un fraude indigno colocó en la presidencia de Centro América a Manuel José Arce, Valle hizo publicar el manifiesto a la nación guatemalteca que reproducimos en este volumen, y en el cual habló de su vida política, para probar a los envidiosos que era digno de la confianza popular, para protestar ante el primer bochorno político de Centro América, para llevar a la conciencia de la sociedad lo que aún hoy observamos, que los hombres más autorizados por sus limpios antecedentes, virtudes cívicas y competencia, para regir los destinos de nuestras naciones, son objeto de la intriga oficial que siempre ha violado el sufragio de los pueblos.

---

[16] Aforismos de Filosofía práctica

Capítulo Segundo

Género de vida de Valle después de haber terminado su carrera. Empleos y distinciones que obtuvo. Su actitud con motivo de los primeros movimientos de insurrección, ocurridos en el año de 11, en favor de la independencia. Su enseñanza de Economía Política en la Sociedad Económica de Guatemala. Su matrimonio celebrado en el año de 1812.

Valle, después de terminar su carrera de abogado, no tuvo cambios notables en su modo de vivir, en sus costumbres. Dejó de concurrir a las aulas, y de hacer, a horas fijas, determinados estudios requeridos por la disciplina escolar; pero su vida continuó siendo una vida de observación, de aprendizaje. Distribuía su tiempo entre las atenciones que dedicaba a su familia y amigos, y las que siempre consagraba al estudio. Era un trabajador infatigable que no quería dormirse sobre sus laureles. Se acostaba, con toda regularidad, a las once de la noche, y a las cinco de la mañana estaba ya en pie, dispuesto al trabajo. Leía, meditaba profundamente, y escribía mucho; y, siguiendo el consejo de Boileau, corregía, limaba, y volvía a limar sus escritos. Tales eran sus ocupaciones ordinarias.

Como Valle llamara la atención por su conducta intachable, y por sus sólidos y vastos conocimientos, y como, en su calidad de hijodalgo, aunque nacido en América, tuviese alguna parte en los privilegios de los peninsulares; debido a estas causas, obtuvo la confianza del capitán general y gobernador del antiguo Reino de Guatemala, quien le dispensó señaladísimas consideraciones.

En mérito de los precedentes indicados, en el mes de mayo de 1805, Valle fue nombrado, por el capitán general, diputado interino de la Comisión gubernativa de consolidación, de nueva creación; Defensor de obras pías; y censor de La Gaceta de la Ciudad de Guatemala, en atención, dice la relación de sus títulos y méritos[17], a su literatura y prudencia. Pero no pararon aquí los nombramientos que recibió Valle. En febrero de 1806 fue nombrado Asesor del Consulado de Guatemala:

---

[17] Relación, etc.

en marzo de 1807, Fiscal del Juzgado de los Reales cuerpos de Artillería e Ingenieros del Reino, a propuesta de la Comandancia de los mismos cuerpos; y en abril de 1808, Asesor de los referidos cuerpos, cuyos destinos, asegura la Relación citada, y la Asesoría de los Juzgados Ordinarios de la Capital, desempeñó con el mayor tino y general aprobación, y los más de ellos, sin sueldo alguno, como igualmente otras comisiones de la Real Hacienda que también se le encargaron[18].

Como se ve, el joven abogado estaba lleno de empleos y de honoríficas distinciones. Mas al escribir la biografía de hombre tan notable, tan extraordinario, me da profunda pena el apuntar que haya merecido y aceptado la confianza de ejercer el cargo de Censor, por más que este se contrajese a la prensa oficial, única que, de materias sociales y políticas, podía tratar en aquellos aciagos tiempos de opresión y de absolutismo autoritario. Repugna ver, cómo en fuerza de las instituciones de aquella época, la alta inteligencia de un gran pensador, que en el fondo reconocía los fueros sagrados del pensamiento, tuvo por ministerio ejercer la censura que, aun en lo oficial, tiene siempre mucho de inquisitorial, de degradante y de odioso.

Gran cosa era, socialmente, en aquellos tiempos, un Convento, en aquellos tiempos en que se reproducían, en América, las sombrías fases de la Edad Media. Valiosas cosas eran también los intereses de los Conventos, poseedores de fincas rústicas y urbanas, y de pingües rentas. Los representantes de tan cuantiosos intereses eran muy favorecidos, y Valle obtuvo el beneficio, en 1808, de ser nombrado Abogado del Convento de Santo Domingo de la ciudad de Guatemala y su Provincia[19].

¡Contrariedades notables las que ofrece la suerte! ¡Singulares contrastes los que presenta la posición de ciertos hombres, cuando las ideas que profesan no están en armonía con el organismo de la sociedad en que viven! Valle, como verdadero economista, no podía ser partidario de las manos muertas, de la propiedad vinculada, inmovilizada, poseída por individuos avezados a la inactividad, a la pereza y sustraída al movimiento del cambio, de la circulación y reproductora[20].

Y sin embargo, el economista Valle, cediendo a las exigencias de su tiempo y de su posición, fue el abogado, el defensor de las manos muertas. Solo en los países libres, en que tienen ancho campo para

---

[18] Relación, etc.

[19] Relación, etc.

[20] Valle condenaba las leyes que dificultan la circulación de la propiedad, poniendo trabas que embarazan su giro. Véase su escrito: El Economicista.

desarrollarse, de un modo armónico, todas las actividades, todas las aspiraciones de los asociados, puede notarse la falta de las repugnantes inconsecuencias que hacen aparecer a los hombres, como en un teatro donde se representan indignas comedias, representando papeles opuestos a sus convicciones y a los votos íntimos de su conciencia.

En el mes de abril del año de 1809 fue propuesto, en terna, a pluralidad de votos, para el cargo de diputado vocal de la Junta Central de la Provincia; y, en consecuencia, fue electo, habiendo merecido igualmente que se le nombrase secretario de la Junta Preparatoria, formada para el efecto de constituir la junta definitiva[21].

La situación creada en España a causa de la invasión injustificable de Napoleón I[22], el destronamiento de la familia reinante, de los Borbones, que movió al heroico pueblo español a hacer un ensayo de gobierno propio, por medio de sus Juntas revolucionarias; el ejemplo de la independencia de los Estados Unidos, ocurrida en el último cuarto del siglo XVIII, y la gigantesca lucha de independencia, comenzada en México y en la América del Sur, desde 1810; todos estos grandiosos acontecimientos, que debían cambiar los destinos de Hispanoamérica, vinieron a ejercer influencia, aunque al principio muy débil, en los ánimos de los colonos pertenecientes al antiguo Reino de Guatemala, a quienes se adormecía y se halagaba con el título de fidelísimos y muy leales vasallos[23].

No obstante, el sistema de opresión, de engaños y de supercherías que emplearan las Autoridades coloniales para contrarrestar el espíritu de independencia; no obstante sus grandes y repetidos esfuerzos para ahogar, en germen, todo principio de libertad; en el año de 1810 empezó a abrirse paso, aunque lentamente, la idea de independencia; y en el año de 1811 ocurrieron, en El Salvador y Nicaragua, los primeros movimientos de insurrección contra el régimen de la colonia, movimientos que, malogrados, se repitieron en 1812 y 1814, teniendo también, desde el punto de vista del éxito, un fin desdichadísimo.

---

[21] Relación, etc.

[22] La invasión de España no ha podido justificarla ni Mr. Thiers, tan hábil historiador como adorador del genio de Napoleón. Véase su historia del Consulado y el Imperio.

[23] Bandos del capitán general don Antonio González Saravia, de 15 y 27 de mayo de 1810. Véase el Bosquejo Histórico de las Revoluciones de Centro América, por don Alejandro Marure, Capítulo I. () Estudio publicado en El Amigo de la Patria. N. de los C.

En el año de 1811, en que se efectuaron las primeras insurrecciones de los independientes, Valle era empleado del Gobierno colonial, y aunque por su carácter de americano, por su ilustración y por sus aspiraciones, debió simpatizar con la causa de la independencia, no obstante, su posición social, sus compromisos de amistad, y sus deberes de empleado leal, le impidieron, sin duda, manifestarse en favor de los independientes, quienes, por otra parte, no podían inspirar confianza a los hombres reflexivos, atendido a que sus planes revolucionarios carecían de dirección y de concierto.

Tal vez por tales motivos Valle fue un simple espectador de los acontecimientos del año de 11, siendo consecuente con su puesto de amigo de las autoridades de la colonia. Esta actitud y algunas condescendencias posteriores le valieron que el arzobispo de Guatemala, Fray Ramón Casaus, certificara ante el Gobierno de la Metrópoli, en 1815, lo que sigue: Este sujeto ha brillado como modelo de lealtad española, de patriotismo verdadero, y de adhesión heroica al legítimo Gobierno, a pesar de lo que por estos nobles sentimientos ha tenido que sufrir por los tiros de la envidia y malignidad de los propensos a la disolución del Estado monárquico. Si los demás americanos de distinción e instrucción le hubieran imitado, la América hubiera sido feliz, y los pueblos no hubieran sido seducidos[24].

Hay elogios que hacen daño, mucho daño. El Arzobispo Casaus, presentando a Valle como modelo de lealtad española, afea la figura de aquel gran centroamericano. Valle fue tan pequeño por su adhesión heroica al legítimo Gobierno de la colonia, como grande fue después por su firme adhesión a la independencia y a los principios de la República.

Valle, subordinado a la colonia, y el Arzobispo Casaus afirmando que la América hubiera sido feliz si los demás americanos de distinción e instrucción le hubieran imitado, estaban de acuerdo con su educación, con sus antecedentes históricos, con sus intereses del momento, y seguían las corrientes de las ideas de las clases sociales a que pertenecían; pero no estaban acordes con algo más impersonal, con algo más elevado, con algo más noble y duradero, con las exigencias de la justicia, con las inspiraciones de la humanidad. No es para todo el heroísmo de las revoluciones redentoras; Valle no tuvo ese heroísmo, y lo siento, y debe deplorarlo la historia, pues es de desearse que el sabio estadista hubiese dado, en todo y por todo, un alto ejemplo de desprendimiento, de abnegación y de elevadas miras. Su sumisión a la

---

[24] Relación, etc.

colonia, según el criterio del Arzobispo Casaus, imitada por los americanos, habría hecho la felicidad de América. Este es el absurdo de los absurdos.

Y no se crea que hago esta afirmación en menosprecio, y menos en odio a España. España nos dio todo lo que podía darnos, su noble sangre, su habla hermosísima, su religión, sus caballerosas costumbres, su genio atrevido, espiritual, y sus protectoras Leyes de Indias que han permitido, para su eterna honra, que hayan vivido y vivan al lado de sus bisnietos, millones de los bisnietos de los indios que han venido, de manera gradual, civilizándose y formando un gran elemento social de nuestra América. Dígase lo que se quiera de la conquista de España, cuyos extravíos y excesos no justifico[25], pero ella, por el espíritu y tendencias del Gobierno de la Madre Patria, no tuvo por principio el odio y el exterminio de los aborígenes, inhumano principio que se ha visto realizado en los Estados Unidos de Norte América, bajo los auspicios de un sistema frío como el cálculo, exterminador como la muerte.

En las Repúblicas hispanoamericanas vivimos los descendientes de españoles al lado de los descendientes de los caciques, principales y proletarios indianos; y vivimos como elementos armónicos, puestos al servicio de una misma causa, de la causa de la justicia y de la civilización. Este honor insigne corresponde a España, nuestra Madre Patria, de quien tenemos los vicios, pero también las preclaras virtudes. Nuestra independencia se ha operado porque debía operarse, en cumplimiento de indefectibles leyes históricas. Fue natural el resentimiento, fue natural el odio en tiempos de acerbas, de crueles luchas; pero hoy ley de amor debe presidir a nuestras relaciones con la Madre Patria. Sus dolores son nuestros dolores, sus errores son nuestros errores, sus alegrías son nuestras alegrías, sus glorias son nuestras

---

[25] Los excesos, las crueldades de los españoles, en daño de los indios, que disminuyeron la población aborigen, no fueron estimulados ni autorizados por el gobierno de la Metrópoli. Las leyes del gobierno de España fueron esencialmente protectoras: sus agentes, amparados por la distancia, y avezados al militarismo, son, ante la historia, los responsables de las iniquidades cometidas en América. Isabel la Católica, Carlos III, y otros monarcas benéficos, valen más, para mí, que muchos de los dictatoriales y sanguinarios caudillos que hemos tenido con el irrisorio nombre de Presidentes de la República. El absolutismo de España, en América, era siquiera lógico. El brutal y arbitrario caudillaje, sobre ser funesto y execrable, es ilógico. Jamás la historia tendrá una palabra de benevolencia para justificarlo. Entre Felipe II y un bárbaro caudillo indiano, estoy por Felipe II: su genio era sombrío y terrible, pero al menos tenía genio. Prefiero la garra del león majestuoso del África, a la picadura envenenadora del miserable insecto.

glorias, su historia es nuestra historia, y a buen seguro, en lo porvenir, sus destinos serán nuestros destinos. Por esto en la independencia de América yo no he visto ni veo más que la realización de la gran verdad, expresada en una de esas maravillosas síntesis históricas, que sólo es dado formular a mi ilustre amigo, el primer orador del siglo, don Emilio Castelar: Los pueblos tienen que ser ingratos con los pueblos para ser agradecidos con la humanidad.

Por acuerdo de 15 de febrero del año de 1812 la Sociedad de Amigos de Guatemala, restablecida en 1811, dispuso se diese, bajo el patrocinio de la Corporación, la enseñanza de la Economía Política. La Junta Directiva de la Sociedad nombró a Valle Regente de la nueva cátedra, y este, en 12 de marzo del mismo año, presentó su plan de enseñanza, precedido de una exposición sobre el origen, caracteres, desarrollos y fines de las ciencias[26].

Luminosísima fue la exposición de Valle, y asequible y práctico su plan de enseñanza, que fue aprobado, en un todo, por la Sociedad Económica. Consideró las ciencias, aplicando un criterio profundamente analítico, como originadas de las naturales necesidades del hombre: las consideró tan diversas como diversas son las necesidades humanas: dio a las ciencias caracteres fundamentales, universales, en todas las zonas; y particulares caracteres, provenientes de sus distintos medios de aplicación en el tiempo y en el espacio: les atribuyó un carácter progresivo, sin límites asignables: les reconoció el sello de la unidad y de la variedad en la historia de sus desarrollos: considerándolas como elementos de bienestar y de progreso para las sociedades, y como encaminadas a labrar la felicidad de los hombres.

La elevada y brillante síntesis que sobre las ciencias nos ha dejado Valle, en mi pobre concepto, no habría podido formularla ni presentarla mejor ninguno de los sabios de su tiempo.

Con respecto a la economía política, tanto en la exposición a que acabo de referirme, como en el gran discurso que pronunció ante la Sociedad Económica, al inaugurarse la cátedra, expresó ideas exactísimas, de vasto alcance en los dominios de la teoría científica, y de incalculable trascendencia en el terreno de la práctica.

La ciencia de la riqueza era para Valle una ciencia de observación, relacionada con todas las actividades sociales, y auxiliada por todas las investigaciones y progresos de las demás ciencias: debía tener, por

---

[26] Este plan se encontrará publicado en otro tomo de las OBRAS DE VALLE. N. de los C.

seguro criterio, el análisis completo de las causas que favoreciesen o contrariasen el desarrollo de los agentes de la producción, para afirmar y fortificar los estímulos, y desechar o suprimir los obstáculos; juzgaba que la ciencia económica no debía ser, lo que había sido en sus principios, una ciencia incompleta y de exclusivismos, ya en beneficio de la industria rural, ya en provecho de la industria fabril, ya en pro del comercio: conceptuaba que la ciencia económica estaba llamada a armonizar los múltiples y complicados intereses de la producción, de la distribución y del consumo de la riqueza; afirmaba que la economía tenía su parte universal, y sus especialidades de aplicación, sus especialidades de localidad.

Cada reino, decía, tiene su economía política, del mismo modo que tiene su botánica, su gramática y su jurisprudencia[27].

Elevándose a consideraciones de otro género, impugnaba, aunque con toda la mesura requerida por su posición, el sistema antieconómico implantado por España en sus colonias: condenaba el retraimiento de los pueblos, su falta de comunicaciones y de inmigración: condenaba los procedimientos empleados en orden a la educación; y condenaba, en fin, las trabas y entorpecimientos opuestos para la legislación, en nombre de restricciones protectoras, de privilegios, o de los intereses fiscales, al firme arraigo y al fácil desarrollo de la riqueza de los particulares y de la riqueza pública. Tales son, a grandes rasgos expuestas, las principales ideas que en lo económico enunció Valle, en el año de 1812, ideas propias de un verdadero estadista, ideas que en aquellos tiempos, en América, y aun en Europa, solo podían ser concebidas y divulgadas por hombres que se adelantasen a su época, que fuesen los precursores de la revolución económica que se ha operado en este siglo, dando en tierra con mil errores funestos, y asentando las sólidas bases sobre que reposan los progresos industriales de los pueblos modernos.

Cuando después de más de medio siglo de enunciadas tales ideas, recibí, en Economía, las sabias lecciones del doctor don Mariano Ospina, uno de los hombres más instruidos y pensadores de la pensadora Colombia; cuando leí las obras de Rossi y de Courcelle-Seneuil, con que se honra la Francia, las de Stuart Mill, con que se honra Inglaterra, las de Minghetti, con que se honra Italia, las de Flores Estrada y Colmeiro, con que se honra España, y los famosos escritos sobre política económica del argentino Juan Bautista Alberdi, obra monumental con

---

que se honra la América latina[28]; cuando reflexioné sobre las enseñanzas fecundas de publicistas tan eminentes, me sentí orgulloso, como centroamericano, al reconocer que el centroamericano José del Valle, a principios de este siglo, había dado ya en Guatemala las mismas enseñanzas, coincidiendo con el sentir de tan modernos publicistas, cuyo criterio forma hoy un voto decisivo en materias económicas. Lástima grande que las doctrinas de Valle no hayan sido conocidas, que no hayan salvado, recogidas en un libro, las fronteras de Centro América. Lástima grande que nuestra incuria haya dejado en los archivos, apolillándose, los escritos luminosos de Valle.

Lástima grande que nuestra juventud no haya sacado provecho de ellos, para renovar la faz de esta tierra centroamericana. Achaque inveterado es el nuestro de ensalzar, de endiosar los militarismos triunfantes sobre ruinas, y de llevar al extranjero, en alas de la adulación, tan solo el ruido de los atentados del caudillaje que han hecho de esta tierra privilegiada, para los países cultos, la tierra clásica de la anarquía o del despotismo. Achaque inveterado, y que ha de costarnos lágrimas de sangre, es el achaque nuestro, de otorgarlo casi todo a la fuerza, y de negarlo casi todo a las ideas; y he aquí que la enfermedad moral de nuestros pueblos es arraigada y cruel; y he aquí que necesita de remedios heroicos. ¡Pobre Centro América!

En el año de 1812 no sólo ocupaban las ideas el alma de Valle; llenaba también un grande amor su corazón. Habíase prendado de la señorita doña Josefa Valero, dama muy principal, y en el mismo año santificó los votos de su afecto, uniéndose en matrimonio a la mujer de sus amores, de sus ensueños y esperanzas. La vida del matrimonio cuadraba mucho con el carácter de Valle.

Hombre incapaz de disipar su actividad en locos devaneos, necesitaba buscar en la familia un centro de gravedad; así es que su enlace matrimonial no fue tan solo la obra de la pasión fue también la obra del convencimiento. Valle, por sus severas costumbres, no podía ser el hombre de los galanteos, de las amorosas conquistas: tenía que ser, como lo fue, el honrado, el intachable padre de familia. Fue amantísimo para con su señora esposa, y tuvo en ella cinco hijos, don José Bernardo, y las señoritas doña Dolores, doña Mercedes, doña Juana y doña Bautista.

---

[28] Véase la Organización de la Confederación Argentina. Esta obra, a mi juicio, es la más digna de ser estudiada por los Estadistas hispanoamericanos

Alentó para con sus hijos un alma siempre llena de bondad y de ternura. En la actualidad tan solo le sobreviven dos de sus hijas[29] que residen Guatemala y habitan la antigua casa paterna, guardando, con religioso respeto, todos los recuerdos y todas las reliquias de su ilustre padre.

Por la vinculación estrechísima de este capítulo con el que sigue, he creído conveniente hacer un comentario dual después de transcribir el capítulo III[30].

---

[29] *Fallecieron en la última década del siglo pasado. Pero se conserva en nuestro poder el Gabinete de Valle, tal como lo describe la nota 12.N. de los C.*

[30] Por una especie de tierna piedad filial, muy digna de encomio, la familia de Valle conserva su gabinete de estudio tal como estaba al ocurrir su muerte. El gabinete tiene la forma de un gran cuadro, rodeado de estantes de dos metros de alto, llenos de obras escogidas. Los puntos intermedios de los estantes están adornados con retratos, en medallón, de los autores predilectos del sabio Valle. Allí figuran Linneo, Nicolás Copérnico, Galileo Galilei, Cristian Wolff, Buffon (Conde José Luis), Isaac Newton, Bernardo Bobier de Fontenelle, Godofredo G. Leibnitz, Tasso, Ariosto, Cervantes, etc., etc. En el mismo gabinete se ven, por todas partes, colecciones de plantas disecadas, colecciones de minerales, familias de animales, instrumentos matemáticos, globos, mapas, petrificaciones curiosísimas, bustos mitológicos e históricos, etc., etc. El gabinete de Valle es el de un sabio. Allí tan sólo se ve una silla; esa silla la ocupaba el hombre estudioso que no gustaba de visitas importunas ni de pláticas insustanciales. Muchos, por esto, daban a Valle el epíteto de orgulloso. El ilustrado y dulcísimo poeta, mi amigo J. J. Palma, que visitó el gabinete de Valle, me ha dicho que le pareció estar en el templo de la sabiduría y ver vagar la sombra venerable del Sabio. Si Valle volviera a la vida experimentaría un gozo inefable al ver conservado su gabinete de estudio, coma se conserva religiosamente una reliquia. Nada es más grato que pensar en la perennidad de los recuerdos. De mí sé decir que me halaga la esperanza de que mi hijo conserve siempre, como el mayor tesoro, el libro que cierre por última vez, y que sea objeto de mis últimos pensamientos. Perdónese a un pobre aficionado a las letras este rasgo de inocente vanidad; pero hay tanta ternura cuando se piensa en la muerte y en los seres queridos que han de consagrarnos algún recuerdo…

Capítulo Tercero

Nuevos cargos que obtuvo Valle desde 1813. Sus principales escritos hasta 1815. Valle es recomendado por el Gobierno de la Metrópoli para que se le tenga presente en las vacantes que ocurran en las Audiencias de la Península. Situación del Reino de Guatemala después de los movimientos de insurrección de los años 11, 12 y 14. Indulto de los independientes, para cuyo acuerdo Valle dictaminó como fiscal. El gobierno de Guatemala pasa de Bustamante a Urrutia. Restablecimiento de la Constitución española en 1820, lo que generaliza la opinión por la independencia. Valle funda El Amigo de la Patria, combate a Molina, y las ideas de libertad progresan. Valle jefe de los Gazistas. Urrutia delega el poder en Gaínza, y este se ve compelido a proclamar la independencia, el 15 de septiembre de 1821. Opinión de Valle respecto a la emancipación nacional. Valle redacta el Acta de Independencia.

Los dotes personales de Valle y su reputación, de día en día mejor sentada, le hicieron obtener nuevos cargos y distinciones. En mayo de 1813 la Regencia le concedió los honores de auditor de guerra del ejército y provincia de Guatemala, recomendándolo, por dos veces, al Consejo de Estado a fin de que lo tuviese presente para los empleos de su carrera en las provincias de ultramar; y en agosto del mismo año fue nombrado por el capitán general de Guatemala Asesor de la renta de tabaco. La relación de sus títulos y méritos, con referencia a sus servicios, dice: Que en la Real Audiencia, así en clase de abogado, como en la de Relator nombrado para las causas promovidas con motivo del último indulto concedido ahí, dio pruebas de su instrucción, actividad y celo por el mejor servicio, dejándose ver sus conocimientos nada vulgares, en filosofía, oratoria, lenguas, historia, matemáticas y jurisprudencia, y su tino, solidez y buena conducta moral y política, como lo certifican el capitán general, el regente, el oidor decano y un alcalde del crimen de la Real citada Audiencia, asegurando el primero que esté interesado es muy digno de una toga en aquel tribunal, hallándose con la ventaja de no tener relaciones en el pueblo, por estar distante de su naturaleza.[31]

A la vez que Valle desempeñaba, con celo e inteligencia, los cargos que le fueran encomendados continuaban ocupado en estudiar y en publicar escritos, algunos de ellos muy notables por los útiles conocimientos que difundían. Sus principales escritos hasta 1815 fueron: una Memoria o Instrucción sobre la langosta y modo de exterminarla, y de precaver la escasez de comestibles, que se imprimió de orden del gobierno[32]: una exposición de lo practicado por el comercio en demostración de su lealtad, con motivo de las circunstancias creadas por los independientes; en este escrito indicó las providencias que convendría dictar para que prosperase el comercio del Reino; de esta exposición se hizo mención honrosa en La Gaceta de México: varios artículos anónimos publicados en los primeros tomos de La Gaceta de Guatemala: una Memoria sobre el método que debe seguirse en el estudio de jurisprudencia, complementándolo con los conocimientos de la historia civil y particular del derecho patrio; un Prospecto o plan de enseñanza para la clase de economía política, en que ofreció escribir unas

---

[31] Relación, etc.

[32] Se reimprimió en la República de El Salvador en 1852 por disposición del gobierno de aquella República. N. de los C.

instituciones de esta ciencia[33]; una memoria sobre el plan de estudios que convendría adoptar en la universidad de Guatemala; una instrucción sobre los derechos y facultades de los jueces árbitros, los de las partes comprometientes, y el método con que deben proceder aquellos; y numerosas alegaciones en derecho sobre asuntos graves que defendió en la Real Audiencia[34].

Habiendo recurrido Valle al gobierno de S. M., por medio de un memorial, informado favorablemente por el capitán general de Guatemala, solicitando plaza togada en una de las Audiencias de la península, se dirigió su instancia de real orden, en 15 de junio de 1815, por el Ministerio de Indias, con recomendación para que, con presencia de los méritos del interesado, se le tuviese presente en las vacantes que ocurriesen. La Cámara acordó de conformidad, el 17 de junio del mismo año, y en cumplimiento de la real resolución[35].

Valle, con tal acuerdo, alcanzó una de las más grandes ventajas y uno de los honores más insignes a que en aquellos tiempos podían aspirar los hijos de españoles nacidos en América.

A consecuencia de los progresos de la revolución de independencia que había estallado en México y en el sur de América, y de los movimientos de insurrección ocurridos en El Salvador y Nicaragua en 1811, repetidos en 1812, de la Conjuración de Belén habida en Guatemala en 1813, y de los trabajos de insurrección vueltos a ocurrir en El Salvador, en 1814; a causa de estas manifestaciones revolucionarias de los pueblos, y de las duras y aun bárbaras represiones que empleara para sofocarlas en el Reino de Guatemala el capitán general don José de Bustamante y Guerra, que sucedió a don Antonio González Saravia, el 14 de mayo de 1811[36]; a causa de todo esto, aun bajo el terror que sabía inspirar Bustamante, la idea de independencia ganaba terreno en Guatemala. No podía hacerse valer porque habían fracasado los independientes, ocultos unos, prisioneros otros, y teniendo en perspectiva el confinamiento, el garrote vil o la horca; pero los mismos excesos del despotismo hacían avivar más en los ánimos el justo y vehemente anhelo de hacer independientes las provincias del Reino de Guatemala; y tal sentimiento, y tal propósito se generalizaban de día en

---

[33] Hasta ahora no he podido averiguar si Valle dejó escritas las instituciones de que se ha hecho mérito.
[34] Relación, etc.
[35] Relación, etc.
[36] Véase el capítulo I del Bosquejo histórico de Marure.

día, más y más. La fuerza de vapor de las ideas estaba muy comprimida por el terror; pero esa fuerza que hace las grandes revoluciones beneficiosas a la humanidad, en razón directa de la presión del despotismo, era cada vez más enérgica y potente. Debía producir una explosión, un estallido, en no lejano día, y romper la pesada y vieja maquinaria del sistema colonial, y hacer cesar las industrias criminales de tres siglos; industrias que degradando, que desnaturalizando al hombre, lo desposeían de sus más preciosos dotes, de su razón y de su libertad.

Cuando tal situación, preñada de dificultades y de injusticias, existía en Guatemala, Valle continuaba siendo el empleado sumiso, y hasta obsequioso, del régimen de la Colonia; él, que no tenía necesidad de empleos, porque era rico, porque muchos de ellos los servía gratuitamente; él, que no podía amar el despotismo, porque era hombre de talento, de honrados sentimientos y de elevadas miras. Y sin embargo, Valle escribió una manifestación del comercio de Guatemala a favor del régimen colonial: Valle servía a los intereses egoístas del comercio,

que ha sido y será siempre el cálculo, nunca el sentimiento generoso, el corazón abnegado; Valle, conociendo que el capitán general Bustamante, españolista cruel, había burlado la honrosa capitulación de los insurgentes granadinos, para tratarlos como rebeldes, con duro e infame tratamiento, continuaba siendo el asesor y el fiscal de las autoridades coloniales; Valle, que conocía los intereses reaccionarios, las tendencias retrógradas, los engaños y las supercherías del clero, se mostraba complaciente para con el oscurantismo, y se hacía acreedor a que lo recomendase el Arzobispo Casaus como modelo de lealtad española.

Explicable es la conducta de Valle en aquella época, pero de ninguna manera honrosa para sus sentimientos de americanismo, de que dio más tarde relevantes pruebas. Valle había obtenido confianza, consideraciones y honores de los peninsulares: se había educado bajo los auspicios del antiguo régimen, y era empleado de la colonia. Pudo creer que sus sentimientos de lealtad lo comprometían, de manera indeclinable, a ser consecuente con sus antecedentes, con sus relaciones y con su posición; así debió creerlo cuando tuvo la conducta que observó contrariando la causa de los independientes, quienes, por otra parte, carecían en sus planes, como antes he dicho, de dirección y de concierto.

Mas, tales deberes, tales consideraciones, ¿podían hacer desconocer a Valle la justicia de los independientes? ¿Podían hacerle desconocer los horribles atentados de las autoridades de la colonia? Valle, si no quería, si no podía o no debía ser revolucionario, por lo menos, pudo y debió guardar silencio, pudo y debió dejar de ser el empleado de un gobierno que hostilizaba, que perseguía, que martirizaba a sus hermanos, los centroamericanos, defensores de una noble y santa causa. Valle, en aquella época, debió, por lo menos, con su retraimiento absoluto, hacer una protesta en contra de las brutalidades de Bustamante, y en pro de los desgraciados, de los oprimidos, de las nobilísimas y primeras víctimas de la gran causa de la independencia de Centro América. Pero en Valle, a pesar de su talento, a pesar de sus luces, a pesar de su rectitud de conciencia, pudo más la tradición que la nueva idea redentora; pudo más su posición que el sentimiento de la generosidad; pudo más su interés del momento que los grandes intereses del porvenir de la Patria.

En tales aberraciones, aunque excusables, no caen impunemente los hombres que llegan a grande altura; la historia las recuerda y las imprueba. José del Valle, durante la época precursora de la independencia, aparecerá siempre como el hombre del cálculo, como el hombre de la fría reflexión, como el hombre del presente; pero de ninguna manera como el hombre de los nobles arranques, como el hombre de la espontánea y abnegada generosidad, como el hombre inspirado que mira al porvenir.

En vista de los antecedentes indicados, no es extraño que Valle haya sido el Fiscal de los reos de Estado, de los independientes, cuando se acordó su indulto. En efecto; el Rey Fernando VII, en celebración de la paz y tranquilidad de sus dominios, y de su matrimonio, por el que dio a los españoles una tierna madre en su muy amada y querida esposa, la reina, en real cédula, expedida el 25 de enero de 1817[37], dio un indulto general a los infelices que gemían en España, Indias y Filipinas bajo el peso de sus crímenes. El Presidente de la Real Audiencia de Guatemala, gobernador y capitán general del Reino, don José de Bustamante y Guerra, como era de uso, tomó en sus manos la real cédula, la besó y puso sobre su cabeza estando en pie y destocado[38]; y hecho esto, para la ejecución de la real cédula, pasó el asunto al fiscal. Valle, que era el fiscal interino, pidió el 4 de julio del mismo año, que se cumpliese la real cédula, para el rasgo de piedad en el día venturoso del augusto

---

[37] Marure dice, a mi juicio, equivocadamente: Real orden de 25 de junio de 1817.
[38] Esta ceremonia humillante era la que usaban las autoridades supremas al recibir una real orden, del rey su Señor. El escribano daba fe de haberse efectuado ese acto de servil obediencia.

matrimonio del monarca; que se viesen con preferencia las causas de los reos independientes, que causaban muchos gastos a la real hacienda, los que debían salir de América, según la real cédula, como perturbadores y trastornadores[39].

Valle, dada su posición voluntariamente aceptada, voluntariamente sostenida, no podía menos de tener el criterio de la monarquía absoluta. Los independientes gemían bajo el peso de sus crímenes, y el indulto no era otra cosa que un rasgo de la real piedad.

Impresiona dolorosamente ver a Valle como fiscal de sus oprimidos y tiranizados compatriotas; ver a Valle doblar la cerviz ante las circunstancias; verlo de satélite del despotismo; verlo reconocer como un crimen lo que no era más que un arranque noble y generoso del patriotismo; lo que no era más que un sacrificio hecho en aras de la libertad de Centro América. En el año de 1818 empezó a ser menos adversa la suerte de los independientes centroamericanos. El férreo, el implacable Bustamante, dejó en ese año el poder, y le sustituyó don Carlos Urrutia, hombre de carácter debilísimo, y, por ende, muy apto para dar algún respiro a los independientes que harto lo necesitaban después de largos y aciagos años en que el terror había llegado a entronizarse. Bajo el gobierno de Urrutia las ideas de independencia cobraron nuevos bríos, y ganaron más terreno; pero su empuje fue más vigoroso, y su expansión fue completa, en el año de 1820, en que se restableció la famosa constitución española del año 12. Hermosos rayos de libertad, que partieron del foco revolucionario de la Metrópoli, penetraron al fin en los entenebrecidos horizontes del antiguo Reino de Guatemala. Se declaró la imprenta libre, y el pensamiento, lleno de calor y de vida, brotó avasallador y luminosísimo del seno de la conciencia de los oprimidos. El doctor don Pedro Molina, sujeto de cultivada inteligencia y de grandes virtudes cívicas, fundó El Editor Constitucional, y habló el lenguaje convincente y ardoroso del patriotismo. Valle, a su vez, fundó El Amigo de la Patria[40]. Periódico notabilísimo en que evidenció las ventajas de la civilización, en que trató, de un modo superior, de importantes materias científicas, y en que combatió las ideas políticas de Molina, quien no quería consideraciones ni contemplaciones, tratándose de los derechos del hombre, tratándose

---

[39] Véase el Tomo 15 de los documentos que existen en el archivo nacional de Honduras, correspondientes al año de 1817.

[40] Se publicará íntegra y textualmente en el Tomo II de las OBRAS DE VALLE. N. de los C.

de la independencia[41]. Molina representaba la idea radical, Valle representaba la idea moderada; Molina era el órgano de la revolución. Valle era el órgano de una evolución. El antagonismo de tales hombres, el choque de tales ideas hizo más luz, esclareció más conciencias, acabó de vigorizar los ánimos, y la idea de independencia convirtiéndose en un verdadero sentimiento nacional, poderosísimo, imponente e irresistible.

Nada como las luchas del pensamiento, nada como las luchas de la prensa para desprestigiar y soterrar las malas causas, y para hacer triunfar, sobre sus ruinas, las causas que entrañan un nuevo principio, un principio de vida, de rehabilitación o de perfeccionamiento para las sociedades.

Las opuestas ideas de Molina y de Valle tuvieron, como era natural, y como sucede siempre, sus órganos encargados de llevarlas a práctica. Se crearon dos partidos, dos organismos políticos: el de los Gazistas, y el de los Cacos. El partido Gazista estaba compuesto de los españoles europeos y de la clase de artesanos: el partido Caco estaba formado de las familias llamadas nobles, y de los independientes, en su mayor parte: los Gazistas contaban con la protección de las autoridades coloniales, y halagaban con medidas de proteccionismo a los artesanos: los Cacos contaban con el entusiasmo de los independientes, y con el apoyo del pueblo desheredado.

Los Gazistas pretendían ganar las elecciones de diputados a Cortes y de individuos de los Ayuntamientos, para hacer valer sus ideas de moderación, de treguas y de contemplaciones; los Cacos aspiraban al mismo fin, para hacer valer su idea radical de absoluta independencia: Valle era el jefe autorizadísimo de los Gazistas, Molina y Barrundia eran los jefes populares de los Cacos; los Gazistas triunfaron en las elecciones, merced a la intervención del poder, y a la influencia del oro que hicieron rodar, comprando votos; los Cacos sufrieron una derrota electoral, pues no contaban más que con las ideas y con el entusiasmo popular, elementos bien pobres cuando aún no tiene profundo arraigo la virtud republicana que sabe sobreponerse a los halagos o amenazas del poder, y a las seducciones del interés.

Mas efímero fue el costoso triunfo del partido Gazista. Los Cacos se atrajeron a mucha parte de las familias nobles, y se organizó un partido medio más disciplinado, más enérgico, más influyente. Por inspiración de este partido, la Diputación Provincial de Guatemala, reinstalada el 13 de julio de 1820, estrechó al capitán general Urrutia para que delegase el

---

mando en don Gabino Gaínza, subinspector general del ejército. El torrente de la opinión era incontrastable, y Gaínza empezó a ejercer el poder el 9 de marzo de 1821.

El régimen de la colonia estaba en plena decadencia, flaco, envejecido, tocado de mortal enfermedad. A las épocas de decadencia corresponden, por lo común, los hombres que declinan. Gaínza estuvo en su puesto al representar, en Guatemala, al poder colonial en sus postrimerías; Gaínza era débil de carácter, voluble en sus resoluciones, de edad muy avanzada, y de salud quebrantadísima por frecuentes achaques; Gaínza era el hombre quebradizo, el organismo gastado de que necesitaban los independientes; Gaínza debía asistir, con profundo duelo en el alma, a los funerales de la colonia en la América Central.

La volcánica sacudida de los sucesos de México aceleró, por decirlo así, el hundimiento de la colonia en Centro América. El tornadizo Gaínza veíase desorientado, en medio de una situación dificilísima, llena de dudas, incertidumbres y peligros, y fluctuaba entre opuestos propósitos, entre contrarias e inconciliables pretensiones, ora inclinándose a restaurar el despotismo colonial, ora siendo propicio a la causa de los independientes. Pero he aquí que resuena en Guatemala el grito de Iturbide proclamando el Plan de Iguala, en combinación con Guerrero; he aquí que este suceso gravísimo se agravó con el pronunciamiento de Chiapas en favor del Plan de Iguala[42]. México era libre, y la libertad tocaba, con golpes redoblados, a las puertas del antiguo Reino de Guatemala; era ya imprescindible la necesidad de que oyera llamamiento tan enérgico, y declarase su independencia. Los independientes guatemaltecos así lo comprendieron; apremiaron a Gaínza con sus instancias y representaciones, halagando, a la vez, su vanidad e intereses, haciéndole comprender que él sería el jefe de la nueva nación.

Gaínza, cediendo a la necesidad y a la conveniencia, a los grandes y diversos estímulos que lo impulsaban, para salvar su responsabilidad, sin contrariar las corrientes de la opinión, y sujetándose al voto de la

---

[42] Chiapas pertenecía al antiguo Reino de Guatemala; era provincia centroamericana. Los errores del partido conservador de Guatemala nos hicieron perder aquella rica provincia, hoy Estado de México. Más tarde, contra todo derecho, por un acto de militarismo del general Santa Ana, perdimos el territorio de Soconusco, proverbial para sus producciones; Soconusco es también un territorio mexicano. Nuestra debilidad, que es la obra de nuestros errores y del fraccionamiento de nuestros pueblos, nos ha hecho perder territorios valiosísimos a que teníamos incontestables derechos; pero ¡ay! lo que jamás deberíamos perder es la honra de Centro América.

diputación provincial, convocó una junta general de los empleados y corporaciones de Guatemala para que dictase las medidas convenientes sobre el capitalismo asunto de la independencia.

La junta se reunió el día 15 de septiembre de 1821, en el Palacio de gobierno. Valle tomó la palabra, y en un discurso elocuentísimo, demostró la necesidad y la justicia de la independencia, pero manifestando que, para proclamarla, debía oírse el voto de las provincias. Las luminosas ideas de Valle fueron acogidas con aplauso; mas su parecer, en orden al aplazamiento, no fue adoptado[43]. La mayoría de la junta, estimulada por las entusiastas e impetuosas manifestaciones del pueblo, reunido en masa, acordó se proclamase en el acto la independencia de Centro América. La diputación provincial y el ayuntamiento de Guatemala, órganos legítimos de la voluntad del pueblo, acordaron los puntos del acta que debía celebrarse, y Valle redactó aquel memorable documento, el más antiguo y honroso título en que consta la primera y más gloriosa reivindicación de los derechos de los centroamericanos[44]. Valle también redactó el manifiesto que publicó el capitán general Gaínza sobre el gran suceso de la independencia.

Valle[45], por fin, no obstante sus antiguas conexiones coloniales, no obstante sus recientes vacilaciones, no obstante sus dilatorias adversas a la libertad, entró, de lleno, en las anchas vías de la revolución, y dio la espalda al pasado. Desde que la independencia se proclamó, Valle rindió el culto más puro al nuevo régimen; tan sólo pensaba y trabajaba

---

[43] Valle, en su manifiesto del año 25, asegura en absoluto que la Junta General adoptó su voto sobre independencia; pero no hace relación al aplazamiento que era necesario, oyendo el parecer de las provincias. Por este aplazamiento no estuvo de acuerdo la mayoría de la junta, según lo dicen Marure y otros escritores, con quienes estoy de acuerdo.

[44] Este recuerdo histórico inspiró al dulcísimo poeta J. J. Palma, en una de sus más bellas composiciones dedicadas a Honduras, esta preciosa decima:

En vaga reminiscencia
Me parece aquí estar viendo
Al sabio Valle leyendo
El Acta de Independencia: Contemplo
la resistencia Del llanero paladin;
Miro en Maipó a San Martín,
Y me parece que escucho
Los clarines de Ayacucho,
Los tambores de Junín.

[45] El Acta y el manifiesto se encuentran publicados en este Tomo. N. de los C.

43

con el nobilísimo fin de organizar la naciente república, a la que prodigaba los tesoros de su genio. Puede, pues, con sobrada justicia, contarse a José Cecilio del Valle, al Autor del Acta inmortal de Independencia, de 15 de septiembre de 1821, entre el número de los más ilustres fundadores de la Nación Centroamericana. Mientras Centro América sea, aunque fraccionada, José del Valle será siempre acreedor a una inmensa deuda de gratitud.

Me explico perfectamente las inexactitudes de algunos conceptos en estos capítulos. El Dr. Rosa tuvo un delicioso espejismo que investigaciones ulteriores se han encargado de borrar. Consideró con gran ligereza las causas que determinaron nuestra independencia y las relaciones de cordialidad con España. La parte que más debió profundizar está trazada en dos renglones: Nuestra independencia se ha operado porque debía operarse, en cumplimiento de indefectibles leyes históricas. Ninguna atención le mereció la génesis y repercusiones colectivas de esas leyes históricas, y la falta de punto de apoyo en tan delicada materia, le hizo criticar con severidad la conducta de Valle ante nuestra emancipación política.

Estoy convencido de la injusticia de tales críticas y debo replicarlas.

No creo, como el Dr. Rosa, que los destinos de España en el futuro serán nuestros destinos; un trecho enorme nos separa de la península que hemos llamado respetuosamente Madre Patria.

Esta colectividad nueva se fue apartando poco a poco de las normas vitales de los conquistadores, hasta la independencia; y hoy día, el único vínculo que guardamos con España es el idioma castellano: lo demás ha cambiado tanto, que no es factible trazar un paralelo de similitud ni en religión, ni en sangre, ni en costumbres, ni en genio... Para la América Latina, España representa una nación amiga, y nada más.

La colonización de Inglaterra fue muy diferente en la América septentrional, y los Estados Unidos, por tal razón, sí constituyen un pedazo de la vieja Europa trasplantado al Nuevo Mundo. De aquí se infiere que la cultura fáustica permanece exclusivamente en América sajona, identificada en todos los órdenes de la vida social con la vieja Europa.

En América Latina aparecen los brotes de otra cultura, que no es la occidental, aun cuando ésta haya influenciado la sociología indohispana. Y es que los períodos de iniciación o decadencia de una cultura, siempre reflejan aspectos de otra.

Si se cultivara en Centro América el determinismo histórico, veríamos con la mayor claridad los hechos sociales más oscuros; encontraríamos el medio sugerente de revelar a nuestra generación el pasado, que, a fuerza de interpretar a base de ideas, se ha convertido en un simpático maniquí que cambia posición y traje según el momento y el observador. Desde luego, las conveniencias desempeñan labor principalísima en la adulteración de la historia.

¿Conviene al grupo dirigente que la independencia centroamericana aparezca como el punto de partida de nuestra libertad y democracia? Se estampa así en los libros y se buscan argumentos en el más rancio sentimentalismo para justificar las aseveraciones.

Esto, refiriéndome a los escritores asalariados que llenan de vergüenza a Centro América. Los otros, que no tolerarían proposiciones de soborno, son consecuentes con su criterio, pero el medio los amolda, siguen la corriente letífera y en último análisis han servido, por cortedad de luces, al amo de los primeros.

Salvo honrosísimas excepciones, todos los tratadistas parecen aferrados en la idea sin reparar en el hecho. Explican la independencia centroamericana como una revolución del más amplio carácter popular que produjo libertad y justicia; como el anhelo social de autodeterminación económica y política.

Llenan las páginas respectivas de nuestra historia, los gritos enardecedores pidiendo la autonomía centroamericana: vibra el entusiasmo y gozo del pueblo cuando llegó el 15 de septiembre... ¡Ilusión amable! La independencia centroamericana no provocó entusiasmos ni gozos populares; la gran masa indígena, plataforma de nuestra sociología, ignoró los movimientos subversivos, no se dio cuenta de la emancipación y su vida de esclavitud y miseria continuó sin el menor lenitivo. Fue doña Dolores Bedoya de Molina, mujer de cerebro excitado pero hueco, quien enardeció con gritos y cohetes a los que rodeaban el palacio del gobierno el 15 de septiembre de 1821. Esta mujer, que carece en absoluto de importancia histórica, ha pasado hasta hoy como prócer moral del movimiento.

Las luchas emancipadoras en América reconocen otra causa, como lo hace ver el más alto pensador sudamericano, José Ingenieros[46]:

En todos los países conquistados, los conquistadores tienen al principio absoluto predominio sobre los nativos; si se trata de una raza

---

[46] Sociología Argentina.

inferior acaban por destruirla, asimilando, en caso contrario, sus elementos más vitales.

Pero cuando los descendientes de los conquistadores, nacidos en el país, se ven excluidos de ciertos privilegios y derechos que determinan su inferioridad económica, advirtiendo al mismo tiempo la degeneración que sobreviene en la raza conquistadora por el goce del poder y de los privilegios que le son inherentes, y formándose una conciencia de la capacidad productiva del país en que han nacido y en el que viven desposeídos, tienden a rebelarse a sus progenitores, adquiriendo una conciencia de clase política y económicamente inferior, que los induce a esa rebelión.

España y Portugal, entradas al período de su decadencia histórica, no supieron, ni podían dar vida a sus colonias.

Sin capacidad productiva natural ni industrial, sin instituciones sociales evolucionadas, solo pudieron instaurar en sus colonias un régimen de explotación y monopolio poco inteligente.

Al principio el indígena fue inmolado por la avaricia del conquistador, que solo pensaba en despojarlo o destruirlo; después surgieron dos tipos económicamente paralelos: aquí el encomendero de indios y allí el negrero de esclavos africanos.

Cuando se organizó algún comercio, las metrópolis indigentes solo pensaron en ponerle trabas y monopolizarlo usurariamente, a costa de cegar las fuentes de su propia riqueza. Finalmente, algunos descendientes de europeos, excluidos de toda actividad económica productiva y adiestrados en el acaparamiento de la tierra, aspiraron también a las ventajas del funcionarismo y el privilegio; comprendieron que podían librarse de la onerosa tutela de sus mayores, apoderándose del poder político para explotar en beneficio propio las riquezas naturales de la tierra natal.

Así nacen las luchas por la independencia. La necesidad de la emancipación económica determinó a ciertos grupos americanos a luchar por su emancipación política, para dejar de ser una clase económicamente inferior respecto de la constituida por los dominadores extranjeros.

En tal virtud, la independencia no fue verdadera revolución; fue movimiento de grupos interesados que contaban con la base económica indispensable para consumar su propósito. Hay que advertir que en la emancipación, como en todos los hechos sociales de gran trascendencia, hubo personas que sinceramente creyeron y lucharon ilusionadas por la causa de la libertad, y grupos que las siguieron. Aquí debo colocar a nuestros próceres, hombres de elevado criterio y gran corazón que actuaron con el mayor entusiasmo por una causa que no era la del pueblo sino la de sus opresores. Es curioso observar cómo el Dr. Rosa, sociólogo idealista, lo comprende al decir en el capítulo IV de la biografía:

El clero quiso la independencia porque era necesario aceptarla, y porque veía en la emancipación de Guatemala un medio de sustraerse a los rudos golpes que asestaran a sus privilegios las Cortes de España. Los peninsulares y sus adeptos quisieron la independencia porque vieron halagados sus intereses y sus ambiciones.

Ante la realidad de lo expuesto, las críticas adversas a Valle por su actitud en los momentos previos a la independencia carecen de fundamento.

El Dr. Rosa dice que le da profunda pena el apuntar que haya merecido y aceptado la confianza de las autoridades españolas, al desempeñar el cargo de censor de La Gaceta de la Ciudad de Guatemala. Pero esta confianza la obtuvo, como dice el mismo escritor, por su conducta intachable, y por sus sólidos y vastos conocimientos; de ninguna manera por actos serviles que revelaran una sumisión absoluta a la corona. En cuanto a la aceptación de la confianza, vale decir del cargo, Valle procedió como era conveniente: el puesto de censor necesitaba alguien que lo desempeñase, y si aquel hubiera rehusado el nombramiento, sin duda otro con menos aptitudes lo habría ocupado, resultandos fáciles de prever las consecuencias.

¿Por qué no pensar que un hombre tan notable, tan extraordinario razonó de este modo antes de aceptar el cargo?

También alude el Dr. Rosa al nombramiento recaído en Valle de abogado del Convento de Santo Domingo. No veo motivo de extrañeza: la prepotencia de la religión católica a principios del siglo pasado abarcaba toda la vida política y social; ninguno podía manifestarse contrario a su radio de acción si deseaba realizar grandes proyectos redentores, y Valle tuvo que ser consecuente con las ideas religiosas para ser útil a su pueblo. Esto mismo justifica el marcado catolicismo con que fue redactada el acta de nuestra independencia.

En la Relación de los ejercicios literarios, grados, títulos y méritos patrióticos de don José del Valle aparece que el Arzobispo Casaus lo consideraba como modelo de lealtad española, lo que motiva un largo comentario desfavorable del distinguido biógrafo. Yo lo explico muy bien: el Dr. Rosa creyó a priori en la afirmación del Arzobispo sin comprender que participaba de su error. Valle, al permanecer apartado de los independientes, procedía de conformidad con sus más altas convicciones, y nunca en vista del interés personal. Como lo dice el Dr. Rosa, los independientes no podían inspirar confianza a los hombres reflexivos, atendido a que sus planes revolucionarios carecían de dirección y de concierto.

Valle, funcionario de la península, sirvió con supremo desinterés a su pueblo, lo que se demuestra de modo evidente al observar que en la mayoría de los cargos no devengaba ningún sueldo, aprovechando las ocasiones que se le presentaban para impugnar el sistema antieconómico establecido por España en sus colonias.

Valle no creía oportuno el momento para la emancipación; esa fue su idea y todo lo que ocurrió después la confirma. El mismo Dr. Rosa habla de los vicios gubernativos que afligen al pueblo centroamericano, y ya nadie ignora que estas cinco repúblicas soberanas han sufrido otra conquista, diferente a la española, pero que las ha colocado en la condición semicolonial.

¿Cuáles han sido, entonces, las ventajas de la independencia en lo que se refiere al bienestar de nuestros pueblos? Ninguna. El mismo régimen despótico, la misma sumisión económica y el mismo dolor de indios y mestizos llena el ambiente centroamericano; el panorama ha cambiado en colorido, pero los trazos fundamentales permanecen.

Naturalmente, no podía Valle estar de acuerdo con la sumisión a España; ni siquiera justificó la conquista[47]. Comprendía muy bien que aquella nación decadente estaba en absoluta imposibilidad de darnos nuevas corrientes vitales, y veía que el robo y la explotación eran los procedimientos empleados por las autoridades ibéricas. Pero también contemplaba el interés mezquino de ciertos independientes cuyos hechos de gobierno iban a ser muy parecidos después de la emancipación. Una lucha terrible inquietaba su espíritu en la busca de medios para evitar ambos peligros, cuando llegó el 15 de septiembre de 1821. El imperativo de la realidad era inaplazable y tuvo que redactar y firmar el acta de nuestra independencia, ofrendando sus mejores energías al servicio de la república que se encontraba en el desorden más completo. Y lo hizo con entusiasmo; y luchó por la dignificación de todo un continente.

---

[47] En un luminoso estudio publicado en El Amigo de la Patria dijo Valle: no se encuentra título legítimo para la conquista de la América. El cañón fue el que la sometió; y la fuerza del cañón ha sido siempre fuerza y jamás derecho.

La forma de colonización empleada por España en América dio nacimiento a una mezcla racial indohispana que tuvo, desde el primer instante, diferentes modalidades económicas y, por ende, psicológicas.

Capítulo Cuarto

Puntos principales del Acta de Independencia de 15 de septiembre de 1821.Nuevo sistema de gobierno: Valle forma parte del gobierno. Trabajos administrativos de Valle para organizar la nación. Se crean los partidos liberal y conservador. El partido conservador trabaja por la anexión de Guatemala a México. Situación de Centro América. Guatemala se anexa a México en 5 de enero de 1822, contra la opinión de Valle y de los independientes. La Junta provisional consultiva se disuelve, y Valle vuelve a la vida privada. Corresponde a Valle el honor de haber sido el primero, en el Norte de América, que formuló la idea sobre La Unión latinoamericana. Valle es electo diputado al Congreso de México. Viaje de Valle a México, el 10 de Marzo de 1822.

Importantísimos fueron los puntos acordados en el Acta de Independencia de 15 de septiembre de 1821. En ese documento se fijaron las bases de un nuevo régimen; se determinó que se eligiesen por las provincias representantes para formar el congreso de la nación, al que debía corresponder la fijación de la forma de gobierno, y la formación de la ley fundamental; que la elección de representantes se hiciese por las mismas juntas electorales que habían elegido diputados a las Cortes de España, observándose las leyes anteriores para el procedimiento de la elección; que las provincias eligiesen representantes sobre la base de un diputado por cada quince mil habitantes; que el congreso constituyente se reuniese el 1° de marzo de 1822; que hasta su reunión no se hiciese alteración alguna en la observancia de las leyes españolas, ni con respecto a los tribunales y funcionarios existentes; que se conservase en toda su integridad y pureza la religión católica.

Y que mientras el país se constituía, el jefe don Gabino Gaínza continuase con el gobierno superior, político y militar, obrando de acuerdo con una Junta Provisional Consultiva que se estableció, formada de la diputación provincial, y de los señores licenciado don Miguel Larreinaga, licenciado don José del Valle, presbítero don José Antonio Alvarado, Marqués de Aycinena, doctor don José Valdés, doctor don Ángel María Candina y licenciado don Antonio Robles, a quienes se confirió la representación de sus respectivas provincias[48]. Valle representaba la provincia de Comayagua. Honduras tuvo el honor de ser representada por el hombre que animaba con su pensamiento aquella gran transformación nacional. Los puntos enunciados fueron los más interesantes del Acta de Independencia. Como puede notarse, el acta fue eminentemente conservadora, pero también eminentemente sensata, dados los antecedentes y circunstancias de la época; en el acta casi no se ve la expresión de ideas radicales, de principios revolucionarios. Se suprimió el gobierno de España, conservando el organismo gubernativo de la Madre Patria; se dio, como por vía de gracia, o como por vía de transacción, algunos meses más de vida a las autoridades y leyes españolas. Valle, con su gran prudencia, con su profundo sentido político, comprendió que se daba un salto peligrosísimo de un antiguo a un nuevo régimen, y que era necesario evitar una caída mortal. Valle comprendió que más que una revolución amenazadora para los intereses y preocupaciones coloniales predominantes en Guatemala, que más que

---

[48] Véase en el Bosquejo de Marure, o en la Colección de leyes de Guatemala, por Pineda Mont, el Acta de Independencia de 15 de septiembre de 1821.

una revolución de inciertos resultados, y ocasionada a la ruina y desprestigio de la nueva causa, debía hacerse una transición conciliadora, pero regular y pacífica, una verdadera evolución social que, de un modo lento, pero seguro, diese, andando el tiempo, todos los frutos de la independencia.

Consumada estaba la emancipación política de Guatemala; pero se necesitaba organizar los trabajos del gobierno, darles vigor y concierto, y hacer sentir a los pueblos, por medio de una administración benéfica, los favorables resultados del nuevo régimen. Se encomendó a Valle la formación de un plan administrativo, y este propuso se distribuyesen los trabajos entre comisiones de seguridad y defensa, de instrucción pública, de estadística, de agricultura, de comercio y de hacienda pública. Las comisiones se organizaron, y Valle se ocupó especialmente en el ramo de rentas: en la hacienda he visto siempre, decía, la columna de bronce sobre que debe descansar la independencia.

Perseverante e infatigable fue Valle en los trabajos del gobierno provisional; formó estados de todas las rentas, despachó los asuntos relativos a ellas, propuso medidas oportunas para aumentar sus ingresos, hizo el arancel de derechos de importación y exportación, explicó sus fundamentos en un notable escrito que le precedió, manifestó a sus coasociados la necesidad de entrar en relaciones de amistad y alianza con las demás naciones, y auxilió a la junta consultiva en el despacho de los múltiples negocios que estaban a su cargo. Además, como periodista publicaba luminosos escritos, evidenciando las ventajas de la independencia[49], escritos reproducidos, con aplauso, por la prensa extranjera.

Todos los grupos políticos, de diversas y aun inconciliables pretensiones, se habían unido para consumar la independencia de España; distintos fueron sus móviles, pero idéntico su propósito. El clero quiso la independencia porque era necesario aceptarla, y porque veía en la emancipación de Guatemala un medio de sustraerse a los rudos golpes que asestaran a sus privilegios las Cortes de España. Los peninsulares y sus adeptos quisieron la independencia porque vieron halagados sus intereses y sus ambiciones. Los liberales, que formaron el antiguo partido de los Cacos, quisieron la independencia porque aspiraban generosamente a la práctica de sus radicales ideas republicanas; y los hombres reflexivos, como Valle, quisieron la independencia porque tenían en mira una evolución política que, gradual y prudentemente,

---

[49] Véase el tomo 2 de El Amigo de la Patria.

hiciese ganar terreno a la educación liberal de los pueblos, para que se crease un sólido régimen de libres instituciones en el Centro de América.

Tan opuestos móviles, tan contrarias y enemigas pretensiones no pudieron menos de romper, bien pronto, el acuerdo, el consorcio feliz que se efectuó para desligar a Guatemala de la Madre Patria. Los liberales pidieron que se derogase, y lograron su objeto, el artículo 3° del Acta de Independencia, por el que la elección de representantes de las provincias se dejaba a las juntas electorales que habían elegido diputados a Cortes, lo que aseguraba un triunfo para el partido de Valle, para el partido Gazista; pidieron la formación de las milicias nacionales, lo que también lograron; pidieron la destitución de empleados sospechosos de tener afinidades con el antiguo régimen; y quisieron, en fin, extralimitarse, tomar participación en las deliberaciones de la Junta Provisional Consultiva. Los peninsulares y los criollos españolistas, por su parte, vieron con repugnancia la intervención de las clases populares en los asuntos públicos; se dolían de relacionarse y mezclarse con hombres que casi el día anterior habían sido no más que sumisos vasallos; y presentían que el arraigo de las instituciones de la república daría en tierra con sus intereses de clase, con sus privilegios de abolengo, y con su orgullo cifrado en los hábitos de una antigua dominación. Las exigencias y exageraciones inconsideradas de los unos, y el egoísmo y la vanidad de los otros, crearon, a poco de consumarse la independencia, dos partidos fuertes e irreconciliables: el partido liberal independiente y republicano, y el partido conservador autoritario y reaccionario. En germen estaban estos dos partidos al proclamarse la independencia; pero ese germen se desarrolló de irregular y viciosa manera, y creó hondas y acerbas divisiones que habían de traer, no los antagonismos de un pueblo libre, sino las luchas destructoras de la libertad y de la patria.

La opinión predominante en Centro América, la verdaderamente popular, era la de los independientes republicanos. Los conservadores reaccionarios veían que no podían contrarrestarla usando de procedimientos legales. Bajo este concepto, se aprovecharon de las disidencias de algunas poblaciones de Honduras y de Nicaragua, decididas a desligarse de Guatemala y unirse a México; explotaron la situación de la vecina nación mexicana, en donde creían que don Agustín de Iturbide podría constituir un sólido y durable imperio; ejercieron todas las malas artes de su influencia para captarse la voluntad del tornadizo Gaínza, que tiraba siempre al lado de las ideas monárquicas. Con tantos y tan inmorales trabajos, al fin favorecidos por Gaínza que, vil y cobardemente, desertó de las filas de los independientes, los conservadores reaccionarios se sintieron fuertes para proclamar, sin embozo, la idea de que Centro América no tenía elementos bastantes para constituirse como nación independiente, y que debía unirse a México, si quería gozar, bajo el Imperio, de los beneficios de la paz y de la libertad. Los trabajos y las declaraciones de los conservadores hicieron más profunda, y a la vez ostensible, la enemiga de los liberales. Ardientes, exaltadísimas fueron sus luchas; el insulto, las recriminaciones, y aun la efusión de sangre, fueron los resultados desdichadísimos de tan funestas divisiones. La unión compacta de los hombres que habían hecho la independencia estaba disuelta. Los antiguos partidos de Gazistas y de Cacos estaban en descomposición, pues había Gazistas leales a la independencia; y Cacos desleales a la patria; y en medio de este caos, muy natural después del caos de tres siglos de la colonia, la Junta Provisional Consultiva, presidida por Gaínza, hombre sin conciencia, sin lealtad, sin convicciones, apenas si podía poner a raya los elementos de desorden, y sostener una especie de statu quo en la situación de Centro América, dificilísima en el presente, y prometedora de gravísimas dificultades y de pavorosas dudas para lo porvenir.

Las divisiones habidas en Guatemala se hicieron sentir en las demás provincias. El noble pueblo de El Salvador quería, con firmeza, la absoluta independencia de Centro América. Algunas poblaciones de Honduras y Nicaragua querían la anexión a México; otras la resistían[50]. Costa Rica permanecía neutral. Así las cosas, el 28 de noviembre de 1821, Gaínza dio cuenta a la Junta Provisional con un despacho de don Agustín de Iturbide, de 19 de octubre anterior, en que le manifestaba que Guatemala carecía de elementos para asegurar su autonomía, para precaverse de la ambición extranjera, y para constituirse como nación: que Guatemala debía formar un gran Imperio con México, bajo el Plan de Iguala y Tratados de Córdoba, y que, para atender a su seguridad, marchaba hacia la frontera un ejército protector. Gentil ocasión presentó el despacho de Iturbide a Gaínza y los anexionistas. La Junta Provisional, en vez de desestimar el despacho de Iturbide, o cuando menos, de remitir su contestación al próximo Congreso, cuya reunión se había acelerado,

---

[50] Tegucigalpa, en oposición a Comayagua, estuvo siempre por la independencia absoluta de España y de México. Se mantuvo firme en este propósito; y en premio de su noble actitud y de sus servicios, se le dio el título de Ciudad, y a su Ayuntamiento, el de Muy noble Ayuntamiento.

fijándola el 1° de febrero, se limitó a manifestar que carecía de facultades para resolver sobre tan arduo asunto; pero a la vez aceptó, por mayoría, el expediente inventado por el Marqués de Aycinena, de que los Ayuntamientos, en cabildos abiertos, diesen su opinión y recogiesen el voto de los pueblos sobre la conveniencia o inconveniencia de la anexión.

El Marqués de Aycinena y los demás anexionistas no tenían otros móviles que los del egoísmo y la vanidad; querían hacer imposible la república para obtener, en cambio de sus servicios liberticidas, pensiones, condecoraciones y honores del Imperio. Bien sabía el Marqués de Aycinena que el resultado de su expediente satisfaría sus ambiciones. Los pueblos, seducidos unos, intimidados otros con la amenaza de ejércitos mexicanos, e inexpertos todos, debían dar lugar al sometimiento de Guatemala a México. En vez de resolverse asunto de tamaña trascendencia, como debió ser, por el Congreso, compuesto de hombres de alguna educación política, y perfectamente conocedores de la situación de las cosas, iba a resolverse por pueblos ignorantes, sorprendidos por la intriga, y sin tiempo siquiera para orientarse y recibir los consejos del buen sentido.

Los trabajos de los anexionistas fueron empeñadísimos, y ya sin ningún embozo, en favor del Imperio. Se vejaba y perseguía a los independientes, y se quería triunfar, a toda costa. Gaínza había mandado a los ayuntamientos, el 30 de noviembre, una circular para que, en cabildos abiertos, diesen su voto sobre la anexión y recibiesen de los pueblos, fijándoles, para ello, el angustioso plazo de un mes, pues en los primeros días de enero debía hacerse el escrutinio y la regulación de votos. Los pueblos, aturdidos por el rudo golpe que les asestaran los anexionistas, pusieron en práctica, como les fue posible, las prevenciones de Gaínza, gobernador político y militar de Guatemala.

Llegó al fin el día fatal de 5 de enero de 1822, día de tristísima recordación. Reunióse la Junta Provisional Consultiva, presidida por el jefe Gaínza, y procedió a hacer el escrutinio y la regulación de votos. Resultó que algunos pueblos dejaban al Congreso la resolución sobre la anexión, que otros la querían simplemente, que otros la aceptaban bajo condiciones, y que otros se conformaban con el voto de la Junta Provisional. A esta divergencia de opiniones se agregó que faltaba la votación de sesenta y siete ayuntamientos. En ocasión tan solemne, en que todo era dudas y conflictos, y en medio de aquel conciliábulo infame, conjurado en daño de la Patria, Valle se elevó en grande altura, como amigo de la verdad y de los derechos de los centroamericanos; se opuso con toda la energía de su alma a la anexión, y en discurso brillantísimo, que por sí solo bastaría para inmortalizar su nombre, dijo, entre otras cosas, a los enemigos de la independencia.

Guatemala, colocada en la posición más feliz de la América, extendida sobre un área de ciento cincuenta y cinco mil millas cuadradas de tierras de diversos grados de temperatura y fertilidad, y poblada de dos millones de individuos[51], de diversos talentos y aptitudes, tiene los elementos más preciosos de actividad; las semillas más fecundas de riqueza; los principios más activos de lo grande.

Bien administrada por un gobierno que quiera, sepa y tenga las facultades precisas para desenvolver aquellos gérmenes, Guatemala no solo puede ser nación independiente, sino rica también, fuerte y poderosa. Pero mal administrada por un gobierno que no quiera, o no sepa, o no esté bastante autorizado para desarrollar sus elementos, Guatemala no podrá ser pueblo independiente y libre, grande ni rico. Ved esas tierras tendidas, fértiles y bien situadas. Serán jardines, si el propietario, dueño de ellas, quiere y sabe labrarlas. Serán malezas, abrojos, o gramas si no tiene voluntad o pericia, para cultivarlas.

Mirad a ese joven robusto y bien dispuesto para recibir la educación más feliz. Será pequeño si su preceptor no quiere que sea grande; pero será sabio si un maestro quiere que sea ilustrado. Un pueblo de dos millones de habitantes, colocado en lo mejor del Nuevo Mundo, tiene principios o recursos que no temo llamar inmensos. Se acaba de proclamar, con todos los acentos de la alegría, con todos los idiomas del gozo, su libertad e independencia absoluta. ¿Podrá pensarse que quiera perderla ahora que empieza a gustarle? Los hombres de Guatemala son como los de Chile, los de Buenos Aires, los del Perú, los de Colombia y los de México[52]. Quieren ser independientes, y tendré por mentirosos a los que supongan en ellos voluntad contraria; no hablan lo que sienten o son locos, que han perdido la razón, los que dicen que aman la esclavitud. Si en diversas actas distintos ayuntamientos declaran que quieren perder su independencia y estar sometidos a México, yo no inferiré, a pesar de esto, voluntad positiva de esclavitud.

---

[51] Hoy Centro América tiene más de tres millones de habitantes. Actualmente (1929) tiene más de 5000000 de habitantes. N. de los C.

[52] ¿Cuándo los hombres de Guatemala, o los de Centro América, confirmarán el honroso concepto que de ellos formó el Sabio Valle?

Diré que ha habido movimientos o intrigas subterráneas; diré que los municipales han sido sorprendidos; diré que por una parte se les ha anunciado que vienen de México ejércitos numerosos y bien disciplinados, y por otra se les ha manifestado que el capitán general, que tiene las fuerzas de esta nación, quiere que Guatemala esté sometida a México; diré que poniéndolos en posición tan violenta, no han tenido voluntad libre y espontánea; diré que ignoran los principios de derecho público, y por ignorarlos, no dieron las contestaciones que debían dar. No son los Ayuntamientos establecidos para cuidar de las escuelas de primeras letras, o del aseo y limpieza de las calles, los que deben decidir de la suerte de una nación; no es una Junta creada para dar consejo al gobierno, sobre los asuntos ordinarios de despacho, la que debe determinar su ser político; no es un capitán general, nombrado para defender sus fueros, quien debe declarar sobre sus destinos. Los de una nación dependen de ella misma. Solo Guatemala puede decidir de Guatemala; y esa voluntad no se ha pronunciado hasta ahora. Guatemala no debe ser provincia de México. Debe ser independiente. Esto es lo que enseña la razón; lo que dicta la justicia; lo que inspira el patriotismo[53].

Pero vanos fueron los razonamientos incontestables de José del Valle; vanos sus elocuentísimos arranques de noble y fervoroso patriotismo. La resolución de los anexionistas estaba adoptada; formaban un conciliábulo liberticida, y no una junta racional de gobierno; la mayoría cerró la inteligencia a las ideas, su corazón fue insensible a todo sentimiento generoso, y sus oídos estuvieron sordos al clamor, al tristísimo clamor de la patria agonizante. La mayoría de la junta, rompiendo en redondo por todo, acordó la incorporación de Centro América a México, sin más condiciones que las insinuadas por Iturbide; la sujeción al Plan de Iguala y a los Tratados de Córdoba.

Al consumarse el crimen de aquellos parricidas, triunfó el expediente del marqués de Aycinena, efectuándose desde entonces el desgraciado comienzo de la falsificación de los principios y de la opinión pública. El marqués de Aycinena, tal vez sin saberlo, en su expediente encontró una riquísima mina que más tarde, una y mil veces, han explotado los demagogos y tiranuelos de Centro América. ¿Se ha querido anular una Constitución? Se apela por los demagogos o por los déspotas a los Ayuntamientos, a las municipalidades. Los ayuntamientos o

---

[53] Manifiesto de don José Cecilio del Valle a la nación guatemalteca, 1825. Marure. Bosquejo histórico, capítulo II.
Este Manifiesto se encuentra en el presente Tomo. N. de los C.

municipalidades levantan actas favorables a la intriga, y la Constitución desaparece.

¿Se ha querido, contra la ley, contra el organismo de la República, perpetuar en el poder a un caudillo dictatorial y bárbaro? Se apela a las municipalidades, se levantan actas que expresan la voluntad de los pueblos, y el caudillo se perpetúa o se hace vitalicio. ¿Se ha querido glorificar la conducta de algún sátrapa desatentado? Se apela también a las municipalidades. Estas levantan las consabidas actas, y así se justifican y se enaltecen las brutalidades de la demagogia, o las brutalidades de la dictadura.

Con esto no se ha hecho más que corromper a los pueblos que, de complacencia en complacencia, de intimidación en intimidación, de abyección en abyección, han llegado a perder la conciencia de sus deberes, y la conciencia de su soberano poder.

Si el marqués de Aycinena viviese vería las funestas consecuencias de su obra, de su expediente, y por egoísta, por empedernido que fuese, lloraría lágrimas de sangre sobre las ruinas de su propia obra; lloraría, inconsolable, porque fue el apóstol de la fuerza autocrática, fuerza que más tarde o más temprano convierte a los hijos, o a los hijos de los hijos de los fundadores de la férrea opresión, en miserables súbditos, mucho más infelices que los negros del África sujetos al látigo de especuladores y cruelísimos negreros.

El marqués de Aycinena no supo lo que hacía; al menos no comprendió toda su trascendencia; falseó las bases del derecho constitucional; y he aquí que, salvo algunas honrosas excepciones, a partir de tan funesto ejemplo, hemos vivido fuera del derecho público; y he aquí que las naciones cultas, apreciándonos en lo que deben, casi nos han colocado fuera del derecho internacional.

¡Qué tal es la lógica inflexible de los acaecimientos históricos! ¡Qué tan severos, qué tan terribles son para los hombres, son para los pueblos que falsifican la conciencia, los providenciales castigos![54].

---

[54] F. Laurent, en sus estudios sobre la historia de la humanidad, dice: He aquí una ley de lo que hoy llamamos filosofía de la historia. Esquilo no conocía la palabra, pero inaugura la idea, atribuyendo a la acción de Dios las desgracias que afligen a los pueblos. Alguien, dice el poeta, ha negado que los dioses se dignaran ocuparse de los hombres que huellan las más santas leyes; este tal era impío. Más de una vez lo han visto los nietos de los que emprendían cosas injustas y se dedicaban con demasiado ardor a la guerra. Esquilo, Agamenón, N. 355-376. Véase mi estudio sobre la Grecia, páginas 467-470.

Consumada la anexión de Centro América a México, muerta la patria centroamericana, a manos de muchos de sus propios hijos, como era natural y debido, desapareció el gobierno que la rigiera como nación independiente. La Junta Provisional Consultiva se disolvió el 21 de febrero de 1822, y Gaínza, el comodín de todos los partidos continuó como jefe militar y político de la provincia subordinada a México; para su consejo, convocó a los representantes, nuevamente electos para la diputación provincial, que se instaló, por tercera vez, el 29 de marzo del año de 22. El nuevo gobierno trató como sediciosos a todos los opositores al Imperio, y los imperialistas trataron como execrables herejes a los independientes que protestaban contra la inconsecuencia, contra la alevosía, contra el perjurio de los imperialistas que habían dado muerte afrentosa a su propia madre, a su patria. Valle, amargado su corazón, conturbadísimo su espíritu por la primera y más cruel de sus decepciones políticas, retiróse a la vida privada, y en su profundo dolor, y en su profundo duelo por la patria muerta, buscó un refugio y un consuelo en el estudio y en el cultivo de las letras. Recordaba el desconsuelo inmenso de Cicerón, y como el orador romano, dijo con infinita tristeza: Después que se acabó la República, las ciencias fueron mi asilo, a ellas me entregué y cultivándolas serví a la patria. Y sirvió a la patria, de noble y honrosísima manera, publicando escritos que hicieron y harán siempre honor a la América Central. Por aquellos tiempos en que se luchaba heroicamente en el Sur del continente por la independencia, uno de los pensamientos dominantes de los más grandes estadistas, amigos de la causa de los americanos, era el pensamiento de asegurar la independencia de América, y de ponerla a salvo de la reconquista de la Europa. El derecho público de aquella época está calcado sobre la capital y dominante idea de defensa nacional.

Aunque Valle estaba retirado a la vida privada, viviendo tan sólo entre sus libros, con la vida del pensamiento, la provincia de El Salvador, que se mantenía firme en sus propósitos de independencia, quiso sacar a Valle de su retraimiento, eligiéndolo jefe superior político de su disgregada comunidad social. Pero Valle comprendía la situación dificilísima de los salvadoreños que se preparaban a sostener ruda lucha contra Guatemala: Valle comprendía que no debía entrar en una lucha fratricida; y, determinado por tales consideraciones, no aceptó el honroso puesto que le ofrecieran los independientes salvadoreños, los grandes batalladores por la causa del derecho y de la libertad de los pueblos.

Poco tiempo antes de declinar Valle tan alto honor, el 10 de marzo de 1822, fue electo por Tegucigalpa diputado al Congreso de México. Chiquimula lo eligió para igual cargo, el 19 del mismo mes. Valle no se había separado nunca de su familia, a la que tenía un apego entrañable; pero era preciso aceptar el encargo de los pueblos; la patria lo demandaba: era preciso dejar familia y amigos para hacer un viaje penosísimo, de cuatrocientas leguas, exponiéndose a toda suerte de contrariedades y peligros. Valle, pues, aceptó su cometido, y sintiendo una inmensa desolación en el alma, sintiendo un dolor, para él tan desconocido como acerbo, el dolor de la ausencia salió de Guatemala para México el día 7 de mayo de 1822. Nuevo y hermoso teatro iba a presentarse a Valle para que desplegase su inquebrantable actividad, para que hiciese brillar con mayor brillo las luces de su extraordinario talento.

El actor fue digno del grande y nuevo teatro: Valle en México se colocó en las más encumbradas eminencias como ilustrado y nobilísimo representante de la dignidad y de la independencia de Centro América. Es profunda la visión del autor en las páginas transcritas, y sinceras sus palabras al referirse con tristeza al desgraciado comienzo de la falsificación de los principios y de la opinión pública en Centro América. Sin embargo, me resisto a creer que la causa de tantos vicios esté en la anexión a México. El mal ya tenía recios tentáculos, y los anexionistas fueron la simple proyección de un estado de cosas que se avivó considerablemente el 15 de septiembre de 1821; fecha que no constituye el paso de la esclavitud a la libertad.

El acta memorable que separó a Centro América de la tutela de España es analizada con acierto por el Dr. Rosa. En realidad de verdad, no podía desligarse del momento histórico y sus puntos básicos fueron geniales.

Era del caso que los miembros de la Junta Provisional Consultiva a que se refiere suscribieran el Acta después de haberles sido comunicada con las debidas formalidades.

Así ocurrió al siguiente día, 16 de septiembre, y sus firmas están en la parte final del documento, como se ve en la reproducción íntegra hecha en el presente volumen. Muchos ignoran que existe aquella parte final, deduciendo erróneamente que Valle no firmó el Acta de nuestra Independencia.

Después del día "glorioso" Valle habló del sistema económico y político necesario para que la emancipación diera un resultado benéfico, y luchó con toda la fuerza de su genio para encauzar al gobierno recién instalado dentro de las más puras normas republicanas. Demostró, en elocuentísimos estudios, los beneficios obtenidos por la independencia, haciendo abstracción del interés mezquino que le había servido de plataforma. Y es que creyó más oportuno desplazarlo como gobernante que criticarlo como ciudadano. Ese fue el objeto constante de sus deseos, pero la fatalidad histórica dio el triunfo a los malos políticos, y el sueño de Valle fue simplemente sueño... Muy diferente estaría Centro América si hubiera sido posible seguir la ruta que trazara la prodigiosa visión de aquel hijo suyo.

A pesar de las ondas decepciones que experimentó Valle como consecuencia de los trabajos anexionistas, luchó sin el menor desaliento para evitar la amenaza del imperialismo mexicano y opuso una abierta resistencia a la anexión, como lo indica el Dr. Rosa. Todos sus empeños se estrellaron ante intereses creados y Guatemala formó parte del Imperio de Iturbide, hasta que él, y no otro, hizo valer los derechos que tenía para ser independiente.

Capítulo Quinto

Trabajos de Valle como diputado en el Congreso de México. Prisión de Valle en el Convento de Santo Domingo. Sus estudios. Valle es nombrado ministro de Iturbide, y sale de la prisión para encargarse del ministerio. Su política en el ministerio. Caída del imperio. Valle vuelve a ocupar su puesto de diputado. Sus trabajos en favor de la independencia de Centro América. Regreso de Valle a Guatemala.

El día 28 de julio de 1822 llegó Valle a la capital de Anáhuac. Grandes sucesos se habían operado recientemente en México: el Congreso se había instalado el 24 de febrero anterior, al año de haberse proclamado el Plan de Iguala; el gobierno de la Regencia había desaparecido, y desde la noche del 18 de mayo, merced a un pronunciamiento militar, le había sucedido el gobierno de Iturbide. El 21 de junio del mismo año se había efectuado la coronación solemne del emperador.

El Marqués de Aycinena y los demás anexionistas no tenían otros móviles que los del egoísmo y la vanidad; querían hacer imposible la República para obtener, en cambio de sus servicios liberticidas, pensiones, condecoraciones y honores del Imperio. Bien sabía el Marqués de Aycinena que el resultado de su expediente satisfaría sus ambiciones. Los pueblos, seducidos unos, intimidados otros con la amenaza de ejércitos mexicanos, e inexpertos todos, debían dar lugar al sometimiento de Guatemala a México. En vez de resolverse asunto de tamaña trascendencia, como debió ser, por el Congreso, compuesto de hombres de alguna educación política, y perfectamente conocedores de la situación de las cosas, iba a resolverse por pueblos ignorantes, sorprendidos por la intriga, y sin tiempo siquiera para orientarse y recibir los consejos del buen sentido.

Los trabajos de los anexionistas fueron empeñadísimos, y ya sin ningún embozo, en favor del Imperio. Se vejaba y perseguía a los independientes, y se quería triunfar, a toda costa. Gaínza había mandado a los Ayuntamientos, el 30 de noviembre, una circular para que, en cabildos abiertos, diesen su voto sobre la anexión y lo recibiesen de los pueblos, fijándoles, para ello, el angustioso plazo de un mes, pues en los primeros días de enero debía hacerse el escrutinio y la regulación de votos. Los pueblos, aturdidos por el rudo golpe que les asestaran los anexionistas, pusieron en práctica, como les fue posible, las prevenciones de Gaínza, gobernador político y militar de Guatemala.

Llegó al fin el día fatal de 5 de enero de 1822, día de tristísima recordación. Reunióse la Junta Provisional Consultiva, presidida por el jefe Gaínza, y procedió a hacer el escrutinio y la regulación de votos. Resultó que algunos pueblos dejaban al Congreso la resolución sobre la anexión, que otros la querían simplemente, que otros la aceptaban bajo condiciones, y que otros se conformaban con el voto de la Junta Provisional. A esta divergencia de opiniones se agregó que faltaba la votación de sesenta y siete Ayuntamientos. En ocasión tan solemne, en que todo era dudas y conflictos, y en medio de aquel conciliábulo infame, conjurado en daño de la Patria, Valle se elevó a grande altura, como amigo de la verdad y de los derechos de los centroamericanos: se opuso con toda la energía de su alma a la anexión, y en discurso brillantísimo, que por sí solo bastaría para inmortalizar su nombre, dijo, entre otras cosas, a los enemigos de la independencia.

Guatemala, colocada en la posición más feliz de la América, extendida sobre un área de ciento cincuenta y cinco mil millas cuadradas de tierras de diversos grados de temperatura y fertilidad, y poblada de dos millones de individuos[55], de diversos talentos y aptitudes, tiene los elementos más preciosos de actividad, las semillas más fecundas de riqueza, los principios más activos de lo grande.

"Bien administrada por un gobierno que quiera, sepa y tenga las facultades precisas para desenvolver aquellos gérmenes, Guatemala no solo puede ser nación independiente, sino rica también, fuerte y poderosa. Pero mal administrada por un gobierno que no quiera, o no sepa, o no esté bastante autorizado para desarrollar sus elementos, Guatemala no podrá ser pueblo independiente y libre, grande ni rico. Ved esas tierras tendidas, fértiles y bien situadas. Serán jardines, si el propietario, dueño de ellas, quiere y sabe labrarlas. Serán malezas, abrojos, o gramas si no tiene voluntad o pericia para cultivarlas". Mirad a ese joven robusto y bien dispuesto para recibir la educación más feliz. Será pequeño si su preceptor no quiere que sea grande; pero será sabio si su maestro quiere que sea ilustrado. Un pueblo de dos millones de habitantes, colocado en lo mejor del Nuevo Mundo, tiene principios o recursos que no temo llamar inmensos. Se acaba de proclamar, con todos los acentos de la alegría, con todos los idiomas del gozo, su libertad e independencia absoluta. ¿Podrá pensarse que quiera perderla ahora que empieza a gustarle? Los hombres de Guatemala son como los de Chile, los de Buenos Aires, los del Perú, los de Colombia y los de México[56].

Quieren ser independientes, y tendré por mentirosos a los que supongan en ellos voluntad contraria; no hablan lo que sienten o son locos, que han perdido la razón, los que dicen que aman la esclavitud. Si en diversas actas distintos ayuntamientos declaran que quieren perder su independencia y estar sometidos a México, yo no inferiré, a pesar de

---

[55] Hoy Centro América tiene más de tres millones de habitantes. Actualmente (1929) tiene más de 5000000 de habitantes. N. de los C.

[56] ¿Cuándo los hombres de Guatemala, o los de Centro América, confirmarán el honroso concepto que de ellos formó el Sabio Valle?

esto, voluntad positiva de esclavitud. Diré que ha habido movimientos o intrigas subterráneas; diré que los municipales han sido sorprendidos; diré que por una parte se les ha anunciado que vienen de México ejércitos numerosos y bien disciplinados, y por otra se les ha manifestado que el capitán general, que tiene las fuerzas de esta nación, quiere que Guatemala esté sometida a México; diré que poniéndolos en posición tan violenta, no han tenido voluntad libre y espontánea; diré que ignoran los principios de derecho público, y por ignorarlos, no dieron las contestaciones que debían dar.

No son los Ayuntamientos establecidos para cuidar de las escuelas de primeras letras, o del aseo y limpieza de las calles, los que deben decidir de la suerte de una nación; no es una junta creada para dar consejo al gobierno, sobre los asuntos ordinarios de despacho, la que debe determinar su ser político; no es un capitán general, nombrado para defender sus destinos.

Inenarrables fueron los profundos dolores, los crueles sufrimientos que se apoderaron del ánimo de Valle al verse en extraña tierra, en medio de lo desconocido, preso, indefenso, y a distancia inmensa de su familia que había de recibir, entre indecibles congojas, tristísimas nuevas del que fuera su sostén, su padre cariñoso. Mil y mil pensamientos lúgubres, desgarradores, se agolpaban en la mente de Valle. Dirigía representaciones al gobierno, y eran vanas; era reo de Estado, y se le interrogaba como testigo; quería saber el porqué de su prisión, e ignoraba el curso de su proceso; todo eran dudas, todo eran incertidumbres para el pobre preso que sentía en el alma inmensa desolación. Para dolores tan intensos, para infortunios tan amargos, solo había el lenitivo de la cariñosa benevolencia de los religiosos de Santo Domingo, y el dulce lenitivo del estudio. Franqueáronse a Valle, por los religiosos, las puertas de la Biblioteca del Convento, y pasaba los días encerrado en su silencioso recinto, estudiando antiguos manuscritos y antiguos impresos relativos a los sucesos y establecimientos de México; leyendo antiguas gacetas que le hacían observar los progresos de la nación; y revisando los mapas de Nueva España, los de Alzate, Humboldt, Arrowsmith y Brue, que rectificó en vista de nuevos informes y de propias observaciones. ¡Con qué noble y bella figura se presenta Valle a la imaginación como prisionero infelicísimo en el Convento de Santo Domingo! Se me figura ver, bajo la bóveda de sombría y solitaria estancia, a aquel hombre de tez pálida, surcada por los surcos que deja impresos el pensamiento: me parece ver, al caer de melancólica tarde, a los últimos rayos del sol poniente, que penetraban por las altas y estrechas ventanas de las tristísimas celdas del Convento de Santo Domingo, a aquel hombre febricitante, poseído del ansia de saber, inclinado sobre viejos manuscritos, amarillentos y apolillados por los siglos; me parece verlo leyendo y volviendo a leer seculares documentos, lleno de mortal tristeza, pero lleno también de noble afán por encontrar, en aquellas memorias del pasado, las huellas de una civilización, y algún germen precioso para lo porvenir. ¡Qué cuadro tan solemne! ¡Qué admirable combinación de luz y de sombras! Si yo fuera pintor, y tuviese artístico genio, y una paleta rica en colores, retrataría a Valle escogiendo aquellas lentas horas en que estudiaba, como sabio, en el Convento de Santo Domingo; aquellas horas tristísimas que evocan el recuerdo de la Edad Media, de aquella época en que, fuera del perímetro de las agitaciones de las luchas del siglo, la ciencia, deidad adorable, tenía seguro asilo en las silenciosas celdas de los Conventos, poblados de sombras y misterios...

Pero he aquí que cuando Valle estaba más concentrado en sus estudios, que cuando escribía algunos capítulos, los más interesantes de su ensayo sobre las ciencias, de improviso, a las seis de la tarde del día 22 de febrero de 1823, presentósele un oficial de Iturbide para entregarle un pliego de su soberano. ¡Imposible expresar la sorpresa de Valle! En el pliego se le comunicaba su nombramiento de secretario de Estado y del Despacho de Relaciones Exteriores, y se le prevenía se dirigiese a Zapaluta, residencia del Emperador, a recibir instrucciones. Se ordenaba, además, al capitán general le diese una escolta y los auxilios necesarios para que se encaminase, sin demora, al lugar de la residencia imperial[57].

¡Qué cambio tan inesperado, tan brusco en la posición de Valle! Aquello era como el súbito despertar de un sueño de horrores. ¡Qué transición! Pasar de una estrecha cárcel a una absoluta libertad; pasar de la condición de mísero reo, oprimido y olvidado, a ejercer la primera secretaría del Imperio; pasar del abatimiento de la impotencia, a la plena animación y al ejercicio de un gran poder; pasar de la penumbra de una celda silenciosa, a la esplendente luz del mediodía, y al bullicio del mundo y de la política. ¡Qué raras, qué dramáticas son las situaciones de ciertos hombres! ¡Qué grandes, qué maravillosas las antítesis de su vida! Imposible explicar su misterioso contraste, como imposible es explicar cuándo la mansa onda del cristalino arroyuelo formará parte de la ola

---

⁵⁷ Obra inédita comenzada en Guatemala algunos años antes de la prisión de su autor. Se publicará en otro Tomo. N. de los C.

embravecida del inmenso océano. Valle se presentó ante el emperador, quien le manifestó, con hidalga franqueza, que lo había nombrado su ministro para darle alguna satisfacción por los agravios que había sufrido. Valle olvidó las ofensas recibidas, le ofreció sus respetos, y le protestó su gratitud; pero le expresó, al mismo tiempo, que no podía aceptar el honor que se le dispensaba. Un ministro, le dijo ante algunas personas que estaban presentes, debe ser el primer hombre en la ciencia de los gobiernos; el primero en el conocimiento de la nación que ha de dirigir. No debo tener el orgullo de darme el primer título. No hace siete meses que llegué a México, y no tengo, por consiguiente, todos los conocimientos necesarios de esta nación[58]. Añadió algunas otras consideraciones para justificar la no aceptación de la secretaría de Estado; pero Iturbide insistió y insistió, y Valle se vio en el caso de ejercer las funciones de su alto cargo. Los enemigos políticos de Valle, más tarde y en diversas ocasiones, pretendieron desprestigiarlo por su aceptación del ministerio, tachándolo de monárquico, de imperialista. Semejante cargo no lo mereció Valle, si es que se juzgan sus actos a la luz de una crítica imparcial. Cierto es que respetó la legalidad existente durante la colonia; cierto es que fue hasta complaciente con los peninsulares, y por tales complacencias lo he juzgado con severidad; pero consumada la independencia, Valle fue el más devoto, el más sincero del nuevo régimen, y de las nuevas instituciones, el defensor más tenaz de sus fueros y excelencias.

Si Valle hubiera sido imperialista no habría sido el opositor más ardiente a la política del Imperio en el Congreso mexicano, no habría renunciado su cargo con insistencia ante Iturbide, no le habría enviado algunos días después su dimisión, en términos decisivos, a su residencia de Tacubaya, dimisión que no fue aceptada en términos absolutos; no habría, en fin, sustentado en el ministerio una política de moderación y de justicia, cuando el Imperio, creado por la fuerza del militarismo, no podía hallar más salvación probable que en el empleo de medios coercitivos, de fuerza y de intimidación. Si Valle fue ministro del Imperio de Agustín I, fue porque una necesidad indeclinable lo exigía, y porque además su puesto era propicio para trabajar en provecho de los intereses de su patria, nunca olvidada, de Centro América. La historia, que debe ser justa, absolverá a Valle del cargo que le hicieran sus enemigos políticos, mal aconsejados por el espíritu de rivalidad, por el espíritu de las pasiones que no sabe perdonar ni a los hombres de

---

[58] Manifiesto de Valle a la nación guatemalteca, 1825.

acrisolada honra. Pero las pasiones condenan, y la historia absuelve. He aquí la más preciosa garantía de los hombres públicos que saben cumplir con su deber. Valle, en el ministerio, no estuvo en un lecho de rosas. El Imperio estaba vacilante, bamboleaba; las oposiciones eran grandes y amenazadoras; la angustiosa situación del gobierno exigía muchos trabajos, muchos esfuerzos, muchas vigilias, y Valle trabajaba, de día y de noche, sin darse punto de reposo.

No le tocaban días de calma y de solaz, esos días benditos que buscan, desvelados, los politicastros del éxito y de los medros personales. Valle veía que la nube tempestuosa se agrandaba y se ennegrecía, de momento en momento, y era preciso conjurar la tempestad. ¿Cómo conjurarla? ¿Cómo hacer que la crisis social se resolviese de un modo benéfico y honroso? ¿Se emplearía la política de un militarismo atentatorio a todo derecho, la política del terror? ¿O se emplearía la política de moderación y justicia que abre campo al sentimiento nacional y al espíritu dominante de la opinión pública? Iturbide y Valle estuvieron por esta generosa y salvadora política. Valle, que como diputado no había querido la violencia, tampoco quiso la opresión como ministro de Iturbide; trabajaba porque el Imperio no concluyese con una catástrofe; no quería ni el desenlace de una revolución sangrienta ni el desenlace de una reacción liberticida que malograse las conquistas de la independencia.

Esta política triunfó para honra de Iturbide y de Valle. Las ideas republicanas se hicieron predominantes en México. El 6 de diciembre del año de 1822 Santa Anna proclamó en Veracruz la República, y formó el plan llamado de Casamata, secundado por Bravo, Guerrero y otros jefes. El emperador, aunque con muchos partidarios y con un valor personal a toda prueba, evitó noblemente la guerra civil; abdicó la corona el 20 de marzo, y dejó el país, embarcándose con su familia en Veracruz, en el bergantín inglés Rawlins, el 11 de mayo de 1823[59]. De manera tan pacífica y honrosa terminó el Imperio de Agustín I, y con el Imperio, el cargo desempeñado por el estadista Valle. ¡Cuánto enseña la historia! ¡Que aprendan nuestros caudillos! Iturbide y Valle dejaron nada menos que uno de los más vastos y ricos imperios del mundo[60]; y lo dejaron, teniendo prestigios y elementos, sin luchar, por evitar una guerra civil;

---

[59] Véase la historia de México por Manuel Payno, página 147.
[60] Con excepción de los imperios de la Rusia y la China, el imperio mexicano era el más grande del mundo: comprendía desde Centro América hasta Texas, las Californias y Nuevo México.

por evitar que se derramasen lágrimas y sangre. Cuando la opinión se subleva, y la guerra amenaza con sus horrores, ¿dejan así el mando de un pobre cacicazgo nuestros caudillos centroamericanos? Que nuestra historia responda, y que nuestra juventud se inspire en el noble ejemplo de su compatriota ilustre, del ministro de Iturbide.

Merece mencionarse especialmente un noble rasgo de la conducta de Valle, durante el tiempo que estuvo en las alturas del poder. Supo quiénes habían sido los intrigantes, los delatores que movieran al gobierno para efectuar su prisión; tuvo al alcance de la mano a los causantes de su pasada desgracia; pudo haberse vengado; más haciéndose superior a todo resentimiento, a todo encono, renunció a la venganza. Sus ocultos enemigos, los que le hirieran por detrás, solo pudieron arrancarle estas amargas palabras, verdaderas en todos los tiempos y lugares: Los reptiles que entran arrastrándose en los palacios, para abusar después de la autoridad con orgullo, los delatores oscuros, los informantes ocultos, han sido siempre los que he visto con más horror…

Grande fue Valle por el olvido generoso de las ofensas que recibiera, y justo por el terrible anatema que lanzó sobre los hombres reptiles que sorprenden al que manda para herir, alevosa y cobardemente, a las víctimas de su odio o de su envidia. La conducta y las palabras de Valle siempre serán una saludable lección.

Caído el Imperio se restableció el Congreso que había sido disuelto el 30 de octubre de 1822; y el 31 de marzo de 23 constituyó un Poder Ejecutivo, compuesto de Bravo, Victoria, Negrete y Guerrero.

Valle volvió a ocupar su puesto de diputado, y el Congreso continuó dispensándole su confianza, y haciéndole honores dignos de sus altos méritos. El 14 de mayo de 1823 fue nombrado individuo de la comisión especial para fijar las bases de la Constitución, bases que explicó en un notable escrito, que fue impreso de orden del Congreso[61]. Fue también nombrado vocal de otras comisiones importantes en las que trabajó empeñadamente, mereciendo siempre la aprobación y el aplauso de sus colegas.

El 12 de abril hizo una extensa representación al Congreso, evidenciando la nulidad del Acta de anexión de Guatemala a México, y pidiendo la salida de las tropas de Filísola que operaban en territorio centroamericano. El primero de julio se trató en definitiva la gran cuestión sobre la independencia de Guatemala. Valle pronunció en aquella sesión memorable un extenso y luminoso discurso sobre los

---

[61] Será publicado en otro Tomo. N. de los C.

incontestables derechos de Centro América a su independencia y a su libertad, derechos tanto más innegables cuanto que estaban declarados insubsistentes el Plan de Iguala y los Tratados de Córdoba, sobre cuyas bases se había hecho, por un conciliábulo de imperialistas, precipitada y traidoramente, la anexión de Guatemala a México[62]. La poderosa voz de la razón se hizo oír; Valle llevó a todos los ánimos el convencimiento. El ministro del nuevo gobierno manifestó al Congreso que Guatemala debía estar en libertad para constituirse como le pareciese, y que debían retirarse las tropas de Filísola.

El Congreso, cediendo a la justicia, hidalga y brillantemente representada por Valle, dio un acuerdo confirmando los puntos indicados por el ministerio. El acuerdo del Congreso resolvió por completo la cuestión, y dejó garantizada la independencia de Centro América[63]. Tras largos meses de propaganda, por medio de la prensa, y de trabajos parlamentarios en favor de la emancipación de Guatemala, Valle vio colmados sus deseos, satisfechas sus aspiraciones, que eran los deseos y aspiraciones del patriotismo centroamericano. Alcanzado su honrosísimo triunfo, el 3 de septiembre dirigió un oficio al Congreso, manifestando que había sido electo diputado a la Asamblea Nacional de Guatemala, y que él, lo mismo que sus compañeros guatemaltecos,

---

[62] Estos trabajos de Valle aparecerán en uno de los próximos Tomos. N. de los C.

[63] Sobre este interesante punto aún no se ha fijado la atención de los centroamericanos. La segunda Independencia de Centro América se debió a José del Valle. Es necesario hacerle esta justicia, pese a quien pese. Supóngase que Valle, merced a sus perseverantes y prestigiosos trabajos, no hubiese obtenido del gobierno y del Congreso mexicanos la declaración y garantía sobre la independencia de Centro América; supóngase que el gobierno y Congreso hubiesen querido, con firmeza, que Centro América, unida al Imperio, hubiese continuado unida a la República; dado este supuesto, no obstante la dejación que del mando hizo Filísola, no obstante la decisión de los independientes centroamericanos, la anexión a México habría continuado. Pudo efectuarse, aunque de hecho, la anexión al Imperio; pues con mayor razón pudo efectuarse la anexión a la República. Y si no, he aquí una prueba. La República mexicana quiso tomar nuestra provincia de Chiapas, y Chiapas le pertenece; quiso tomar nuestro territorio del Soconusco, y el Soconusco también le pertenece. Multiplíquese por cinco esta cantidad de fuerza, y tendremos el resultado de la multiplicación en favor de México. Sin los trabajos de Valle, y sin el respeto de México al derecho, hoy constituiríamos un gran Estado de la Federación mexicana. Unidos a aquella gran nación que hoy tiene verdaderas instituciones, ¿seríamos más felices? Mi razón me dice que sí; mis sentimientos de centroamericano me dicen que no. Gracias, pues, sean dadas a Valle que sustentó la causa que ama nuestro corazón. En cuanto a lo demás, principios, ideas, libertad, justicia, civilización, el porvenir decidirá... Yo creo en lo porvenir.

habían recibido orden de su gobierno para regresar a su país. El Congreso mexicano dio por retirados a los diputados centroamericanos, y Valle dejó de asistir a las sesiones.

Resuelta para Valle toda cuestión política en orden a su patria, tan solo se ocupó en preparar su regreso, y en enriquecer su inteligencia con nuevos conocimientos sobre los elementos materiales y morales de México. Una nación, decía, es un libro muy grande, de instrucción muy vasta y profunda. Volvió a leer el Ensayo político de Humboldt, estudió en los archivos los mismos impresos y manuscritos que tuvo en sus manos y que estudió aquel sabio viajero; visitó y observó los establecimientos públicos; dedicó atento examen a los minerales y a la flora y la fauna de México, y consiguió algunos instrumentos de observación para emplearlos en nuevos estudios, durante su regreso a Guatemala. El viaje de regreso de Valle fue el viaje de un sabio. Observaba las temperaturas y producciones de cada lugar, fijaba las distancias de los pueblos, estudiaba sus usos y costumbres, tomaba alturas barométricas y termométricas, coleccionaba y clasificaba minerales y vegetales, y hacía toda clase de observaciones que consignaba en un diario de su viaje. Quería regresar a Guatemala riquísimo en conocimientos para poner su ciencia al servicio de sus conciudadanos. Bajo impresiones tan halagüeñas, y con la más pura e indecible alegría de su alma, después de dos años de ausencia, a principios de 1824, Valle entró en la capital de Guatemala, acompañado de numerosos amigos que habían salido a su encuentro para darle plácemes de bienvenida. Inolvidable fue para Valle aquel día venturoso de su retorno. Más tarde decía con tierna emoción: Si me hubiera sido posible estrechar en mis brazos a Guatemala, yo la hubiera apretado entre ellos, con más gozo que un amante al objeto de sus amores. En aquel día feliz el sabio callaba; hablaba tan solo el hombre de corazón. ¿Qué mejor elocuencia para demostrar el saber y dinamismo de Valle, puestos al servicio de sus conciudadanos con incomparable afecto?

Él era centroamericano, deseaba la más amplia libertad para su patria y no podía estar de acuerdo con la sumisión al Imperio de Iturbide. Cuando llegó a México, su poderosa mentalidad iba forjando planes para anular la anexión; y la campaña que desarrolló en favor de la absoluta independencia tuvo tal intensidad, que fue preso por orden del emperador, dando así el espectáculo del revolucionario genuino, para quien la cárcel o el exilio constituyen condecoraciones de valor inestimable. Séame permitido reproducir en este y en el siguiente comentario, ciertos documentos y transcripciones que hizo don Rómulo E. Durón al compilar algunos estudios de Valle en 1906. Es interesante cómo razonaban los defensores de la causa anexionista para justificar su imperialismo, y cómo pensaban atraer a Valle al partido del gobierno supremo, lo que jamás fue posible. Los siguientes párrafos de una carta enviada por Filísola al ministro de Guerra mexicano acreditan los conocidos procedimientos del imperialismo. Filísola en Guatemala ignoraba, al escribir la carta el 16 de septiembre de 1822, que Valle había sido preso en México el 26 de agosto del mismo año.

Veamos lo que dice:

Yo debo hablar a V. E. con la ingenuidad que exige una materia tan delicada. A no ser las órdenes de 17 y 18 de junio y sin más que acercar mi división a las inmediaciones de San Salvador ocupando los puntos imperiales, yo hubiera contratado de una manera muy ventajosa, y aquella provincia se hubiera decidido. Pero las noticias que se reciben de esa corte; las ramificaciones que tiene el partido democrático de San Salvador en esta capital, en otros puntos de estas provincias y aun en esa misma corte, inutilizaron mis medidas. No era fácil que San Salvador se decidiese cuando de la misma capital del Imperio se le escribe que el soberano Congreso trata de dejar independientes y libres a las provincias de Guatemala, cuando algunos de los representantes manifiestan que están empeñados en este paso peligroso. Es sensible, señor —exclamó—, que un corto número de ambiciosos, ávidos de honores y de venganza, esclavos de teorías y sin un conocimiento práctico del curso y de los resultados de las revoluciones; es sensible que estos pocos hombres, los más de ellos sin nada que perder, estén maquinando la ruina del país, que, sin haber experimentado las desgracias de la guerra, era ya harto pobre y despoblado antes de hacer su independencia. El Dr. Delgado, cura de San Salvador; D. Manuel José Arce, labrador quebrado; D. Antonio José Cañas, maestro de primeras letras; D. Juan Manuel Rodríguez, administrador de una hacienda, y otros personajes de esta clase son en aquella provincia los que, sin haber visto más que su provincia, dirigen todos los negocios públicos; se avocan la representación de los pueblos; oprimen a los que no siguen su sistema y se apoderan de los empleos obrando despóticamente en un país que se apellida libre.

En esta capital sostienen la misma causa, con relaciones muy estrechas e íntimas con aquellos sujetos, el protomédico D. Pedro Molina, el lic. don J. Francisco Córdova y el teniente de milicias D. José

Francisco Barrundia: los tres sujetos de alguna lectura, pluma fácil y mucha obstinación en su sistema, capaces de desempeñar destinos políticos, aunque sin juicio para promover ni dirigir revoluciones; acérrimos partidarios del sistema democrático, y puede ser que algún tanto ofendidos porque no han sacado hasta ahora provecho de la independencia que promovieron. Desde esa corte sostienen este partido los diputados D. José del Valle y D. Juan de Dios Mayorga. Yo juzgo que convendría mucho atraerse a Valle al partido del gobierno supremo empleándole en destino que le lisonjee.

A Molina se le podía hacer jefe político de algún partido en las provincias internas y a Córdova emplearle con alguna magistratura de primera instancia o bien en alguna otra audiencia que no sea esta y distante de la provincia a que se destine a Molina[64].

Fácil es deducir los efectos ulteriores de la carta: el gobierno supremo comprendió la importancia de los servicios de Valle para el Imperio carcomido, y le obligó a desempeñar la Secretaría de Relaciones Exteriores, cargo que no le hizo variar ni un ápice su línea ideológica y moral. Por el contrario, dentro del gobierno mexicano, Valle pudo luchar con mejores perspectivas y demostrar la justicia de la absoluta independencia centroamericana, que confirmó el Congreso de México al derrumbarse el Imperio.

Como lo dice muy bien el Dr. Rosa, la segunda independencia de Centro América se debe a José del Valle.

---

[64] Tomado de la compilación de don Rómulo E. Durón, 1906.

Capítulo Sexto

75

Lo que había sucedido en Centro América durante la ausencia de Valle. Valle ejerce el Poder Ejecutivo Nacional de Centro América. Constitución de 1824. Valle da cuenta al primer congreso federal de los trabajos del gobierno. Elección de Valle para Presidente de la República de Centro América. El congreso anula su elección. Retraimiento de Valle, y su manifiesto de 1825. Valle funda el Redactor General; sus escritos como publicista. Conducta de Valle durante la reacción de Arce y los conservadores de Guatemala. Discursos de Valle en 1826. Valle juzgado como orador.

Entre tanto que Valle permanecía en México trabajando en favor de la independencia de su patria, grandes y ruidosos acontecimientos ocurrían en Centro América. La provincia de El Salvador había entrado en heroica lucha con Guatemala para defender los fueros de la independencia; los imperialistas guatemaltecos, sobradamente criminales, como sobradamente ineptos, habían sido incapaces para someter a los independientes salvadoreños; Gaínza, el veleidoso Gaínza, había sido llamado a México por ser conceptuado como sospechoso, o por lo menos, como inútil; el brigadier don Vicente Filísola había llegado a Guatemala con seiscientos mexicanos, se había hecho cargo del poder como capitán general de la provincia, y había marchado al teatro de la guerra; el sometimiento de los centroamericanos estaba para consumarse, y sufrían atentados y vejaciones de la soldadesca mexicana, cuando Filísola tuvo noticia del pronunciamiento de Casa Mata; Filísola, que gobernó con un buen sentido y con una moderación que honran su memoria, había convocado, el 29 de marzo de 1823, un Congreso que debería reunirse en Guatemala, conforme al Acta de 15 de septiembre de 1821; a la sazón Honduras estaba en conmoción, y grandes disturbios ocurrían en Nicaragua y Costa Rica; el 24 de junio se había instalado solemnemente la Asamblea Nacional Constituyente, compuesta de los hombres más notables de Centro América;

la Asamblea que había abierto sus sesiones, el 29 del mismo mes, había tomado en consideración el Acta de 5 de enero de 1822, y declarado en el memorable Decreto de 1° de julio de 1823, que las provincias de que se componía el Reino de Guatemala eran libres e independientes de la antigua España, de México y de cualquiera otra potencia, así del antiguo como del nuevo mundo, y que no eran ni debían ser el patrimonio de persona ni familia alguna; que dichas provincias tuviesen la denominación de PROVINCIAS UNIDAS DEL CENTRO DE AMÉRICA; el Congreso se había ocupado en dictar otras medidas de alta importancia y de constituir un Poder Ejecutivo provisional, compuesto de tres individuos, de cuyo número fue José del Valle, por segunda elección de la Asamblea. Tales fueron los sucesos principales que se habían verificado, tal era la situación de Centro América cuando Valle, electo diputado e individuo del Poder Ejecutivo, llegó de regreso de México a Guatemala, a principios del año de 1824. A instancias de la Asamblea Nacional, Valle, el 5 de febrero de 1824, tomó posesión de su cargo como individuo del Supremo Poder Ejecutivo. Valle era el pensamiento, era el nervio de aquel gobierno provisional. No vivía para su familia ni atendía a sus intereses; tan solo vivía para la patria, y tan solo atendía a los públicos intereses. No se limitaba a hacer lo que era de su estricta obligación. Trabajaba como individuo del Poder Ejecutivo, trabajaba como secretario, dictando algunas notas para auxiliar al ministerio, trabajaba como presidente de la Comisión de Hacienda, y trabajaba, en fin, como redactor de La Gaceta del Gobierno Supremo de Guatemala, periódico que siempre deberá consultarse, pues es fuente de grandes y provechosas enseñanzas políticas y administrativas[65].

El asunto más serio, de más vital interés que embargaba la atención del Poder Ejecutivo, fue la pacificación de Nicaragua. Esta provincia, por el año de 24, estaba destrozada por el monstruo de la anarquía; su vida era una vida de horrores; formaba lo que después formó Honduras bajo el desgobierno del general José María Medina y demás caudillos que precedieron al gobierno del señor don Marco A. Soto; el escándalo de la América Central.

En orden a la pacificación de Nicaragua, divergentes eran los pareceres de los jefes del Ejecutivo, Valle y Arce; Valle retardaba la pacificación porque quería el empleo de medios prudentes que evitasen la intervención armada de El Salvador, en la que estaba interesado Arce como salvadoreño, llevando, entre otras miras, la de ensanchar sus prestigios en Nicaragua. Valle obró mal comprometiendo, por espíritu de rivalidad, los más caros intereses de toda una provincia, necesitada, ante todo, de paz y de regularidad. Pero su responsabilidad se atenúa si se considera que la provincia de El Salvador, de acuerdo con Arce, quiso obrar por su propia cuenta, sin contar con el gobierno general, en la pacificación de Nicaragua. Valle debió poner obstáculos a tales procedimientos, pues como hombre de principios y de vista perspicaz, comprendía la dañosa trascendencia que tendría la indisciplina, la insubordinación del gobierno de una provincia. Sin embargo, Valle, para hacerse superior a odiosas rivalidades y cumplir en todo con su deber, debió poner a raya las extralimitaciones de la autoridad salvadoreña, y a la vez, emplear prontamente medios eficaces para el logro de la completa pacificación de Nicaragua. Esto habría hecho honor a sus prendas de particular y de gobernante, y habría evitado que su competidor Arce

---

[65] Véanse los tomos de La Gaceta de Guatemala, correspondientes a los años de 1824 y 1825.
Los estudios de Valle contenidos en aquella publicación, aparecerán en los Tomos próximos. N. de los C.

obtuviese más tarde, en 1825, el triunfo de pacificar a Nicaragua, y de dar alguna regularidad a su modo de ser político.

Los desacuerdos de que he hablado, y el carácter altivo y, por lo común, intransigente de Valle, hicieron que Arce se separase del gobierno. Arce era a su vez orgulloso, había prestado grandes servicios a la causa de la independencia, tenía muchos prestigios entre los liberales, poseía la conciencia de su alto valer, y no toleraba el predominio que ejerciera Valle por su carácter imponente y su talento incontestable. Sucedió a Arce en el Poder Ejecutivo don José Manuel de la Cerda, sujeto que siempre supo distinguirse por su moderación, por sus desinteresados servicios, y por su amor acendrado a la independencia y a las instituciones republicanas. Más tarde el triunfo definitivo de Arce sobre su competidor Valle debía ser fecundo en males para Centro América.

A la sazón que Valle y sus colegas ejercían el Poder Ejecutivo de las Provincias de Centro América, la Asamblea Nacional Constituyente se ocupaba en la formación de la Ley Fundamental que había de darse a la República.

La Asamblea estaba dividida en dos grandes partidos, el federalista y el centralista; el primero estaba formado de los liberales que querían dar a Centro América una Constitución federal, análoga a la de los Estados Unidos del Norte; el segundo estaba formado de los conservadores que querían hacer de Centro América una República unitaria, y constituirla bajo el régimen de un gobierno central. La situación de las provincias, que supieron preparar para su objeto los liberales, el desprestigio en que estaban las ideas de los conservadores que acababan de ser imperialistas, y el seductor ejemplo de las instituciones norteamericanas, todas estas causas, unidas a una grande inexperiencia, dieron en la Asamblea el triunfo a la idea de los federalistas. Adoptado el principio del federalismo, la Asamblea, después de ímprobos y honrosos trabajos, y de ruidosísimos debates parlamentarios, el 22 de noviembre de 1824, emitió la Constitución de la República Federal de Centro América. Valle, aunque electo diputado, no figuró en la Asamblea Constituyente, por estar encargado del Ejecutivo. Su nombre y los de sus colegas, don José Manuel de la Cerda, y don Tomás O'Horán, aparecen autorizando el ejecútese de la primera Constitución de la República. Valle, en algunos de sus escritos, ya fuese por altos motivos de patriotismo, ya fuese por íntimo convencimiento, se mostró muy satisfecho de la nueva Constitución Federal de Centro América[66].

Sin embargo, infundada era su satisfacción. Error fundamental fue, a mi juicio, la aceptación de un régimen federal para las provincias del antiguo Reino de Guatemala. El federalismo rompió nuestra unidad histórica; creó para un pueblo, sin ninguna educación política, el sistema de gobierno más difícil de practicarse; estableció un complicado y antieconómico organismo gubernativo para un pueblo falto de comunicaciones y de recursos; constituyó un poder nacional, destituido de suficientes y vigorosas atribuciones; sembró, en fin, en el suelo de un pueblo inquieto, apasionado, de raza meridional, irreflexiva, la simiente de una constante guerra civil[67]. La derrota de los conservadores que tenían razón y el triunfo de los liberales, que solo tenían buenos deseos, nos han costado muy caro, y muy caro costarán también a las venideras generaciones.

El error de los federalistas del año de 24 trajo, antes del 29, la anarquía que produjeron los golpes de Estado del presidente Arce, hizo que escollasen los esfuerzos del genio fecundo de Francisco Morazán, hizo que en el año de 39 quedase despedazada, hecha jirones, la patria centroamericana. Hoy mismo aquel funesto error produce la ruinosa y excepcional situación de las pequeñas repúblicas de Centro América; hoy mismo aquel error, por siempre lamentable, hace que en toda la América española solo los centroamericanos tengamos la más pavorosa de las cuestiones, la cuestión de buscar los medios de existir políticamente. México, la Confederación Argentina, Colombia, Chile, Venezuela, el Perú y demás repúblicas del Sur, han tenido el buen sentido de conservar, bajo una u otra forma, la entidad nacional, fuerte y respetable, que constituyeran históricamente. Algunas de dichas repúblicas han hecho grandes conquistas en el terreno de la verdadera democracia y de la verdadera civilización, y no podrán ya retroceder; las menos felices tienen cuestiones dificilísimas que resolver en lo social y en lo político; pero no tienen que resolver la cuestión de existencia, la cuestión de ser verdaderas naciones. Aunque el Perú fuese desmembrado por su enemiga Chile, el Perú siempre tendrá elementos para ser una

---

[66] Ver en este Torno el Manifiesto del Gobierno Supremo de los Estados del Centro de América, que tiene fecha 20 de mayo de 1824. N. de los C.

[67] El autor de esta obra hace un juicio crítico, amplio y fundado en antecedentes y hechos concretos, de la Constitución Federal de 1824, en la Biografía inédita del Benemérito General don Francisco Morazán.

nación; toda su cuestión se reducirá al modo de gobernarse con honradez y cordura. Pero entre nosotros, a causa de que el buen sentido práctico solo ha brillado por su ausencia, existe, lo repito, como tristísima excepción en la América española, el más pavoroso y terrible de los problemas, el problema de existir.

La cuestión para nosotros no es de atender al modo de gobernarse cada una de nuestras infinitesimales repúblicas; la cuestión capital es unirnos para formar una verdadera nación. Divididos los pueblos centroamericanos, pueden hacerse todos los benéficos arreglos imaginables, pueden emitirse todas las constituciones más perfectas en teoría, pueden alcanzarse algunos relativos progresos, y armarse grandes algazaras en pro de la civilización y de la libertad. Pero todo esto es precario, es vano; el vicio esencial de la desunión corroe nuestro raquítico organismo, nos mata. La desunión mantiene la debilidad de nuestros pueblos, y fomenta su inmoralidad, elementos que serán siempre propicios para que imperen en Centro América la anarquía o el despotismo que hacen imposible un régimen de garantías, de verdaderas instituciones republicanas, único que puede presentarnos ante el extranjero como miembros de una nación digna y respetable.

¡A qué precio se paga un error fundamental en política! Después de más de medio siglo de luchas fratricidas, el error de los federalistas del 24 nos ha legado esta cuestión aterradora: BUSQUEMOS LOS MEDIOS DE EXISTIR; SALVÉMONOS.

¿Cuándo la resolveremos? ¿Cuándo habremos de salvarnos en la tabla que nos ofrecen, aunque de lejos, el buen sentido, la libertad y la civilización? ¡Quién sabe! Ojalá que las generaciones venideras sean más felices que la nuestra. Entre tanto, trabajemos en pro de las ideas.

Después de emitida, el 22 de noviembre de 1824, la Constitución de Centro América, conforme a sus prescripciones, se instaló el 25 de febrero del año siguiente, de 1825, el primer Congreso Federal. Al abrirse sus sesiones, Valle, en un discurso digno de un verdadero estadista, informó a los representantes del pueblo centroamericano de los trabajos llevados a cabo por el gobierno provisional[68]. Valle dijo: Dirección prudente de la opinión, orden interior, instrucción pública, hacienda, fuerza, riqueza, relaciones exteriores, Constitución; son los objetos que han ocupado al gobierno y a los cuales ha llamado la atención de todos los funcionarios. Enumeró las labores administrativas realizadas con relación a cada uno de tan importantes ramos de gobierno,

---

[68] Aparece en el presente Volumen. N. de los C.

y terminó su discurso con estas bellas y consoladoras palabras: El gobierno presenta a la nación sin revolución ni movimientos destructores, la presenta avanzando en su carrera. Un labrador laborioso recuerda con gozo sus trabajos, y ve con placer sus cosechas. Un gobierno celoso, volviendo los ojos a los suyos, se penetra de iguales sentimientos. Trabajé, dice, en el año que ha pasado; trabajaré más en el año que comienza. Los pueblos me han confiado sus destinos: yo seré todo para los pueblos. Una lágrima menos; una espiga más; un retoño de la planta que no se había cultivado, será el máximum de mi felicidad.

Conforme a la convocatoria de 5 de mayo del año de 24, los pueblos eligieron las autoridades federales. Los partidos liberal y conservador entraron en una verdadera campaña electoral.

Los liberales trabajaron por la candidatura del general don Manuel José Arce, sujeto que había contraído grandes méritos para con la República, a quien creían muy afiliado al partido liberal, y muy accesible para seguir el rumbo de las ideas y pretensiones de los liberales. Los conservadores, con notable mala fe, y solo por no encontrar otro candidato prestigioso para enfrentarlo al caudillo de los liberales, trabajaron por la candidatura de Valle. Uno y otro partido, contrariando sus deberes, empezaron por inocular el virus de la corrupción electoral; trataron de dividir los sufragios de los pueblos para que no resultase elección popular, y correspondiese al Congreso el nombramiento de las supremas autoridades. No obstante tan reprobados manejos, tan viciosos ensayos de la República, triunfó, para honra de Centro América y de sus instituciones, el buen sentido de los pueblos. Hubo elección popular, y resultó electo Presidente de la Federación, José del Valle. Ochenta y dos era el número total de sufragios; se reunieron en la Asamblea setenta y nueve; de estos obtuvo Valle cuarenta y un votos, y Arce treinta y cuatro. Valle, pues, fue electo popularmente Presidente de Centro América.

Mas tal resultado desconcertaba los planes y ambiciones de los liberales; defraudaba sus más acariciadas esperanzas; aspiraban a dominar en el ánimo del gobernante, y Valle no era para ser dominado. Entonces apelaron al expediente de falsear el cómputo de la elección, tomando en cuenta, para fijar la mayoría, la base de ochenta y dos sufragios, y no la base de setenta y nueve, como era debido. A esto se agrega que dos de los sufragios que no entraron en el escrutinio, por fútiles pretextos, no se quisieron tomar en consideración, por temor de que fuesen favorables a Valle, y quedar, en tal supuesto, sin ningún expediente para anular la elección de los pueblos. Para lograr su intento, los liberales necesitaban del concurso de los conservadores que no eran leales a su candidato. Ambos partidos entraron en arreglos, formaron una coalición que dio en tierra con la votación popular, y eligieron en el Congreso, por mayoría de votos, al general Arce, Presidente de Centro América, nombrando a Valle vicepresidente. Así se consumó, cuando la República empezaba a ensayarse, cuando debió haber más moralidad política, la primera y criminal suplantación del voto de los pueblos; así se cometió, por liberales y conservadores, uno de los errores más trascendentales y dignos de lamentarse.

La elección de Valle, ante la historia, honra tanto a los pueblos de Centro América, como deshonra a los partidos que la anularon.

¡Felices tiempos aquellos en que los pueblos no estaban corrompidos por el caudillaje! ¡Felices tiempos aquellos en que el falso brillo del funesto militarismo no había hecho perder a los pueblos su buen sentido práctico! Los pueblos sabían que Valle era un hombre honrado, que Valle era un hombre amigo de la legalidad, que Valle era un hombre incorruptible, que Valle era un sabio estadista apreciado, por su ciencia, dentro y fuera de Centro América. Los pueblos atendieron a su verdadera conveniencia, hicieron justicia al mérito, y eligieron Presidente a Valle, a despecho de los trabajos inmorales de liberales y conservadores. Nuestra historia, a vuelta de muchas y muchas páginas, en que solo puede verse la ignominia, tiene también algunas páginas honrosas. La elección de Valle, para consuelo del patriotismo, formará siempre una página honrosísima en la historia del pueblo centroamericano.

¡Qué vanos fueron los temores que movieron a los liberales a arrebatar la presidencia a Valle! Temían el carácter severo y altivo de Valle, temían que fuese intransigente con sus pretensiones, temían que degenerase en absolutismo el predominio de su alta inteligencia. ¡Ay! En aquella época en que empezaban a fermentar las pasiones y los odios de los partidos, debió comprenderse que los inconvenientes que se encontraban en Valle eran ventajas; que los defectos que se le atribuían eran eminentes cualidades para el mando. Valle, tan severo, tan capaz, tan instruido, no se habría dejado manejar ni por los unos ni por los otros, y esto, justamente, debía haber constituido la prenda segura del orden, de la legalidad y del progreso de las instituciones; la falta de parcialidad habría puesto a raya a las pasiones; la capacidad administrativa habría anulado bastardas ambiciones.

Valle se habría ocupado muy poco en la política de partido, y se habría ocupado mucho en la administración. Valle habría dado un gran sentido económico, de inmensa trascendencia, a los trabajos del gobierno; Valle habría promovido eficazmente la educación política e intelectual de los pueblos; Valle, como gran estadista, no habría tenido los desbarajustes y caídas de Arce; y enérgico, prudente y sabio, habría asentado los fundamentos indestructibles del engrandecimiento material y moral de Centro América.

Valle, justamente, por la virtud de los defectos que se le atribuían, habría salvado a la República. Pero los liberales no quisieron formar un partido sensato y respetuoso a la ley, quisieron formar una pandilla apasionada y vengativa, a guisa de nuestras pandillas de Honduras. No quisieron tener un magistrado íntegro y superior a los intereses y resentimientos de partido, quisieron tener en Arce un dócil instrumento de sus ideas y ambiciones. ¡Ay! Nada queda impune. Tan criminal extravío tuvo bien pronto una horrible expiación.

El instrumento se escapó de las manos de los liberales, y cayó en manos de los conservadores. Arce dio golpes de Estado, despedazó las instituciones, creó el caudillaje, provocó sangrientas y fratricidas luchas, desacreditó a la República, entregó el poder a los enemigos de los que fueran sus amigos, y él mismo acabó por ser innoble víctima de los implacables conservadores[69]. No, el gobernante no debe ser el instrumento de un partido ambicioso y vengativo; debe ser el representante de la ciencia política y de la estricta justicia. ¡Desgraciados liberales! Quisieron un instrumento, y el instrumento los hirió de muerte. Quisieron el triunfo de las pasiones, y las pasiones de sus contrarios los ahogaron en mares de sangre y de lágrimas. Si Valle hubiera sido Presidente, años después, el gran Barrundia, huyendo de los furores del salvajismo de Carrera, no habría muerto en extranjera playa, martirizada su alma por inmenso duelo por la patria muerta. ¡Qué terribles, pero qué saludables, son a veces, las enseñanzas de la inflexible historia! Al

---

[69] En vano el general don Manuel José Arce, cediendo a sentimientos de pundonor y de patriotismo que le honran, quiso justificar su conducta en sus Memorias que publicó en México el 18 de julio de 1830. Las Memorias de Arce revelan al hombre de alguna instrucción, y de propósitos, muchas veces, bien intencionados; pero de ninguna manera al gobernante irresponsable ante la historia. Por más que los errores y los crímenes traten de velarse con hábil hipocresía y seductores sofismas, llega un día en que la historia les rasga el velo, y en que aparecen en toda su horrible desnudez. Si hay algo que los tiranos, por absolutos que sean, no pueden adulterar o pervertir, es el certero instinto de la posteridad, instinto que, para bien de la especie humana, inspira los juicios imparciales de la historia de pueblos y gobiernos.

expresar las reflexiones anteriores no he tratado de fantasear sobre hechos que no existieron ni pudieron existir. He tratado de exponer lógicas conclusiones fundadas en análisis exactos sobre el organismo moral de las sociedades y de los partidos.

Un hecho de observación de nuestros tiempos da fuerza irrecusable a mis reflexiones. El señor Soto, como gobernante, en un pequeño teatro, ha hecho y está haciendo lo que Valle hubiera hecho en el gran teatro de Centro América. Los mal llamados partidos de Honduras jamás se han elevado a la idea de lo impersonal. Nuestros partidos no han comprendido que fuese posible otra política que la de la parcialidad, política servida por un caudillo, y caudillo sujeto a ser el órgano, o mejor dicho, el brazo armado de los resentimientos y ambiciones de sus partidarios.

He aquí por qué no ha habido idea de verdadero gobierno en Honduras. He aquí por qué el gobierno en este país, más bien que un organismo político encargado de realizar el derecho ha sido una facción armada, descuidada de la administración, y provocadora siempre de disensiones y guerras civiles. He aquí por qué el pueblo hondureño ha sido el pueblo más desgraciado de Centro América. Bajo auspicios tan tristes, y cuando el país estaba ya disuelto por la anarquía, el señor Soto, hombre civil, con su firmeza de carácter, con sus elevadas miras, y con su gran saber en lo administrativo, vino a enfrentar desatentadas pasiones, vino a impedir el choque de enemigas pretensiones. No se ha dejado manejar ni por liberales ni conservadores, no ha cedido a injustas exigencias, no ha sido el vengador de pasados agravios, no ha sido el instrumento de rojos ni de cachurecos. El señor Soto solo ha mirado el bien del país, y ha gobernado consultando a su propia cabeza y a su propio corazón. El resultado de esta salvadora política ha sido la paz de Honduras, el progreso de sus instituciones, el acrecentamiento de su riqueza, y la recuperación de su crédito. ¿Gusta esta política a liberales y conservadores exaltados de Honduras? De ninguna manera. El señor Soto es incómodo, muy incómodo para sus exclusivismos disociadores.

En lo íntimo de su alma deben dolerse, como se dolían los partidos de Guatemala respecto a Valle, de ver a un hombre que, con su superioridad de carácter y de inteligencia, anula los esfuerzos de las medianías anarquistas; de ver a un hombre que, con sus hábiles trabajos administrativos, en lo militar, en lo civil, en lo económico, ha puesto redes en que se enredan los políticos de tendencias vengativas y de hechos de insultante exclusivismo; redes en que han caído los sectarios de la vieja política, quedando impotentes para levantarse erguidos, para ejercer el triste ministerio del odio y la venganza, el ministerio de un partido triunfante sobre las ruinas de la patria, sobre la tumba de la República.

La política de Valle no habría gustado a exaltados liberales y a exaltados conservadores, como no gusta la política del señor Soto a los extremistas de Honduras. Pero esto, ¿qué importa? Satisfágase a la razón y a la justicia, hágase el bien positivo de los pueblos, que por lo demás no hay que cuidarse de los sordos murmullos de las pasiones domeñadas: esos murmullos serán ahogados por la potente voz de la verdad, de la verdad que es inmortal.

Como queda expuesto, Valle fue nombrado vicepresidente de la República. Renunció este cargo, y no le fue admitida la renuncia; volvió a renunciar, y conocida por el Congreso su absoluta negación, tuvo que admitírsele la renuncia, sustituyéndolo, primero, con don José Francisco Barrundia, y después, por dimisión de este célebre centroamericano, con don Mariano Beltranena. Se atribuyó, por muchos, tan solo al resentimiento, al despecho, la renuncia de Valle. Es indudable que Valle quedó profundamente resentido por habérsele arrebatado la Presidencia que tenía derecho a ejercer en virtud de la elección de los pueblos; y su resentimiento fue natural y justificable. Mas no solo el resentimiento determinó a Valle a renunciar la vicepresidencia; lo determinó también su deber. Valle, como todas las personas imparciales, juzgó nula la elección de Presidente hecha por el Congreso, y del mismo vicio de nulidad adoleció la elección de vicepresidente.

Si Valle hubiera aceptado la vicepresidencia, habría reconocido implícitamente, como válidos, procedimientos que juzgaba nulos. Valle no debió incurrir en semejante inconsecuencia que habría echado un feo borrón sobre su nombre, y que habría legitimado el éxito de un atentado contra las instituciones. Valle fue digno, y supo cumplir con su deber. No hay que transigir con el absurdo.

El 29 de abril de 1825 Arce tomó posesión de la Presidencia de Centro América. Valle, aunque resentido por el triunfo de su rival, y aunque poseedor de grandes medios de acción, no quiso convertirse en opositor sistemático y vengativo, y mucho menos, en opositor faccioso. Optó por una política de retraimiento, y se entregó a sus atenciones domésticas y a sus estudios, tanto tiempo interrumpido. Valiéndome de sus propias palabras diré que su alma buscaba ciencias que la distrajesen, lecturas que la alegrasen. Vagaba por las plantas, estudiaba esqueletos, medía triángulos, o se entretenía en fósiles.

Como sus enemigos tratasen en aquella época de presentar su conducta como dudosa, para desprestigiarlo ante los pueblos, escribió, el 20 de mayo del mismo año de 25, un extenso y sentido Manifiesto dirigido a la Nación[70]. En ese notable documento, en que brillan una amable sencillez y un alto espíritu de patriotismo, Valle hizo una enumeración de los servicios que había prestado a la patria, y en medio de calmosas reflexiones, recordó, no por vanidad, sino por deber, todos los títulos que tenía para que no se le juzgase mal, y para que los pueblos continuasen dispensándole su aprecio y su confianza. Nobilísimo proceder el de Valle. No apeló a las vías de hecho para vengarse de su rival afortunado y de sus injustos enemigos; y para justificarse, no empleó el insulto ni la diatriba: se limitó a usar del lenguaje de la verdad y de la razón. Ojalá que todos los políticos caídos fuesen tan moderados, tan respetuosos e inofensivos como lo fue José del Valle, el estadista vencido por la híbrida coalición de liberales y conservadores.

Por aquel tiempo empezaron a aparecer publicaciones periódicas, y con ellas calurosas contiendas en el terreno de la prensa. Se fundó El Indicador, órgano de las ideas de los conservadores; El Liberal, órgano de las ideas de los liberales; y El Don Melitón, periódico crítico jocoso, atribuido con justicia a don Antonio Rivera Cabezas, el escritor humorístico que mejor ha sabido manejar la sátira burlesca; los conservadores eran las víctimas de su chispeante ingenio; Rivera Cabezas creía, como los franceses, que el ridículo da la muerte. Valle, para cultivar el género de los escritos serios y provechosos, fundó El Redactor Genera[71]l que don Alejandro Marure, el historiador de más grandes dotes que ha tenido Centro América, calificó en estos términos: Sobrepujó a todos los escritos de su tiempo. Era obra de Valle, y esto es bastante para recomendar su mérito literario[72].

De grande importancia fueron los escritos que Valle publicó en El Redactor General: aún hoy su interés puede considerarse como de actualidad. Citaré, entre los muchos escritos que brotaron de su pluma en la época a que me refiero, los siguientes:

---

[70] Se publica en este Tomo. N. de los C.
[71] Periódico que reproduciremos totalmente en otro volumen. N. de los C.
[72] Marure, Bosquejo histórico, capítulo III.

- La descripción geográfica de la República, y Estados de que se compone.
- Los derechos que tiene para ser independiente de todas las naciones del mundo.
- El extracto de la Constitución política que ha jurado.
- La necesidad de la libertad justa de imprenta como una de las primeras garantías del sistema constitucional.
- Los puntos de vista a que debe volverse la atención de los jefes de los Estados que quieran reunir y comunicar los datos necesarios para ir formando nuestra estadística.
- Los progresos que puede hacer nuestra agricultura, y utilidad de que los labradores escriban los pensamientos u observaciones que les haya dado la experiencia.
- La instrucción sobre el cultivo y beneficio de la grana que empieza a ser uno de los ramos importantes de nuestra industria. El proyecto interesante de hacer navegable el Ulúa, poblar los

campos que fecunda, y atraer al Estado de Honduras la riqueza que el comercio lleva a La Habana[73].

- El decreto de la Asamblea Nacional y artículos de la Constitución en que se ofrecen a los extranjeros los derechos de ciudadanos, asilo y protección.
- El arancel equitativo de nuestras aduanas, y discurso en que se demuestran los principios liberales que le sirven de base.
- El cuadro de Suchitepéquez, uno de los partidos más fecundos del Estado de Guatemala.

---

[73] ¡Qué exactas previsiones y qué acertados consejos los del verdadero Estadista! Entiéndase bien: gobernar es saber y es prever. Hoy estamos haciendo, como una gran cosa, como una radical revolución económica, lo que el sabio Valle indicaba en 1825: atraer el comercio a nuestras costas del Norte, hacer navegables nuestros ríos que desaguan en el Atlántico, y formar centros de agricultura y de comercio en aquellas feraces, privilegiadas tierras, que son las tierras de promisión para la América Central. En nuestras costas del Norte, allí, está el porvenir económico de Honduras, de Centro América; y arraigados, entre nosotros, grandes intereses económicos, será fácil y natural arraigar grandes y legítimos intereses políticos. Más de $ 300 000 recoge Honduras cada año de su exportación de frutas de la costa norte, y esto con imperfectísimo cultivo, y malas vías de comunicación. Esta para echarse al agua el primer vapor que ha de surcar las aguas de nuestros caudalosos ríos que desembocan en el Atlántico. ¡Cuánto ganará la agricultura, cuánto ganará el comercio, cuánto ganará el orden público en aquellas regiones en que sólo imperaban los bandidajes de los Medina y los Coellar! Cuando en las aguas del Ulúa se oiga el primer silbido del primer buque de vapor, al bendecir al gobierno Soto que ha hecho revolución económica tan grandiosa, recordaremos al Colón de nuestros Estadistas, a Valle; y al recordarlo, con entrañable amor, gritaremos los hondureños:

¡tierra! ¡tierra! Habremos encontrado un nuevo mundo para nuestra agricultura, para nuestra industria, para nuestro comercio. ¡Qué se desengañen los ignorantes, estúpidos y dictatoriales mandones militares: a puntapiés y a bofetadas sólo pueden hacer males como gobernantes. Sólo la inteligencia ilustrada puede labrar el bien de estos nacientes y desventurados países. El militarismo brutal sólo podrá hacer la cesión de Belice, con Carrera, y los empréstitos de Honduras y Costa Rica, los escandalosos latrocinios, con Medina y Guardia. José del Valle: tú eras pensador, tú eras honrado y sabio estadista; y por esto tus ideas son las de lo porvenir.

Cuanto bueno y honroso se haga en el sentido de tus previsiones políticas y económicas, llevará siempre el sello de tu nombre: la honra de nuestros trabajos es la honra. de tu nombre. El premio es tardío, pero es magnífico. ¿Qué más galardón? Vives y vivirás glorificado en la historia de nuestros. progresos nacionales. No todo acaba cuando muere el hombre: le sobreviven sus inmortales ideas. Hombres de fe en las ideas: consolaos...

- El estado y progreso hechos por nuestra nación hasta el 25 de febrero último, y los de las otras de América hasta fines del año anterior o principios del presente.
- El aviso de diversas obras publicadas en Europa, y suscripción abierta en esta oficina de otras que conviene publicar. Los principios del Derecho de Gentes que deben respetar las Repúblicas de América para ser felices y no entorpecer su marcha política.
- Los elementos que tienen las naciones del Nuevo Mundo para estrechar más que las del antiguo los vínculos de alianza y amistad.
- El estado político de Europa, y plan de alianza que se llama Santa.
- Los recursos de América para sostener su independencia en el caso de agresión[74].

Valle, en los escritos citados, como en los demás que publicó en su periódico, estuvo a la altura de un verdadero publicista. Valle lo era en el genuino sentido de la palabra, y no en el impropio y lisonjero sentido con que en Centro América se ha dado en llamar publicista a cualquiera que, sin poseer la ciencia social, escribe, en pésimo español, numerosos artículos para los periódicos. Valle conocía y analizaba científicamente las cuestiones sociales; para ello le servían su excepcional talento y sus variados y sólidos conocimientos. Filosofía, Historia, Geografía, Legislación, Economía política, Estadística, Derecho constitucional, Derecho de gentes, Ciencias exactas, Historia natural, en sus diversos ramos, Literatura antigua y moderna, y las más importantes lenguas vivas; todo, todo lo sabía, todo esto lo había estudiado, y lo había estudiado con perfección. Tan múltiples y sólidos conocimientos le hacían tener el criterio de un publicista experimentado, de un estadista práctico.

Los más importantes ramos del saber humano concurren a la formación del publicista merecedor de este nombre. Valle no era del número que forman la mayor parte de nuestros pretensos publicistas, sabedores, cuando más, de la Escolástica, de las leyes de Partida y de las Recopiladas, aunque muy sabedores de las intriguillas de palacio, y muy conocedores de las emboscadas de inmorales partidos que asaltan el poder. ¡Cuánto hemos retrogradado! No solo hemos retrogradado en

---

[74] Véanse los números del Redactor General, desde el 10 hasta el 17.

moralidad política, sino que también en las ciencias y en las letras. Pese a quien pese, he dicho la verdad y continuaré diciéndola. Lo que hemos ganado en extensión lo hemos perdido en solidez. Centro América tiene muchos publicistas, muchísimos, pero son muy contados los que siquiera conocen, científicamente, el organismo del Estado; tiene muchos escritores, pero son rarísimos los que escriben siquiera gramaticalmente; tiene muchos poetas, pero en su mayor parte, insufribles, detestables, y los mejores, salvo honrosas excepciones, apenas si merecen ser lacayos de las musas. Aunque pese a nuestro orgullo, diré que la decadencia intelectual de Centro América es horrible, que corre parejas con su decadencia moral y política. No tenemos un sabio como José del Valle, un publicista como Mariano Gálvez, un historiador como Alejandro Marure, un filólogo como Antonio José de Irisarri, un crítico como Antonio Rivera Cabezas, un folletista como José Francisco Barrundia, un poeta como José Batres Montúfar. Parece que los salvajismos de nuestras demagogias y de nuestras dictaduras han secado las fuentes de las ciencias y de las letras; parece que, muertos de sed de verdad, de justicia y de inspiración, han desaparecido los genios de la ciencia creadora y de la divina poesía. ¡Que solo la libertad fecunda da vida y aliento a la inteligencia que enseña y al corazón que conmueve con el puro sentimiento y las más sublimes armonías!

A pesar del retraimiento de Valle, los pueblos no lo olvidaron. Los de la capital de Guatemala, de Chiquimula y de Santa Bárbara lo eligieron, al mismo tiempo, diputado al Congreso federal, correspondiente al año de 1826. Sintiendo su salud ya quebrantada, y a la vez deseoso de continuar alejado de la vida política, rehusó concurrir al Congreso; mas fue apremiado, con mucha instancia, para que ocupase su puesto, y el 28 de marzo tomó posesión de su cargo. El mismo día pronunció su notable discurso sobre la necesidad de que se publicasen las discusiones y acuerdos del Congreso, presentando, al efecto, un proyecto de ley que tuvo mayoría en la Cámara, pero que, por fútiles motivos, no tuvo la sanción del Senado. En las posteriores sesiones del Congreso de 26, Valle pronunció otros discursos sobre asuntos de grande interés político y administrativo, discursos que, por la elevación de las ideas, por sus tendencias prácticas, y por las correctas formas de su expresión, honrarán siempre nuestros anales parlamentarios. Por aquel tiempo Valle empuñaba el cetro de la elocuencia en el Parlamento de Centro América[75].

---

[75] Todos estos discursos se publican en este volumen. N. de los C

El 30 de junio del año de 26 cerró sus sesiones el Congreso federal, y a fines del mismo año, Arce, inquietado por los liberales, y engañado por los conservadores, tuvo el criminal desacierto de provocar una de las revoluciones más dilatadas y sangrientas que ha tenido Centro América. Arce destituyó ilegalmente y redujo a prisión a don Juan Barrundia, jefe del Estado de Guatemala; anuló los poderes legislativos constitucionales; entró en guerra con el Estado de El Salvador que patrocinaba la causa de las instituciones; ordenó la invasión inicua de Honduras, que produjo la caída del jefe de Estado, don Dionisio de Herrera, y el incendio de Comayagua, la capital.

Arce, aconsejado por los conservadores, trató de anonadar los derechos de los Estados para que no hubiese más ley que su voluntad, mal dirigida por los tradicionales enemigos de la independencia y de la patria. Los Estados, por su parte, lucharon heroicamente en defensa de las instituciones, holladas por la bota de un militar desatentado. Por todas partes la discordia, por todas partes la guerra. Arce convirtió a Centro América en un horrible caos en que solo se dejaba ver, a veces, el siniestro resplandor de los incendios, y en que solo se oía el choque de los sables, el disparo de los fusiles, el estruendo de los cañones, y los sollozos y las quejas y los lamentos de infelices víctimas. Tal fue el cuadro digno de ser reproducido por el genio sombrío del Dante; tal fue el cuadro de infernales horrores que presentó Centro América durante los años de 1827, 1828 y parte del 29, cuadro que llegó a borrarse, a desaparecer, al brillar el hermoso sol de la libertad que iluminó la última y definitiva victoria que alcanzó, en la plaza de Guatemala, el 13 de abril de 29, el ilustre Francisco Morazán, el guerrero de la democracia, el defensor de las instituciones, el glorioso restaurador de los despedazados fueros de la República Centroamericana.

Valle, durante tan cruda y sangrienta lucha, permaneció en su hogar, doliéndose de las desventuras patrias, y haciendo votos por el triunfo de la verdad y la justicia. Victorioso Morazán, que representaba la causa de los Estados, como era lógico, se restablecieron los poderes constitucionales. El Congreso Federal, que había sido disuelto dictatorialmente, se restableció el 24 de junio de 1829, y Valle volvió a ocupar su sillón de diputado, y a hacer oír su elocuente palabra que puso al servicio de los legítimos intereses y de la reorganización de la República. Por aquel tiempo, en uno de sus escritos, expuso el siguiente juicio sobre la pasada revolución: *Desaparecieron los poderes constitucionales; quedó solamente el despotismo incendiador de pueblos, destructor de hombres, devorador de capitales; los Estados de El Salvador, Honduras y Guatemala se alzaron contra él en uso de sus derechos; y la justicia triunfó al fin como era de esperarse*[76].

La Sociedad Económica había sido disuelta en 1825, a causa de la revolución provocada por Arce. Triunfante el partido liberal, y restablecidos los poderes constitucionales, el Congreso, el 30 de septiembre de 29, decretó el restablecimiento de la sociedad. Al reaparecer aquella corporación benéfica, el 29 de noviembre del mismo año, Valle pronunció un luminoso discurso, tal vez el más elevado y el más bello de sus discursos[77]. Tomó por tema la influencia de la ilustración, considerándola especialmente en sus resultados económicos. Al mencionar tan brillante discurso, séame dado exponer el juicio que Valle me merece como orador.

La elocuencia de Valle no era una elocuencia tribunicia; era, más que todo, una elocuencia parlamentaria, o una elocuencia académica; en sus discursos predominaba la idea que convence, y no la vehemencia y las llamaradas de la pasión que seduce y arrebata; su lenguaje era cortado, lleno de expresiones hijas de la reflexión, pero a veces salpicado de pintorescas imágenes; no usaba los grandes períodos, tan propios de la índole de nuestro idioma; no producía esas grandes espirales de palabras, artísticamente combinadas, tan propias para exaltar la majestad de la idea, y para remontar hasta el cielo los vuelos de la imaginación.

Valle con su oratoria enseñaba, convencía, y a veces deleitaba; pero no arrebataba, no enardecía, no fascinaba, no enloquecía los ánimos, a fuerza de golpes de sentimiento y de pasión: su voz era robusta, sonora y, por decirlo así, cortante; pero no era la voz flexible, que ora se convierte en un dulce canto, en una tierna plegaria, o en una suave y amorosísima querella; ora se convierte en el estruendo del torrente, en el estallido del volcán, en el rugir del océano, o en el trueno de las tempestades. La elocuencia de Valle no era la elocuencia de la plaza pública ni de las revoluciones; era la elocuencia del parlamento y de la academia; no era la elocuencia de las luchas ardientes, impetuosas; era la elocuencia de la razón que impera, sin grandes arrebatos, sin grandes arranques de entusiasmo, que impera en fuerza del convencimiento.

La elocuencia de Valle era la elocuencia de Mr. Guizot, con quien tenía grandes afinidades como orador. Como Guizot, gustaba de dar por

---

[76] Véase el apéndice a su discurso pronunciado en 28 de marzo de 1826, e impreso en 1829.

[77] Se publica en este Tomo. N. de los C.

alma a sus discursos trascendentales síntesis científicas que desarrollaba con incontestable lógica y vigoroso estilo; como Guizot, enseñaba y convencía, más bien que peroraba y fantaseaba; como Guizot, era grave en su carácter, severo en su apostura, y, de ordinario, sobrio en el decir; como de Guizot podía decirse de él, valiéndome de la expresión del vizconde de Cormenin[78], que era un pedagogo en su cátedra, dejaba ver siempre, por debajo de su ropa, la punta de su palmeta; que era un calvinista que cuando predicaba enseñaba más bien el temor que el amor de Dios. Ninguna analogía más perfecta que la analogía de la elocuencia de Valle con la elocuencia de Guizot; elocuencia que tenía mucho de la escuela, mucho del profesorado, mucho de las ciencias; elocuencia que alcanzaba grande éxito porque enseñaba, porque convencía, aunque no era la elocuencia del entusiasmo, la elocuencia de las grandes pasiones, la fascinadora elocuencia del corazón. Tal era, a mi juicio, como orador, José del Valle, el primer orador parlamentario de Centro América; tal era la elocuencia de aquel hombre extraordinario que fue dominador de la tribuna en los parlamentos de México y Guatemala; tal era aquel sabio orador centroamericano de quien el famoso escritor Barrundia dijo: Su cabeza fue una luz, su boca fue el órgano de la elocuencia.

Sin compartir la creencia del Dr. Rosa respecto al fracaso del régimen federalista en Centro América, ya que la menor comprensión histórica enseña que el sistema político centralista hubiera sido igualmente peligroso, creo que las intrigas de liberales y conservadoras puestas en juego para evitar la presidencia de Valle en 1825, avivaron la mala fe, la discordia y el caudillaje, que han labrado en gran parte la escisión centroamericana.

El general Morazán con cierto carácter absolutista lo dice en sus Memorias: La elección de Presidente de la República hecha por el Congreso en el ciudadano Manuel José Arce, contrariando el voto de los pueblos que dieron sus sufragios al ciudadano José del Valle, fue en mi concepto, el origen de las desgracias de aquella época.

---

[78] Véase el libro de los Oradores por Timón pseudónimo del Vizconde de Cormenin; es uno de los libros más instructivos y más bellos que ha producido la moderna literatura francesa.

SESIÓN SECRETA DEL 14 DE AGOSTO DE 1824[79]

En copia pongo en vuestra consideración la nota que he pasado hoy al Secretario de Estado, y la contestación que he recibido de orden del gobierno. Ha llegado, señor, el caso de que os diga las razones que me asisten para obrar así; y la disposición en que me hallo por un efecto de la necesidad de conservar el buen nombre de la República. Desde que entré al gobierno supremo de la nación me propuse alejar cuanto pudiese todo motivo de disgusto con tal que no comprometiera la rectitud de mis operaciones o el decoro con que debo proceder; muy pronto experimenté que el C. José del Valle tiene el arte de exasperar, que no sufre opinión distinta, y que su humor se exalta cuando se le contradice; y no siendo yo ni pudiendo ser un ciego suscriptor a sus opiniones, porque juzgo por mí mismo y no habría entrado al gobierno si no pudiera hacerlo, son varias las ocasiones que me he visto comprometido a causa de su preponderancia de genio que hace difícil la discusión y algunas veces la empeña. Me sucedió así cuando se trató del arreglo de la hacienda en cuyo acuerdo está mi voto salvado en lo relativo a las dietas de los CC. diputados.

Yo soy hombre que en el gobierno no tengo más objeto que la patria y la ley, y aunque es muy fácil que yerre a cada instante, me es muy sensible que mis reflexiones sean oídas con desagrado. Puedo citar todos los acuerdos en que he tenido parte en prueba de que ningún siniestro fin me inclina a opinar de este o del otro modo, siendo más evidente esta conducta mía en los asuntos que tocan con San Salvador. Pero habiendo notado que estos son los que más me comprometen porque de algún tiempo a esta parte no tiene el C. Valle la mejor disposición hacia aquel Estado, a pesar de que ha sido uno de sus preconizadores desde que vino de México, me ha parecido que para salvar el decoro y circunspección que debe haber en los individuos que componen el Supremo Poder Ejecutivo, estaba obligado por una ley más irresistible que las escritas a abstenerme de concurrir este día en que se iba a tratar un asunto de gravedad que ya otra vez ha estado en la consideración del gobierno, aunque no como se presenta ahora, y que tuve entonces que salvar mi voto.

Cuando me resolví a tomar posesión del destino con que vos me quisisteis honrar, fue únicamente por conformarme con vuestra voluntad, y porque no se dijera que no aplicaba mis conatos a la marcha del sistema en el lugar que me habíais señalado; mis deseos fueron dedicarme a

---

[79] Revista del Progreso de San Salvador.Núm. 8, págs. 467 a 471

servir a la patria; pero nunca los he tenido de ambición y dominio, porque a más de que mi alma no se alimenta de esta pasión, estoy satisfecho de que los mandos son más espinosos en proporción que son más elevados, que mis luces no alcanzan a cargar con el peso enorme del Gobierno Supremo, y que por esta razón la rectitud de mi espíritu y mis patrióticos deseos pudieran no ser suficientes para el acierto.

Como en cualquier estado puedo consagrar mis servicios tales cuales sean a la conclusión de nuestra grande obra política, si acaso pudieran ser útiles, he resuelto volver lleno de gratitud a vuestras manos la investidura de individuo del S. P. E. de la nación con que habéis querido distinguirme, para evitar que un lance desagradable menoscabe la reputación que tiene nuestra gloriosa marcha, porque ya me faltan los auxilios de la prudencia que, demasiado aplicados, se han ido disminuyendo sucesivamente; estoy cierto de que obrando así hago un servicio a la patria y quedo expedito para hacer todos los demás que de mí se quieran; en cuyo concepto os suplico tengáis la dignación de admitir esta renuncia que pongo resuelto a no volver al gobierno en ningún caso, persuadido de que esto es lo que exige de mí el bien de la patria.

Dios, Unión y Libertad, Guatemala, agosto 13 de 1824.

MANUEL JOSÉ ARCE

DICTAMEN:

El C. Manuel Arce, individuo del S. P. E., ha expuesto en 13 del corriente, varias razones por las cuales cree que su permanencia en el gobierno, lejos de ser útil, es dañosa a la nación; manifiesta servir en cualquiera otro destino, y concluye renunciando el que obtiene y pidiendo que os sirváis admitir su dimisión.

La comisión especial que debe informaros sobre esta solicitud, examinando las consecuencias que pudiera tener la separación del gobierno del C. Arce, se ha convencido de que no se debe acceder a ella.

Son varias las consideraciones que la persuaden, unas que dicen relación al crédito de la República, respecto de las naciones extrañas, y otras que solo se refieren a la confianza y tranquilidad interior de nuestros pueblos.

La renovación frecuente de los individuos del gobierno presenta con muy mal carácter la revolución de un pueblo, y aun en las naciones constituidas y cuyo sistema está consolidado, se ve como un sistema de consideraciones interiores la mutación rápida de ministros. El C. Arce fue nombrado para ejercer el Poder Ejecutivo en julio y octubre del año pasado: fue nombrado primero por el voto unánime de los representantes de todas las provincias, lo fue segunda vez por el consentimiento grato de los representantes de cuatro, y estos dos nombramientos son el mejor testimonio del concepto que toda la nación tenía de su patriotismo y aptitud.

Si después de un concepto tan bien establecido y cuando el C. Arce apenas ha desempeñado por el corto término de cuatro meses las funciones de su destino, se le ve separado del gobierno; no puede creerse sino que unidos al principio y acordes en nuestra marcha política, nos hemos dividido después y que una facción preponderante ha arrancado al C. Arce de un puesto a que lo llamaba la nación.

Pudiera también pensarse que el C. Arce no tiene las virtudes y las capacidades necesarias para las funciones del Poder Ejecutivo, y que engañados los representantes del gobierno de su nombramiento, cuando lo habían visto desenvolver un fondo de depravación o se había manifestado su grande ineptitud para el manejo de los negocios; se habrían visto precisados a separarlo del destino que antes le confiaron, para no exponer la suerte de los pueblos. Y como estos le daban al mismo tiempo sus votos para presidente de la República, era necesario pensar que no conocen sus intereses; que son guiados a las elecciones por el primer faccioso que los sorprende o seduce; que no pueden todavía sostener un régimen independiente. Así es que siempre resultaba perjudicado el crédito de la nación, si se hubiera de admitir la renuncia del C. Arce.

Volviendo la vista a nosotros mismos, es fácil conocer que también debía producir este paso una sensación desagradable en los pueblos. El C. Arce disfruta de un concepto bien acreditado, todos saben sus servicios por conseguir la independencia y sus grandes padecimientos por ella; y han visto, después de lograda, sus conceptos eficaces por sostenerla. Lo ven con gusto encargado de la administración, y no podrían ver sin desconfianza y alarmas que la dejaba.

Cómo es, dirían, que se separa del gobierno cuyas funciones van a terminar, el sujeto mismo que creemos digno de la presidencia de la República y que deseamos la ejerza en el período constitucional. Si nuestros representantes son el órgano por donde emitimos nuestros votos, ¿cómo es que están en contradicción sus operaciones con las nuestras? Así hablarían nuestros pueblos, y no sería fácil contestarles; se llenarían de inquietudes y temor, y faltándoles la confianza, faltaría a los que ejercen el poder el mejor resorte de que pueden usar para encaminarlos al bien. Otras muchas reflexiones pudieran hacerse; pero creemos que son excusadas y que basta lo expuesto para convencer que, tanto para mantener el crédito de la nación como para no atacar la paz de los pueblos, debe no admitirse la renuncia del C. Arce.

Es verdad que no es justo ni prudente precisar a ningún ciudadano al ejercicio de un destino que él rehúsa; pero si el C. Arce desea salir del gobierno porque cree que obrando así hace un servicio a su patria, manifiéstesele que es un daño el que le resulta, y no hay duda de que entonces se prestará gustoso a continuar en él. El C. Arce es un patriota, está pronto, dice, a servir en cualquier destino para el que se le crea capaz; y solo desea salir del gobierno porque entiende que su permanencia en él, lejos de ser útil, es dañosa a la nación. Sabiendo, pues, lo contrario, entendido de que el bien público se interesa en que se mantenga en el puesto que ocupa, sabrá prescindir de cualquiera otra consideración, y no vacilará un momento en hacer los mayores sacrificios personales, por evitar un mal a su patria.

Persuadido de esto, propone la Comisión que os sirváis acordar se conteste al C. Manuel José Arce:

Que la Asamblea Nacional, después de un examen moderado y circunspecto, se ha convencido de que el bien público exige que permanezca en el destino que ocupa en el Supremo Poder Ejecutivo; que en consecuencia no ha podido ni debido admitir la renuncia que hizo de él en 13 de este mes, y que espera que continúe con la dedicación y patriotismo que tiene acreditado, desempeñando las altas funciones que le confió el voto unánime de los pueblos.

Guatemala, agosto 19 de 1824.

Alfonso. Alcayaga. Flores. Sosa. Beteta.

A pesar del dictamen que interpretó con gran ligereza la voluntad popular, el señor Arce mantuvo su renuncia en otra nota, y esta vez le fue aceptada.

Hay que observar el empeño que tenía en torcer la verdadera causa de su renuncia, haciéndose lloronamente la víctima de Valle, con el fin oculto de captarse la unánime simpatía y triunfar en las elecciones que se avecinaban. Oigamos al respecto a don Manuel Montúfar en las Memorias de Jalapa:

Arce, conociendo que su permanencia en el Ejecutivo, donde triunfaba el voto de Valle por la debilidad de O'Horán, podía perjudicar su crédito, renunció la plaza y se fue a San Salvador para organizar una fuerza y pacificar con ella a Nicaragua. Se sospechaba que la mira de este plan era conquistar los votos de aquel Estado para la Presidencia, y por la misma razón, Valle procuró impedir, aunque inútilmente, la marcha de Arce. En San Salvador había órdenes anticipadas para enviar tropas a Nicaragua a disposición del Gobierno Federal, pero este debía designar el jefe, el destino y los objetos; mas en virtud de estas órdenes, Arce sacó las tropas y marchó con ellas a Nicaragua, y sin sujeción al Gobierno Federal de que acababa de ser miembro, dirigió la campaña de que Arzú tuvo solo el nombre de jefe.

ES CURIOSO LO QUE EL MISMO ARCE DICE EN SUS MEMORIAS:

Disgustos suscitados entre el gobierno de San Salvador y el de la República, me obligaron a dimitir el empleo que tenía: lo puse en manos de la Asamblea Constituyente, y admitida que fue mi renuncia, me retiré de los negocios. Séame lícito aquí indicar la expedición que hice a Nicaragua para establecer el verdadero motivo de mi elección de

Presidente de la República, pues se ha pretendido deducirla de falsas causas.

La elección de Arce a la Presidencia de la República en 1825 fue a todas luces inconstitucional como lo indica el Dr. Rosa; y habiéndose discutido tanto, tocaba al señor Arce justificarla. Pero veamos la debilidad de su razonamiento. La Asamblea Constituyente dedicó su atención a calcular los votos de toda la República para saber qué persona tenía la elección popular; se encontró que no la había y en esta virtud, procedió la Asamblea a nombrar por sí entre los sujetos que reunieron mayor número de sufragios; juzgó que yo debía servir la primera magistratura y me designó.

Los desaciertos gubernativos de Arce ensangrentaron nuestra hermosa tierra centroamericana. El Salvador y Honduras lucharon contra él, y como remate obligado entró Morazán victorioso a Guatemala el 13 de abril de 1829. Estos sucesos provocaron en Valle las siguientes consideraciones (incompletas):

La Asamblea Nacional decretó: el Congreso Federal sancionó y la Nación entera proclamó la Constitución Política de la República. Manuel José Arce, nombrado Presidente por el Congreso; Mariano Beltranena, elegido Vicepresidente por el mismo; Mariano Aycinena, suplente de la Corte Suprema y los demás funcionarios que tuvieron parte activa en la revolución juraron cumplirla y hacerla guardar. Era respetable este juramento y les imponía obligaciones muy serias. Lo olvidaron, sin embargo, y se volvieron contra la ley fundamental que con tanta solemnidad habían prometido observar y ejecutar. Maquinaron el plan malvado de abolirla; y esta maquinación fue el origen de sus desgracias y las de la República.

Se embarazó la reunión del Congreso convocado legítimamente por el Senado de 1826; se impidió la del mismo Senado que debía existir según la ley, se arrestó a los jefes del Estado de Guatemala y Honduras que eran muy adictos a la Constitución; se disolvió la Asamblea que funcionaba en esta capital y se vio obligada a vagar por Chimaltenango, San Martín y Quetzaltenango; se desorganizó el Estado de Guatemala y el de Honduras; y a diputados, consejeros, jefes y magistrados amantes de la Constitución se sustituyeron otros que no lo eran; se atacó a los Estados de El Salvador y Honduras; se vio la neutralidad del de Costa Rica y las divisiones intestinas del de Nicaragua; se hicieron cálculos falsos y fundándose en ellos se siguió la guerra con furor.

Desaparecieron los poderes constitucionales y quedó solamente un despotismo inhumano, ordenando sangre y muerte, devorando las propiedades y devastando la República. Arce atacó la base primera de todo sistema constitucional; reunió los tres poderes; se erigió en legislador; dictó leyes contra los artículos más expresos de la Constitución; decretó prisiones y declaró fuera de la ley a patriotas dignos de consideración; hizo uso de la fuerza para sostener sus decretos; puso en movimiento a toda la República. Beltranena tomó el bastón que había quitado a Arce el mismo partido a quien había servido: lo retuvo hasta el fin de la revolución, sin embargo de las reclamaciones del segundo; siguió el plan de guerra, destructor de hombres y propiedades que había comenzado su antecesor Aycinena...[80]

En paz la República se juzgó oportuno pacificar a Nicaragua, según los puntos siguientes:

- Que el gobierno nombre un comisionado que pase al Estado de Nicaragua a pacificarlo.
- Que el comisionado lleve la fuerza que el Presidente crea necesaria.
- Que la fuerza pueda ser compuesta de las milicias de cualquier Estado y completada con sus cupos para reponer sus bajas.
- Que el comisionado tome en todos conceptos el mando del Estado con todo el pleno poder que las circunstancias exijan para cimentar la paz por cuantos medios le dicte su prudencia.
- Que tenga el poder de hacer salir de aquel territorio por providencias económicas a las personas cuya presencia sea dañosa a su juicio; de desarmar los partidos beligerantes y las poblaciones que tenga por conveniente; y de nombrar todos los funcionarios del gobierno en todos los ramos de administración, removiendo todos los que existan y cuya permanencia crea no convenir.
- Publicará una amnistía para todo el que inmediatamente reconozca su autoridad y usará de la fuerza contra los que la desconozcan y resistan.
- Hará proceder a las elecciones de las autoridades del Estado y de la Federación, haciendo también renovar las municipalidades.
- Sobre estas bases el gobierno instruirá al comisionado, al cual podrá mandar retirar con toda o parte de la fuerza después de

---

[80] Manuscritos de Valle

nombradas las autoridades del Estado, o conservarle allí en clase de comandante militar.

- Para los gastos de la expedición, el gobierno pedirá al jefe del Estado de Guatemala quince o veinte mil pesos, ocho al de El Salvador, cuatro al de Honduras y seis al de Costa Rica. Usará de las rentas federales que en el tránsito debe haber y autorizará al comisionado para tomar de particulares préstamos voluntarios o forzosos, si la necesidad le estrechare a hacerlo.

VALLE LOS COMENTÓ EN ESTA FORMA:

Este es el proyecto de resolución que presentaron el 20 de julio de 1829 los diputados Lorenzana, Gálvez, Menéndez, Barrundia, Vasconcelos y Salazar. En el dictamen dicen que León ha sido bastante tiempo el teatro del robo, de la sangre y de las venganzas. Antes del artículo primero está un párrafo trunco.

El gobierno de El Salvador pasó nota a Morazán diciendo que León, Managua y Segovia, donde figuran los jefes políticos y municipales, están por una parte; y Granada y Nicaragua, donde figura el Vicejefe Argüello, están por otra; que Argüello conocerá la necesidad de soltar el mando cuando sea garantido en su persona y propiedades y se le haga entender que ningún auxilio de ningún Estado protegerá una porción contra otra porción; que puede encargarse el mando, mientras se verifican las elecciones, al coronel J. A. Márquez; que esta medida debe investirse de un lenguaje que una al prestigio la urgencia de su adopción y reservarse la misión de fuerzas para en caso necesario.

Morazán no se conforma con esta medida. Dice que no es posible que puedan unirse los partidos por el temor de que el más fuerte haga triunfar su opinión en las elecciones; que solo una fuerza al mando de un jefe bastante autorizado puede poner término a tantos males; que la fuerza no debe bajar de mil hombres; que a más de esto debe darse orden a los jefes de los Estados de El Salvador y Honduras para que faciliten los soldados necesarios con el fin de llenar las bajas; que para los gastos de la expedición se reúnan aquí de los fondos federales, o faciliten los gobiernos de El Salvador y Honduras la cantidad precisa. El gobierno apoya lo que propone Morazán y dice que siendo semejante funcionario desconocido por la Constitución, cree conveniente que el Congreso lo nombre. La nota del gobierno es de 3 de julio de 29[81].

---

[81] Manuscritos de Valle

Don Dionisio Herrera fue el abnegado y audaz luchador que pacificó a Nicaragua.

Capítulo Séptimo

Situación de Centro América. Valle hace competencia al general Morazán en la elección de Presidente de la República. Valle es nombrado Ministro Plenipotenciario de la República ante el Gobierno de Francia. Situación de la República desde 1832 hasta 1834. Los pueblos eligen a Valle Presidente de la República. Valle juzgado coma sabio. Valle juzgado como literato. Enfermedad y muerte de Valle ocurrida en 2 de marzo de 1834

La serie no interrumpida de magníficos triunfos alcanzados por el Benemérito general don Francisco Morazán, desde la memorable batalla de La Trinidad, librada en 11 de noviembre de 27, hasta la batalla de Las Charcas, y su entrada en la plaza de Guatemala, en 13 de abril de 29; tan gloriosos hechos de armas cambiaron, contra la previsión de los conservadores, de una manera radical, la situación política de Centro América. Los Poderes constitucionales que había destruido el presidente Arce fueron restaurados, los conservadores que habían sucumbido, aun los más criminales, fueron indultados, y la justicia de la revolución tan solo quitóles el poder de dañar, imponiendo a los más peligrosos la pena de destierro; Arce y sus principales amigos fueron expatriados; las comunidades religiosas, adversas siempre a todo régimen de libertad y de progreso, fueron disueltas y expulsadas; el esclarecido ciudadano don José Francisco Barrundia, en concepto de senador, se hizo cargo, a su pesar, de la Presidencia de la República, y gobernó bajo un régimen de garantías y de justicia; el general Morazán, en vez de tomar por asalto el poder, empeñóse en nuevas y rudas empresas. Destruyó las últimas resistencias de los conservadores, venciendo en Olancho y Opoteca, ya con la diplomacia, ya con las armas, y restableciendo el orden en el perturbadísimo Estado de Nicaragua: el general Morazán, soldado de la ley, mientras el gran Barrundia mandaba, como verdadero liberal, con la fe en la conciencia, y con la Constitución en las manos, aseguró con el prestigio de su glorioso nombre, y con la fuerza de su valor heroico, la completa paz de la República Centroamericana.

¡Qué tiempos! ¡Qué hombres! Tiempos en que había fe en el derecho y entrañable apego a las instituciones; hombres extraordinarios que, adoradores del ideal querido de la República, supieron hacer milagros de abnegación y patriotismo. Los generosos y perseverantes trabajos de Morazán y de Barrundia hicieron que en 1830, tras las victorias legendarias del 29, hubiese una situación no solo de plena paz, también de legalidad, de grandes planes de progreso, y de perspectivas esperanzadoras, las más consoladoras y lisonjeras para la República. Había concluido el período del presidente Arce y de las demás autoridades federales, y era necesaria su renovación por el voto de los pueblos. Se procedió a elecciones en los primeros meses del año de 30, y basta decir que José Francisco Barrundia gobernaba, para asegurar, como verdad inconcusa, el hecho de que las elecciones fueron completamente libres. Barrundia estaba en el poder; pero no quería el poder y jamás lo quiso; tan solo quiso siempre la dignidad y las libertades del pueblo centroamericano. Barrundia era amigo íntimo del general Morazán; pero jamás quiso que su amigo fuese un gobernante impuesto, y mucho menos, un dictador que hollase brutalmente los fueros de la República: quiso que su amigo predilecto fuese, como lo fue, el soldado de la democracia, el héroe generoso en los combates, y en el gobierno, el digno y culto Presidente de un pueblo libre. La atención de los centroamericanos estaba fija, y con justicia, en la persona del general Morazán. Todo se esperaba del vencedor de La Trinidad, de Gualcho, de San Antonio, de San Miguelito y de Las Charcas; todo se esperaba del genio militar y político que acababa de ganar nuevos laureles en Olancho y Opoteca, y de pacificar, con habilidad admirable, el revuelto Estado de Nicaragua. Su aureola, dice, en oportunísimos términos, el doctor don Lorenzo Montúfar[82], en la pequeñez de nuestro suelo, era la que rodeaba en grande escala a Bonaparte al volver de Egipto.

Y no obstante los esplendores de tanta gloria, y a pesar de ser Morazán el restaurador de la paz y de las instituciones, hubo un hombre que, sin tener más prestigio que el de las ideas, y sin poner por obra trabajo alguno, desde su gabinete de estudio, hizo una gran competencia al general Morazán en las elecciones de Presidente de la República. Tal

---

[82] Muchos de los datos que sirven de base a este capítulo están tomados de la Reseña Histórica de Centro América, escrita por el erudito publicista, doctor don Lorenzo Montúfar. Véase esta obra interesante que contiene noticias, tradiciones y documentos preciosísimos que, a no haber sido la laboriosidad, a toda prueba, del doctor Montúfar, estarían casi perdidos para la historia de Centro América. Sólo quien conoce prácticamente el ímprobo trabajo que es necesario, siquiera sea, para poner en orden los documentos de nuestros incompletos archivos; sólo quien sabe lo que cuestan entre nosotros los estudios históricos, puede apreciar, como es debido, la importancia de la obra del doctor Montúfar. Lorenzo Montúfar ha prestado un servicio eminente a la política y a las letras centroamericanas; la política debe recibir las enseñanzas del pasado; las letras, para tener carácter nacional, deben recibir la inspiración de los sucesos históricos y tradiciones que nos presentan, como en un cuadro, reproduciéndola de atractiva manera, la vida social, política y literaria de nuestros antepasados. Siento que la parte crítica de la valiosa obra del doctor Montúfar no me merezca, en lo general, idéntico juicio. El doctor Montúfar, juzgando, siente más que reflexiona; y la pasión nunca puede ser acertado criterio histórico. Para el doctor Montúfar, en sus juicios, no hay más que dos extremos, cielo e infierno; el cielo, con sus inefables venturas, para los liberales; y el infierno, con sus horribles suplicios, para los conservadores. Yo no tengo ese criterio, yo creo que ha habido y hay liberales que merecen condenarse, y conservadores que merecen salvarse. Además, debe haber un purgatorio para liberales y conservadores; y hasta admito la existencia del limbo para muchos niños políticos que mueren sin bautismo.

hombre, que opuso las páginas científicas del libro a la foja de servicios de un militar heroico, abrumado por el peso de sus laureles, fue el ilustre José del Valle. Las elecciones se efectuaron en paz y en justicia; los votos de los ciudadanos se dividieron, en su mayor parte, entre Morazán y Valle; pero hechos el escrutinio y la regulación por el Congreso, resultó la mayoría de los sufragios en favor del general Morazán. La regulación de votos se hizo de los sufragios recibidos, y no de los que debían recibirse, en conformidad con las ideas expuestas por Valle en los escritos que publicó en el año de 25, protestando contra la nulidad de la elección del general don Manuel José Arce. Valle, el año de 30, vio con gusto el triunfo de su rival afortunado. Ni una palabra de oposición salió de sus labios. Valle no era el hombre de la ruin ambición; Valle era el hombre de la legalidad. Si protestó en el año de 25 contra la elección de Arce, no fue por su derrota electoral, fue porque tal elección fue ilegal; y si en el año de 30 no protestó contra la elección del general Morazán, no fue porque fuese un cortesano del poder glorioso y dispensador de favores, sino porque la elección se había hecho bajo los auspicios de una estricta legalidad. Tan solo pensando y obrando como Valle, se fundan instituciones; tan solo respetando la ley puede existir la República. Esta verdad elemental, tan olvidada de los centroamericanos, es la verdad que da vida y aliento a las instituciones del Pueblo rey de América, a las instituciones de los Estados Unidos. Allí hay grandes, inmensas agitaciones de opinión que parecen presagiar pavorosos cataclismos sociales; pero todo se resuelve en el seno de la paz y de la armonía. ¿Por qué? Porque desde el momento en que la ley habla todo el mundo calla.

Que por estos conceptos, sentidos y expresados de buena fe, no me guarde resentimiento el doctor Montúfar, a quien estimo por su talento y por su ilustración, y de quien, de antiguo, he recibido las más benévolas y amistosas consideraciones que aprecio en alto grado. El doctor Montúfar no debe olvidar que en estas montañas de Honduras aún no se ha perdido la costumbre de pensar y de decir, con libertad, lo que se piensa y se siente. Continuando la franca exposición de mis ideas, diré que deseo que el publicista Montúfar prosiga sus importantísimos trabajos históricos; pero deseo que no sea tan apasionado, que no sea implacable; deseo que a sus juicios no presida el espíritu de partido; deseo que las inspire la imparcial Filosofía de la Historia. El ilustrado doctor Montúfar, ¿dejará que, en lo porvenir, por ceder a los ímpetus de las iras liberales, lo excomulgue la historia que ha de escribirse sobre las revoluciones, las ideas, las obras, los errores y los crímenes de nuestra época?

Hay religioso respeto a la ley; y de aquí proviene que, en aquel país afortunado, no pueden imponerse ni los motines de las turbas ni las dictaduras de los tiranos. La competencia electoral formada por Valle en el año de 30 no puede menos de inspirar grandes y consoladoras reflexiones que honran al pueblo centroamericano y a los hombres eminentes de aquella época. El estado social de entonces era propicio al establecimiento y al desarrollo de las instituciones libres, los pueblos tenían fe en el derecho y apego a las ideas; y los hombres de la revolución del 29 no trataron de corromper a los pueblos, ni unciéndolos al carro de una fuerza brutal, ni seduciéndolos con las promesas de una falsa democracia, ni anonadándolos a fuerza de terror. Así se explica cómo los pueblos de Centroamérica que antes habían electo a Valle Presidente, y que sabían que era un sabio estadista, enfrentaron su candidatura a la candidatura del general victorioso que casi cegaba los ojos con los relampagueos de su triunfadora espada: así se explica cómo la pluma del escritor hizo la oposición al sable del soldado; así se explica cómo el bufete del publicista se puso frente a frente del cuartel del vencedor. ¡Ay! No conocen la historia los que no tienen fe en las aptitudes de nuestros pueblos de raza latina, en su capacidad para ser los pueblos de las instituciones y de la República. Cierto es que hemos llegado a épocas tristísimas de miseria, de abyección, en que es hasta justificable la duda de si hemos nacido o no como seres adscritos a la coyunda vil del despotismo; cierto es que, en lo general, al imperio de las ideas, ha sucedido, de todo en todo, el imperio de la fuerza bruta; cierto es que los miasmas de la corrupción social y política han envenenado nuestra atmósfera. Cuando yo he visto en las serranías, o en los picos de nuestras montañas, a un guerrillero cruel y bárbaro, y cuando ha cometido los crímenes que causan más horror, yo me he dicho, con tristeza infinita, el guerrillero hará carrera, atraerá la opinión, será el Presidente de la República; y esta es la verdad, la terrible verdad. Sotero y Rafael Carrera valieron más en Guatemala que José Francisco Barrundia y Mariano Gálvez, y como la comparación no revela vanidad, el indio Vásquez, cortacabezas, pudo valer más en Honduras que el autor de estas líneas. ¿Pero qué es todo esto ante la crítica filosófica de la Historia? ¿Revela que la raza de los centroamericanos es una raza abyecta, incapaz para la libertad? De ninguna manera. Lo que revela es que nuestros pueblos, en mala hora, han sido corrompidos, y que es necesario rehabilitarlos; los centroamericanos no tenemos un vicio orgánico que nos haga vivir entre los furores de la anarquía, o entre los atentados del despotismo; los centroamericanos, lo que tenemos es un vicio en nuestra educación, pero no falta de buenos instintos y de naturales aptitudes; eduquémonos por la virtud de las ideas, y por la virtud misma de nuestros acerbos dolores, y entonces probaremos al mundo que somos dignos de llevar el nombre de republicanos. No es inepto para la libertad el pueblo centroamericano que consumó, sin odio y sin venganza, la independencia de España; el pueblo que en el año de 24 eligió Presidente a José del Valle, hombre civil y de gobierno, a despecho de Arce, hombre de prestigios militares; el pueblo que, en los años de 27, 28 y 29, luchó heroicamente por restaurar las instituciones de la República; el pueblo que, en el año de 30, no se dejó fascinar por las glorias militares del general Morazán, y volvió a dar sus votos al gran Valle, al hombre de la ciencia y de la legalidad. Nuestros pueblos, más que corrompidos, están aturdidos por los golpes redoblados de la anarquía o de la dictadura. Que los hombres de ideas les apliquen remedios que los hagan salir de su estupor, de su aturdimiento, y veremos volver a la vida pueblos enérgicos, con vocación para la democracia, con vocación para la verdadera libertad. No desconfiemos del carácter y de los destinos de nuestros pueblos; no pensemos, como Aristóteles pensaba de los bárbaros, que su destino es la esclavitud. Hagamos pensar a los pueblos, hagámosles sentir las bellezas del orden y de la libertad, y a la vez los horrores de la anarquía y de la dictadura; hagámosles leer las páginas gloriosas de su historia; por todos los medios posibles, démosles otra educación social y política; levantemos su espíritu, démosles dignidad y nobleza, y veremos cómo las ideas triunfan sobre las ruinas de los despotismos de abajo y de los despotismos de arriba. Luchamos, no contra un vicio orgánico, no contra un vicio de raza, sí, contra un vicio de educación. Eduquémonos social y políticamente, esta es la solución de nuestro problema. Los hijos de Chile, de nuestra raza y de nuestros antecedentes históricos, hoy se glorían, por la virtud de sus instituciones, diciendo, somos chilenos; los hijos de la República del caudaloso Plata, de nuestra raza y de nuestros antecedentes históricos, hoy se glorían diciendo, somos argentinos; los hijos de la pensadora Colombia, de nuestra raza y de nuestros antecedentes históricos, hoy se glorían diciendo, somos colombianos; y nosotros, cruel es decirlo, casi nos avergonzamos al decir somos hondureños o guatemaltecos. Pero eduquémonos, demos la espalda a las turbas demagógicas y a los mandones todopoderosos; acojamos con fe y con amor los principios, las instituciones, y así llegará un día en que tal vez ¡ay! no nosotros, pero sí nuestros hijos, digan, con noble y legítimo orgullo, somos centroamericanos. El general Morazán, el 16 de septiembre de 1830, tomó posesión de la Presidencia de Centro América. Desde entonces aceptó la responsabilidad de conciliar el orden con la libertad, problema irresoluble bajo la Constitución federal del año de 24, opuesta a las condiciones sociales de los centroamericanos. En el extranjero excitaba vivo interés la República de Centro América; creíase que la extinguida revolución solo había sido pasajero accidente, y que el pueblo centroamericano podría constituirse, bajo un régimen de sólida paz, propicia a la industria y al comercio, y de libres instituciones, propicias a los intereses de las naciones cultas y de liberales tendencias. Abrigando tales creencias, el Gobierno de Francia, presidido por Luis Felipe, el rey ciudadano, reconociendo la independencia de Centro América, en 1831, excitó a su Gobierno para que acreditase un ministro ante el Gobierno francés. El doctor don Mariano Gálvez, ciudadano eminente por su talento y por sus luces, rehusó con evasivas la aceptación de tan alto cargo. Valle, para el desempeño del mismo cargo diplomático, fue nombrado por el Presidente Morazán, pero también negó su aceptación, y, por recomendación suya, fue nombrado ministro don Próspero de Herrera, que por aquel tiempo se hallaba en Europa. Sensible es que Valle no aceptase el encargo que le confiara el general Morazán. Aunque se hubiesen malogrado sus trabajos como diplomático, no se habrían malogrado los conocimientos que de Europa habría traído para participarlos a sus conciudadanos. ¡Qué vasto teatro la culta Europa para el sabio Valle! El hombre a quien eran familiares los cálculos de Newton, los descubrimientos de Cuvier, las enseñanzas de Smith y de Say, y las concepciones políticas y jurídicas de Filangieri y de Bentham; el hombre que abarcaba en su privilegiado cerebro todos los ramos del saber humano, habría hecho honor a Centro América colocado en París, en el cerebro del mundo civilizado; y tal honor, reflejado en la patria, por ser el honor de un sabio, habría sido fecundo en científicas luces que aún hoy día podrían alumbrarnos en el escabroso camino que emprendemos, como pobres peregrinos, en pos del progreso, de la ciencia, de la libertad y de la civilización. Dificilísima, por no decir rara y extraordinaria, fue la situación del general Morazán durante el primer período de su gobierno.

Toda acción por ley histórica, que es ley natural, tiene su reacción. La revolución vigorosa y triunfante del 29, desde el 31 tuvo su reacción, y en el 32 convirtióse en una verdadera contrarrevolución.

Conspiraciones y rebeliones en El Salvador; invasión de los conservadores españolistas por la costa atlántica de Honduras; invasión de Arce y de sus adeptos por la frontera de Guatemala, por el lado del Soconusco; por todas partes agitaciones y desconfianzas que, a maravilla, explotaban el clero lastimado en sus privilegios, y los pretensos nobles contrariados en su orgullo y en sus granjerías. Tal fue la situación que tocó dominar al general Morazán, presidente de la República, presidente que no tenía ni un palmo de tierra, como distrito federal, para crear un centro de poder y de acción que pudiese atraer las fuerzas de la legitimidad, para hacerlas sentir después, en toda la extensión de la República, en beneficio de los capitales intereses del orden y de las instituciones. Y sin embargo el valor inquebrantable y el genio político de Morazán supieron sobreponerse a todo. El genio de Morazán en las famosas jornadas de Jocoro, de San Salvador, de Escuintla de Soconusco, de Tercales, de la Ofrecedera, de Jaitique, de Trujillo, de El Espino, de Opoteca y de Omoa, supo hacer valer lo que importa la causa de los hombres libres, lo que importa la causa de las instituciones. Morazán, en el año de 32, venciendo a Cornejo, a Arce y a Domínguez, restableció la paz de Centro América. Pero esta paz, tan ardientemente querida, y a costa de tantos sacrificios conquistada, no podía menos de perturbarse. Morazán podía vencer ejércitos, pero no podía vencer el vicio orgánico de las instituciones federales que había jurado sostener. Hombre de honor y de lealtad, sosteniendo desacordadas instituciones, labraba su propia ruina. Las instituciones federales crearon un poder nulo, y abrieron vasto campo a las desapoderadas ambiciones del caudillaje; tal fue el escollo del general Morazán. Ni el genio extraordinario del más grande de nuestros guerreros y de nuestros políticos fue bastante a subsanar el error capital de los legisladores federalistas del 24. Aunque, restablecida la paz por los triunfos del 32, continuaron grandes disidencias y agitaciones revolucionarias, ya en El Salvador, ya en Nicaragua, ya en Guatemala. Así pasó la mayor parte del 33, hasta que en sus últimos meses, vencida la reacción de Nicaragua, volvió a pacificarse la República. Si hubiera habido un gobierno central, Morazán no habría malgastado los esfuerzos de su genio; Morazán, por su heroico valor, por su alta inteligencia, y por su habilidad política, habría sido inconmovible en el poder, habría afirmado una perdurable paz, habría fundado un sólido régimen de instituciones libres, y habría asegurado para siempre la unidad gloriosa de la patria centroamericana. ¡Cuán grande y desgraciado fue el general Morazán! Da lástima contemplar los esfuerzos de su genio, y verlo purgar, con sus sacrificios, ajenos errores y crímenes. Parece que en el drama de la historia dominan, a veces, fatalidades invencibles... No obstante, las agitaciones políticas, Centro América progresaba; la instrucción pública, las obras de fomento y los arreglos, en lo rentístico, recibían considerable y benéfico impulso. Entre revoluciones sofocadas o vencidas, y progresos iniciados o ensanchados, llegó el año de 1834, en que por la ley debían renovarse las autoridades federales, y se procedió a elecciones. Morazán, siempre victorioso, y siempre consecuente con la causa de las instituciones, era el hombre de los prestigios militares, y contaba con los más sinceros y decididos amigos en todo Centro América, amigos como José Francisco Barrundia, como Pedro Molina, como Dionisio de Herrera, como Diego Vigil, como Trinidad Cabañas, como Mariano Prado. No obstante, Morazán confió al libre voto público la renovación de los poderes constitucionales. No quiso, a guisa de dictador, imponer a sablazo su voluntad a los pueblos. Los pueblos eligieron libremente, y eligieron Presidente de la República al estadista de su predilección, a José Cecilio del Valle. Esta persistencia de los centroamericanos en elegir a Valle fue la persistencia de la honradez y del buen sentido. La segunda elección de Valle forma la página más bella de nuestra historia, página en que aparecen tres nombres inmortales: el nombre del pueblo sensato que eligió a un hombre civil, por ser el hombre de la ciencia y de la ley; el nombre del general Morazán, que pudiendo, como vulgarísimo ambicioso, sofocar la voluntad de los pueblos, dejó libre su elección; y el nombre de José Cecilio del Valle que, por sus virtudes y por su saber, tuvo siempre el aprecio y los votos de sus conciudadanos. ¿Tiene nuestra historia contemporánea una página tan gloriosa? No la tiene ni siquiera parecida. Han podido y pueden existir entre nosotros, y hablo en hipótesis, estadistas como Gladstone y Thiers, sabios como Littré y Darwin, publicistas como Laboulaye y Pelletan, economistas como Stuart Mill y Minghetti, escritores y oradores como Gambetta y Castelar; por vía de magia o de encadenamiento han podido vivir entre nosotros tales hombres; pero a pesar de la magia, tratándose de elecciones, los pueblos, de rodillas, temblando de terror, habrían dado sus votos al primer caudillejo militar que, oliendo, a cien leguas a taberna, les impusiese el credo absoluto de una fuerza indiscutible, de una fuerza brutal, de un militarismo feroz, y de una venganza implacable[83]. ¡Ay! ¿Por qué se han ido aquellos tiempos en que había un Morazán libertador, un pueblo digno y libre, y un José del Valle merecedor de sus votos?

Antes de ver el resultado de la elección que obtuvo Valle en 1834, debo juzgarlo, aunque a grandes rasgos, como sabio y como literato, ya que repetidas veces, en el curso de esta obra, he dicho que José del Valle era hombre eminente en las ciencias y en las letras. Según el Diccionario de la lengua, y el común sentir de las gentes, se aplica el nombre de sabio al individuo que se ha distinguido por sus profundos conocimientos morales y científicos. La sabiduría, pues, la constituyen el conocimiento de las leyes de la vida moral de los hombres y de las sociedades, y el conocimiento de las ciencias que contribuyen a labrar la felicidad de la especie humana. Extensión en el saber, profundidad en los conocimientos, y utilidad práctica de la ciencia adquirida, todo esto viene a formar el verdadero sabio. ¿Reunía Valle estas condiciones para serlo? ¿Hablaban impropiamente los centroamericanos que, al referirse a Valle, decían siempre el sabio Valle?

Valle reunía indudablemente las condiciones necesarias para ser sabio; los centroamericanos hablaban con toda propiedad al llamarlo sabio. Valle conocía en toda su extensión y profundamente lo que hoy llamamos Sociología[84]. Conocía las leyes morales que rigen a los

---

[83] Estos juicios se refieren, con honrosas excepciones, a las épocas posteriores a la ruptura definitiva del pacto federal. Debo ser justo, aun en las épocas aludidas mis juicios no pueden tener una aplicación absoluta a Centro América.

[84] Véanse los escritos de Augusto Comte y de Littré, eminentes sabios europeos que han sabido fijar, en su mayor parte, los verdaderos fundamentos de la ciencia social. De los escritores hispanoamericanos debe consultarse de preferencia a José Victoriano Lastarria, el publicista que con mayor brillantez y éxito ha popularizado exactos y utilísimos conocimientos en materias de sociología, la historia constitucional de medio siglo, la América, el derecho público, La Constitución de Chile comentada, y la política positiva, principales obras del ilustre Lastarria, deben ser objeto de estudio para todos los hombres políticos y bien intencionados que aspiren a arraigar en la gran patria hispanoamericana fundamentales y benéficos principios en orden a los más importantes arreglos sociales, y en particular, con respecto a la política y a la administración. La escuela americana define y aplica mejor el derecho que cualquiera de las doctas escuelas europeas. José Victoriano Lastarria es sin disputa uno de los primeros maestros de las escuelas políticas de nuestro continente; José Victoriano Lastarria tiene la ilustración clásica de los publicistas europeos; Tocqueville, Stuart Mill, Laboulaye y Pelletan, y a la vez, en toda su pureza, el exacto criterio del publicista americano, del publicista de la República. Léanse y estúdiense siempre las obras de Lastarria, de Lastarria que más

hombres, la historia que ha marcado en cada época sus desarrollos, sus vicisitudes y progresos, y las leyes positivas que, en las relaciones internacionales o en las relaciones internas de las sociedades, forman el sistema de legislación y dan una idea completa de los vínculos jurídicos de los pueblos, de su unidad fundamental y de su admirable variedad, de sus formas de gobierno, de sus usos y costumbres, de las relaciones entre gobernantes y gobernados, de los intereses económicos y administrativos de las comunidades sociales, de los civiles derechos de sus individuos, y de las disposiciones penales que sancionan el cumplimiento de la ley para salvaguardia del orden, y para respeto de las relaciones jurídicas.

Valle no solo conocía profundamente estos ramos de las ciencias morales y políticas; conocía además, y con perfección, las ciencias naturales y las ciencias fisicomatemáticas, necesarias para formar el criterio del sabio que, ante todo, debe ser el práctico y útil conocedor de la naturaleza física, orgánica e inorgánica, que por todas partes nos rodea rehusándonos sus secretos que solo confía al estudioso y reflexivo sabio. Valle conocía la historia natural. Por la anatomía tenía ideas exactas sobre el organismo del hombre, y por la fisiología ideas sobre las funciones de la vida humana; por la zoología conocía los organismos variadísimos y las utilidades y ventajas del reino animal; por la mineralogía conocía los preciosos metales que encierran las entrañas de la tierra, que dan vida a las transacciones del comercio, y satisfacen las necesidades individuales y públicas; por la botánica conocía las bellezas seductoras del mundo amable de las plantas, y sus usos utilísimos para recreo y conservación de los hombres. Valle además de naturalista era físico, químico y matemático. Conocía las propiedades generales y particulares de los cuerpos, y sus conocimientos dábanle juicios acertados sobre la tierra y la atmósfera en relación con la agricultura, sobre el movimiento y las fuerzas, en relación con las máquinas necesarias a la industria, sobre los fenómenos meteorológicos, en relación con la salud del hombre, y sobre los colores y sonidos en relación con las bellas artes. El arte de calcular por medio de operaciones aritméticas, de ecuaciones algebraicas, o de medidas geométricas, proporcionaba a Valle las más preciosas aptitudes para apreciar con exactitud los más grandes elementos del mundo en lo moral y en lo físico. El cálculo le hacía comprender y formular la estadística, ciencia madre de las combinaciones y arreglos de la política y de la administración; el cálculo lo hacía vagar por los celestes espacios y apreciar las distancias, magnitudes, volúmenes y movimientos de los mundos que nos revela la astronomía, revelándonos ¡ay! que somos átomos perdidos en la inmensidad del espacio infinito; el cálculo le hacía comprender la extensión y límites de nuestras zonas y de nuestros climas, y las influencias químicas y físicas, morales y políticas, que se derivan de la diversidad del espacio que ocupamos, y de la atmósfera más o menos pesada que envuelve nuestro organismo; el cálculo le hacía comprender, en fin, la combinación y armonía de los compases en la música, la gradación de los colores en la pintura, y el ritmo, la cadencia en los versos de la divina poesía.

Hombre que tanto sabía, y que tanto sentía, mereció con justicia el calificativo honrosísimo de sabio. Las ciencias y las letras progresan y progresarán sin que sea posible asignar límites a sus adelantos; pero como casi todo es relativo, y Valle fue sabio para su época y lo sería para la nuestra, por mucho que progresen las ciencias y las letras, la posteridad ha de llamar siempre a José del Valle, el sabio José Cecilio del Valle. No en vano se consume una vida entera en arrancar a la naturaleza sus secretos; tras ímprobos trabajos de estudio y de reflexión debe quedar al menos un nombre célebre, un nombre glorioso[85].

Valle no solo fue un gran pensador, un experimentado publicista, un práctico economista, un persuasivo orador, un sabio eminente; fue, además, un buen literato.

Valle, en la acepción concreta que tiene la palabra, fue verdadero literato, porque era versadísimo en las letras humanas. Conocía profundamente las obras de los clásicos griegos, latinos, franceses, italianos y españoles; había formado su gusto con selectas lecturas, y poseía el arte del bien decir.

Pero no obstante los grandes conocimientos literarios de Valle, en mi concepto, vale mucho más como publicista, como economista, y como sabio que como literato. En la literatura, aunque fundada en el saber científico, debe predominar la idea del arte, y al predominar la idea del arte, deben sobresalir, ya en la prosa, ya en el verso, las formas de la belleza, las formas reveladoras, no tanto de la idea formada al calor de la reflexión profunda, cuanto del sentimiento estético, formado al calor de natural y espontánea inspiración.

---

[85] Los sólidos y vastos conocimientos de Valle y su reputación científica lo hicieron acreedor al nombramiento de Individuo de la Sociedad de Ciencias de París.

Valle era literato porque conocía las letras humanas, y había cultivado su gusto; pero sus aptitudes naturales no eran eminentes y seductoras aptitudes literarias. En Valle predominaba la idea reflexiva, no el sentimiento artístico. Léanse sus numerosos y variados escritos, y su lectura, a no equivocarme, dará la confirmación de mi aserto. En los escritos de Valle puede verse la reflexión profunda del pensador, pero muy rara vez puede verse la espontaneidad del artista. Valle abunda en ideas, abunda en pensamientos; pero es pobre en imágenes seductoras, escaso en rasgos conmovedores, falto de las expresiones que forman el idioma estético del sentimiento, y que, impresionando el corazón, acaban por apoderarse de la cabeza.

En los escritos de Valle hay tanto de reflexivo, tanto de meditado y calculado, tanto de matemático y hasta de geométrico, que impiden ver el aparente y bello desorden de la inspiración, que impiden sentir y gustar bellezas literarias que, aunque algunas veces están como escondidas en el concepto, no salen, como por recelo, a brillar con galanura y esplendor en las formas esencialísimas de la expresión, formas imprescindibles para el arte. El literato, a mi juicio, debe ser el artista de la palabra, y por ende, si la forma que es el lenguaje, no atrae, no cautiva, no seduce, por medio de las imágenes, de los símiles y de las amplificaciones que expresan con brillantez la inspiración; si la forma no es eminentemente bella, eminentemente seductora, podrá haber una literatura instructiva y hasta correcta; pero no la literatura que reclama la estética, pero no la gran literatura del sentimiento y de la inspiración que hace palpitar la idea como fruto de amor en amantísimo seno, en el bello seno de las espontáneas, variadas y bellas formas del lenguaje, divino verbo, encarnación sublime del pensamiento del artista, del pensamiento del gran literato.

El lenguaje de Valle, que es tan propio de él, que podría decirse lenguaje de Valle, viene a confirmar mi concepto sobre sus aptitudes literarias. Valle tiene un lenguaje uniformemente cortado, un lenguaje monótono, abrumador por la grandeza del pensamiento, y abrumador por la monotonía de la forma. Rara vez se encuentra en los escritos de Valle un párrafo de lenguaje periódico; rara vez se encuentra una bella amplificación; rara vez se encuentran imágenes expresivas de grandes arranques de sentimiento o de pasión. Los escritos de Valle, con violación flagrante de la gramática, contienen una serie prolongadísima de dos puntos escalonados en cada breve párrafo; entre cada dos puntos un gran pensamiento, y con frecuencia, en una enumeración, dos puntos separan una palabra de otra. Valle, aunque no por ignorancia, pisotea la gramática, pero enaltece el pensamiento. En sus escritos, de cortadísimo lenguaje, se ve, más que todo, al pensador que quiere marcar ideas y hacer hincapié, y llamar la atención sobre las ideas, con sus eternos dos puntos, más bien que al hombre de letras, cuidadoso de las correctas formas y apegado a las bellezas del lenguaje. Valle, por otra parte, en obsequio de la idea, deja con frecuencia de ser castizo. Avezado a las lecturas de obras latinas, francesas, inglesas e italianas, abunda en latinismos, galicismos, inglesismos e italianismos; pero él, aunque conocedor del habla de Cervantes y de Baralt, expresa ideas, y esto le basta. Descuida la forma por atender al fondo. Mi fe literaria es que ambas cosas deben conciliarse; debe haber fondo en las ideas y corrección y belleza en la forma. Esto constituye para mí la más grande, la más útil y bella literatura.

Reasumiendo debo decir que, aunque Valle era literato porque tenía técnicos conocimientos literarios, se dejaba llevar por el predominio de la idea, y el predominio de la idea lo hacía ser monótono, por su uniformidad de lenguaje, malhablista, por sus descuidos, y antiestético, por su hábito de buscar y rebuscar, no la expresión natural y bella del pensamiento, sino la expresión exacta, matemática de la idea. Si yo pudiese, poseyendo algún título, dar consejos a la juventud centroamericana, yo le diría: estudiad los escritos de Valle, que es el escritor más rico en ideas; cada una de sus frases encierra un gran pensamiento; pero le diría además: no toméis literariamente a Valle por modelo; Valle descuida la variedad y la belleza de la forma, y la variedad y la belleza de la forma son indispensables, esenciales en las bellas letras, si es que estas constituyen el arte por excelencia, el arte de expresar lo grande, lo bello y lo sublime, por medio de la palabra reveladora de la idea, de la inspiración y del sentimiento. Valle, más bien que un literario escritor, que emplea una brillante pluma, es un excelente grabador que emplea el buril. Valle, más bien que escribe, esculpe; es un insigne grabador de pensamientos, búsquesele en el terreno de la reflexión y de la ciencia; pero no se le busque como modelo en la hermosa esfera de la bella literatura.

Antes de juzgar a Valle como sabio y como literato, juicio con que he acabado de presentar su noble personalidad, bajo todos sus aspectos, dije que había sido electo presidente de Centro América, en principios de 1834. Pero llega el momento de agregar que tan acertada y honrosísima elección, para desventura de los pueblos centroamericanos, no pudo tener resultado. A la voluntad de un pueblo libre se opuso la fatalidad de la muerte implacable. Voy, pues, a historiar, con profundo dolor, y partiendo de datos fidedignos, los últimos días y la última hora del ilustre Valle[86]. Acostumbraba Valle hacer, con toda su familia, todos los años, una temporada en su hacienda llamada La Concepción, distante 18 leguas de Guatemala. Desde fines de diciembre de 1833 permanecía en La Concepción disfrutando de completa salud; pero desde el 1° de febrero de 1834 empezó a experimentar distintos padecimientos físicos, aunque no de carácter alarmante. Así continuó por espacio de algunos días, hasta el 22 del mismo mes, en que, a las 5 de la tarde fue repentinamente atacado de una fuerte fatiga con hervor de pecho, mal de que nunca había padecido, y que era de gravísimo carácter porque casi le impedía la respiración y podía producir una asfixia. En fuerza de los solícitos cuidados de la familia, Valle tuvo algún alivio, pero la enfermedad continuaba. El presbítero don Mariano Borjas, capellán de la familia, fue a Guatemala en busca del doctor don Quirino Flores, médico de la casa. Flores llegó a La Concepción el día 25, y en el acto oyó del paciente la relación de sus padecimientos, y de la familia las noticias relativas a los medicamentos que se le habían aplicado.

El doctor Flores no dio a la enfermedad de Valle la importancia que tenía. Aplicóle algunos calmantes que no produjeron el resultado apetecido. A pesar de esto, y de los encarecidos ruegos y de la consternación, y de las lágrimas de la angustiada familia, partió de la hacienda el día siguiente, dirigiéndose a Sonsonate, en donde lo esperaban asuntos importantes del Senado, del cual era individuo. Por aquel tiempo las Autoridades federales residían en el Estado de El Salvador.

La familia de Valle deseaba trasladarlo a Guatemala, y su deseo fue secundado por el voto del doctor Flores. El día 1° de marzo salió la familia de la hacienda, conduciendo al enfermo en una camilla arreglada

---

[86] Los datos relativos a los detalles de la última enfermedad y muerte de Valle fueron proporcionados por don José Bernardo del Valle, en el mes de junio de 1878, en la Capital de Guatemala, a mi excelente amigo don J. J. Palma, quien ha tenido la fineza de obsequiarme el manuscrito que contiene dichos datos, manuscrito que obra en mi poder. El señor Palma me ha prestado también su importante cooperación haciendo, desde hace mucho tiempo, investigaciones sobre la vida y escritos de Valle, y comunicándome bondadosamente todos los datos y noticias que ha podido obtener. Que mi querido amigo, y compañero en estudios literarios, reciba en estas líneas la sincera expresión de mi reconocimiento por sus oportunos y valiosísimos servicios.

de provisional manera. En la mañana del mismo día llegaron a la hacienda El Jute, tres leguas distante de La Concepción. El enfermo sintióse muy aliviado, y en la familia renacieron las más lisonjeras esperanzas. Mas en la noche, inesperadamente, se agravó el mal del enfermo, manifestándose, en particular, su gravedad por un prolongado delirio. El sabio delirante hablaba sin cesar de la Casa de Moneda y del Jardín Botánico de México; después tomó por tema su repugnancia para admitir la presidencia de Centro América, altísimo cargo para el que había sido electo. En su delirio decía: Reiteraré cuantas renuncias fueren necesarias: quiero que digan, Valle hubiera restituido la paz, y no, Valle no pudo conseguirla. En último caso me rodearé de sabios de Europa, amigos míos, a quienes haré venir para asegurar el bien de la patria, y sacarla del caos en que la han precipitado las revoluciones promovidas por el aspirantismo. ¡Siempre el mismo hombre, siempre el patriota, siempre el sabio! Aun en su delirio, oscurecidos los ojos por las sombras de la muerte, sofocado el pecho por cruel fatiga, enardecido el cerebro por la fiebre, con el sepulcro entreabierto, Valle pensaba en el bien de la patria, y con noble orgullo pensaba en su nombre, porque la grandeza de su nombre debía servir para la grandeza de Centro América. ¡Ay! Valle en su pobre camilla, Valle moribundo, era, por su idea, el Valle del gabinete, el Valle de la prensa, el gran Valle de la tribuna. Pasó el delirio y vino una ligera calma; pero después, en la madrugada, acometió al enfermo un nuevo ataque de fatiga; Valle se asfixiaba. La familia, con redoblados esfuerzos, logró calmarlo, y continuaron su marcha para la hacienda Corral de Piedra, distante 12 leguas de la capital de Guatemala.

Pero a media jornada, y a eso de las 10 de la mañana del domingo 2 de marzo, en medio de una de las llanuras del camino, la camilla hizo alto, Valle se moría; la enfermedad le asestaba su último golpe. Tuvo tiempo de pedir los auxilios del confesor, y dijo, entre otras cosas, a su capellán: Padre, conozco que estoy ya en el último período de mi existencia, y necesito de los auxilios espirituales para devolver mi alma al Creador que me la dio. La consternada familia rodeaba la camilla. Valle, ya para morir, faltóle el habla; pero aun quedábale un resto de vida en sus ojos que se apagaban.

Vio junto a sí a su hijo, niño de diez años, le tomó convulsivamente la mano y la llevó a su pecho. En aquel instante su corazón, como rendido por supremo esfuerzo, dejó de latir; Valle había muerto, y la familia, entre indecibles dolores, sollozos y lágrimas, tuvo que deshacer el grupo conmovedor que formaban el padre y el hijo; el padre muerto, que aún apretaba la mano de su querido niño, del hijo de su amor; el niño que lloraba, aún sin comprender su inmensa desventura... Aquel tristísimo cuadro de muerte y desolación era alumbrado por el espléndido sol de marzo que indiferente continuaba su majestuosa carrera. ¡Ay! El hombre, aunque sea un sabio, no es más que un átomo que brilla por instantes para perderse después y confundirse en los misteriosos senos de la naturaleza, de lo infinito.

Tal es la relación tristísima de los últimos días y del postrer momento de José del Valle. Siempre será memorable el infausto 2 de marzo de 1834. En aquel aciago día extinguióse la llama de la extraordinaria inteligencia del que fuera Gran Padre de la Patria; en aquel aciago día ¡ay! para eterna desgracia de nuestros pueblos, quedó huérfana la patria centroamericana.

El Dr. Rosa escribió estas páginas en 1882, cuando las relaciones entre la Unión Norteamericana y las repúblicas latinas del Nuevo Mundo no presentaban el aspecto grave de hoy. Natural era que dijese entonces el ilustre biógrafo, refiriéndose a la patria de Washington, lo que no podría afirmar actualmente de la patria de Hoover: Hay religioso respeto a la ley; y de aquí proviene que, en aquel país afortunado, no pueden imponerse ni los motines de las turbas ni las dictaduras de los tiranos.

Tarde o temprano tienen que ceder las ilusiones amables ante la fuerza del hecho histórico, y, aunque no podría en este prefacio extenderme sobre un asunto que demanda largas monografías, cuando no volúmenes enteros, declaro que la situación política de aquel país en lo concerniente a la libertad, a la autodeterminación económica, es peor que la de Centro América.

Allá el pueblo es una gran maquinaria que hace dólares para Wall Street; aquí es una masa humillada e inculta, pero con perspectivas de dignificación a base del desarrollo del alma, que conserva y conservará siempre.

Allá no hay revoluciones porque las inquietudes directas se ven como piezas de acero estereotipadas en greenbacks; aquí existen las revoluciones, caudillistas e inconducentes, pero de cualquier modo, revelan hálitos de sentimentalismo vital que presagian un porvenir luminoso.

Allá el desarrollo sociológico es total y sin embargo nada nuevo ha podido crearse en ciencias, letras y artes; aquí tiene que venir una civilización que dé exponentes nuevos en los tres aspectos citados.

LA PROFECÍA DE VALLE TIENE QUE CUMPLIRSE:

La América no caminará un siglo atrás de la Europa, marchará a la par primero, la avanzará después; y será al fin la parte más ilustrada por las ciencias como es la más iluminada por el Sol.

Bien dijo el Dr. Rosa que: No conocen la historia los que no tienen fe en las aptitudes de nuestros pueblos de raza latina.

El distinguido biógrafo apunta remedios educativos para los males de Centro América. Yo disiento con su respetable modo de pensar. Creo que la educación integral dentro del actual estado económico de nuestros pueblos es imposible.

Hace mucho tiempo funcionan escuelas que imparten enseñanza obligatoria, gratuita y generalmente laica; hace mucho tiempo que instituciones extraoficiales se preocupan de la desanalfabetización y cultura de las masas obreras y campesinas... Y los pueblos continúan incomprensivos, sin deducir la más insignificante utilidad ideológica.

¿Por qué este fracaso de la nueva cruzada?

Por la miseria en que permanece el máximum de la sociedad centroamericana, que sin digerir bien materialmente no puede digerir mentalmente. Por eso vemos nuestras escuelas llenas de rostros pálidos que surca la huella del hambre; y así, de generación en generación, nuestros proletarios de hoy, cansados por la deficiente alimentación de ayer, son incapaces de una cerebración metódica.

Aun cambiando los planes de estudio y luchando en la forma que se quiera para educar e instruir, no podremos jamás hacer pensar a los pueblos, que mal alimentados, con malas viviendas y con un trabajo excesivo, piden pan antes de pedir libro. El problema previo, entonces, es el problema del pan, el problema de la emancipación económica; de allí se deducirá, como obligada consecuencia, la resolución del problema intelectual.

Si en el estudio interpretativo de nuestra historia no se aplica el método económico moderno, sino el método ideológico, será muy difícil apreciar hechos, hombres y épocas, y ocurrirá, como en el caso del Dr. Rosa, que se dan bases inconsistentes para la nueva organización social.

En las consideraciones que hace el Dr. Rosa sobre la enfermedad y muerte de Valle, se nota el fondo religioso del Sabio. Sin embargo, concurren circunstancias que debo poner de manifiesto, no con el propósito de adversar la religión, sino con el de interpretar, lo más posible, la verdadera ideología de aquel. Primeramente se observa que el hijo de Valle tenía 10 años cuando perdió a su padre, y los datos que al respecto suministró en 1878 no pueden creerse infalibles. Por otra parte, la familia de Valle era excesivamente religiosa y pudo muy bien imaginar o cambiar de forma las palabras que el agonizante dijo a su capellán.

Por tener cierto nexo con la idea religiosa de Valle, transcribo a continuación algunos de sus pensamientos sobre Nueva España que obran en el archivo de mi familia, autógrafos e inéditos:

La nación mexicana es una nación formada por el influjo prepotente de los eclesiásticos. Desde los primeros años de la conquista empezó su acción, y no ha cesado de obrar en los siguientes. Regulares venidos de España catequizaron a los indios, y catequizándolos les dieron forma distinta. Eclesiásticos autorizados por el gobierno variaron lo que tiene más imperio en el hombre, destruyendo la religión de Anáhuac y sustituyendo la de España. Arzobispos virreyes mandaban estas provincias con el doble ascendiente del poder eclesiástico y secular[87]. Inquisidores establecidos desde 1570 comenzaron desde entonces a ejercer su triste influencia[88]. Concilios de obispos dictaron leyes a toda la América septentrional y sometieron a los seculares al imperio de los eclesiásticos. Misioneros establecidos en diversas provincias continúan sus misiones y conquistas. Curas nombrados por todas partes dirigen a los pueblos y ejercen en ellos todo el poder de su ministerio. Prelados ricos por sus rentas tienen el poder de la riqueza y han fundado establecimientos que aumentan su prepotencia y dan extensión a su influjo. Eclesiásticos, seculares y regulares, ocupan las cátedras y presiden la instrucción pública. Comunidades de religiosos establecidas en los lugares principales influyen con todo el ascendiente de corporaciones.

***

Los primeros obispos de México, Guatemala y Oaxaca dijeron una verdad cuando en 1537 escribieron a Carlos I: Los frailes son los que han dado ser a estos naturales.

***

---

[87] Fueron virreyes y capitanes generales los arzobispos siguientes: el Sr. D. Pedro de Moia; el Sr. D. Juan Palafox; el Sr. D. Diego Osorio de Escobar; el Sr. Fr. Payo Enríquez de Rivera; el Sr. D. Juan de Ortega Montañez; el Sr. D. Juan Antonio de Vizarrón; el Sr. D. Fr. García Guerra; o el Sr. D. Manuel Fernández de Sta. Cruz.
[88] El Sr. D. Pedro de Moia vino a establecer el Santo Oficio de la Inquisición en 1570.

121

El sistema de instrucción pública tiene el sello del poder que la ha dirigido. Los colegios tridentinos son creados con el objeto principal de formar eclesiásticos. En el colegio de Santos hay cuatro becas para teólogos, tres para canonistas, y sólo otras tres para legistas. En la Universidad hay siete cátedras de teología y cánones, sólo dos de leyes, sólo dos de medicina, sólo una de anatomía y cirugía. Los catedráticos de prima de Teología y Cánones tienen 700 pesos de sueldo: el de Medicina 500, el de Anatomía 100, el de Retórica 100, etc.

Las asignaciones que se hacían de pueblos enteros manifiestan la opinión que se tenía de ellos. Carlos I hizo merced al conquistador de México de 23 mil vasallos, y le dio el título de Marqués del Valle de Oaxaca. Los obispos de México, Guatemala y Oaxaca pidieron al mismo rey que diese a los prelados de esta América sendos pueblos con sus términos y jurisdicción para tener donde retraerse de los trabajos y continua ocupación. Los mismos obispos escribieron al mismo rey que señalase un pueblo que edificase el monasterio que proponían y que edificado sustentase a las monjas. A los encomenderos se designaban pueblos de que eran señores.

Capítulo Octavo

Sensación que produjo la muerte de Valle. Consecuencias políticas que tuvo tan desgraciado suceso. Reflexiones. Olvido que, durante la reacción conservadora, se hizo del nombre y de las obras de Valle. El Gobierno de Honduras ha hecho justicia a aquel grande hombre, y honrado y enaltecido, como se debe, la memoria de su vida ejemplar. Hoy más que nunca debe tomarse como modelo la conducta política de Valle, y buscarse en sus obras grandes enseñanzas. Consideraciones finales.

Honda, profundísima sensación causó la inesperada muerte de José Cecilio del Valle. Valle, por su dilatada vida pública, y más que todo, por sus luces y por sus virtudes, era conocido en todo Centro América; y más que conocido, muy apreciado por todos los pueblos centroamericanos. El verdadero mérito, a despecho de la ruin envidia y de las necias rivalidades, tiene siempre un ascendiente irresistible. Valle ejercía en todos los ánimos ese ascendiente poderoso, avasallador, incontrastable. Por esto su muerte fue conceptuada como un suceso infausto para la patria; por esto fue sentida como se sienten las grandes desventuras públicas, como se siente un adverso, desgraciadísimo acontecimiento que llena de dolor, de inmenso duelo el alma de toda una nación. ¡Qué privilegio el de los verdaderos grandes hombres! En vida dan energía, movimiento y calor a los ánimos; son como la luz del sol que alienta y vivifica. Cuando mueren llevan a todos los ánimos el desaliento, el pesar, la consternación; son como la luz ausente que deja tras de sí pavorosa noche, sombras para los entristecidos ojos, y para el corazón un dolor infinito...

José Francisco Barrundia, uno de los republicanos más puros que ha tenido Centro América; José Francisco Barrundia, el publicista de corazón de oro y de palabra de fuego, parece que condensó en su alma tierna, en su alma sublime, todos los pensamientos y todos los dolores de la patria; y al morir Valle, escribió estas inolvidables palabras que justamente han pasado a la historia: ¡Ha muerto Valle! Este hombre era conocido en Europa. Su cabeza fue una luz; su boca fue el órgano de la elocuencia en la tribuna; sus escritos, la honra de la patria y de las ciencias. Se hundió Bentham en la noche eterna, en la Inglaterra; desapareció su amigo Valle[89] en Centro América. Ciudadano pacífico, cultivó con ardor la sabiduría; él estaba lleno de todos los principios elementales de gobierno; él escribía por la gloria nacional y por el interés de la humanidad. Su concepción profunda y exacta aparecía en un lenguaje pausado, puro y majestuoso que presentaba los objetos por todas sus fases, y se desarrollaba en una argumentación clara y

---

[89] El eminente jurisconsulto Jeremías Bentham, representante de la escuela utilitarista, tuvo la más amistosa correspondencia con Valle. El nombre de este ilustre americano figura, entre los nombres de grandes sabios de Europa, en el testamento de Bentham, quien dejó a sus amigos predilectos anillos con su retrato y pelo de su cabeza en prueba de su cariño y de su aprecio. Valle tuvo ese recuerdo de la amistad del publicista inglés; el precioso legado aún lo conserva la familia de Valle. Cuando ésta se extinga, o cuando sea dado a Honduras, para su museo, debe tratar de adquirir aquella valiosísima reliquia.

victoriosa. Su carácter firme y decidido tenía acaso los caprichos y las singularidades del genio. Sin transacción para los transgresores de la libertad pública, él oponía siempre todo el rigor de los principios; él sostenía la rectitud de las leyes. Su mente concibiera la vasta confederación americana, núcleo inmenso de pueblos independientes contra la liga de reyes y tiranos.

Si deseaba el mando en la república, si su corazón ardía en ilusiones, no se lisonjeaba con el honor de regularizar el gobierno y de aplicar la ciencia del gobernante. Pero esmerado en la educación de su hijo, tranquilo en la vida privada, orgulloso y libre en su retiro, jamás se humilló ni a la revolución, ni al poder. Su alma era el altar de Minerva; su placer era la armonía de la civilización. En su gabinete estaba el asilo sagrado de la sabiduría, contra las tempestades civiles.

Bajó ya a la tumba, cuando sus sentimientos por la nacionalidad, cuando los votos del pueblo lo ponían al frente de la república agitada. Honor de esta cara patria, descansa en paz. Recibe el tributo de los sabios y el gemido de tus amigos. Únete a Bentham y a los otros sabios. ¡Pensador luminoso, el crepúsculo de tu ocaso brillará siempre en la nación! ¡Que el honor de los hombres ilustres corone tus sienes, y que enjuguen el llanto de tu familia la virtud inmortal y los acentos de la patria!

El talento, y no el talento, el genio produce las más grandiosas condensaciones de ideas.

¡Qué magníficas, qué inimitables palabras de Barrundia! Son muy pocas; pero son admirables; son, en compendio, una sublime biografía de Valle. Declaro sin rubor que valen más, mucho más, que las páginas de este libro que escribo en honra de mi ilustre compatriota.

¡Qué genio el de Barrundia, tan desgraciado en vida como glorioso después de su muerte! Su gloria ha brillado más a medida que han sido más tenebrosos los horizontes políticos de Centro América.

¡Desgraciadísimo y a la par glorioso Barrundia! Después de muertos Valle, Morazán, Herrera, Gutiérrez y Cabañas, si hubieras tenido más vida, ¿a quiénes hubieras podido consagrar palabras tan grandes y magníficas? ¿Qué alta, qué patriótica inspiración habría podido recibir tu republicano genio, en medio de las negras, de las profundas noches de nuestros despotismos? ¡Desgraciadísimo y glorioso Barrundia! Más vale que hayas muerto; pues te has libertado de inmensos dolores, de horribles desengaños, y a la vez, los más repugnantes y odiosos contrastes hacen que, de día en día, sea más respetable y veneranda tu gloriosa vida, y más simpático y querido tu nombre inmortal.

No sólo José Barrundia, el más ilustre representante de la prensa centroamericana, formó el eco del duelo nacional motivado por la muerte de Valle; también los Poderes públicos hicieron justas manifestaciones de dolor por el fallecimiento del grande hombre, del Estadista electo Presidente de la República de Centro América. El canónigo doctor José María de Castilla, hombre de tan noble estirpe como de elevada inteligencia, tan entendido en ciencias y letras, como culto y simpático por sus grandes dotes sociales[90], presentó a la Asamblea de Guatemala la siguiente proposición:

La voz de un simple ciudadano se atreve a llamar vuestra atención, interrumpiendo, quizá, serios trabajos legislativos y discusiones útiles; pero el asunto que me ocupa y la súplica que os dirijo, estoy cierto que no os desagradan. El derecho de petición me autoriza para llamar vuestras miradas hacia una pérdida que llora toda la república. La existencia del Ciudadano Valle era cara para nosotros; su sepulcro y su grata memoria deben ser acompañados de los testimonios más marcados de la gratitud pública. La muerte de un sabio ciudadano, que a su literatura reúne la virtud (decía un hombre de espíritu), es una calamidad pública, y su nombre debe quedar escrito en los anales de la virtud y de la Patria.

El ciudadano Valle, bien lo sabéis, reunía a su profundo saber una vida inculpable, títulos harto respetables en todos los pueblos, y particularmente en las repúblicas. Entre los dignos individuos que componen este alto cuerpo, hay muchos amigos de Valle, y todos son conocedores de su mérito; por eso me abstengo de manifestar los servicios que este digno ciudadano ha prestado a la patria, y me contento con recordaros que se vio al frente de los negocios; que hasta en el gobierno español fue respetado y se hizo justicia a sus raros talentos. El voto público lo iba a colocar en el solio de la república. Él se ocupaba incesantemente, en el silencio de su gabinete, en meditar todo aquello que pudiera perfeccionar nuestras instituciones.

---

[90] Recuerdo que en Guatemala personas contemporáneas del canónigo Castilla me decían que, hombre tan distinguido, era el encanto de los salones. Competía en gracia y en felices ocurrencias con su amiga la espiritual poetisa Pepa García Granados, hermana de mi inolvidable amigo, el gran republicano general Miguel García Granados.

La muerte le sorprendió escribiendo en favor de su patria; entorpeció su mano, y derribó su pluma. Unos días que fueron ocupados por las virtudes y el saber; una vida cuyos últimos instantes se dirigieron a la patria, exigen las bendiciones públicas, dirigidas por los representantes del pueblo. Mirabeau interrumpió una importante disertación en la Asamblea Constituyente de Francia, para pedir un día de luto por la muerte de Franklin que falleció en los Estados Unidos. Se accedió a la súplica, y fue aplaudida su moción. Poco a el ciudadano Valle pidió lo mismo en favor del sabio señor Bentham al Congreso Federal, sin ser individuo de él. Yo lo hago ahora, no por un sabio extranjero, sino por un digno compatriota, por uno de los mejores ornamentos de la república, cuyos escritos extendieron su nombre por Europa, y lo asociaron a los cuerpos literarios de más fama de los pueblos cultos. No sólo la amistad que me unió con Valle, por tantos años, es el motivo principal que me dirige a este alto cuerpo; el honor de la misma República, la gratitud que es el sostén de los hombres y de los pueblos, me dan confianza y me inspiran en este momento para que rendidamente os suplique decretéis una demostración pública que marque la memoria de mi digno amigo Valle, y del respetable Ciudadano que por tantos títulos merece nuestra consideración.

Guatemala, marzo 11 de 1834. José María de Castilla.

Idéntica proposición hicieron a la Asamblea los Representantes Machado, Rendón, Rodríguez y Rivera Paz. La Asamblea, después de considerar las proposiciones presentadas, emitió el acuerdo que sigue: La Asamblea de Guatemala, teniendo presente que la muerte del licenciado José del Valle es un suceso infausto para el Estado, que por serlo debe manifestarse el sentimiento público, y procurar se consagre de algún modo la grata memoria de aquel ilustre ciudadano, se sirvió acordar:

- Que todos los empleados y funcionarios existentes en esta Corte[91] vistan de luto durante tres días, que señalará el Ejecutivo, y que en los mismos se doble en todas las iglesias de la capital, a las nueve y doce de la mañana, y a oraciones de la noche.

- Que a expensas de los miembros del cuerpo legislativo se haga copiar el retrato del Ciudadano José del Valle[92], el cual se colocará en la sala de sesiones.

- Que, por la Secretaría de la Asamblea, y en su nombre, se excite a los otros Estados, a fin de que se sirvan acordar las demostraciones que tengan a bien en honor del mismo ciudadano.

- Y de orden del Cuerpo Legislativo lo decimos a usted para inteligencia del mismo Consejo y efectos que se expresan. D. U. L. Guatemala, marzo 13 de 1834. Eusebio Murga. M. Dardón.

- Sala del Consejo Representativo del Estado de Guatemala, en la Corte, a 20 de marzo de 1834. Al Jefe de Estado. Simón Vasconcelos, Presidente. José María Cóbar, Secretario accidental.

---

[91] Lorenzo Montúfar hace respecto al uso de esta palabra, en la página 97 del tomo 20 de su reseña histórica, la siguiente juiciosísima crítica; En todos los documentos posteriores a la independencia se da a Guatemala la denominación de Corte. Este nombre fue conservado como una de tantas antiguallas monárquicas que no han desaparecido, y a las cuales se refiere un centroamericano que dijo, habíamos formado una república con los andrajos de una Monarquía. Corte es la ciudad, Villa o población donde reside el Rey o Príncipe soberano de un país; donde radica su asiento, sus principales consejos, sus más antiguos tribunales. Corte es el conjunto de todas las personas que componen la familia y comitiva del Rey. Tiene otras acepciones esa palabra; pero ninguna puede aplicarse con propiedad a la capital de una república democrática. Los guatemaltecos, animados por el vehemente deseo de elevar la primera ciudad de su país, se empeñaron en darle el nombre con que estaban acostumbrados a designar la coronada Villa de Madrid. El estudio filológico de la palabra Corte, se hizo cuando la Capital de la Repú blica se trasladó a San Salvador, y aún después de este importante acontecimiento, continuó dándose a Guatemala la denominación de Corte, como expresa la orden preinserta de la Asamblea Legislativa.

[92] Se hizo un magnífico retrato al óleo. En el año de 78 aún estaba colocado en la Sala de sesiones del Congreso de Guatemala.

Palacio del Gobierno del Estado. Guatemala, marzo veintiuno de mil ochocientos treinta y cuatro. Por tanto: ejecútese; señalándose al efecto los días tres, cuatro y cinco del inmediato abril. Mariano Gálvez.

Al Secretario General del Despacho. Y por disposición del Poder Ejecutivo se inserta en el Boletín Oficial para los efectos consiguientes.

D. U. L. Guatemala, marzo 21 de 1834. P. J. Valenzuela.

En el Estado de El Salvador se emitió el siguiente decreto: Ministerio General del Gobierno del Estado del Salvador.

Al ciudadano Jefe Político del Departamento de —

El Vicejefe del Estado, en ejercicio del Poder Ejecutivo, se ha servido dirigirme el decreto siguiente:

El Vicejefe, en quien reside el S. P. E. del Estado de El Salvador. Por cuanto la A. O. L. del mismo se ha servido decretar y el Consejo sancionar el siguiente decreto:

La Asamblea Legislativa del Estado de El Salvador, queriendo honrar los profundos conocimientos científicos del finado C. José del Valle, y manifestar cuánto aprecio merecen la sabiduría y la virtud a los pueblos del Estado, ha tenido a bien decretar y decreta:
1. Se harán honores fúnebres en esta capital al finado C. José del Valle.
2. Una comisión de la Asamblea, el Gobierno, una comisión del Consejo, la Corte Superior de Justicia, y todas las demás autoridades y empleados existentes en esta ciudad, concurrirán a este acto que será presidido por el Presidente de la Comisión del Cuerpo Legislativo.
3. El día de las honras se reunirán todos los funcionarios de que habla el artículo anterior, en el salón de la Asamblea, de donde marchará la comitiva al templo.
4 Todos los empleados del Estado vestirán de luto durante tres días, contados desde la víspera de las exequias, a las dos de la tarde.
5. El retrato del Ciudadano José del Valle se colocará en el salón de las sesiones de la Asamblea.
6. El Poder Ejecutivo queda encargado de la ejecución del presente decreto.

Pase al Consejo. Dado en San Salvador, a 9 de abril de 1834. J. Miguel Alegría, Diputado Presidente. J. Ildefonso Castillo, Diputado Secretario. J. Enríquez Nuila, Diputado Secretario.

Sala del Consejo Representativo del Estado de El Salvador, abril 18 de 1834. Pase al Jefe del Estado. Manuel A. Cordón, Consejero Presidente. Mariano Palomo, Secretario.

Por tanto: ejecútese. Lo tendrá entendido el Jefe de Sección encargado de la Secretaría General del Despacho, y dispondrá se imprima, publique y circule. San Salvador, abril 18 de 1834. Lorenzo González. Al ciudadano J. María Cisneros.

Y de orden del Supremo Poder Ejecutivo lo comunico a U. para su inteligencia y efectos que se expresan, acompañándole competente número de ejemplares, de que me acusará recibo.

D. U. L. San Salvador, abril 18 de 1834. J. M. Cisneros.

Manifestaciones de público sentimiento se hicieron también en los demás Estados de Honduras, Nicaragua y Costa Rica. Valle era el grande hombre de Centro América, y al desaparecer, en críticos momentos para la patria, los Estados centroamericanos no pudieron menos de lanzar, a una, un grito de supremo dolor.

El más juicioso, el más filosófico de nuestros historiadores, Alejandro Marure, haciendo justicia al mérito e interpretando el sentimiento nacional, algún tiempo después de muerto Valle, dedicóle en sus *Efemérides* las siguientes notables palabras:

Víctima de sus opiniones contra el imperio, y preso por ellas de orden de Iturbide, fue poco después nombrado primer ministro por el mismo Iturbide, pasando así de la prisión a la primera silla del gabinete imperial, y debiendo únicamente tan imprevista elevación a su reconocido mérito. Después de la caída del héroe de Iguala, Valle regresó a su patria a desempeñar las altas funciones de individuo del Supremo Poder Ejecutivo de la Nación; y en seguida obtuvo la mayoría de los votos populares para primer Presidente de la República. Valle mereció de sus compatriotas el sobrenombre de Sabio, y sus escritos justifican este dictado: Bentham y otros ilustres escritores de Europa lo honraron con su amistad, y la Academia de Ciencias de París lo inscribió en el catálogo de sus miembros. La memoria de este distinguido centroamericano fue justamente honrada por sus compatriotas: la

Asamblea de Guatemala acordó, en 13 de marzo del mismo año de 34, que su retrato fuese colocado en el salón de sesiones, y que en demostración de sentimiento por su muerte, todos los funcionarios públicos vistiesen de luto por tres días. El 9 de abril siguiente, la Asamblea de El Salvador decretó también los mismos honores fúnebres a la memoria de Valle.

Trascendentales fueron las consecuencias políticas que produjo la muerte de José del Valle. La república estaba agitada; bullía ya, de tiempo atrás, el pensamiento de reformar el sistema federal; la idea de reforma servía de pretexto a algunos conservadores que abrigaban en su alma el intento criminal de separar los Estados, de fraccionar nuestros pueblos, de repartirse los pedazos de una gran nación.

El general Morazán ya no tenía todos los grandes prestigios del 29; era el mismo hombre, liberal, generoso, intrépido, heroico; era el mismo hombre de ideas y de principios; pero representaba el poder en época dificilísima; y el hombre de gobierno no puede tener el mismo ascendiente que el hombre que consuma una revolución gloriosa. Es casi un axioma en historia que los hombres que hacen las más benéficas y grandiosas revoluciones, cuando les toca llevarlas a cabo en sus resultados, son los primeros que caen bajo el peso de su propia obra. De esta verdad forma un grande ejemplo la vida del Benemérito general Morazán[93].

La Presidencia de Valle estaba llamada, a juicio de los hombres sensatos, a dar tranquilidad a los ánimos, a reanimar la confianza pública, a operar benéficas evoluciones políticas, y a evidenciar, en el seno de la paz, el triunfo de las instituciones, necesitadas más que nunca, para vivir, de los consejos de la prudencia y del saber, antes que del ascendiente de las pasiones de partido y de los prestigios militares.

Pero burladas quedaron, por una fatalidad que será siempre digna de deplorarse, las legítimas aspiraciones del patriotismo. Parece que el destino tuvo empeño en que Valle jamás fuese Presidente de Centro América. El severo e ilustrado, cuanto popular y respetabilísimo republicano, exhaló su último aliento antes de que se abriesen los pliegos en que constaba su elección de Presidente.

---

[93] En más reducida esfera puede presentarse también como ejemplo al general Miguel García Granados, autor de la revolución de 71, en Guatemala. García Granados cayó bajo el peso de su propia obra; pero cayó con honra.

Con motivo de este infausto suceso, y de sus consecuencias políticas, el *Boletín Oficial*, número 56, correspondiente al 31 de marzo de 1834, dijo lo que sigue:

Las Juntas preparatorias del Congreso han comenzado en la Villa de Sonsonate. Casi no había más diputados que los de Guatemala; pero el Gobierno de El Salvador había dictado medidas muy activas para que concurrieran los de aquel Estado; no puede dudarse de que las dictaran también los de Nicaragua, Honduras y Costa Rica. Es demasiado grande el interés que está vinculado a la reunión del Congreso. Su presencia no solo es necesaria para decidir grandes cuestiones y para decretar reformas, sin las cuales no hay que esperar la estabilidad de la administración nacional, sino también porque los que dignamente la ejercen al presente deben ser renovados, y su misión, entre pronto, podría ser contestada.

Con respecto a la elección de Presidente, va a ocurrir una cuestión interesante. El Ciudadano José del Valle, sin duda tenía la mayor votación para este destino, y ha muerto el 2 del corriente. ¿Se declararán perdidos estos votos y se entrará a elegir, o se devolverá al pueblo la elección? Nosotros estaremos siempre por aquellas medidas que establezcan la mayor popularidad.

Supóngase que hubieran muerto dos candidatos que reuniesen generalmente todos los votos, sin tener mayoría ninguno de ellos, y que quedasen otros seis individuos, cada uno con dos o tres votos; ¿sería muy popular la elección que versase entre ellos? Mejor sería, sin duda, devolverla al pueblo. Nada previene la Constitución para el caso presente: la ley debe arreglarlo, y no hay que vacilar en que el arreglo sea lo más popular posible. Vuelvan a votar las Juntas populares, porque la elección es del pueblo.

En aquellos tiempos se vivía bajo la atmósfera de la democracia; en aquellos tiempos aún había grandes virtudes republicanas. Si el general Morazán hubiese sido un mandón vulgarísimo, un dictador supeditado por la ambición, habría aprovechado la muerte de Valle para hacer que el Congreso efectuase la elección, y sin exponerse a correr ninguna eventualidad, habría sido electo, sin duda alguna, Presidente de la República. Pero Morazán quiso siempre atender al voto de los pueblos, quiso respetar la legalidad, quiso el estricto cumplimiento de las instituciones.

Por esto, muerto Valle, aunque Morazán tenía muchos sufragios para la presidencia, como era debido, la elección fue devuelta al pueblo, único que, en la verdadera república, debe decidir sobre la dirección de sus destinos.

Bajo la influencia de tales ideas y de tales propósitos, se emitió el decreto de 2 de junio de 1834, convocando a nuevas elecciones para presidente de la República. Faltaba a Morazán su único, digno competidor; competidor a quien había respetado y apreciado altamente. Otro militar que no hubiese sido el general Morazán, otro militar inspirado en la fuerza, y extraviado por los instintos de un cesarismo brutal, habría hecho a Valle víctima de infundados celos, lo habría ultrajado y humillado, lo habría puesto, en nombre de una venganza salvaje, en el más ignominioso calvario, para arrancarle la vida, la influencia y el poder, en medio de los más afrentosos suplicios.

¡Qué época gloriosa aquella en que un verdadero soldado, en que un héroe prestigiadísimo, respetaba y apreciaba a su rival, a un hombre civil, que no tenía más fuerza que la de su idea! ¡Qué época gloriosa aquella en que un hombre de letras podía enfrentarse, sin temor de ser pisoteada su dignidad, a un hombre de espada, y a un hombre de espada que tenía la gloria de verdaderas batallas, y no el palmoteo ridículo de farsantes que ensalzan escaramuzas afortunadas que, ¡ay!, para providenciales castigos, fundan las más insoportables e infames dictaduras! El general Morazán que, muerto Valle, no podía tener ya seria competencia política en Centro América, fue electo, por segunda vez, en el año de 34, Presidente de la República. ¡Qué reflexiones las que ocurren con motivo de tales sucesos! Morazán reelecto debía traer, sin culpa suya, la ruina de la república centroamericana:

Valle Presidente, habría probablemente salvado a la república. Morazán tenía todos los prestigios de la revolución liberal; pero en el gobierno, debió tener las intransigencias de la revolución, y en su contra, debió tener todos los enconados odios de la oposición. Valle en el poder, aunque partícipe de las ideas de Morazán, habría entrado a ejercerlo sin compromisos revolucionarios, no habría tenido las intransigencias de sectario victorioso, habría llevado la tranquilidad a los ánimos, desarmado en mucha parte a las oposiciones, y tenido ocasión y libertad para hacer oportunas, benéficas y duraderas reformas al sistema de gobierno, que habrían salvado la unidad de la patria, asegurado la paz de sus hijos, afianzado sus instituciones, y afirmado la honra de su nombre. Morazán, hombre de la revolución, no pudo ser el hombre de la consolidación de las instituciones; su origen y su carácter revolucionarios, a pesar de sus grandes dotes políticos y militares, lo hicieron inepto para tan grande empresa. Valle gobernante habría podido acometerla con feliz éxito; Valle, a virtud de oportunas evoluciones inspiradas por su genio, y sancionadas por sus prestigios, habría hecho la reforma, en racionales términos, anulando la demagogia de los liberales, y los embozados trabajos de los conservadores separatistas y liberticidas. En tal situación, Morazán habría sido el brazo armado; Valle la cabeza pensadora y directora; la idea y la fuerza unidas habrían realizado el triunfo definitivo y espléndido de la república; y hoy los centroamericanos tendríamos una nación poderosa, libre y feliz; y hoy, en vez de sentirnos humillados, con la frente levantada, podríamos decir al mundo, tenemos patria.

Pero las leyes providenciales, que presiden a la historia de los pueblos, no permitieron que hubiese para los centroamericanos tan dichosos resultados. Murió Valle, y con su vida, desapareció la fundada esperanza de que hubiese paz y arreglos durables en pro de las instituciones. Posteriormente, Morazán fue vencido, y por último sacrificado por la traición en el cadalso, y con su vida, desaparecieron los más abnegados esfuerzos que propendieron, en la América del Centro, a salvar la unidad de la patria y la estabilidad y el prestigio de sus instituciones. ¡Desgracia inmensa la nuestra! Parece que la Providencia se complace en someter a ciertos pueblos a las más rudas y crueles pruebas, uno de esos pueblos es Centro América.

Pero aceptemos nuestro destino con valor y resignación, y con la conciencia de que somos libres para pensar y obrar en el sentido de mejorar nuestra suerte. Pensemos y obremos bajo los auspicios de nuestro derecho, de nuestra dignidad y de nuestra libertad; y al fin lograremos el anhelado objeto de ser ciudadanos libres dentro de una gran república. Trabajemos esforzada y noblemente: perderemos hoy, perderemos mañana, sucumbiremos una y cien veces; pero al fin ganaremos una definitiva batalla, y tendremos patria e instituciones. No somos turcos que debemos obedecer a un fatalismo invencible; la vida asiática no debe ser nuestra vida; somos americanos que vinimos al mundo de la política trayendo los gérmenes preciosos de libertad y del progreso, inspirados en la fe en la república y en sus instituciones. La fe religiosa, aunque ciega, ha dado el triunfo a las religiones; nuestra fe política, que es científica, dará entre nosotros el triunfo a la república. Trabajemos, confiemos y esperemos...

Las reacciones que se operan contra las buenas causas, cuando triunfan definitivamente, su triunfo trae consigo el menosprecio y el olvido de los hombres de principios. El general Morazán no pudo contrarrestar la reacción que se llevó a cabo contra las ideas e instituciones liberales. En el año de 38 Morazán terminó su segundo período, entre grandes agitaciones y luchas, entre grandes dolores para la afligida patria. El año de 39, no obstante, la resistencia heroica de Morazán y de los suyos, fue roto el Pacto federal. El aventurero y bravío indígena Rafael Carrera, en Guatemala, y el valiente, cruel y talentoso mulato Francisco Ferrera, en Honduras, fueron los poderosos instrumentos de la reacción liberticida y separatista. El general Morazán hizo sus últimos esfuerzos en Guatemala, en el año de 40, en favor de los fueros de la civilización y de las instituciones; pero sus esfuerzos fueron inutilizados por la alianza irresistible del salvajismo indiano, del supersticioso clero y de la estúpida nobleza. El general Morazán, en obsequio de la paz, tuvo que dejar al bizarro pueblo de El Salvador que le servía de apoyo, y se encaminó a la América del Sur; regresó con elementos para operar una contrarrevolución; anonadó el despotismo de Carrillo en Costa Rica, y se hizo cargo del poder de aquel Estado, como base de sus operaciones. Pero el egoísmo lugareño y la traición de hombres sin conciencia y sin pudor llevaron al patíbulo al gran republicano, a la triste luz crepuscular de la tarde del 15 de septiembre de 1842.

Los acontecimientos referidos dieron un triunfo completo a la reacción. Ferrera y los sectarios de sus ideas dominaron en Honduras; Carrera, el clero y la nobleza dominaron por muchos años en Guatemala; una verdadera noche polar extendió sus espesas sombras sobre el área hermosa de Centro América; los pueblos durmieron el largo y pesado sueño que produce el despotismo enervante; despertaban a veces solo para oír el ruido de sus cadenas, y en medio del aturdimiento, de la abyección y de la miseria, llegaron hasta perder el recuerdo de sus grandes hombres. Así se explica cómo, durante más de 30 años, la fría y pesada losa del olvido ha gravitado sobre la memoria del ilustre José del Valle. Hoy, hasta los niños de nuestras escuelas primarias pronuncian con respeto el nombre de Valle, y, en los primeros años de mi juventud, yo nunca supe siquiera que hubiese existido hombre que tanto enalteció el nombre de mi patria.

¡Qué época! ¡Qué contraste![94]

El Gobierno de Honduras, hoy presidido por un hombre de altas y generosas ideas, ha venido a borrar las injusticias del pasado, ha honrado y enaltecido, como se debe, la memoria de Valle.

He aquí el decreto del gobierno del señor Soto, en que se ordena levantar un monumento que inmortalice el recuerdo del sabio hondureño:

---

[94] ¡Fatalidad de nuestras revoluciones, casi siempre oscurantistas! Se echaron en olvido, nada menos, que el nombre y las obras del sabio que supo captarse la estimación cariñosísima de sabios de Europa y América. Valle recibió altas pruebas de amistad del célebre Barón de Humboldt, uno de los más ilustres viajeros que han visitado a América; del distinguido escritor y literato don José Joaquín de Mora; del Conde de Pecchio, autor de varias obras importantes; de don Álvaro Flores Estrada, uno de los más notables economistas españoles; del Conde de Sac, distinguido naturalista; de don Vicente Cervantes, profesor de Botánica; de don Andrés del Río, profesor de Mineralogía; de don Mariano Logarce, Botánico eminente; de Jeremías Bentham, publicista de reputación universal; y de otros muchos personajes, ventajosamente conocidos en la república de las Letras, y que prolijo sería enumerar sus nombres. Los sabios extranjeros honraron a Valle. Centro América reaccionaría olvidó su nombre y sus obras. ¡Qué amargo fruto el de las revoluciones sin principios y sin ideas!

MARCO AURELIO SOTO
PRESIDENTE CONSTITUCIONAL DE LA REPÚBLICA DE
HONDURAS.

Considerando: Que el SABIO JOSÉ CECILIO DEL VALLE fue un Ciudadano eminente, cuyas obras honran a las letras centroamericanas; y que por su ciencia, por sus virtudes, y por los servicios que prestó a la Patria, es acreedor a la gratitud nacional; por tanto,

DECRETA:

Art. 1 Eríjase, en la plaza de San Francisco de esta Capital, una Estatua de pie, de mármol de Carrara, del sabio hondureño don José Cecilio del Valle.

Art. 2 La Estatua se colocará sobre un pedestal de piedra y mármol, que llevará inscripciones que hagan imperecedera la memoria del hombre que puso su genio y su ciencia al servicio de la Nación Centroamericana.

Dado en Tegucigalpa, en la casa de gobierno, a los 27 días del mes de agosto de 1882.

MARCO A. SOTO

El Secretario de Estado en el Despacho de Instrucción Pública,

RAMÓN ROSA

Como precedente del anterior decreto, en 29 de julio del año recién pasado, se estipuló con el artista, señor Francisco Durini, lo que sigue: Art. 14 Durini se obliga a hacer construir en Italia, y colocar, en la Plaza de San Francisco de esta Capital, una estatua de pie y de mármol de Carrara, (Ravación de 1a clase) de dos varas y cuatro pulgadas de altura, del sabio José Cecilio del Valle.

distinguido naturalista; de don Vicente Cervantes, profesor de Botánica; de don Andrés del Río, profesor de Mineralogía; de don Mariano Logarce, Botánico eminente; de Jeremías Bentham, publicista de reputación universal; y de otros muchos personajes, ventajosamente conocidos en la república de las Letras, y que prolijo sería enumerar sus nombres. Los sabios extranjeros honraron a Valle. Centro América reaccionaria olvidó su nombre y sus obras. ¡Qué amargo fruto el de las revoluciones sin principios y sin ideas!

Art. 15 La Estatua tendrá un pedestal construido de cal y canto al interior, y de piedra del país, picada en forma de granito, al exterior: tendrá la forma de un octágono irregular, y se compondrá de una gradería de dos escalones, de un contrazócalo, de un zócalo, de una base, de un fuste, de un capitel y de un plinto de la estatua.

Art. 16 En el fuste irán cuatro lápidas de mármol de Carrara (Ravación de 1a clase). La lápida de la fachada llevará en letras de relieve doradas, esta inscripción:

A JOSÉ CECILIO DEL VALLE:
LA PATRIA

La lápida posterior llevará en letras grabadas y doradas, estas inscripciones:

Al sabio que se anticipó a su época, y reveló los grandes destinos de Centro América.

Al insigne estadista, autor del Acta de nuestra independencia; al hombre de principios que hizo del saber un elemento de gobierno, y cuyas obras honran a la América Central.

El estudio más digno de un americano es la América. Valle.

La lápida de una de las partes laterales llevará, en letras grabadas y doradas, el decreto en virtud del cual se erige el monumento del sabio Valle; y la lápida de la otra parte lateral tendrá esta inscripción:

JOSÉ CECILIO DEL VALLE,

Nació en Choluteca, el 22 de noviembre de 1780. Murió en Guatemala, el 2 de marzo de 1834.

Art. 17 En las lápidas del fuste, sobre las inscripciones, se formarán, grabados, adornos alegóricos de las ciencias y las letras, y el friso del capitel se adornará de una manera artística.

Art. 18 El monumento de Valle tendrá alrededor una hermosa verja de hierro fundido, de 26 a 28 varas, y en los ángulos de la verja se colocarán cuatro elegantes faroles de una luz.

Lo convenido con el señor Durini se ha llevado a debido efecto. La estatua de Valle, que es una verdadera obra de arte, está ya en el país, y construido está en la Plaza de San Francisco el suntuoso pedestal en que ha de colocarse. El día 15 de septiembre próximo, LXII aniversario de nuestra independencia, se inaugurará solemnemente la estatua del sabio. ¡Gran día va a ser el día de la inauguración, en que el pueblo y gobierno hondureños, tras dilatados años de olvido, van a hacer justicia a la memoria de su más ilustre Estadista; van a dar un público testimonio de aprecio y simpatía a los altos merecimientos de un hombre honrado, de elevadas ideas; van a reconocer y a enaltecer la más legítima y esplendorosa de las glorias, la gloria de la inteligencia que enseña, que ilustra y moraliza!

Hoy más que nunca debe tomarse como modelo la conducta política de Valle, y buscarse en sus obras grandes enseñanzas. La situación de Centro América así lo reclama. Los pueblos centroamericanos, si bien más que todo, por la acción del tiempo, han ganado en materiales elementos y recursos, en cambio, por la acción de maléficas, de corruptoras escuelas políticas, han perdido mucho, muchísimo, en materia de instituciones, de moralidad y de honradez. Jamás Centro América ha atravesado, en lo moral, momentos tan críticos como los que atraviesa al presente. Jamás ha habido una situación más ilógica, más falsa en el fondo, y más hipócrita en la forma, más ocasionada a trascendentales conflictos, y más adversa a los más grandes y caros intereses de la república[95].

En el año de 21, en que se consumó la independencia, había buena fe y franqueza en los partidos que, con diferencia de intentos, abrigaban, por lo común, nobilísimas aspiraciones; en el año de 29, en que se trató de afianzar las instituciones libres, había grandes virtudes republicanas y los más bellos ideales; en el año de 48, en que se reaccionó contra la autocracia de Carrera, y del clero, había desinterés, abnegación y

---

[95] Declaro que mis afirmaciones críticas no tienen ni pueden tener aplicación general a los hombres públicos de Centro América; declaro además que mis juicios no aluden a determinadas personas, a determinados círculos políticos. Condeno, en abstracto, ciertos sistemas de erróneas ideas que, por desgracia, prevalecen en las Repúblicas Centroamericanas; pero no hago ni trato de hacer alusiones personales. Empero, si antojadizamente se quiere recogerlas, que se recojan. Debo además prevenir una objeción que comúnmente se hace a quienes se muestran descontentos de un sistema político. La objeción se formula diciendo que no merecen fe las críticas y las censuras de los descontentos, porque no tienen poder, y que si lo tuvieran aplaudirían lo mismo que censuran; que no es lo mismo estar en laoposición que en el poder. Yo estoy a salvo de semejante objeción. Mis pa labras merecen fe, porque no soy apasionado opositor a ningún gobierno; porque no soy un político caído y menesteroso que vocea para buscar empleos y beneficios, porque he tenido y aún tengo una alta posición política que, para su sostenimiento, no requiere falsas censuras ni exaltadas declamaciones; y en fin, porque hasta mi posición y mi porvenir político en Centro América sé que los comprometo seriamente, y los comprometo con gusto, diciendo la verdad a pueblos y gobiernos, a despecho de resentimientos, de odios y de rencores. Si algún derecho tengo, como escritor, es el derecho de que se crea en la sinceridad de mis ideas y en la franqueza de mis escritos.

honrosísimos propósitos; y en el año de 71, en que se operó la última revolución liberal, aún había virtudes cívicas y patrióticas inspiraciones.

Hoy casi puede decirse que ha desaparecido todo elemento honroso, todo elemento de moralidad, todo elemento de republicanismo. Nadie entiende a nadie; las filas de los partidos se han confundido; no hay luz que las guíe, no hay conciencia que las inspire. ¡Estamos a medianoche! No predominan en Centro América la idea, la rectitud y la justa previsión; los principios de la república casi han caído en desuso.

En cambio, predominan las escuelas políticas más corruptoras, más adversas a la república. Liberales y conservadores componen hoy una masa informe que despide miasmas deletéreos; liberales y conservadores tienen cátedras abiertas en que proclaman libertad y derechos, y practican el despotismo y la inquisición; en que proclaman desinterés y patriotismo, y practican el más impudente y vergonzoso mercantilismo político. ¿Es así cómo debemos civilizarnos y ennoblecernos?, ¿es así como debemos preparar el reinado de la verdadera república?

Es necesario tener el valor de decir la verdad, toda la verdad. Con Morazán, Barrundia, Herrera, Cabañas y Gerardo Barrios, sabía cualquiera a qué atenerse, eran hombres de principios, y eran consecuentes con sus ideas. Con Carrera, Ferrera, Aycinena, Batres, Pavón y Dueñas, también sabía cualquiera a qué atenerse, eran hombres de sistema, y supieron ser lógicos. Uno y otro partido contendientes respetaban sus ideas, y tenían, bueno o malo, un ideal político impersonal; ideal servido con perseverancia y alentado por previsiones; uno y otro partido contendientes, salvo las horas de borrasca revolucionaria, tenían, en más o en menos, a la dignidad humana, consideraciones al derecho, consideraciones al decoro público.

Hoy el egoísmo y la ambición sin límites han venido a crear en Centro América situaciones puramente personales, personalísimas, situaciones que solo pueden sostenerse, ora apelando al terror que mata, ora a la seducción que envilece. O rastros humanos, o mercados políticos: he aquí las enseñanzas prácticas que las escuelas dominantes en Centro América dan a nuestros infortunados pueblos.

Es necesario protestar, no tan solo en nombre de la república, sino también en nombre de la humanidad, contra las enseñanzas de tan funestas escuelas; escuelas que falsifican torpemente las ideas, y que, por lo mismo, comprometen el porvenir de las ideas. Criminales son los monederos falsos, porque crean engañosos valores y alteran la confianza pública; mas su crimen es de pasajeros resultados. Pero ¡ay! los falsificadores de ideas, de principios, son los más grandes criminales, que deben arrojarse al infierno de la historia, porque comprometen hasta el porvenir de la inocencia, hasta el porvenir de las generaciones que están por nacer. Lo repito: es necesario protestar contra las enseñanzas de los falsificadores de ideas. Este pequeño libro, que recuerda la vida ejemplar y las obras meritorias del honrado e ilustre Valle, forma una gran protesta. Yo la hago franca y lealmente.

Al exponer los juicios anteriores no he querido presentarme como no he sido ni soy; no pretendo engañar pidiendo para Centro América un bello ideal en arreglos políticos, en materia de instituciones. Yo conozco las malas condiciones sociales de nuestros pueblos[96]; yo sé que de improviso, en todo y por todo, no pueden pasar a la vida de la verdadera república. Quiero ser completamente franco. En ciertas situaciones excepcionales, en que han estado comprometidos todos los intereses particulares y públicos, yo he aconsejado el uso de la fuerza, y además he hecho uso de la fuerza. Pero pasar de la excepción, y de la justificada excepción, a convertir la fuerza en absoluto sistema, en paz o en guerra, día por día, hora por hora, momento por momento, con provocación o sin ella;

pero decantar libertad y derechos, y mantener un régimen de terror inquisitorial bajo el que las sociedades viven temblando de espanto, arrodilladas; pero decantar desinterés y patriotismo, y convertir la administración en un mercado político, para la ruina de muchos, en beneficio de unos pocos; todo esto me parece condenable, porque es un horrible atentado al derecho, porque es una monstruosidad. Debe apelarse a la fuerza, cuando hay facultades discrecionales, para salvar a todo un pueblo de los horrores de la anarquía; pero cuando hay paz y existe una constitución, cuando la sociedad sigue su marcha regular, liberales o conservadores, deben respetar la dignidad de los hombres, deben mantener la más estricta legalidad, deben procurar el arraigo y el ensanche de las instituciones libres, deben ser humanos, civilizados y generosos. Solo a este precio puede hablarse, con decencia, de libertad y de derechos; solo así se puede vivir en el seno de la democracia, sólo así se puede ir en pos de la verdadera república. Si se quiere el terror por sistema, y los medros del mercantilismo político por recompensa, que al menos haya franqueza, los terroristas utilitarios ganarán más siendo francos. ¡Que no se profanen por más tiempo los sagrados nombres de libertad y patriotismo!

---

[96] Véase mi folleto sobre la Constitución social de Honduras, 1880.

La vida de Valle significa trabajo, estudio, conocimientos, ciencia, virtudes privadas, virtudes cívicas, honradez, abnegación, patriotismo. Este libro reasume, en compendio, la expresión de tan grandes méritos[97]. Cuanto en él se dice tal vez por hoy sea un eco perdido, un eco que no llegue a los oídos de la viciada cuanto infeliz generación presente; pero estoy seguro de que el eco de las palabras que consagró a Valle llegará a los oídos de la juventud que se levanta, y la juventud siempre buena, desinteresada y generosa, se inspirará

en la vida y en las obras del sabio hondureño; y a la inmoralidad opondrá la honradez, y a la rutina opondrá la ciencia, y a la injusticia opondrá la rectitud, y a la mentira opondrá la verdad, y a la venalidad opondrá la probidad, y a la fuerza opondrá la ley, y al terror opondrá la siempre respetable y querida libertad.

La juventud centroamericana no debe olvidar que posee una de las más bellas e importantes regiones del mundo, y que tal posesión le da derecho a que esta porción privilegiada del globo sea un centro feliz de civilización. La juventud centroamericana, imitando las virtudes del sabio Valle, y siguiendo sus nobilísimas aspiraciones, debe desmentir el terrible aserto que nos lanzó a la cara Napoleón III. Napoleón decía: Constantinopla y Centro América son las más interesantes y bellas porciones del globo; pero da lástima que estén en las peores manos, en las de los turcos y de los centroamericanos. ¡Ah! Protestemos, abriendo campo a las ideas, y siendo virtuosos y civilizados, contra aserto tan ignominioso. Sacudamos la especie de fatalismo asiático que nos abruma; somos americanos, y nuestro destino es la consecución del derecho y del progreso. Demos vuelco a las tiranías de los hombres, y a las tiranías de nuestros tradicionales errores; modelemos nuestra vida por el gran modelo de nuestro ilustre sabio; trabajemos con fe y con amor en pro de las ideas; y así reivindicaremos nuestra honra, asegurando, en esta tierra querida, en esta tierra de nuestros recuerdos y de nuestras esperanzas, los sagrados fueros de la civilización y de la república.

---

[97] La segunda edición de este libro, que haré en los Estados Unidos, saldrá muy aumentada. Haré en ella mérito de la correspondencia de Valle y de muchas de sus obras inéditas que no he tenido a la vista, y que hasta hace pocos días ha obtenido, por compra, el gobierno de este país. También se corregirán muchos defectos de redacción y errores tipográficos, que ni siquiera he tenido tiempo de enmendar. Aunque he meditado detenidamente sobre el fondo de este libro, en cambio, sus capítulos han ido a la imprenta en borradores, si se quiere, improvisados; y muchas veces, debido a mis diarias y múltiples ocupaciones, no he podido ni corregir las pruebas. Que la crítica tenga en cuenta esta legítima excusa.

Queda al lector comprensivo apreciar la valiosa obra del Dr. Rosa, que constituye sin necesidad de elogios la mejor apología de su talento y franqueza política.

Aparte del fondo psicológico que anima casi toda la biografía comentada, y con el cual he disentido en varios aspectos, las páginas que la componen forman una pieza literaria acabadísima de profundo sentido crítico y didáctico.

Como se ha observado, casi en todos los capítulos contempla el cuadro actual de Centro América, y su autor tiene frases de un sincero pesimismo; ve que hemos llegado a la desorganización más alarmante, que no tenemos grandes recuerdos e ideales, que impera la mala fe y el prejuicio...

En gran parte tienen razón sus hermosas afirmaciones: vivimos un momento crítico de la historia centroamericana, y el bienestar social en nuestra pequeña nación es lejano y problemático.

Ante la política desorientada y la incapacidad de los gobiernos, ante la marcha progresiva del imperialismo en nuestra vida económica, ante la falta de armonía social; unos opinan que la ruina de Centro América es inminente, y otros no se cansan de afirmar que nuestra carencia de ideales, de entusiasmo y de honradez, determina aquella terrible situación, de la cual sólo podremos salir por una cruzada culta.

ACTA DE INDEPENDENCIA
DEL ANTIGUO REINO DE GUATEMALA
(Se conserva la ortografía del original)

PALACIO NACIONAL DE GUATEMALA QUINCE DE
SEPTIEMBRE DE MIL OCHOCIENTOS VEINTIUNO

Siendo públicos e indudables los deseos de independencia del gobierno Español que por escrito y de palabra ha manifestado el pueblo de esta Capital, recibidos por el último correo diversos oficios de los Ayuntamientos Constitucionales de Ciudad Real, Comitan y Tuxtla en que comunican haber proclamado y jurado dicha independencia, y excitan a que se haga lo mismo en esta Ciudad; siendo positivo que han circulado iguales oficios a otros ayuntamientos; determinado de acuerdo con la Exma diputación provincial que para tratar de asunto tan grave se reuniesen en uno de los salones de este Palacio la misma diputación provincial, el Illmo. Sr. Arzobispo, los señores individuos que diputasen la Exma. Audiencia territorial, el venerable Sr. Dean y Cabildo Eclesiastico, el Exmo. Ayuntamiento, el M. I. Claustro, el Consulado y M. I. Colegio de Abogados, los Prelados regulares, Jefes y funcionarios públicos, congregados todos en el mismo salon: leidos los oficios expresados, discutido y meditado detenidamente el asunto; y oido el clamor de VIVA LA INDEPENDENCIA que repetía de continuo el pueblo que se veia reunido en las calles, plaza, patio, corredores, y antesala de este Palacio se acordó: por esta diputación e individuos del Exmo. Ayuntamiento:

1. Que siendo la independencia del gobierno Español, la voluntad general del pueblo de Guatemala, y sin perjuicio de lo que determine sobre ella el congreso que debe formarse, el Sr. jefe político la mande publicar para prevenir las consecuencias que serían temibles en el caso de que la proclamase de hecho el mismo pueblo.

2. Que desde luego se circulen oficios a las provincias por correos extraordinarios para que sin demora alguna se sirvan proceder a elegir diputados o representante suyos, y estos concurran a esta capital a formar el congreso que deba decidir el punto de independencia general y absoluta y fijar, en caso de acordarla, la forma de gobierno, y ley fundamental que deba regir.

3. Que, para facilitar el nombramiento de diputados, se sirvan hacerlo las mismas juntas electorales de provincia que hicieron o debieron hacer las elecciones de los últimos diputados a Córtes.

4. Que el número de estos diputados sea en proporción de uno por cada quince mil individuos, sin excluir de la ciudadanía a los originarios de África.

5. Que las mismas juntas electorales de provincia, teniendo presente los últimos censos, se sirvan determinar, según esta base, el número de diputados o representantes que deban elegir.

6. Que en atención a la gravedad y urgencia del asunto se sirvan hacer las elecciones de modo que el día primero de marzo del año próximo de 1822 estén reunidos en esta capital todos los diputados.

7. Que entre tanto, no haciéndose novedad en las autoridades establecidas, sigan estas ejerciendo sus atribuciones respectivas con arreglo a la constitución, decretos y leyes, hasta que el congreso indicado determine lo que sea más justo y benéfico.

8. Que el Sr. jefe político Brigadier D. Gavino Gainza continúe con el Gobierno Superior Político y Militar, y para que este tenga el carácter que parece propio de las circunstancias, se forme una junta provisional consultiva, compuesta de los señores individuos actuales de esta Diputación Provincial, y de los señores D. Miguel de Larreynaga, ministro de esta audiencia; D. José del Valle, auditor de guerra; Marqués de Aycinena; Dr. D. José Valdez, tesorero de esta Santa Iglesia; Dr. D. Ángel María Candina; y Lic. D. Antonio Robles, alcalde 3.° constitucional, el primero por la Provincia de León, el 2.° por la de Comayagua, el 3.° por Quezaltenango, el 4.° por Sololá y Chimaltenango, el 5.° por Sonsonate y el 6.° por Ciudad Real de Chiapa.

9. Que esta junta provisional consulte al señor jefe político en todos los asuntos económicos y gubernativos dignos de su atención.

10. Que la religión católica, que hemos profesado en los siglos anteriores y profesaremos en los sucesivos, se conserve pura e inalterable, manteniendo vivo el espíritu de religiosidad que ha distinguido siempre a Guatemala, respetando a los ministros eclesiásticos seculares y regulares, y protegiéndoles en sus personas y propiedades.

11. Que se pase oficio a los dignos prelados de las comunidades religiosas, para que, cooperando a la paz y sosiego, que es la primera necesidad de los pueblos cuando pasan de un gobierno a otro, dispongan que sus individuos exhorten a la fraternidad y concordia a los que, estando unidos en el sentimiento general de la independencia, deben estarlo también en todos los demás, sofocando pasiones

individuales que dividen los ánimos y producen funestas consecuencias.

12. Que el Excmo. Ayuntamiento, a quien corresponde la conservación del orden y tranquilidad, tome las medidas más activas para mantenerla imperturbable en toda esta capital y pueblos inmediatos.

13. Que el señor jefe político publique un manifiesto haciendo notorios a la faz de todos los sentimientos generales del pueblo, la opinión de las autoridades y corporaciones, las medidas de este gobierno, las causas y circunstancias que lo decidieron a prestar en manos del señor alcalde 1.° a pedimento del pueblo, el juramento de independencia y fidelidad al gobierno americano que se establezca.

14. Que igual juramento presten la junta provisional, el Excmo. Ayuntamiento, el Illmo. señor Arzobispo, los Tribunales, jefes políticos y militares, los prelados regulares, sus comunidades religiosas, jefes y empleados en las rentas, autoridades, corporaciones y tropas de las respectivas guarniciones.

15. Que el señor jefe político, de acuerdo con el Excmo. Ayuntamiento, disponga la solemnidad y señale el día en que el pueblo deba hacer la proclamación y juramento expresado de independencia.

16. Que el Excmo. Ayuntamiento acuerde la acuñación de una medalla que perpetúe en los siglos la memoria del día QUINCE DE SEPTIEMBRE DE MIL OCHOCIENTOS VEINTIUNO, en que proclamó su feliz independencia.

17. Que imprimiéndose esta acta y el manifiesto expresado, se circule a las Excmas. Diputaciones provinciales, Ayuntamientos constitucionales y demás autoridades eclesiásticas, regulares, seculares y militares, para que, siendo acordes en los mismos sentimientos que ha manifestado este pueblo, se sirvan obrar con arreglo a todo lo expuesto.

18. Que se cante el día que designe el señor jefe político una misa solemne de gracias con asistencia de la Junta Provisional, de todas las autoridades, corporaciones y jefes, haciéndose salvas de artillería y tres días de iluminación.

Palacio Nacional de Guatemala. Septiembre 15 de 1821. *Gavino Gaínza. Mariano de Beltranena, José Mariano Calderón, José Matías Delgado, Manuel Antonio Molina, Mariano de Larrave. Antonio de Rivera, José Antonio de Larrave, Isidoro de Valle y Castriciones. Mariano de Aycinena, Pedro de Arroyave, Lorenzo de Romaña, secretario; Domingo Diéguez, secretario.*

Comunicada el acta precedente a los señores D. Miguel Larreinaga, D. José del Valle, Marqués de Aycinena, D. José Valdez, Lic. D. Antonio Robles y Dr. D. Ángel María Candina; y habiendo concurrido a prestar el juramento acordado, lo hicieron efectivamente en unión de los SS. individuos de la Excma. Diputación Provincial, del señor alcalde primero, señores regidores diputados y señores síndicos. *Gavino Gaínza, Miguel de la Reynaga, José del Valle, José Mariano Calderón, Manuel Antonio Molina, Matías Delgado, Mariano de Beltranena, Marqués de Aycinena, Antonio Robles, Antonio de Rivera, José Valdés, Ángel María Candina, Mariano de Larrave, José Antonio de Larrave, Isidoro de Valle y Castriciones, Mariano de Aycinena, Pedro de Arroyave, Domingo Diéguez, secretario.*

OBRAS DE VALLE

Un gobierno que hace sufrir, y exige silencio profundo en medio del sufrimiento, que oprime con una mano, y embaraza con otra las reacciones consiguientes a la opresión; que predica paz y sosiego a pueblos que con sus providencias tiende a poner en movimiento, es un gobierno despótico que ama la tranquilidad para que sea más libre la acción de la tiranía.

VALLE

MANIFIESTO DEL JEFE POLÍTICO A LOS CIUDADANOS DE GUATEMALA

Otros gobiernos hablan de necesidades del fisco creadas o aumentadas por su mano, de planes trazados o providencias meditadas por ellos mismos, de autos proveídos o medidas tomadas por el dictamen de un asesor o el consejo de un valido.

El Gobierno de Guatemala os habla, ciudadanos, de lo que vosotros mismos habéis deseado, de lo que vosotros mismos habéis proclamado.

Desde el año de 10 comenzaron a conmoverse las dos Américas, Meridional y Septentrional; desde entonces empezaron a defender sus derechos y sostener sus títulos; desde entonces empezaron los acentos y comenzaron las voces de libertad e independencia.

Guatemala, colocada en medio de una y otra América, era espectadora alegre y tranquila de ambas. Sus hijos oían con placer las voces, observaban con gozo los pasos de los que siempre han creído hermanos suyos; y si no publicaban con el labio los sentimientos que había en el pecho, eran sin embargo americanos, amaban lo que era amado, deseaban lo que era ansiado.

El movimiento que se propaga en lo físico con celeridad, marcha también en lo político con rapidez; y era imposible que, conmovida al sur y al norte toda la masa de este continente, siguiera el centro en reposo.

Resonó en la Nueva España la voz de independencia y los ecos se oyeron al momento en Guatemala; se encendió entonces el deseo que jamás se había apagado; pero los guatemaltecos, pacíficos siempre y tranquilos, esperaban que los de México llegasen a su último término. Duró meses esta expectativa; pero la energía de los sentimientos crece en proporción. Las noticias de Nueva España la aumentaban a cada correo. Se movió Oaxaca y el movimiento pasó a Chiapas, que es en contacto con ella.

Era natural que se comunicase a todas las provincias, porque en todas ellas es una la voluntad, uno el deseo. Mantenerse indiferentes era quedarse aislados, exponerse a divisiones funestas, cortar relaciones y sufrir todos los riesgos. Este discurso de los hijos de Guatemala produjo los efectos del rayo. Abrazó los pechos, encendió los deseos, y el gobierno, espectador de ellos, consultó al instante a la Excma. Diputación Provincial, llevando a su vista los papeles oficiales de Chiapas.

Conforme con su acuerdo, mandé que al día siguiente 15 de este mes se reuniesen en Palacio el Illmo. Señor Arzobispo, los señores que diputase la Excma. Audiencia Territorial, el Excmo. Ayuntamiento, el venerable señor Deán y Cabildo, el muy ilustre Claustro, el Consulado, el muy ilustre Colegio de Abogados, los jefes militares y de rentas, los prelados regulares y los funcionarios públicos.

El pueblo no fue indiferente a un acento que era suyo. Se reunió en torno de Palacio, en la calle, en la plaza, en el portal, en el atrio, en el corredor y antesala. Manifestó la moderación que le ha distinguido siempre; pero acreditó que sabe amar su causa y celebrar sus intereses. Cuando algunos funcionarios, sin resistir la independencia, decían solamente que se esperase el resultado final de México, un murmullo sordo, pero perceptible, indicaba la desaprobación.

Cuando los prelados u otros empleados manifestaban que la voz de Guatemala es la de América y que era preciso atender sus acentos, el clamoreo general publicaba los votos de la opinión. Cuando se añadió que la institución de nuevo gobierno y sanción de ley fundamental deben ser obra de los representantes de los pueblos, los vivas fueron también señal indudable de la voluntad general.

Fue inequívoco el resultado de la discusión y, teniéndolo presente, acordé, de conformidad con lo consultado por la Excma. Diputación Provincial y señores individuos del Excmo. Ayuntamiento, todos los puntos expresos en el acta que tengo el honor de circular.

Miradla, ciudadanos, como el preliminar de la carta grande que debe asegurar vuestros derechos. Guatemala es un todo hermoso compuesto de Cartago y León, Comayagua y Tegucigalpa, San Salvador y San Miguel, Sacatepéquez y Escuintla, Quezaltenango y Chiapa, Sonsonate y Suchitepéquez, Sololá, Totonicapán y Chimaltenango, Verapaz y Chiquimula. Que vengan a esta capital sus diputados o representantes; que manifiesten a la faz del mundo la voluntad de sus provincias; que designen la forma de gobierno y decreten la constitución política que os ha de llevar a la felicidad a que os llama la posición geográfica de vuestro suelo.

Este es el deseo del gobierno, esta es la voluntad de las autoridades, estos son los sentimientos de Guatemala.

Si en todos los países y las edades la unión es la fuerza de los pueblos, en el presente es más que en todos los tiempos precisa y necesaria. El gobierno la recomienda a los ciudadanos, la recomienda a los pueblos, la recomienda a las provincias. Que haya divisiones cuando la ley misma divide en dos sociedades a los individuos de una sociedad, que las haya cuando la ley eleva a unos pueblos sobre la ruina de otros. Pero en un gobierno libre, en un gobierno que debe ser instituido por la voluntad misma de los representantes de los pueblos, deben cesar los motivos de división, triunfar la unión y desaparecer las causas de los partidos.

Elegid, ciudadanos, individuos de las Juntas Electorales de Provincia, diputados dignos de los pueblos que han de representar; elegid a hombres penetrados del entusiasmo heroico de la América; elegid talentos; buscad genios bastante grandes para formar la legislación que deba regiros en lo sucesivo.

Todo va a ser obra vuestra, ciudadanos. Vuestra voluntad es la que formará el congreso y el congreso que forméis es el que hará vuestra ventura o infelicidad. Meditad, ciudadanos, la obra grande que se pone en vuestras manos. Vuestra voluntad decidirá el gobierno, y yo, sensible a los votos que me ha dado el pueblo, sensible a la confianza que me ha hecho tanto honor, juré hoy, y juraré cuando se decrete vuestra constitución, ser fiel al gobierno americano y sostenerlo con las fuerzas que habéis puesto a mi mando.

Palacio Nacional de Guatemala, 15 de septiembre de 1821.

GABINO GAÍNZA

DISCURSO PRONUNCIADO EN EL CONGRESO CONSTITUYENTE MEXICANO, SOBRE EL NOMBRAMIENTO DE MAGISTRADOS DEL SUPREMO TRIBUNAL DE JUSTICIA

Sesión del 16 de agosto de 1822[98].

El Sr. VALLE (D. José): Señor, el punto que se discute es de fácil y sencilla resolución. No considero preciso hacer largos discursos. Lo que juzgo necesario es dar al raciocinio todo el carácter posible de exactitud.

V. Sob. se sirvió acordar que este congreso hiciese el nombramiento de ministros del tribunal supremo de justicia; y este sabio acuerdo me parece inspirado por la justicia.

Tres son los poderes existentes: el legislativo, el ejecutivo y el judicial. Es preciso que uno de ellos haga el nombramiento; y sin ofender al segundo y tercero, la razón prefiere sin duda al primero.

Los ministros del tribunal supremo de justicia no pueden juzgar a los individuos del poder legislativo, y la ley les concede facultad para juzgar a los funcionarios del poder ejecutivo y a los agentes del poder judicial.

Dar al poder legislativo el derecho de nombrar los ministros del tribunal de justicia es darlo a un poder que ni en sí ni en sus individuos debe ser juzgado por aquellos ministros. Concederlo al poder ejecutivo sería concederlo a un poder que en casi todos sus funcionarios debe ser juzgado por dichos ministros; y otorgarlo al poder judicial sería otorgarlo a un poder que en todos sus agentes debe ser juzgado por los mismos ministros.

La constitución da a los ministros del tribunal de justicia la autoridad de juzgar a los secretarios de Estado y del despacho cuando el congreso declare haber lugar a la formación de causa; la de conocer de las criminales de los mismos secretarios de Estado, y la de sentenciar el juicio de residencia de todo empleado público que esté sujeto a ella por disposición de la ley. Los secretarios de Estado son los que tienen influencia más grande en el poder ejecutivo; son realmente los que lo ejercen en la mayoría de los puntos del poder ejecutivo. Si se diera a este

---

[98] Actas del Congreso Constituyente Mexicano, compiladas por Rafael Heliodoro Valle.— N. de los C.

poder ejecutivo el derecho de nombrar los ministros del tribunal de justicia, se daría a los secretarios de Estado que tienen influencia o ejercen el poder ejecutivo; y dándose a los secretarios de Estado, se daría a los mismos que debían ser juzgados por los ministros que nombrasen, o en cuyo nombramiento influyesen.

La constitución otorga a los ministros del tribunal de justicia la facultad de conocer de todas las causas criminales de los consejeros de Estado, y de las de su separación y suspensión. Si se otorgara a los consejeros de Estado la facultad de proponer los ministros del tribunal de justicia, se les otorgaría el de proponer a los mismos que los han de sentenciar en sus procesos criminales o en las causas de su remoción.

La constitución concede a los ministros del tribunal de justicia el derecho de conocer de las causas criminales de los magistrados de las audiencias, de las de su separación y suspensión, de las competencias que ocurran entre las mismas audiencias o entre ellas y los tribunales especiales, y de los recursos de nulidad que se interpongan contra las sentencias dadas en última instancia para reponer el proceso y hacer efectiva la responsabilidad de los que lo hayan sustanciado. Si se concediera al poder judicial el derecho de nombrar o proponer los ministros del tribunal de justicia, se concedería a los magistrados que deberían ser juzgados por los mismos ministros que nombrasen o propusiesen.

Los ministros del tribunal de justicia son los censores; son los jueces; son el freno de los individuos del poder ejecutivo y judicial; y la prudencia, que prevé futuros, dicta que el nombramiento del juez de sindicato no se haga por el mismo que ha de ser residenciado.

Solo el poder legislativo es independiente en este punto; solo el poder legislativo no debe ser juzgado directa ni indirectamente por los ministros del tribunal de justicia.

No hay causas que impelan al poder legislativo a torcerse a un lado más que a otro, no hay motivos que le inclinen a dejar de ser perpendicular en lo que interesa más la perpendicularidad. Al poder legislativo debía declararse la facultad delicada de nombrar los ministros del tribunal de justicia; V. Sob. lo acordó así, y no se ha presentado razón bastante para revocar el acuerdo.

Se objeta la constitución española, que declara atribución del rey el nombrar los magistrados de todos los tribunales a propuesta del consejo de estado. Pero este es precisamente, en lo respectivo al tribunal supremo de justicia, uno de los diversos defectos de la constitución española; y este congreso no ha sido formado por los pueblos para decretar los defectos de otras constituciones. Decir que los ministros del tribunal de justicia han de juzgar a los consejeros de estado, y que los consejeros de estado deben proponer a los ministros del tribunal de justicia, es manifestar muy poca previsión y no conocer las consecuencias que podrían resultar. Añadir que los secretarios del poder ejecutivo han de ser juzgados por aquellos ministros, y que el poder ejecutivo debe nombrar a los mismos ministros, es olvidar todo lo que puede ocurrir en lo futuro, es olvidar uno de los caracteres más grandes de la ley: aquella previsión de todo lo que puede suceder; aquella vigilancia de todo lo que puede sobrevenir.

Las constituciones políticas no han sido hasta ahora más que unas capitulaciones de los representantes desvalidos de las naciones con el poder de los gobiernos; unas transacciones de los diputados con las preocupaciones de las clases y la ignorancia de los pueblos. Lo digo después de haber leído las que tienen más crédito. No tenemos todavía una constitución que sea obra sublime de la razón. No se ha creado aún la ciencia. Hay ideas luminosas, pero aisladas y divididas. Hay principios benéficos, pero dispersos y separados. No se ha trabajado todavía el sistema perfecto de los conocimientos que deben formar la ciencia constitucional.

Este congreso es soberano, es constituyente, puede desaprobar o decretar los artículos de la constitución española, según convenga al interés general de la nación. Se ha adoptado provisoriamente la ley fundamental de España, porque es preciso que haya una ley mientras México forma la suya; pero V. Sob. no ha renunciado, ni tiene facultad para renunciar, el derecho de mandar que no se cumplan aquellos artículos que puedan embarazar el bien de los pueblos. Este ha sido el sistema de V. Sob. y la opinión del gobierno.

Hay ejemplares que lo acreditan, y el más convincente es la ley de 31 de mayo último. La constitución de España da al rey la sanción de las leyes; V. Sob. se sirvió declarar que el emperador no puede reclamar las leyes que sean constitucionales o relativas a contribuciones; y S. M. I. mandó ejecutar esta ley.

Se ha dicho que en el gobierno hay conocimientos que faltan al congreso para nombrar los ministros del tribunal de justicia; se ha indicado que V. Sob. no puede hacer un nombramiento acertado. Juzgo muy avanzada esta indicación. En este congreso existen los diputados de todas las provincias, elegidos por todos los pueblos; en este congreso están unidos los conocimientos, los datos, las observaciones de los diputados sobre cada provincia y los hombres primeros que viven en ellas.

Este congreso es el foco central de la luz; en él se unen como en un punto las que trae cada diputado. No son informes obrepticios o subrepticios, dictados muchas ocasiones por la pasión; no son atestados, dados a veces por la adulación o el interés, los que se presentan al congreso para merecer su opinión. El verdadero archivo del congreso son los mismos hijos de las provincias, enviados por la voluntad general de los pueblos para informar a V. Sob. Comunicándose los diputados sus conocimientos y observaciones, el congreso puede hacer juicios comparativos que no serían fáciles en otra corporación.

Pero si no bastaran las luces de los diputados para distinguir el mérito de aquellos que lo tengan, ¿no podría el primer poder de la constitución pedir al gobierno los datos que existan en su archivo para afianzar más el acierto? ¿Se negará a un congreso soberano la facultad de acordar que los secretarios de estado le informen o den cuenta de todo lo que sea conducente para llenar su objeto?

Proponiendo el congreso y nombrando el gobierno, obraría éste con las luces que es preciso suponer en aquel. Pero si el congreso no puede ser juzgado directa ni indirectamente por los ministros del tribunal de justicia, y el gobierno debe serlo por ellos en casi todos sus agentes, ¿no será conforme a la razón que el primero haga todo el nombramiento y el segundo no tenga intervención alguna? Si está decretado que el congreso nombre a sus ministros, y no hay acuerdo para que el gobierno haga el nombramiento, ¿no será más prudente y decoroso que se cumpla el decreto que el dejarlo de cumplir?

Las ternas manifiestan la diversa suma de opinión que merecen los individuos presentados en ellas. Si el gobierno es obligado a nombrar precisamente los propuestos en primer lugar, el nombramiento se hace en realidad por el congreso, y lo único que se añade es una formalidad poco decorosa a un cuerpo soberano que en dos ocasiones ha decretado no ser precisa. Si el gobierno puede nombrar los propuestos en segundo y tercer lugar, podría ser desairado el congreso primero del imperio; un congreso constituyente; un congreso en quien reside el ejercicio de la soberanía; podrían ser nombrados los que tuviesen menos suma de opinión en el concepto del congreso; y ambos inconvenientes deben evitarse por un acuerdo previsor.

V. Sob. declaró que el nombramiento debe hacerse por el congreso. Esta declaración es constitucional, porque deroga un artículo constitucional; y de aquí se deduce la razón que han expuesto algunos de los señores preopinantes. Si se pretende revocar aquella declaratoria por el reclamo del gobierno, debe tenerse presente la ley de 31 de mayo último, en que se niega al gobierno la facultad de reclamar las leyes constitucionales. Si se quiere revocar por la indicación o solicitud de alguno de los señores diputados, no debe olvidarse que, discutido un punto dos veces y votado otras tantas, no debe permitirse nueva discusión.

Fijando, pues, la vista en lo futuro, y no agraviando a individuo alguno de los que ejercen ahora los poderes ejecutivo y judicial, opino que no puede entrarse en nueva discusión, y que se debe cumplir el acuerdo de V. Sob.

LAS COMISIONES UNIDAS DE CONSTITUCIÓN Y LEGISLACIÓN DEL CONGRESO CONSTITUYENTE MEXICANO, RINDEN SU DICTAMEN EN CONTRA DE LOS TRIBUNALES ESPECIALES

Sesión del 13 de septiembre de 1822.[99]

Leída y aprobada el acta del día anterior, se dio cuenta y quedó enterado el soberano congreso de tres oficios del ministro de relaciones, uno avisando el recibo de la representación que dirigió al congreso el pueblo de San Juan Bautista de Subtiaba en Guatemala, quejándose de la prisión que sufre su alcalde.

Estando presente el secretario de justicia, se leyó para su discusión el siguiente dictamen:

Señor: las comisiones unidas de constitución y legislación han visto el proyecto de ley propuesto por el consejo de estado en consulta de 3 del corriente, comunicada a V. Sob. de orden de S. M. por el ministro de relaciones.

En ella dice el consejo que el entorpecimiento en la administración de justicia, los robos, los homicidios, los asesinatos, los bandidos que asaltan a los caminantes, los desórdenes que turban la tranquilidad, la falta de castigos y la impunidad como autorizada, hacen ver que la administración de justicia está paralizada, que no hay jueces, que no hay tribunales, que no hay justicia; que los delitos han llegado al punto de que para su remedio no bastan los tribunales establecidos; propone para ocurrir a tamaños males un nuevo sistema de justicia criminal; y fijando este sistema, consulta para que se eleven a ley los artículos siguientes:

1° Que haya en esta corte y en las capitales de provincia un tribunal especial, compuesto de dos oficiales del ejército y un letrado, nombrados por el Emperador.

2° Que este tribunal conozca exclusivamente o a prevención con los demás jueces del crimen de conspiración contra el estado, y a prevención con los mismos jueces de los otros delitos de hurto, heridas y homicidios.

---

[99] Actas del Congreso, etc. N. de los C.

3° Que las apelaciones sean para el capitán general de la provincia, y que este pronuncie sentencia oyendo el dictamen del auditor especial que nombre al efecto.

4° Que se ejecute la sentencia de segunda instancia si fuere conforme con la de la primera; y se pase al tribunal de guerra en caso de no serlo.

5° Que se suspenda el cumplimiento de los artículos 287, 293, 295, 299 y 300 de la constitución española.

6° Que haya en esta corte un jefe (con el nombre que el emperador quiera darle) encargado únicamente de velar la seguridad pública y ejercer la más activa policía.

Las comisiones reconocen el celo que ha propuesto estos artículos, y no dudan del que distingue al consejo primero del imperio. Pero extendiendo la discusión a todos los puntos que debía abrazar y meditados con el detenimiento que exige su importancia, han deducido por resultado preciso que el proyecto de ley que se propone parece:

1. Contrario a los principios luminosos de los autores que han escrito con más filosofía.
2. Contrario a la opinión pública que deben respetar los gobiernos.
3. Contrario a la constitución española que se ha mandado observar hasta que se publique la del imperio.
4. Contrario a la razón que debe ser la legisladora de los pueblos.
5. Contrario a los intereses de la nación mexicana en la posición actual en que se halla.

1. La creación de tribunales especiales, el nombramiento de comisiones para juzgar asuntos determinados, la suspensión de formalidades necesarias en los procesos, han sido siempre desaprobadas por los publicistas de juicio.

En Turquía, dice Montesquieu[100], donde merecen tan poca consideración la fortuna, la vida y el honor de los vasallos, se administra pronta justicia de una manera u otra, porque el modo de terminar un proceso es indiferente, con tal que termine. Pero en los gobiernos moderados, donde merece consideración la cabeza del menor ciudadano, no se le quita el honor y propiedad sino después de largo examen; no se le priva de la vida sino cuando la misma patria la ataca; y no la ataca la patria sino permitiéndole todos los medios posibles de defensa.

En las repúblicas y en las monarquías los trámites o formalidades judiciales se aumentan en proporción de la consideración que merecen el honor, la propiedad y la vida de los ciudadanos...

---

[100] "Sprit du Lois," lib. VI. cap. II.

Toda creación de tribunales extraordinarios dice Benjamín Constant[101], y cualquiera suspensión de fórmulas, se oponen absolutamente a la constitución. Las fórmulas son una salvaguardia; el abreviar o destruir esta salvaguardia es una pena, y si se impone a un acusado se da a entender que es criminal antes del juicio. Si las fórmulas son inútiles, no deben conservarse en los procesos ordinarios; y si son necesarias no deben suprimirse en los procesos más importantes. Antes de tener a alguno por ladrón, asesino o conspirador, es necesario acreditar hechos, y las fórmulas son los medios de hacerlos constar. Si la precipitación en la administración de justicia no tiene peligros, los procedimientos lentos en los procesos ordinarios son superfluos; y si estos no lo son, la precipitación es peligrosa. Privar a un ciudadano del beneficio de sus jueces naturales es imponerle una pena. Cuando se crearon en Francia comisiones militares para juzgar a los conspiradores, no hubo en la sucesión de circunstancias individuo alguno con poder bastante para creerse a cubierto. Los terroristas fueron obligados a comparecer en mayo de 1795, los realistas en octubre de este, y la misma escena se repitió en el año siguiente. ¿Quién podrá negar que hubiera sido mejor que todos los partidos hubiesen sido juzgados en doscientos tribunales ordinarios...?

2. La jurisdicción ordinaria, deprimida en los siglos oscuros, tiene a su favor en este de luz la fuerza enérgica del poder moral. Es ya general la opinión de los pueblos iluminados. Todos miran con horror el establecimiento de tribunales especiales; todos ven en la jurisdicción ordinaria la institución más antigua en el orden judicial, la creación más sublime para prevenir divisiones y consolidar la base grande de la unidad.

Las instituciones de Francia declararon artículo fundamental que ningún ciudadano puede ser privado del derecho de ser juzgado por sus jueces ordinarios; y cuando Bonaparte estableció tribunales especiales, la nación entera reclamó su establecimiento.

En España hubo sobre este punto idéntica opinión; y obra de esta opinión fue el artículo constitucional que prohíbe juzgar a un ciudadano por comisiones, y manda que todos sean sentenciados por el tribunal competente, designado precisamente por la ley. Las circunstancias de España han sido más críticas que las de México; el sistema constitucional se veía amenazado por las maquinaciones de enemigos interiores y por las fuerzas de naciones extranjeras; dos veces, en dos legislaturas

---

[101] Curso de política constitucional, tit. 15.

diversas, se pidió que con arreglo al artículo 308 de la constitución se suspendieran algunas de las formalidades prescritas para el arresto de los ciudadanos; y otras tantas se negaron las cortes a hacer uso de aquella facultad. Se multiplicaron el año anterior las maquinaciones; llegó el caso de haber cuadrillas de facciosos contra el sistema constitucional, contra la seguridad del estado, contra la persona del rey; y sin embargo de esto no suspendieron las cortes los artículos cuya suspensión dice el consejo de estado, ni acordaron los tribunales especiales que propone el mismo consejo. Decretaron que los facciosos de aquella especie, siendo sorprendidos por alguna partida de tropa destinada expresamente a su persecución, fuesen juzgados militarmente en consejo ordinario de oficiales; y este caso es absolutamente distinto del presente que llama la atención.

Portugal ha sido convencido de los mismos principios; Nápoles comenzaba a declararlos cuando la fuerza hizo callar a sus legisladores; las constituciones de la otra América no establecen tribunales especiales; la voz de Guatemala fue general contra la junta o tribunal de vigilancia y protección que se creó primero, y contra la superintendencia de esta policía que se pensó establecer después. El gobierno español, que no era tan liberal como debe serlo el de la América independiente, oyó los reclamos del ayuntamiento de aquella capital, y mandó a respetar la jurisdicción ordinaria. En esta corte se creó en la época anterior la junta de seguridad, y México llora todavía el establecimiento de aquella junta.

3. La constitución española, que es por ahora nuestra carta fundamental, no permite dudas en este punto.

Dice en el artículo 241: *Las leyes señalarán el orden y las formalidades del proceso que serán uniformes en todos los tribunales; y ni las cortes ni el rey podrán dispensarlas.*

En el 247: Ningún español podrá ser juzgado en causas civiles ni criminales por ninguna comisión sino por el tribunal competente, determinado con anterioridad por la ley.

En el 248: En los negocios comunes, civiles y criminales, no habrá más que un solo fuero para toda clase de personas.

En el 309: Para el gobierno interno de los pueblos habrá ayuntamientos compuestos de alcaldes, regidores y síndico, y presididos por el jefe político.

En el 321: Estará a cargo de los ayuntamientos auxiliar al alcalde en todo lo que pertenece a la seguridad de las personas y bienes de los vecinos, y a la conservación del orden público.

La constitución no permite ni a las cortes ni al rey dispensar el orden y formalidades de los juicios que señalan las leyes; y el orden y formalidades que el consejo de estado juzga necesario suspender son las mismas que designa la ley fundamental.

La constitución prohíbe que los ciudadanos sean juzgados por comisiones; y en el proyecto se propone que lo sean por comisiones militares compuestas de dos oficiales del ejército nombrados por S. M. I.

La constitución manda que los ciudadanos sean juzgados por el tribunal determinado por la ley; ella misma declara que los tribunales deben ser los juzgados de letras, las audiencias y el tribunal supremo de justicia; y en el proyecto se dice que los ciudadanos sean sentenciados por los oficiales del ejército, los capitanes generales y el tribunal de guerra.

La constitución quiere que no haya más que un solo fuero para toda clase de personas; quiere que todos los ciudadanos, a excepción de los eclesiásticos y militares, estén sujetos y sean juzgados por la jurisdicción ordinaria; y en el proyecto se estima conveniente que los ciudadanos sean sentenciados por una jurisdicción militar de nueva creación.

La constitución no establece para conservar el orden y asegurar la persona y bienes de los vecinos otras autoridades que el jefe político, los alcaldes y ayuntamientos; y en el proyecto se juzga preciso para el mismo objeto la creación de un nuevo jefe con el nombre que quiera darle el Emperador.

La constitución aumenta según la población respectiva el número de regidores; quiere que estos auxilien a los alcaldes; se manda en orden posterior que para las rondas acompañen a los regidores los militares que no estén en servicio activo; todos estos funcionarios bastan, habiendo celo, para mantener el orden; y en el proyecto se cree necesario el establecimiento de otro jefe con facultades que no se expresan.

El artículo 178 de la constitución dice que las leyes decidirán si ha de haber tribunales especiales para conocer de determinados asuntos. Pero uno de los autores más sabios de la constitución[102] manifestó que aquel artículo hablaba de los asuntos que no podían ser decididos por la jurisdicción ordinaria; y ninguno será capaz de afirmar que las causas de hurto, homicidio y conspiración no puedan ser determinadas por ella. Las leyes no han decidido que haya comisiones militares; se está

---

[102] Don Agustin Argüelles.

trabajando nuestra constitución política, y mientras no se forme y publique, dicta la razón que se respete a los tribunales establecidos.

El artículo 308 autoriza a V. Sob. para suspender algunas de las formalidades prescritas para el arresto de los delincuentes, si en circunstancias extraordinarias lo exigiere la seguridad del estado. Pero aquel artículo no debe extenderse a las formalidades absolutamente esenciales en un juicio; a aquellas formalidades que, derivadas de los derechos sagrados del hombre, no pueden suspenderse sin hollar los mismos derechos; y de esta clase es la primera cuya suspensión propone el consejo de estado, de esta clase es la que exige justificación sumaria antes de privar a un ciudadano de su libertad y mandarle a una cárcel. El artículo habla para aquellas circunstancias espantosas en que la seguridad del estado se ve en riesgo inminente; y las comisiones creen que felizmente no ha llegado hasta ahora un caso tan funesto. El mismo consejo de estado, después de haber referido las noticias tristes que dice haberse difundido por los enemigos del orden, añade que afortunadamente los hechos han sido desmentidos. Si ha habido, como expresa, conspiraciones contra el gobierno, la jurisdicción ordinaria interesada en que no las haya sabrá proceder contra los reos; y si los jueces, olvidando sus deberes, miran con indiferencia lo que tiene más derecho a su atención, la ley de responsabilidad, la ley que castiga a los malos jueces, es la que debe cumplirse para justo escarmiento.

4. Las comisiones creen que no se ha formado un estado comparativo del número de hurtos, homicidios y asesinatos que se cometían antes de nuestra independencia, y de los que en igual espacio de tiempo se hayan perpetrado después de ella. Suponen, sin embargo, que se van aumentando los delitos, porque en las transmisiones delicadas de un gobierno a otro crece comúnmente la licencia, se divide la opinión y se multiplican los vicios. Pero no se avanzarán a decir que no hay jueces, que no hay tribunales, que no hay justicia, que la impunidad está como autorizada. No piensan que sea tan triste el cuadro de este imperio; y aun en el caso de serlo, son otras las medidas que correspondería dictar.

Si no hubiera administración de justicia, sería precisamente por una de dos causas: o porque los jueces no quisiesen administrarla, o porque su número no bastase para tantos crímenes. En el primer caso deberían ser depuestos los que existen y nombrarse otros en su lugar; en el segundo, debería aumentarse su número hasta ponerlo en proporción que exija la multiplicación de crímenes. Pero quitar la jurisdicción en los delitos más graves a los magistrados y jueces a quienes la da la constitución, y trasladarla a oficiales del ejército que la ley no ha reconocido por jueces, sería providencia sensible a una nación que ve como uno de sus derechos más preciosos el de ser juzgada por sus jueces ordinarios.

Son grandes las diferencias que distinguen uno de otro el sistema que establece la constitución y el que presenta el proyecto de ley. En el sistema de la constitución, hombres instruidos en la ciencia legislativa son los que deben ser jueces de primera instancia; y en el sistema del proyecto de ley, militares que no han cultivado aquella ciencia son los que deben administrar justicia.

En el sistema de la constitución, las audiencias deben ser los jueces de apelación; y en el sistema del proyecto de ley, capitanes generales que no han hecho aquel estudio deben ser los jueces de alzadas.

En el sistema de la constitución son llamados a decidir con arreglo a derecho los que desde sus primeros años se han ocupado en estudiar derechos; y en el sistema del proyecto de ley son propuestos para determinar conforme a derecho los que solo han cultivado la ciencia de la fuerza armada.

En el sistema de la constitución, ningún ciudadano puede ser preso sin que proceda información sumaria de cargo que merezca pena corporal; y en el sistema del proyecto de ley los ciudadanos pueden ser arrojados a una cárcel sin justificación sumaria de delito. En el sistema de la constitución, un alcalde no puede recibir preso a ningún ciudadano si no se le presenta copia del auto en que conste el motivo o causa de la prisión; y en el sistema del proyecto de ley puede un alcalde admitir a todos los que se le manden presos sin manifestarse el auto motivado de su prisión.

En el sistema de la constitución no debe ser llevado a la cárcel el ciudadano que dé fiador en los casos en que la ley permite la fianza; y en el sistema del proyecto de ley deben ir a la cárcel aun los ciudadanos que den fianza en los casos que permite la ley. En el sistema de la constitución, el juez y el alcalde que no obran del modo indicado deben ser castigados como reos de detención arbitraria; y en el sistema del proyecto de ley no se les debe castigar aun en el caso de que no procedan como manda la ley. En el sistema de la constitución, dentro de veinticuatro horas debe manifestarse al tratado como reo la causa de su prisión y el nombre de su acusador; y en el sistema del proyecto de ley no se debe manifestar al tratado como reo ni el motivo de su prisión ni el nombre de quien le haya acusado.

Si la legislación es una ciencia de cálculo moral, y el legislador antes de elevar a ley un proyecto debe contar los bienes y los males que puede producir, el paralelo de uno y otro sistema parecerá sin duda decisivo. Es mayor la suma de males que la de bienes en el proyecto que se propone. Creados los tribunales militares y establecido el jefe de policía, se gravaría la hacienda nacional con multitud de sueldos que no son necesarios ni pueden cubrir las cajas; sería viva la sensación en todos los funcionarios de la jurisdicción ordinaria, en los ayuntamientos de los pueblos y en los ciudadanos que no quieren ser privados de sus jueces; se alarmarían todas las provincias a vista de una institución desconocida en las leyes; se multiplicarían las delaciones misteriosas, las acusaciones secretas; desaparecería la confianza y se cortarían los vínculos de la sociedad; brotarían las sospechas; renacerían los odios y resentimientos, los enconos y venganzas; se irritarían los partidos y se dividiría la sociedad en muchas sociedades; se haría odiosa a la clase importante de militares, instituida no para administrar justicia sino para defender al estado; se indispondría al pueblo contra ellos viendo que sus manos eran las que arrestaban, procesaban y castigaban; las sentencias falladas por individuos cuyo nombre presenta en la opinión del vulgo la idea de fuerza tendrían en el concepto del mismo vulgo carácter distinto del que habrían siendo pronunciadas por jueces no militares; la nación llegaría a ponerse en un estado violento, y las consecuencias podrían al fin ser tristes y funestas.

No son las comisiones las que lo dicen. Los que han sabido observar la marcha de las sociedades, los que han escrito lejos del interés en el silencio de sus gabinetes, son los que han manifestado que los tribunales especiales multiplican los males en vez de prevenirlos. Son diversos en la historia de las naciones los hechos que lo atestan; recientes los que ofrece la de España en los años corridos desde que se anuló la constitución hasta que fue restablecida; y dolorosos los que presenta la de América desde que comenzó a conocer sus derechos.

5. México después de tres siglos proclamó al fin los suyos; se declaró independiente del gobierno antiguo que la regía y trata de consolidar el nuevo que ha de administrarla.

Es delicada la posición en que se halla. Es preciso que el nuevo gobierno tenga todo el crédito que debe haber en el régimen naciente de un pueblo; es necesario que las instituciones del nuevo sistema sean más benéficas que las del antiguo.

Si se priva a las audiencias y jueces de la jurisdicción que han recibido de la ley, y se establecen en su lugar tribunales especiales compuestos de militares; si se suspenden los artículos de constitución que protegen más los derechos del hombre, y para apoyar este nuevo sistema se hacen cuadros funestos pintando a la corte y sus provincias sin jueces, sin tribunales, sin justicia; las consecuencias podrían ser aún más tristes. Se diría que la nación está en anarquía; se creería que el gobierno, lejos de irse consolidando, se veía amenazado en todas las provincias; los enemigos del orden osarían maquinaciones desastrosas, sabiendo que la nación se halla en situación tan peligrosa; los gobiernos extranjeros se negarían a reconocer la independencia de este imperio; y los pueblos, alarmados con el sistema militar, dirían: *nada hemos avanzado; antes de la independencia la constitución española garantizaba nuestra libertad y seguridad, y nuestros jueces ordinarios eran los que nos juzgaban; a la época en que esperábamos más felicidad, se suspenden las leyes que nos protegen y se establecen para juzgarnos tribunales militares.*

La existencia misma del gobierno, su conservación y crédito, exigen que no se apruebe el proyecto de ley que se propone. Las comisiones opinan así, porque desean que se asegure la causa justa de la independencia de esta América, porque desean que el gobierno tenga la opinión que necesita para consolidarse, porque desean que este congreso sea protector de los derechos de la nación que lo ha elegido.

Pero sostenida como es justo la jurisdicción ordinaria, las comisiones piensan que, sin quebrantar la constitución, deben deducirse de ella misma y de los decretos y órdenes posteriores las providencias que corresponda dictar.

Han dicho que a la mutación de un gobierno crece la licencia y se multiplican los vicios. Es necesario tomar medidas prudentes que corten los progresos del mal; y para acordar las que convengan, V. Sob. llamó a este punto la atención de las comisiones de legislación, justicia y policía.

Todas tres están trabajando con celo; ha asistido a ellas el ministro de justicia; se ha manifestado satisfecho de sus pensamientos; y las observaciones que el consejo de estado ofrece presentar sobre las causas del desorden facilitarán sin duda sus trabajos. Se acumularán luces, se aumentarán datos, se reunirán hechos; y el congreso primero de México dictará leyes o acordará decretos que prevengan el mal en lo sucesivo.

Fijas en este deseo las comisiones unidas de constitución y legislación, discutidos los puntos que se propusieron examinar, y manifestado lo que exigen la ley, la razón y los intereses de los pueblos, proponen a la deliberación de V. Sob. los puntos siguientes:

1. Que no se apruebe el proyecto citado de ley por ser contrario a la constitución, y no haber causas bastantes para la suspensión de esta en los artículos que se han indicado.

2. Que el celo del consejo de estado presente las observaciones que ofrece sobre las causas del desorden, y presentadas se pasen desde luego a las comisiones de legislación, justicia y policía.

3. Que estas comisiones, habiéndolas en consideración, formen el proyecto de ley o decreto que consideren más útil para el escarmiento del crimen y conservación del orden.

México, 12 de agosto de 1822.Mendiola. Osores. José del Valle. Alcocer. Bustamante. Avilés y Quirós. Godoy. lbarra. Herrera. José María Jiménez. Montoya. Mayorga. Quintero. González. Matinez de los Ríos. Milla. Agustín Iriarte

DIÁLOGOS
De diversos muertos sobre la Independencia de la América

DIÁLOGO PRIMERO

Cristóbal Colón y J. J. Rousseau.

C. Elevado a estas alturas, distante de la tierra millones de leguas, no olvido, sin embargo, el descubrimiento que hice de la América. Pregunto por ella a cada uno de los que llegan a estas regiones.

¡Qué hermosa! ¡Qué rica! ¡Qué civilizada estará esa parte inmensa del globo! Mi alma se penetra de gozo cuando recuerdo que yo fui quien dijo: debe haber otro mundo. Allí está. Veamos esa nueva naturaleza.

R. La historia de ese descubrimiento no es muy hermosa para el género humano. Se sabía que la tierra no era una superficie cuadrada o cuadrilátera. Estaba probado que su figura era esférica, y de esta verdad era fácil inferir que debía haber otro hemisferio. No se dedujo, sin embargo, una consecuencia tan sencilla. Corrieron siglos y entre tantos millares de hombres no hubo uno que la adivinase. Tú solo la descubriste al fin, y la especie humana tuvo por loco al único que no lo era en este punto. Propusiste tus pensamientos al Senado de Génova, al Rey de Portugal, al de Inglaterra y a los de Castilla y Aragón; y los que gobernaban esas naciones no tenían bastante talento para conocer una verdad tan clara.

Despreciaron tu proyecto y hubieran sido vanas tus esperanzas si las recomendaciones de particulares no hubieran tenido más imperio que las demostraciones de las ciencias. Llegaste a las costas de Cuba; y la gloria de primer descubridor fue oscurecida con las manchas negras de la astucia y la conquista. Todo es bien al salir de las manos del Autor de las cosas; todo degenera en las manos del hombre… Ese Dios, óptimo, máximo, que siento en mí mismo y descubro fuera de mí en todas sus obras, creó la América y parece haberse esmerado en su creación. Indios inocentes, felizmente ignorantes de la Europa, vivían en esa bella porción de la tierra. No hacían daño al asiático, al africano ni al europeo. ¿Cómo podían hacerlo ignorando la existencia de ellos? Las ciencias que deben su nacimiento a nuestros vicios; las ciencias, vanas en el objeto que se proponen y mucho más peligrosas por los efectos que producen; las ciencias que corrompen las costumbres te dieron luces para conocer lo que otros no habían visto. Fuiste el primer descubridor.

Pero tu descubrimiento fue funesto para la especie entera. Los españoles, los ingleses, los portugueses, los franceses, los rusos, se volvieron conquistadores inhumanos. La fuerza holló todos los derechos y sacrificó lo más sagrado. Un mundo entero fue víctima de la ambición y codicia. Epimeteo abrió la caja de Pandora, y todas las enfermedades que afligen al hombre salieron de ella y se propagaron por la tierra. El europeo abrió los minerales de la América; y el oro y la plata, derramándose por el mundo, corrompieron a todos los hombres. Guerras sucesivas en Europa, tiranías horrorosas en América, han sido el cuadro triste del universo. Se subyugó al americano para gozar de sus riquezas; se hizo esclavo al africano para tener operarios que las extrajesen; se corrompió al asiático llevando a sus puertos las que se extraían; se degollaron unos a otros los europeos por ser poseedores exclusivos de ellas. El mundo entero sufre por tu falaz descubrimiento. ¡Qué hora tan triste aquella en que llegaste a hacerlo!

C. Si no lo hubiera hecho, la América ignoraría hasta ahora la religión divina de España. Continuaría idólatra, adorando al sol… Las luces del Evangelio no hubieran iluminado a los Andes.

R. Yo confieso que la santidad del Evangelio es argumento que habla a mi corazón y sentiría encontrar respuesta sólida. Mira los libros de los filósofos con toda su pompa. ¡Qué pequeños son comparados con aquél! Un libro tan sencillo y sublime, ¿podrá ser obra de los hombres? ¿No será más que hombre aquel cuya historia refiere? ¿Su tono es por ventura el de un entusiasta o jefe ambicioso de secta? ¡Qué dulzura, qué pureza en sus costumbres! ¡Qué gracia tan patética en sus instrucciones! ¡Qué elevación tan grande en sus máximas! ¡Qué sabiduría tan profunda en sus discursos! ¡Qué presencia de espíritu, qué finura, qué precisión en sus respuestas! ¡Qué imperio sobre sus pasiones! ¿Dónde está el hombre, dónde está el sabio que sabe obrar, sufrir y morir sin debilidad ni ostentación? Cuando Platón pinta a su justo imaginario, cubierto de todo el oprobio del crimen y digno de todos los premios de la virtud, pinta, rasgo por rasgo, a Jesucristo… Si la vida y muerte de Sócrates son de un sabio, la vida y la muerte de Jesús son de un Dios… Pero en ese libro no hay una línea que legitime la fuerza ni aconseje la coacción. Jesús no dijo: Conquistad para propagar el Evangelio; haced esclavos para hacer prosélitos… Enseñad, dijo; predicad; llevad las luces al universo entero… Uno de los padres publicó una verdad grande cuando manifestó que la fe no se ha de mandar sino persuadir. Hacer uso de la fuerza para extender la religión es hacer odiosa a la misma religión. Perseguir, matar, quemar para propagar el Evangelio es ofender a la religión e insultar a la razón. La Europa sería un pueblo de dioses si, respetando los derechos de la América, se hubiera limitado a dar luces puras al americano.

La caridad es la virtud que se recomienda más en el Evangelio. Medita todas sus páginas. En ellas verás que no se respira más que filantropía o amor a la humanidad. No dice que los hombres se armen. La caridad sublime que identifica a todos los individuos de la especie, el amor universal que de todos los hombres forma uno solo, es la virtud más recomendada en el Evangelio. La religión que dice: Ama a tus semejantes como a ti mismo, no quiere que les subyuguen o tiranicen. La religión que dice: Vende cuanto tengas y dalo a los pobres infelices, no permite quitar un mundo entero a los indios, sus primeros ocupantes. Conquistar, hacer esclavos para plantear la religión es hollar la moral para predicar el dogma, es destruir la caridad para establecer la fe. La Europa sería un pueblo de dioses si, respetando la soberanía y derechos de la América, se hubiera limitado a dar luces puras al americano. Pero sacrificó a la porción más desvalida de la especie, y su oprobio será eterno en todos los siglos.

C. El fuerte es señor del débil. Las naciones poderosas han sido conquistadoras de las desvalidas. Esta es la marcha de la naturaleza.

R. El más fuerte no es jamás bastante fuerte para ser siempre señor si no erige su fuerza en derecho y la obediencia en deber… La fuerza es un poder físico; yo no veo moralidad alguna en sus efectos. Ceder a la fuerza no es un acto de voluntad sino de necesidad; es a lo sumo un acto de prudencia. ¿En qué sentido puede ser un deber? ¿Qué derecho puede ser aquel que perece cuando cesa la fuerza? Si un bandolero me sorprende en la salida de un bosque, yo le presentaré por fuerza el bolsillo entero. Pero si puedo sustraerme a su poder, ¿seré, por conciencia, obligado a cederlo? Elige el extremo que quieras. O es derecho la fuerza o no lo es.

En el primer caso, la América puede pronunciarse independiente, conquistar a España y hacer esclavos a los españoles, porque su fuerza es mayor que la de la Península. En el segundo, la conquista de la América es injusta y no da derechos a los europeos.

C. Los indios reconocieron de grado el imperio de los reyes católicos y sus sucesores. Voluntariamente se juraron vasallos de Fernando y de Isabel. Si la conquista no funda derechos, ¿podrá dejar de darlos la voluntad?

R. El cálculo de cadáveres que hizo el obispo de Chiapas atesta lo contrario. Yo no creo que sea obra de la voluntad libre de un hombre la esclavitud de un mismo hombre. Decir que algo se vende o se entrega graciosamente es decir un absurdo que no puede concebirse. Semejante acto sería nulo, precisamente porque no puede hacerlo quien esté en su sano juicio.

Decir que un pueblo entero se someta espontáneamente es suponer un pueblo de dementes; y la demencia no funda derechos. Aun permitiendo que cada uno pudiera enajenarse a sí mismo, es claro que no podría enajenar a sus hijos. Los hombres nacen libres. Si los caciques, mesagüales, etc., quisieron vender su libertad a Cortés y los Almagros, ¿tendrían derecho para sacrificar la de sus descendientes?

C. Pero en la América, sometida a la Europa, habrá reposo y tranquilidad, y todo sería turbado proclamándose libre. En las Indias hay españoles europeos, españoles americanos, indios, mestizos, negros, etc. Las razas se batirían unas a otras; un mundo lucharía con otro mundo; y los campos de la fertilidad y los minerales del oro volverían a inundarse de sangre. Si eres filántropo, ¿no tienes horror a la que se derramaría?

R. Un déspota mantiene en reposo y tranquilidad el estado que gobierna. Pero ¿qué es lo que ganan sus vasallos si las guerras que hace nacer su ambición, si su codicia insaciable y las vejaciones de su ministerio hacen más víctimas que las que harían sus disensiones interiores? ¿Qué es lo que ganan si esa misma tranquilidad que ponderan es una de sus miserias? En los calabozos viven tranquilos los presos; ¿y dirás que son felices? Los griegos encerrados en la cueva del cíclope estaban también tranquilos esperando que les llegase la hora triste de ser devorados.

La tranquilidad de un Estado donde la hay porque cada uno de los individuos que lo componen respeta religiosamente los derechos de los demás es la tranquilidad del cielo, la suma de la felicidad, el bello ideal político de las naciones. Pero la tranquilidad del país donde existe porque los opresores no permiten movimiento alguno a los oprimidos que van sacrificando diariamente es la tranquilidad de las cárceles, el silencio de los calabozos, el reposo de los cementerios. En un día de conmoción hay sangre y muertes. Pero en un año, en un decenio, en un siglo de despotismo, ¡cuántos cadáveres manda al sepulcro la mano dura de la tiranía! El cálculo, preciso para el geómetra, es aún más necesario para el estadista. Poco daño resulta cuando se equivocan algunas líneas. Es inmenso el que produce una sola equivocación en el gobierno de los hombres. Cuenta por una parte los heridos y muertos que hay en una sola noche horrorosa de motín. Cuenta por otra los infelices que mueren en muchos años por la desnudez, la pobreza, las pasiones, las pesadumbres, las proscripciones, el hambre, la injusticia, las vejaciones y todas las plagas que causa la tiranía suprema ligada con las tiranías subalternas. ¿Cuál suma es mayor?

¿Qué se hace en alternativa tan dolorosa?

C. Se presenta respetuosamente el mal; se pide del mismo modo el remedio.

R. Ya se ha representado el mal; ya se ha pedido, rogado y suplicado el remedio; ya se ha demostrado el uno y designado el otro. La nación sigue aquejada; la ley continúa hollada. ¿Qué medio se elige, Colón?

C. Se ora, se pide a Dios, a ese ser supremo que acabas de llamar óptimo, máximo.

R. Ya han subido al cielo plegarias de mil infelices; ya han hecho sacrificios los eclesiásticos más dignos de la santidad de su ministerio. Los pueblos continúan sufriendo; la ley sigue infringida. Se ha formado contra ella una liga que no oye la voz de la razón. Los mismos que debían sostenerla son ya individuos de esa liga. ¿Cuál es el camino que debe elegirse?

C. Combinas las cosas de tal manera, formas los casos de tal suerte…

R. Tú fuiste, Colón, el primero que pisó las costas del Nuevo Mundo. ¿Hay en él insectos, sabandijas o serpientes?

C. ¡Oh! La América es el país de los bichos… ¿Pero qué significa eso? ¿Por qué cortas el hilo de nuestro diálogo?

R. Cuando te picaba un bicho o te mordían algunas serpientes, ¿te estabas tranquilo para que no se turbase el reposo?

C. ¡Pequeña es la diferencia!

R. Es grande. ¿Cómo puede ser lo mismo el piquete de una pulga y la opresión de déspotas o tiranos?

C. Parece que tú deseas motines, disensiones o guerras intestinas.

R. Para que no las haya manifesté en mis obras que todos los hombres son individuos de una misma especie, son criaturas de un mismo ser benéfico que los sacó de la nada; que un hombre no puede hacer daño a otro hombre ni una nación a otra nación; que el origen primero de las guerras exteriores es la ambición del gobierno de un pueblo que quiere conquistar o deprimir a otro pueblo, y la causa principal de las guerras intestinas es la injusticia de los déspotas que quieren oprimir a una nación que no debe haber ambición ni despotismo para que no haya guerras ni se derrame sangre; que la ley es la que debe gobernar y debe haberse por ley la voluntad de la mayoría. Soy hombre de la naturaleza. Hablo lo que hay en mi alma. Ninguno ha levantado la voz más alta que yo para defender el imperio de la justicia en la administración de los pueblos[103].

Desprendámonos de todo interés individual; entremos en nosotros mismos. ¿Cuál es el espectáculo que nos agrada más, el de los sufrimientos o el de la felicidad de otro? ¿Qué es lo que deja impresiones más dulces, un acto de beneficencia o un acto de crueldad? ¡Conciencia! ¡Conciencia! instinto divino, voz inmortal y celeste, guía segura de un ser ignorante y limitado, pero inteligente y libre, juez del bien y del mal que haces al hombre semejante a Dios. Tú eres la que me has inspirado amor al bien de mis semejantes, odio al mal y horror a la tiranía. Tú eres la que me has enseñado a defender la causa santa de las naciones.

¡Tú eres la que me has dicho que la primera y más importante máxima de un gobierno legítimo es seguir en toda la voluntad general; que solo los hombres de bien saben gobernar y solo los hombres de bien saben obedecer; que aquel que desprecia los remordimientos llega también a despreciar los suplicios!

C. ¿Y tus obras políticas circulan libremente por la Europa? ¿No las han recogido los gobiernos?

R. ¡Qué injustos son los habitantes de la tierra! Yo dije: El origen de los movimientos intestinos es la tiranía. No seáis tiranos, hombres que dictáis leyes o que gobernáis. Respetad la justicia; buscad la felicidad de los pueblos; preferid el bien del mayor al interés del menor número para que no haya conmociones, tumultos ni motines. La voluntad del máximo será entonces vuestro apoyo. Las maquinaciones del mínimo serán entonces impotentes. No habrá revoluciones; y será más grande la suma de felicidad. Otros dijeron, por el contrario: Los gobiernos democráticos no son posibles; los representativos son tumultuosos. Solamente los absolutos son tranquilos y enérgicos.

Cuando saliste de Cuba para conquistar a México pusiste en el estandarte estas palabras: Sigamos la cruz, que en esta señal venceremos... En la isla de Cozumel, para animar a la conquista o esclavitud de los indios, decías: En las dificultades vencidas conozco la mano de Dios, y entiendo que en su altísima providencia es lo mismo favorecer los principios que prometer los sucesos... Agasajabas a los indios dándoles cuentas de vidrio y otras bujerías que pasaban por buena moneda. Enviaste a Moctezuma una gorra adornada con una medalla en que estaba la imagen de San Jorge... Le mandaste decir que eras embajador pacífico de un gran rey y sin hostilidades querías tratar cosas

---

[103] Consulté a los filósofos, leí sus libros. Emil. t. pág. 16.

muy importantes al mismo Moctezuma y su monarquía… Con astucias y engaños le llevaste de su palacio al cuartel de tus soldados; y teniéndolo con grillos divulgabas que estaba libre… Hacías que desde la prisión dictase las órdenes que convenían para la ejecución de tu proyecto; le obligaste al fin a decir que quería ser vasallo del rey de España y a hacer esa declaración ante los caciques y grandes de su imperio[104].

Protestaste que el rey de los españoles no intentaba quitarle la corona sino reclamar el derecho de sucesión en caso de muerte para que se cumpliese la profecía… Murió Moctezuma, y tú sabrás cuál fue la mano que le arrojó la piedra… Dios peleará por nosotros, decías cuando matabas a los infelices que sentían la muerte de su emperador… Aprovechabas los enconos y resentimientos; sublevabas contra México las naciones vecinas; jugabas todas las artes; empleabas todos los talentos.

C. ¿Podía sin ellos hacer una conquista tan vasta? ¿No eres tú mismo el que acabas de decir que la astucia es el instrumento con que el mínimo triunfa del máximo?

R. ¿Y con las mismas artes se extendió y ha conservado la conquista?

C. El plan de los reyes de España fue bien meditado. Expedían cédula real al adelantado o cabo que quería ir a las Indias; le autorizaban en ella para levantar gente en los reinos de Castilla y de León, para nombrar capitanes, arbolar banderas, tocar cajas y publicar la jornada[105]. Podía el adelantado llevar los españoles que querían ir aunque hubiesen cometido delitos[106]; hacía descubrimientos y conquistas; tenía en su distrito la jurisdicción civil y criminal en apelación[107]; no pagaba alcabala por espacio de veinte años[108]; se le daban vasallos para siempre y se le concedía un título para honra de su persona y casa conforme a lo que había pactado con el rey[109].

R. Título sería de los más honrosos.

C. Carlos I y Juana su madre me hicieron merced de veintitrés mil vasallos en la Nueva España y me nombraron e intitularon Marqués del Valle de Oaxaca el día 6 de julio de 1529. Fundé mi mayorazgo en la

---

[104] Hay reproducción o generación de maldades. Cerca de 3 siglos después, Napoleón puso preso al rey de España, y le hizo abdicar la corona

[105] Consta de la ley de Indias 3. tit. 3. lib 4.

[106] Consta de la ley 6 ibid.

[107] Consta de la ley 14. ibid.

[108] Consta de la ley 20 ibid.

[109] Consta de la ley 23 ibid.

Villa de Colima el 9 de enero de 1535; señalé para su dotación las cuatro villas marquesanas, las de Tehuantepec, Cuernavaca, Guatepec y demás de aquella jurisdicción, Matalzingo, Toluca, Coyoacán con sus términos y linderos, el Peñol de Xico y su isleta, las casas y solares que poseía en México y todos los demás bienes de que me habían hecho merced los reyes; y llamé a la sucesión a mi hijo don Martín Cortés y descendientes legítimos.

M. Es original la idea que se ha tenido de los indios. Alejandro VI los regaló a los reyes de España. Estos donaron muchos a los cabos o adelantado. Carlos I te hizo merced de 23,000. Y se disciplinaban perros, y se les daba ración como a los soldados para que sofocasen y devorasen a los indígenas. El ganado vacuno, caballar o lanar ha merecido mejor opinión[110]. Ningún pontífice ha regalado hatos de ovejas a los reyes, ni los monarcas han hecho merced de los potros o cabros que pacen en los cortijos, ni hombre alguno ha dado instrucción a los perros para que maten las vaca y caballos.

C. Pero esas donaciones han producido bienes inmensos a la Amé rica y a España.

M. A la América se han hecho los bienes siguientes: 1) se mataron más de 15 millones de indios, asolando más de diez reinos mayores que toda España; 2) se hizo merced de los que quedaron vivos a los adelantados o cabos, o encomenderos para que fuesen vasallos suyos y tributarios; 3) se destruyeron todos los gobiernos que tenían establecidos en el centro de sus mismas naciones, y se les sometió a un gobierno distante, separado de ellos por la inmensidad del océano; 4) se les mantuvo en pupilaje e ignorancia perpetua prohibiendo que viviesen en sus pueblos los individuos de clases que podían civilizarlos, y haciendo que la América fuese en la extensión de la tierra un pueblo aislado, sin relaciones con los demás del mundo; 5) se les condenó a trabajos destructores, no se les permitió el cultivo de artículos que podrían

---

[110]) ¿Se puede imaginar, dice Casas, que los historiadores se han complacido en hacer un elogio pomposo de uno de los perros que sofocaban a los indios y se llamaba Becerillo, quien por su ferocidad entraba a la parte con los soldados y se le daba la misma porción que a cada uno de ellos?... Los otros perros no tenían más que medio sueldo; pero se alimentaban de la carne de los indios que devoraban...

enriquecerlos, se les prohibió la industria fabril que pudiera disminuir sus miserias[111]; y se les llegó la facultad de montar una caballería[112];

6) Se les enviaron reos criminales para que fuesen pobladores de sus tierras y corruptores de sus costumbres. A España se han hecho los beneficios que siguen; 7) se le despobló, sacando colonias de ella para el interés del mínimo al bien del máximo. No respetéis otra constitución que vuestra voluntad y la de aquellos que os circundan. Irritad al pueblo con vuestras injusticias. Reunid soldados sacados del pueblo para tener oprimido al mismo pueblo. A mí se me dió el nombre de padre de las revoluciones; y a los otros se honró con el título de con servadores del orden.

C. ¿Y a las Indias habrán pasado tus libros?

R. Se han hecho muchas ediciones en París, en Londres, en Ginebra, etc. Seguramente han llegado a los países que descubrió tu talento.

C. Se perdió, pues, la América. Movimientos más espantosos que los terremotos del Pichincha, el Antisana y el Chimborazo turbarán el sosiego de ese mundo tranquilo en el goce de una paz envidiable. Los mares desconocidos que surqué serán menos borrascosos.

R. Descubrir un mundo para que sean envilecidos y hollados sus habitantes, proponer su conquista, cooperar a ella, recibir en premio títulos de almirante y armas de nobleza, hacer la guerra más homicida a la inocencia más pura, destruir los gobiernos establecidos por la voluntad de los pueblos, sacrificar millares de víctimas para levantar sobre ellas el trono de reyes lejanos, derramar sangre, matar, quemar, nada de esto es alteración del orden ni turbación del reposo y tranquilidad. La obra del señor Sepúlveda en que dice que los españoles tienen derecho para subyugar a los indios no es subversiva y corre libremente por las manos de todos. Las mías, en que demostré que el gobierno de una nación no tiene derecho para subyugar a otra nación, son subversivas y deben ser prohibidas.

---

[111] En real orden de 12 de septiembre de 1783 se mandó al virrey de Nueva España que destruyese los telares de México en que se fabricaban hamacas, tafetanes, etc. En otra real orden se le previno que mandase arrancar las cepas.
[112] Consta de la ley de Indias 33, tit. 1, lib. 6.

DIÁLOGO SEGUNDO

Hernán Cortés y el Barón de Montesquieu.

M. En la tierra jamás existen juntos los que han vivido en tiempos y países distintos. Se van sucediendo las generaciones; y cuando están brillando unos, ya han desaparecido otros. En estas regiones no hay sucesión. Son coetáneos los hombres de siglos más distantes. Allí veo uno que me parece del XVI. ¿No es Hernán Cortés?

C. Yo soy el que di a Carlos I un número de Estados mayor que el de las ciudades que había heredado de sus padres.

M. ¿Eras sin duda dueño de esos Estado?

C. No era señor de ellos. Pero mi valor los conquistó. Llegué a las costas: fundé la ciudad de Veracruz, subí a México, puse grillos a su emperador, sometí la América septentrional; y la presenté a Carlos I. Tengo más títulos que César para decir, *vení, vidí y vencí*.

M. Tus ejércitos serían más grandes que los de Jerjes?

C. ¡Oh! Con un puñado de españoles derroté a millares de mexica nos, levanté en México las banderas de Castilla; y subyugué todas aquellas tierras.

M. He allí un prodigio que quisiera saber cómo fue operado. Yo busqué historias y encontré romances más o menos verosímiles. El de Solís[113] es muy donoso. La guerra injusta de los españoles que querían hacer esclavos a los indios que amaban su independencia, es a sus ojos la lucha de Dios que deseaba plantar la religión, y del diablo que las resistía[114].

C. El valor español fue positivamente auxiliado por Dios.

M. ¡Para devastar la obra más grande de sus manos! Para destruir la inocencia y hollar la justicia!... Olvidemos el idioma que se habla en la tierra. El de estas regiones debe ser el de la verdad... ¿Podré decirla francamente? Lo que aseguró el triunfo de los españoles fue: 1° el valor que inspiraba a una codicia insaciable la brillantez del oro y la plata. El candor de Moctezuma te enviaba presentes muy ricos para que te retirases de las costas; y esos presentes, avivando el amor a aquellos metales, te llevaban a la capital de su imperio; 2° la disciplina de tus tropas. Cuerpos matemáticos formados a compas debían batir a masas desorganizadas; 3° la superioridad de armas. Era preciso que la artillería

---

[113] Historia de la Conquista de México.
[114] Véanse los capítulos 3 y 4, lib. 2, de la misma historia.

triunfase de las flechas; 4° la hipocresía, el ardid, la astucia. El engaño es en todos los países el instrumento con que el mínimo se burla del máximo.

C. Los castellanos no hacen uso de esos instrumentos. La verdad pura es su divisa.

M. No fue ella la que los caracterizó en la conquista de la América... Se publicaba que no tenían otro objeto que la religión... Se referían prodigios. Apareció un cometa. Salió de sus márgenes la laguna de México. Se quemó uno de los templos. Se pescó un pájaro que tenía en la cabeza una lámina resplandeciente donde se veía un ejército de gente armada. Se oían en la atmósfera voces lastimosas que prede cían el fin del imperio de Moctezuma. Se presentaban monstruos de deformidad nunca vista. Se decía que una profecía infalible pronosticaba que los descendientes del monarca del Oriente habían de ir a Nueva España a darle leyes… Los indígenas de Jamaica escaseaban los víveres a Colón; y sabiendo este por el almanaque que había de haber un eclipse de luna, les dijo que, para vengarse de ellos, el Dios de los Españoles oscurecería aquel astro. Se oscureció en efecto, y los indígenas tuvieron a Colón por profeta y le proveyeron de cuanto necesitaba.

C. El cálculo de indios muertos en la conquista es exagerado. Extranjeros, envidiosos de las glorias de España, alteran la verdad para llenar sus deseos.

M. No es extranjero el que ha computado 15 millones. Es don Fray Bartolomé de las Casas, obispo de Chiapa. Disminuye más de la mitad el número de muertos. ¿La sangre de siete millones de hombres será de pequeño valor? ¿Las mujeres de América no se hacían abortar para que sus hijos no tuviesen amos tan crueles?[115] Los hombres excesivamente felices y los hombres extremadamente infelices son igualmente inclinados a la dureza.

C. Tampoco es exacto el juicio que haces de la despoblación de España. Un monarca que envía vasallos de una provincia a otra de su reino no despuebla su monarquía.

M. "El efecto común de las colonias es debilitar el país de donde se sacan sin poblar aquel a donde se envían. Los hombres deben permanecer en el suelo donde existen. Hay enfermedades que nacen precisamente de la mutación de atmósfera. El número prodigioso de negros que se han llevado a las Indias no las han poblado. Después de la devastación de la América, los españoles que han querido ocupar el lugar

---

[115] Esprit des lois, lib. 23. c. 11.

de sus antiguos habitantes, tampoco han podido poblarla. Al contrario, por una fatalidad, que podría llamarse Justicia Divina, los destructores se destruyen ellos mismos todos los días. Los cartagineses descubrieron antes que los españoles la América o las islas donde hacían un comercio prodigioso; pero al momento que vieron la disminución sucesiva de sus habitantes, prohibió esa sabia república el comercio y navegación de sus ciudadanos. Los imperios pueden compararse con los árboles. Las ramas muy extensas quitan todo el jugo al tronco."[116]

C. ¿Pero la riqueza podrá ser causa de miserias? ¿El oro y la plata podrán serlo de miserias y desventuras?

M. "El oro y la plata son signos, o riqueza de representación. Duran mucho tiempo sin destruirse y sucede en ellos lo mismo que en las demás mercaderías. Cuando abundan se disminuye su valor porque representan menos cosas. Después de la conquista de México y del Perú, los españoles abandonaron las riquezas naturales para tener signos de riquezas. El oro y la plata eran muy raros en Europa, la que se llevó de Indias hizo que se duplicase la que había y entonces el precio de las cosas fue también doble del que tenían anteriormente. Los españoles trabajaron las minas. La plata se fue aumentando en Europa, y la ganancia disminuyendo para España. Supóngase que el gasto de la extracción del oro y la plata de las minas sea como 1 a 64. Duplicándose la cantidad de plata su valor baja una mitad, y el gasto llega a ser como 2 a 64. Las flotas que llevaban a España la misma cantidad de oro llevaban una cosa que valía la mitad y costaba la mitad más. Siguiendo sucesivamente la progresión del duplo, se descubre la causa de la impotencia de las riquezas de España. Doscientos años a que se trabajan las minas. Figúrese que la masa de plata que hay ahora en el mundo sea a la que había antes del descubrimiento de las Indias como 32 a 1, es decir, que se ha duplicado cinco veces. En doscientos años la misma cantidad de plata será a la que había antes de la conquista como 64 a 1. Si a los 200 años de haberse comenzado a trabajar las minas, 50 quintales de mineral dan 4, 5 o 6 onzas de oro, cuando solo den 2, el minero no podra sacar más que los gastos. Los reyes de España son como aquel monarca insensato que pidió a los dioses se convirtiese en oro cuanto tocase, y después se vió obligado a suplicarles que pusiesen término a su miseria."[117]

---

[116] Lettres persanes, let. 117.
[117] Esprit des lois, lib. 21 c. 22.

C. ¡Con que los reyes de España deben abandonar sus más ricos y vastos dominios! ¡Reducir su imperio a una parte de Europa siendo señores de esa misma parte y de un mundo entero! Eso es no discurrir sino delirar.

M. El propietario que tiene una legua de tierra bien cultivada es más rico que el dueño de diez leguas incultas. Sólo la mente divina es inmensa. Los talentos de los hombres tienen esferas limitadas de capacidad. El genio más prodigioso no podría gobernar bien un continente tan vasto como el de la América. El celo se debilita cuando se divide en multitud de pueblos dispersos en una extensión muy grande de tierras; y ese mismo celo es activo y enérgico cuando se fija en un espacio proporcionado a su fuerza... El gobierno de Castilla no puede administrar bien a España y a la América. El resultado preciso de su ambición es el atraso de una y otra, la miseria, ignorancia y despoblación de las dos. Las conquistas de Oriente llevaron riquezas a Roma y con ellas su destrucción y ruina. Al momento en que España comenzó a ser señora de las Indias, empezó también a ser pobre o menos rica en Europa. Todo fue decadencia desde aquel instante en que se creía feliz. Si se envían a la América familias de españoles que influyan en la conservación de aquellos dominios, España irá perdiendo todos los que se vayan muriendo, y la América ira adquiriendo todos los que vayan naciendo de ellos. Esta posición es embarazosa. Los hijos de españoles son españoles en opiniones y sentimientos si nacen en España; y son americanos en uno y otro si nacen en Amé rica. Los primeros aman los fueros y prosperidad de España. Los segundos aman los derechos y prosperidad de la América.

DIÁLOGO TERCERO

Carlos I y Carlos III.

Carlos I. Tú admiras las regiones desconocidas del cielo, y yo deseo noticias de las de la tierra. ¿Cuál es el estado actual de España? ¡Más de dos siglos a que salí de ella! Cuántos sucesos habrán ocurrido! ¡Cuántas mutaciones se habrán sucedido unas tras otras!

Carlos III. España era un cuerpo lánguido, sin alma que lo animase y diese energía. Era preciso regenerarla; y este fue el plan de mi reinado. Puse al frente de los negocios a un hombre digno del primer ministerio de la nación, protegí la agricultura, la industria y el comercio: establecí sociedades económicas de amigos de su patria para que diesen luces y premios a los labradores y artesanos; establecí cátedras de agricultura y difundí los conocimientos útiles por medio de los periódicos agrónomos y mercantiles, fundé poblaciones nuevas en los campos más fértiles, abrí canales que facilitasen el riego y llevasen la fecundidad a las tierras más incultas, erigí el Banco Nacional que da vida a la circulación, establecí la compañía de Filipinas, ajusté con la Puerta Otomana el Tratado que abrió el levante a las especulaciones del español, extendí las relaciones comerciales abriendo doce puertos en España y veinticuatro en América, quité las trabas que lo ligaban, y lo declaré libre entre americanos y españoles, di al jardín botánico y a la academia de pintura, escultura y arquitectura toda la protección que merecen unos establecimientos tan importantes, crie y enriquecí el gabinete magnífico de historia natural; envié al Nuevo Mundo expediciones científicas que han engrandecido el sistema de los conocimientos humanos; ordene la redacción de un código legislativo digno de los progresos del siglo, y mandé con este fin que se formase una comisión de juristas ilustrados, mejore la milicia, instruyéndola en la táctica que dio tanta superioridad a las fuerzas de Prusia.

Reformé los planes de estudios en las universidades, fomente la ilustración universal: moderé las instituciones severas de la inquisición, expelí de todos mis dominios a los jesuitas; y humillé al gobierno británico auxiliando la insurrección de sus colonias y reconociendo su independencia.

C. I. ¿Qué has hecho, Carlos? ¿Puedo creer que haya rubricado tales decretos la mano de un rey de España? ¡Ah! Yo debí ser eterno en el

185

trono de Madrid. Se perdió la obra más grande de mis desvelos. ¡Que trastorno! ¡Qué error! ¡Qué injusticia!

C. III. Abrir las fuentes de riqueza ¿será trastorno? ¿Disipar tinieblas será error? ¿Ilustrar a los hombres será injusticia?

C. I. Pero ¿ilustrando a los españoles, no conocerán sus derechos? Difundiendo luces en el mundo antiguo, ¿no pasarán sucesivamente al Nuevo? Auxiliando la insurrección de las colonias inglesas ¿no se preparará la de las españolas? Tú olvidaste el secreto de los reyes. Yo abrí los cimientos de una monarquía universal, y tú has abierto el abismo a donde irá a hundirse la de España. Fomentando la ilustración, los españoles recordarán sus fueros y libertades[118]: habrá entre ellos y sus reyes y señores naturales una lucha peligrosa que al fin hará derramar sangre: pedirán primero cortes y querrán después constitución: se sucederán unas a otras las revoluciones: la América aprovechará los momentos: pasarán a ella las luces odiosas de España: se oirán en aquellas regiones voces que no deben resonar en su atmósfera: se imitará el ejemplo de los angloamericanos: se proclamará independencia; y el mundo viejo quedará separado del nuevo: los soberanos de España no podrán mantenerse en su trono sin el auxilio de los demás soberanos: todos los monarcas de Europa se verán en la necesidad de formar una alianza o federación santa para conservar sus cetros y coronas: los demagogos, tribunos o directores de los pueblos querrán a su vez formar en secreto otra liga horrorosa, y cuando estén acordes los de todas las naciones europeas, habrá una explosión general: temblará la tierra: se abrirán sus abismos: caerán en ellos precipitados los unos sobre los otros los reyes y sus cetros: se levantarán repúblicas libres y orgullosas sobre las ruinas de las monarquías. Entonces puedes subir a la altura más elevada de estas regiones y contemplar desde allí la obra grande de tus manos. ¡Qué vocinglería de igualdad y libertad! ¡Que gritos de derechos imprescriptibles! ¡Qué algazara y confusión de pasiones en las cortes y congresos! No es preocupación. Es arcano de la política sublime, descubierto después de vigilias y meditaciones por la experiencia de los

---

[118] Jovellanos en el discurso que leyó en la Academia de Historia en 1780, el día de su recepción, dijo: " En nuestras crónicas, historias, anuales, compendios, y memorias apenas se encuentra con qué contribuir a dar una idea cabal de los tiempos que describen. Se encuentran guerras, batallas, conmociones, hambres, pestes, desolaciones, portentos, profecías, supersticiones, en fin, cuánto hay de inútil, de absurdo y de nocivo en el país de la verdad y la mentira. ¿Pero dónde está una historia civil que explique el origen, progresos y alteraciones de nuestra constitución, y nuestra jerarquía política y civil?

siglos. Para tener paz, silencio y tranquilidad, es preciso jurar reyes absolutos. Para que existan los soberanos dueños de vidas y haciendas, deben ser ignorantes los pueblos; y para conservar la América, debe haber inquisición en España. La luz es un fluido tan sutil que pasa por los poros más diminutos de los cuerpos más densos. Solo la mano diestra de los Torquemadas y Mendozas puede impedir que penetren esos rayos peligrosos que alumbran, pero queman y abrasan. No debe haber otra luz que la de las hogueras en el silencio y tranquilidad de la noche.

C. III. Pero ¿será justo hacer infelices a centenares de pueblos para que sea absoluto un solo individuo? ¿Será justo privar de los bienes de la ilustración y riqueza a doce millones de españoles para mantener sometidas las Indias?

C. I. Que renazca, pues, el orgullo aragonés. Que los vasallos digan a su soberano: Nosotros que juntos somos más poderosos que tú, te prometemos obediencia si mantienes nuestros derechos y libertades; pero si no, no. Que se restablezcan las antiguas cortes y se arroguen el derecho de dictar leyes, imponer contribuciones, declarar la guerra, hacer la paz, acuñar moneda y observar los pasos del gobierno. Que el rey sea un alguacil mayor sin poder ni autoridad. Que haya revoluciones, sangre y muertes.

C. III. Las revoluciones —puedo decirlo sin peligro; los habitantes de la tierra no oyen lo que se platica en las alturas— nacen del choque de los gobiernos con los pueblos. Cuando un gobierno es sabio en observar la voluntad general de la nación y antes de conmoverse esta manda ejecutar lo que desea ella misma, no hay revoluciones, ni muertes, ni horrores. Las reformas no parecen obra de los pueblos. Se hacen en paz y sosiego por la mano misma del gobierno. Son una transición moral; no son una reacción física. Lo que hace derramar sangre es la resistencia de los gobiernos obstinados en hacer oposición al voto universal de las naciones. Entonces hay cadáveres. Y sobre ellos triunfa por fin lo que es justo.

C. I. Y los destinos de la América ¿cuáles serían si se volvieran a instalar las Cortes anárquicas de Aragón y Castilla? ¿No resonaría en las Indias el eco de las voces que se diesen en esas Asambleas turbulentas y atrevidas? Diciendo el español: La soberanía reside en la nación, ¿no gritará el americano: La voluntad de la mayoría es la ley: la América es mayor que España; y la América quiere independencia? Se ha olvidado la ciencia de gobernar. España es un volcán, y los reyes están sentados en el cráter. Antes de un siglo vendrá tu hijo o tu nieto con la noticia infausta de revolución en España e Independencia en América.

C. III. Las Indias fueron en lo más secreto de mi gabinete el objeto más constante de mis pensamientos y los de Florida Blanca. No hay asunto que me haya ocupado más tiempo. Pero es preciso confesarlo: los intereses de España no pueden conciliarse con los de América. La ilustración es el origen primero de todo bien. Si se protege en España, pasará el Atlántico y hará que los indios vean claros sus derechos. Si se prohíbe en la Península, se hará la infelicidad de los españoles y los americanos. Conozcamos la verdad. Una nación no puede estar por muchos siglos sometida a un gobierno lejano. Es luchar con la naturaleza que la ha separado por océanos o montañas. Gobernándola con los rigores del despotismo, se irrita y rompe enfurecida las cadenas de la opresión. Administrándola con justicia, se ilustra y proclama su libertad. España gobernó con dureza a las Provincias Unidas: estableció en ellas la inquisición; dio el mando a Alba; y al fin gritaron independencia en 1579. Inglaterra dio a sus colonias instituciones liberales: les comunicó luces: les enseñó fueros; y los angloamericanos se proclamaron independientes en 1776. Si es necesaria la separación, debe elegirse el plan más humano y justo. Si no es posible hacer infeliz al americano sin hacer desgraciado al español, debe procurarse la felicidad de uno y otro.

La independencia no será entonces la reacción del oprimido que se vuelve con saña contra su opresor. Será la emancipación del hijo que llegando a la edad viril se aparta de la casa de su padre, reconocido a la beneficencia que supo darle educación y fuerzas.

DIÁLOGO CUARTO

Filántropo y Palemón

Filántropo. Existiendo el gobierno a larga distancia, el hombre injusto sabe que deprimiendo al desvalido no puede éste interponer los últimos recursos de la ley. Existiendo el gobierno en el centro de la nación, el que no respete la justicia conoce que si agravia al pobre, puede el ofendido elevar sus quejas en último grado. El poder del primero sofoca en el primer caso la voz del segundo.

Pero los acentos de la naturaleza triunfan al fin proclamándose la independencia del gobierno lejano. El imperio de la Razón es grande: las causas que obran son constantes.

Palemón. ¿No podrá calcularse la energía de su acción? Si puede predecirse que en tal año a tal hora y minuto estará en oposición el astro que antes estaba en conjunción, ¿no será posible pronosticiar también que en tal tiempo será independiente la nación que antes estaba sometida?

Filántropo. No hay todavía datos para la resolución de tamaño problema. Puede haberlos en lo sucesivo. Dependen del sistema físico y político de cada nación; y no se ha formado hasta ahora el cuadro exacto de los de cada país. El Norte de América estuvo sometido al gobierno de Inglaterra menor espacio de tiempo que el centro y mediodía al de España. Varían los períodos según el clima, gobierno y circunstancias. Pero no nos extraviemos. Fijémonos en esta verdad: la independencia de una nación regida por gobierno lejano es ley de la Naturaleza, tan constante como todas las demás del mundo físico.

Palemón. El marqués de Laplace escribió un ensayo filosófico sobre las probabilidades; y en él dijo estas palabras que aprendí de memoria: "Es contra la naturaleza de las cosas querer que un pueblo esté sometido a otro, separado de él por un océano vasto o por una distancia grande. Se puede afirmar que esta causa constante (la de la distancia) uniéndose sin cesar con las causas variables que obran en el mismo sentido y desarrolla el curso del tiempo, terminará al fin dando al pueblo sometido su independencia natural."

Filántropo. Es una verdad que tiene a su favor el testimonio universal de todas las historias. En ellas se ve el cuadro de los conquistadores que han desenvuelto sus resortes para arrojar la opresión...

DISCURSOS

Pronunciado en la Asamblea Nacional Constituyente el día 5 de febrero de 1824, al prestar, como individuo del Poder Ejecutivo, el juramento de ley

Nombrado individuo del Supremo Poder Ejecutivo, vacilé largo tiempo antes de decidirme a renunciar o aceptar el nombramiento. Son diversas las dudas que me han atormentado en los períodos de mi vida. Protesto que ninguna ha sido tan escocedora para mí.

Viendo la posición delicada de una nación que acaba de mudar su gobierno; meditando la serie incalculable de consecuencias que se derivan de la transición de un estado a otro absolutamente distinto; computando el tiempo que duran las oscilaciones, y las víctimas que se sacrifican en cada oscilación antes de fijarse al cabo de años en una constitución bien o mal pensada; considerando que si una sola reforma en un solo punto ofrece tantos peligros y dificultades, la creación de todo en cada uno de los departamentos del gobierno debe presentarlos en mayor número, y de más grave trascendencia; conociendo que si movido un solo resorte se trastorna a veces el movimiento de una máquina, movidos todos los que hay en ella puede ser mayor la subversión y desorden; viendo la marcha desgraciada de otros pueblos que creyendo subir a la altura más elevada de la libertad han sido abatidos en degradación vergonzosa por la mano violenta del despotismo más injusto; contemplando el cuadro espantoso de Francia y otros Estados de América, yo, deponiendo las dudas que me atormentaban, tomé la pluma al momento y escribí con ella la renuncia del destino a que he sido llamado.

Pero volviendo la reflexión a otros puntos; siendo Guatemala mi patria de origen, de domicilio y de elección; y debiendo todo hombre servir la que tenga con empeño y constancia; sabiendo que si la patria debe ser servida en todos tiempos, en el de peligros se aumentan sus derechos y multiplican sus títulos; conociendo que no deben abandonar una obra en el principio de su ejecución los que la han aconsejado, y propuesto su plan; considerando que después de haber cooperado a la independencia absoluta de Guatemala, sería oprobio abandonarla y desoír su voz cuando llama a sus hijos a consolidar lo que ha sido objeto de sus votos y los míos; recordando los honores con que me ha distinguido eligiendo sucesivamente para los destinos en que ha tenido el derecho de elegir; me sentí penetrado de lo que domina más a un hombre sensible: sentí el imperio dulce de la gratitud; olvidé mi ineptitud; y rompí la renuncia que había escrito del destino a que he sido electo.

Nacido en Guatemala; formado en Guatemala; distinguido en Guatemala con honores de diversa especie, los derechos de esta digna nación deben ser sagrados para mí.

Yo viviré para Guatemala. Identificaré mi existencia con la de Guatemala. Seré feliz en las felicidades de Guatemala. Seré desventurado en las desgracias de Guatemala. Trabajaré para que los corazones de todos los hijos de Guatemala sean por su unión y armonía un solo corazón. Daré toda la atención de que sea capaz a lo que tiene más derecho para reclamar la del gobierno. La religión que une a los hombres predicando amor a nuestros semejantes, y sofocando odios y venganzas; la ilustración, origen primero de lo bello, de lo grande, de lo útil y de lo sublime; la independencia absoluta inspirada por la razón y sancionada por la justicia; la consolidación del gobierno en la época de las oscilaciones de la opinión y los choques del interés; la educación que debe formar hombres nuevos para un gobierno que también es nuevo; la riqueza que debe aumentarse en razón directa de los gastos que antes eran de una provincia que no hacía figura en la carta del mundo, y ahora son de una nación que comienza a tener representación en el mapa de las sociedades políticas; éstos serán los objetos de mis trabajos. Robaré a los genios de otras naciones los pensamientos que han influido en su prosperidad. Procuraré aclimatar en este suelo aquellos que pueden venir bien en nuestra actual posición.

Tal es el juramento que hago ante el primer Congreso de Guatemala. No prometo aciertos, siempre difíciles en la transición peligrosa de un gobierno a otro. No tengo la vanidad de creer que mudaré la faz de estas tierras colocadas por la naturaleza en el centro de las dos Américas ni me lisonjeo con esperanzas que no osarían concebir aún los talentos veteranos en el arte de mandar. Lo que prometo es querer el bien general, y hacer esfuerzos para conseguirlo, arreglado a las leyes. Soy individuo de un Poder que se llama y debe ser Ejecutivo.

Cumplir y hacer que se guarde la ley es toda el área de sus atribuciones. El Poder más hermoso; el primero en la escala de los Poderes; el Legislativo es el que debe trazar la línea por donde debe marchar el Ejecutivo.

Si esta línea lleva a escollos y precipicios, el gobierno ejecutando la ley, hará a su pesar el mal de la nación. Si guía por el contrario al punto más distante de peligros, el gobierno marchando sobre ella, irá derramando bienes a los pueblos.

La prudencia, necesaria en todo, es de mayor necesidad en los sistemas nacientes. Un legislador no debe confundirse con un profesor de academia. Es inmensa la diferencia que distingue a uno de otro. Un profesor resuelve en abstracto los problemas de derecho público sin examinar localidades, ni concretarse a circunstancias. Es un matemático que demuestra las propiedades de un círculo ideal, o un esferoide imaginario.

Un legislador observa el territorio a que se dilata la nación, los paralelos que la circunscriben, los elementos heterogéneos de su población, el grado a que se halla la civilización de los pueblos, la diversidad de clases, y los intereses, luces, fortuna y moralidad de cada una; considera los choques a que están expuestas y los peligros a que precipitaría la lucha de ellas en una época en que las pasiones irritadas por recuerdos de sufrimientos dolorosos, tienen por la voz de libertad una energía peligrosa que producirá explosiones si en vez de calmarla el sano juicio la avivase la imprudencia; examina con la profundidad del genio, el sistema físico, político y moral de los pueblos; abraza en su vasta mente todas las relaciones y circunstancias; y cuando ha llegado a reunir todos los conocimientos de la nación entra a resolver el problema más difícil de la ciencia. No busca las leyes más sublimes en un sistema abstracto o ideal; no da al norte las que solo convienen al mediodía, ni manda observar en las regiones australes las que son propias de las boreales. Busca las que son más análogas a la posición en que se halla el pueblo a quien va a dictarlas; las que exigen las circunstancias en que se encuentra; las que parecen más propias del sistema físico, político y moral. Sabe que los paralelos o alturas de polo hacen dañoso en un país lo que es útil en otro; sabe que cada nación debe tener instituciones análogas a su actual estado, así como tiene vegetales y fósiles propios de su clima y temperatura; sabe que la perfección de una ley no consiste en su justicia absoluta, sino en la respectiva al total de circunstancias; sabe que son de demostración las verdades de la geometría, y que sin embargo de serlo no deben darse a un infante cuyas potencias no se han desarrollado al grado necesario para poder entenderlas.

Que este plan dictado por la experiencia de los siglos sea el del primer Congreso de Guatemala; que esta Asamblea aproveche los conocimientos que sobre cada provincia pueden presentarle sus dignos individuos; y que reunidos los que le ofrezcan, conocida la verdadera posición de los pueblos, tire al fin la línea que debe trazarse. El Poder Ejecutivo caminará sobre ella con el detenimiento que exige la delicadeza de circunstancias; no precipitará su marcha en una época en que todo debe ser gradual; no dará saltos siempre peligrosos y funestos: obrará como la naturaleza que nada hace de repente sino por grados y leyes prudentes; será como los viajeros que caminan poco a poco en las pendientes resbaladizas o escarpadas, y en las tinieblas de la noche suspenden su marcha hasta que la luz del sol les guía y manifiesta los riesgos.

El sello grande que debe marcar a un gobierno es la prudencia. Si queremos dar crédito al nuestro, caminemos gradualmente guiados por ella. Guatemala, colonia primero, y provincia después, conoce las rutas por donde han sido llevadas las que eran colonias españolas: sabe cuál ha sido el régimen provincial con que han sido administrados los partidos; pero no tiene experiencia de la senda o camino de las naciones independientes y libres. Es necesario obrar con detenimiento y circunspección: es preciso guiarse por la prudencia que jamás da un paso sin meditar las consecuencias.

De esta manera los hombres pacíficos, de luces, caudal o talento probado en algún género de industria, emigrando de lugares que amenazan erupciones, vendrán a fijarse en el nuestro; harán progresos, adelantarán nuestras artes; se extenderá nuestro comercio; se aumentará el número de ciudadanos beneméritos; y este pueblo que tiene tantos derechos a mi gratitud será sin convulsiones ni sacrificios elevado al goce de la felicidad que le deseo, y formará el objeto constante de mis pensamientos, de mis trabajos, de mis sacrificios y de mis intereses.

Manifiesto del Gobierno Supremo de los Estados del Centro de América

La Asamblea Constituyente ha decretado las Bases de la Constitución Política, y acordado el método con que deben ser elegidos los jefes y representantes de estos Estados.

«La forma de gobierno, dijo en la ley de 17 de diciembre último, de las Provincias Unidas del Centro de América, es la de república representativa y federal. Se elegirán por los pueblos, dice en el decreto de 5 del corriente, el presidente y vicepresidente de la república, los individuos del senado y alta corte de Justicia, y los diputados de cada Congreso.»

Ved aquí leyes fundamentales, de influencia que no es posible calcular en toda su extensión. El gobierno al presentarlas para su cumplimiento debe hablar con franqueza a la nación que le ha fiado la dirección de sus destinos.

No hay, en las combinaciones de poderes que producen las diversas formas de gobierno, una sola que, considerada en un aspecto, no presente bienes, y meditada en otro, no pronostique males. Todas las obras del hombre tienen este sello, y los gobiernos son entre las que salen de sus manos las menos perfectas.

El Gobierno Federal es una de las concepciones más profundas del talento; una de las creaciones más maravillosas del genio. Sigue la marcha que parece designada por la naturaleza en la organización de las sociedades políticas; forma familias independientes unas de otras y las reúne en un pueblo dirigido por un régimen municipal; forma pueblos que no están sujetos entre sí y los reúne en un Estado gobernado por un jefe y congreso; forma estados que tampoco tienen dependencia recíproca y los reúne en una nación administrada por un presidente y una asamblea general; reduce la extensión territorial de los mandos a la esfera que deben tener para ser enérgicos; multiplica los centros de poder y riqueza, y los reúne después en uno solo; da energía a una administración torpe cuando se extiende a una nación muy vasta; y fuerza a un gobierno débil cuando se circunscribe a un pequeño número de hombres y leguas; asegura los bienes que gozan los estados pequeños, previene los males a que los expone su misma pequeñez; aproxima a la igualdad y acerca por ella al equilibrio dividiendo la nación en secciones independientes unas de otras; abre fuentes nuevas de ilustración, multiplicando los congresos que son focos donde se reúnen y de donde parten rayos de luz; aumenta la cantidad de atención dedicada al bien general de los estados; cría el patriotismo, obligando en muchos lugares a pensar en la patria; forma estadistas aumentando el número de patriotas impelidos a ocuparse del Estado; hace que el civismo suceda al egoísmo y que sea público el espíritu que antes era privado o individual; inspira sentimientos de elevación y dignidad declarando a los hijos y vecinos de las provincias, ciudadanos de estados iguales y libres; estrecha las relaciones de los pueblos con el gobierno, poniendo más cerca de ellos los centros de su administración; distribuye la riqueza por todos los estados, haciendo que desaparezcan las causas que la concentraban en un solo lugar; facilita la administración de justicia, poniendo en el seno de cada uno de ellos sus juzgados y tribunales; engendra adhesión a un sistema que da a cada provincia los poderes que necesita para progresar en todos los ramos de riqueza y prosperidad; asegura la independencia de la nación, organizando en cada Estado gobiernos que tienen más fuerza que un intendente o corregidor para resistir los embates de la intriga o seducción; presenta, al fin, el cuadro grande de la armonía social y promete los bienes que son consiguientes.

Pero aquella armonía puede turbarse y su alteración produciría males muy graves. Parte la sociedad en muchas sociedades; divide el estado en diversos estados; y lo que es todo, uno y hermoso, se vuelve partes separadas o desmembradas: la unidad, origen de la energía, se debilita y puede desaparecer enteramente; los intereses se complican teniendo cada estado los suyos; la acción del gobierno supremo se entorpece por la de los otros gobiernos que se establecen; la marcha es lenta por los obstáculos que embarazan su rapidez; las fuerzas que unidas serían inexpugnables, se enervan estando divididas; a la falta de unidad y complicación de intereses puede suceder el peligro de separarse absolutamente unos de otros los estados; quedarían en tal caso expuestos a los riesgos de las repúblicas que por su pequeñez pueden ser destruidas por fuerzas extranjeras; y arrolladas por ellas la de cada estado, la esclavitud podría ser en último resultado el término final de la libertad que se desea.

Tales son los bienes que se presentan y los males que amenazan en las instituciones federales. El gobierno designa los primeros y señala los segundos para que los pueblos sepan gozar de los unos con juicio y evitar los otros con prudencia. El mayor bien posible de esta digna nación es el objeto de sus votos. Quiere que llegue a él marchando por la senda que le ha abierto la ley de la federación, pero desea que conozca los escollos para no ser precipitada en ellos.

Que se eleven a estados federados las que eran provincias subalternas; que se instale en cada uno el congreso que debe darle leyes para su procomunal; que se elija el jefe que arreglado a ellas lo gobierne con sabiduría y lo dirija con circunspección; que la elección de su gobernador sea expresión libre de la voluntad general de los pueblos; y regidos estos por un gobierno paternal, obra de ellos mismos, avancen en la carrera de su felicidad.

Pero que en el goce de bienes tan grandes no se olvide jamás el objeto primero de la asociación federal. Porque una sola provincia no tiene los elementos necesarios para estar aislada sin relaciones de sociedad con las demás; se han unido todas para formar una sola nación. Cada una es estado independiente de los otros, pero todas son al mismo tiempo partes de un solo todo; fracciones de una sola unidad.

No dependen unos de otros los hermanos, ni hay entre ellos subordinación o superioridad de derecho; pero todos deben consideración y respeto a su padre. Este es el jefe que les ha dado la naturaleza y autorizado la ley. No dependen Costa Rica de Nicaragua, ni Comayagua de San Salvador, ni San Salvador de Guatemala; son estados, y la idea sola de serlo excluye la de sujeción recíproca. Pero Guatemala, San Salvador, Comayagua, Nicaragua y Costa Rica tienen un gobierno supremo que debe extender a todos los pueblos su vigilancia y protección. Este gobierno es el vínculo que los une para formar una sola nación; por él se organizan en estado general los que son estados particulares, y cesando de existir, cesaría al momento la unidad que da la fuerza o vigor.

Los pueblos de un estado tienen relaciones interiores entre sí, y exteriores con los de otros estados o con la nación entera. Este doble aspecto en que deben considerarse forma las áreas y fija los linderos a que deben circunscribirse los poderes; esta diversidad de relaciones designa las facultades que les competen.

Los Poderes Legislativo y Ejecutivo de un Estado dirigen las relaciones interiores de los pueblos que lo componen, y los Poderes Legislativo y Ejecutivo de la República dirigen las relaciones exteriores de unos estados con otros, y de todos con la nación. Dar leyes para el gobierno interior de un estado corresponde a su congreso, y dictarlas para toda la nación pertenece a la Asamblea General. La administración del estado es propia de su jefe; y la de toda la nación es privativa de su presidente.

Respetar estas líneas de demarcación; observar la ley fundamental que las ha trazado; estrechar los lazos que deben unir a los gobiernos de los estados con el supremo de la nación; impedir que se corten las relaciones que debe haber entre ellos; reconocer en los intereses generales de la nación una autoridad suprema que da dirección desde un centro común; oír su voz y seguir la marcha que señala la constitución política; esto es lo que interesa a los pueblos en su actual posición.

Todos los gobiernos tienen necesidades propias de su naturaleza o derivadas de su esencia; y la de un gobierno federal es mantener la unidad, o evitar la dislocación o desmembración, la división o separación absoluta del centro general. Una monarquía tiende a la concentración de todos los poderes en un solo individuo por la naturaleza misma del máximum de unión; y una república federal propende a la división y anonadamiento de las autoridades, por la esencia del máximum de partición.

Para evitar males tan graves como trascendentales los pueblos deben hacer elección de hombres capaces de impedirlo. Este punto es la base fundamental de todos los demás. El gobierno llama a él todas las atenciones porque los errores o equivocaciones serían decisivos de nuestros destinos.

Son diversas las especies de gobierno porque lo son también los modos con que puede hacerse la combinación de autoridades. Pero las manos que dan dirección a los asuntos son las que hacen variar el aspecto de una administración. En un mismo gobierno, sin variar su esencia ni mudar su legislación, Floridablanca dio ser a la nación que apenas la tenía, y Godoy la arrojó a los abismos.

No olvidéis, pueblos, la verdad grande que presenta la historia de todas las naciones. El gobierno que influye más en la felicidad general es el mejor administrado. Del acierto o desacierto en las elecciones va a pender nuestra felicidad o destrucción.

La ley ha puesto en vuestras manos el derecho de elegir a los que han de legislar, gobernar y juzgar. Vuestra voluntad va a decidir vuestra suerte.

Elegid hombres penetrados de la necesidad de ser independientes de las dos Españas antigua y nueva si queréis serlo en lo sucesivo; elegid a aquellos que hayan dado pruebas inequívocas de adhesión a vuestra independencia absoluta si queréis consolidarla; elegid a aquellos que amen a este suelo si queréis su cultivo y riqueza; elegid a aquellos que llenos de consejo y prudencia puedan guiaros con ella a igual distancia de la licencia que olvida los deberes y el despotismo que destruye los derechos; elegid a aquellos que tienen energía bastante para elevarse sobre los intereses mezquinos de individuos o cuerpos y decretar leyes que tiendan al mayor bien posible del mayor número posible; elegid a aquellos que siendo rectos como la línea que tira el geómetra sin inclinación a un lado ni otro, puedan administraros justicia con igual rectitud; elegid a aquellos que hayan aprendido la ciencia difícil del gobierno y la experiencia aún más dificultosa de saberla aplicar al momento y circunstancias en que se halla la nación.

Pero haciendo elecciones que os hagan honor, desoyendo la voz de la intriga y despreciando las artes de la seducción, no olvidéis que la conservación del orden es el primer bien de una nación. Se ha escrito en diversos tiempos y países contra las elecciones populares; se ha pensado que no puede haber en ellas el acierto que se juzga privativo de una cámara; se ha creído que son origen de divisiones o partidos, de movimientos o revoluciones. Manifestad, ahora que vais a fijar vuestros destinos, que los pueblos de esta república saben elegir con juicio y mantener el orden en sus elecciones. Acreditad al mundo entero que, si las populares han sido tempestuosas en otros países, en Guatemala son de paz, sosiego y tranquilidad.

Obrando de este modo las naciones extranjeras reconocerán la independencia absoluta de ésta; y consolidada como es justo, planteando el nuevo gobierno y dedicada la atención a las fuentes de riqueza, estos Estados serán en la América el centro de la paz y felicidad al mismo tiempo que las convulsiones agitan desgraciadamente al Norte y al Mediodía.

Palacio Nacional de Guatemala, mayo 20 de 1824.

José del Valle, Presidente. Tomás O'Horán. Con dos individuos por ausencia del C. Manuel José Arce con permiso de la Asamblea.

Discurso del Presidente del Poder Ejecutivo pronunciado en la Apertura del Congreso Federal de Guatemala, el 25 de febrero de 1825.

El primer Congreso Federal abre sus sesiones y comienza sus trabajos. Es vasto el campo que se presenta a su celo, y lisonjeras las esperanzas de su cultivo.

Los pueblos se prometen cosechas ricas y hermosas. Han elegido diputados a los que han juzgado dignos de serlo; a los que han creído posesores de todas las calidades que exige título tan grande; a los que han considerado penetrados del fuego único que debe animar a los representantes de una nación.

Los diputados son escogidos por los pueblos para llenar el lugar que debían ocupar ellos mismos: son la misma nación en imagen o representación; son en cuanto al ejercicio, el soberano moral.

Los pueblos creen que desde el momento en que elevan a diputado a un ciudadano particular debe cesar el hombre privado y no existir más que el hombre público; debe morir el «Yo», y no vivir más que la nación; debe acabarse el individuo y no quedar más que la patria; deben cesar las atracciones y repulsiones individuales, y no haber más que los sentimientos dulces y sublimes del patriotismo.

Que sea voz del egoísmo, o agente de la intriga el infeliz que no conoce que le degradan e insultan los que quieran hacerle instrumento de sus intereses o preocupaciones. Que sea orador de pasiones o partidos el desgraciado que no siente toda la humillación y oprobio de quien es esclavo de ellos. Que solo piense en la clase de que es individuo, en la capital donde vive, o en la provincia donde ha nacido el hombre pequeño que no ha aprendido a dar extensión a sus ideas.

Los miembros de este cuerpo legislativo; los individuos del primer Congreso Federal de Guatemala sienten toda su dignidad y conocen todos sus deberes. Somos, dicen, representantes de la nación más digna de nuestros pensamientos y trabajos. No nos han elegido los pueblos para que los extraviemos llevándolos a los horrores de la anarquía, o a las cadenas del despotismo. Nos eligieron entre la multitud de hijos suyos para que sostengamos con celo activo y vigilante la justicia de su independencia; nos eligieron para que mantengamos con igual energía la integridad de su territorio; nos eligieron para que no permitamos jamás su retroceso al antiguo sistema de gobierno, ni su marcha precipitada y peligrosa; nos eligieron para que los dirijamos con sabiduría prudente, a igual distancia de las revoluciones que son caos de sangre y muertes, y del despotismo que es destructor de todos los derechos; nos eligieron para que vayamos levantando el edificio de nuestra prosperidad canto sobre canto, con el nivel en la mano, sin precipitar nuestros trabajos; nos eligieron para que organicemos el sistema de instrucción pública, que es el origen primero de todo bien social; nos eligieron para que desarrollemos las semillas de riqueza que hay en este suelo en mayor abundancia que en otros de América; nos eligieron para que confundamos la voz de los que digan que no hay en Guatemala elementos para ser libre; nos eligieron para que hagamos que esta nación aparezca en el mundo con la riqueza, poder y gloria con que debe presentarse la que está en posición más feliz que todas; nos eligieron para que acreditemos que somos hijos de la República de Centroamérica, amantes de su felicidad, interesados en su honor, defensores de sus derechos. No se oirá en este salón lo personal, individual o privado. Solo resonará lo nacional, lo público, o de interés universal para la república.

Si queremos que el pueblo cumpla la ley, ame lo justo, respete la autoridad, y guarde consideración a los que la ejercen, seremos los primeros a dar lecciones de respeto a la ley y autoridad, de amor a la justicia, y consideración a los funcionarios celosos en el lleno de sus deberes. Esta sala puede ser el punto de donde salga partida la opinión y divididos los sentimientos en lo más esencial y delicado, o el centro de la unidad o armonía; puede ser el origen triste de los partidos y facciones, o el principio feliz de la unión de todas las clases en derredor de la patria; puede ser la fuente de donde fluya el mal o el nacimiento de donde emane el bien. La elección está en nuestras manos. Los legisladores deben ser los primeros modelos. Este salón será el templo del decoro, de la prudencia y del patriotismo juicioso. En las discusiones seremos oradores modestos porque la modestia aumenta los valores del raciocinio y las fuerzas del convencimiento. En las votaciones seremos, como la razón fría y tranquila que decide en calma sin el calor de los partidos.

Tales son los sentimientos de los diputados a quienes tengo el honor de dirigir la voz. El gobierno felicita al congreso por los de sus individuos; lo felicita por la aperción de sus sesiones; lo felicita por el celo con que se prepara a trabajos de bien general; y para que tengan todo el suceso que espera la nación desea que se vuelvan los ojos primero a los que se han emprendido, y después a los que deben emprenderse.

Esta vista señalará la línea de donde debe partirse en el campo que se va a cultivar; y los pueblos recibirán frutos sazonados de trabajos comenzados con celo y dirigidos con orden.

Parece justo que el Poder Ejecutivo dé cuenta de los suyos. Todo funcionario debe darla del celo con que haya correspondido a las confianzas de la nación. El gobierno confiesa gustosamente esta verdad, la publica a la faz de todos; y será el primero en el cumplimiento de este deber.

El ministro dará cuenta de todo lo que ha hecho el Poder Ejecutivo desde el día en que fue establecido; y yo me limitaré al año en que he sido individuo suyo. El ministro dará la historia de los acuerdos y resultados; y yo presentaré el plan y manifestaré el espíritu del Poder creado para gobernar la república.

Memoria Sobre el Plan de Acuerdos y Providencias del Supremo Poder Ejecutivo de Guatemala, en el año de 1824 y principios de 1825

Un gobierno que desea positivamente llenar el objeto de su creación, contempla lo que debe hacer, y las facultades que tiene para obrar; examina sus obligaciones y sus potencias; medita lo que debe y lo que puede; piensa en el plan más prudente para cumplir los fines de su instituto; no forma el que sería más perfecto en las regiones de la abstracción, o en las cartas de un gabinete; forma el que exigen las circunstancias del pueblo que va a mandar; lo arregla al estado en que se halla la nación, y a las consecuencias y resultados que puede ir desenvolviendo el tiempo; clasifica después sus deberes; y dando a cada uno la atención que merece su importancia respectiva, marcha con precaución prudente porque en los Estados nacientes es nuevo todo lo que se va ofreciendo, y no hay todavía experiencia que asegure el acierto; camina sin precipitación porque entre todas las ciencias la de gobernar es la más atrasada; no olvida que los experimentos son los que las hacen progresar, y que los experimentos fáciles cuando se trata de rocas o vegetales, son muy costosos y difíciles cuando deben hacerse con pueblos enteros, compuestos de millares de hombres, individuos de nuestra especie.

Poder Ejecutivo

Este plan, que debe ser el de los verdaderos gobiernos, ha sido el del Poder Ejecutivo de Guatemala en el período crítico en que le ha tocado mandar. Vio por una parte que sus obligaciones eran inmensas; y observó por otra que sus atribuciones eran muy limitadas.

Debía consolidar la independencia absoluta de esta república, no reconocida entonces por nación alguna de Europa ni América; debía fiar los destinos a las manos más propias para consolidarla y formar una jerarquía de empleados que cada uno en su puesto respectivo cooperase a la consolidación del sistema; debía poner la nación en estado de repeler cualquiera fuerza exterior que osase invadirla; debía mantener el orden interior en una época en que los pueblos, sintiendo sus fuerzas y multiplicando sus desconfianzas y pretensiones, son muy difíciles de gobernar; debía crear todos los ramos de administración y plantear leyes nuevas que les daban organización también nueva; debía activar el cobro de nuevas contribuciones para ocurrir al aumento de gastos, elevados de repente a un máximum a que no eran acostumbrados los pueblos, y mantener viva al mismo tiempo la adhesión al sistema que, exigiendo nuevas erogaciones, exigía nuevos impuestos; debía dar respetabilidad a las autoridades sin haber toda la fuerza precisa para sostener sus respetos ni la hacienda necesaria para mantener aquella fuerza.

Esta inmensidad de obligaciones; estas maravillas o prodigios de autoridad exigían facultades proporcionadas para operarlos; y la ley limitaba con diversas restricciones las del Poder Ejecutivo.

De sus disposiciones se infiere que el gobierno no podía separar o remover a sus secretarios de primera creación sin dar conocimiento a la Asamblea y expresar las causas; se infiere que no podía proveer en primera vez los empleos de nueva creación sin consultar precisamente a la Asamblea; se infiere que no podía suspender a ningún empleado sin que hubiese acusador que le hiciese cargos; se infiere que no podía disponer de la fuerza armada de continuo servicio, ni distribuirla como conviniese a la nación sin que lo propusiese el comandante de cada provincia; se infiere que no podía nombrar jefes militares desde la clase de sargentos mayores inclusive sin que hubiese propuesta de la junta de guerra; se infiere que no podía nombrar comandantes de los puertos, ni jefes políticos superiores, ni subalternos sin conocimiento de la Asamblea; se infiere que no podía crear aun el destino de menor sueldo que juzgase necesario para el mejor servicio; se infiere que si no tenía facultad para esto, tampoco podía haberla para disponer de la cantidad que creyese precisa para algún objeto de interés general; se infiere que en lo político, en lo económico y en lo militar sus facultades eran muy restringidas, y esas restricciones no le permiten obrar con energía.

El Poder Ejecutivo conoció los peligros de un gobierno desautorizado en tiempos críticos en que aun los más autorizados encuentran dificultades para administrar los pueblos. Les hizo presentes a la Asamblea en nota de 19 de febrero de 1824; le manifestó en ella que el momento más delicado para una nación es aquel en que, pasando de un gobierno a otro, se multiplican los deseos; se aumenta la exaltación, y los pueblos toman un grado de energía tanto más grande cuanto ha sido mayor el abatimiento en que han creído haber estado; que si aumentada la energía de los pueblos se disminuye o debilita la del gobierno, la perspectiva de lo futuro debía ser muy funesta; que en otras naciones se han dado al Poder Ejecutivo las facultades correspondientes a su esencia y objeto; y en circunstancias críticas, a más de las atribuciones ordinarias, se le han declarado otras extraordinarias.

La Asamblea conoció la justicia de una nota fundada en ella. Acordó que el Poder Ejecutivo fijase las atribuciones que creyese necesarias; y el gobierno, derivándolas de los principios más universalmente recibidos, fijó las siguientes en nota de 19 de marzo del mismo año: Proveer libremente todos los empleos civiles y militares; nombrar los jueces de primera instancia de la misma manera; nombrar los magistrados de la corte territorial a propuesta de la alta corte de justicia; nombrar y separar libremente a los secretarios de Estado y del despacho; deponer a los magistrados y jueces por causa legalmente probada y sentenciada, suspenderlos por acusación legal o por cargo formado en expediente instruido de orden del gobierno; remover a los jefes políticos y militares, superiores y subalternos cuando lo crea conveniente; disponer de la fuerza armada como juzgue convenir a la nación.

Plan de Administración

Pedidas al Poder Legislativo las facultades que el gobierno supremo necesitaba para ser lo que expresa su nombre, el Ejecutivo se ocupó en formar el plan más prudente para llenar sus deberes.

Si las obras de menor importancia deben, para ser acabadas, formarse sobre un bosquejo o diseño trazado antes de su ejecución, la de gobernar una nación entera jamás será perfecta si no se opera sobre un plan meditado con sabiduría.

Gobernar no es copiar las providencias que se dictan en otros pueblos de clima, moralidad, carácter y hábitos diversos; no es mandar lo que inspira el humor o interés del momento. Es poseer la ciencia más difícil entre cuantas ha creado el talento del hombre; es saber aplicar sus principios con exactitud; es hacer aplicaciones de ellos a la totalidad de circunstancias que forman el estado en que se halla la nación a quien se manda.

El Poder Ejecutivo sintió toda la necesidad de un plan prudente de gobierno, y conoció que debía derivarlo del objeto mismo de su institución. La felicidad de Guatemala dijo, debe ser el objeto final.

Ni Chile, ni Colombia, ni México, ni España, ni otra nación del mundo puede amar a Guatemala como se ama ella misma. Guatemala debe ser independiente. Su voluntad es la que debe disponer de sus destinos. Esa voluntad debe ser ilustrada para conocer sus intereses; debe ser fuerte por la unión de la mayoría para no ser víctima de divisiones intestinas; debe ser poderosa para sostener sus derechos y repeler con la fuerza a las que intenten atacarnos; debe tener fondos para mantener su dignidad y fuerzas; debe fomentar la riqueza y prosperidad para que sus hijos puedan contribuir a la creación de esos fondos; debe ser respetable por sus relaciones exteriores, amistades y alianzas con las demás naciones; debe ser dirigida por una ley que la guíe en todo a su verdadera felicidad.

Independencia absoluta; dirección prudente de la opinión; orden interior; instrucción pública; hacienda; fuerza; riqueza; relaciones externas; constitución, son los objetos que han ocupado al gobierno, y a los cuales ha llamado respectivamente la atención de todos los funcionarios.

Para que hubiese unidad en su plan; para que los gobiernos de las provincias y partidos obrasen identificados con el Supremo de la República; para conocer los talentos y celo de los gobernadores subalternos, el Poder Ejecutivo, teniendo presente que los jefes políticos son los llamados por la ley para cuidar de todo lo que pertenezca al orden público y prosperidad de las provincias, y que para llenar atribuciones tan importantes es necesario formar un plan de administración que abrace todos los puntos a que debe extenderse, acordó el 8 de marzo de 1824 que cada jefe político superior presentase el plan de gobierno que hubiese formado o formase para el de su provincia respectiva; y en orden posterior recordó el cumplimiento de un acuerdo tan útil para que hubiese identidad en el sistema administrativo de la nación.

Independencia

Al momento que un pueblo, proclamándose independiente o libre, muda la forma de gobierno que lo regía, sus hijos se dividen en dos partidos o secciones contrarias: la de aquellos que temen perder todo el ser que les había dado el gobierno antiguo; y la de aquellos que quieren adquirir todo el que esperan del nuevo. Entre esos dos partidos hay acciones y reacciones recíprocas. El deseo que se supone en el primero de restablecer el régimen anterior exalta al segundo y le hace trabajar por la subversión de todo lo antiguo y creación de todo lo nuevo. La exaltación del segundo alarma al primero; aumenta sus temores; y aviva el conato de retroceder a lo antiguo.

En esta divergencia de opiniones y sentimientos, origen primero de los partidos que dividen a las naciones, y de las guerras intestinas que las debilitan o destruyen, el Poder Ejecutivo ha obrado como parecía prudente. Velando la marcha subterránea de los que puedan querer el régimen antiguo y observando los pasos de los que deseen la precipitación del nuevo, ha dicho a los primeros: La independencia es justa, y las instituciones que la sostienen son necesarias. La nación no retrocederá de la independencia absoluta que ha proclamado con tanta justicia; y el gobierno, inflexible en su propósito, sabrá sostenerla con constancia. Ha manifestado a los segundos: La razón cesa de serlo al momento que se exalta como las pasiones. Los intereses mismos de la causa que defendemos exigen que la hagamos amable por nuestra moderación. En las naciones, así como en la naturaleza, nada debe hacerse repentinamente. Se prepara primero la tierra; se siembra la semilla; se espera su desarrollo gradual; se aguarda la sazón del fruto; y se cosecha al fin cuando está maduro.

Este ha sido uno de los objetos primarios de la Gaceta que en febrero de 1824 acordó el gobierno que se publicase. En todos sus números desde el primero hasta el último se ha tendido a dos fines principales: hacer sentir la necesidad de ser independientes para ser ricos, ilustrados y poderosos; evidenciar la justicia de nuestros derechos con variedad de razones, todas claras y persuasivas; publicar a la faz de todos la resolución de la nación a sostenerlos con valor y constancia; fortificar los sentimientos de pueblos decididos a defender sus fueros y las leyes que los sostienen; desvanecer las esperanzas que puedan suponerse de retroceder al sistema antiguo; demostrar la necesidad de marchar con circunspección por ser nueva o poco conocida la carrera que hemos comenzado; manifestar que las reformas no deben ser repentinas o precipitadas, sino graduales y preparadas con juicio; evidenciar toda la importancia de la prudencia, que no decreta leyes ni dicta medidas sin detenerse a meditar antes de acordarlas, todos los bienes y males que es capaz de producir, todos los sentimientos que puede engendrar, todos los deseos que puede inspirar, todos los resultados que puede haber.

Orden Interior

Dando esta dirección a la opinión; publicando independencia por una parte y moderación por otra, el gobierno ha procurado mantener el orden interior, que es la condición necesaria para gozar todo bien social.

Son superiores a todo cálculo los bienes que promete la independencia; es inmensa la voluntad de asegurar su goce que existe en el gobierno. Pero de ninguno podrá disfrutarse si no hay orden interior; si no hay paz, sosiego y tranquilidad.

Un gobierno que hace sufrir, y exige silencio profundo en medio del sufrimiento; que oprime con una mano, y embaraza con otra las reacciones consiguientes a la opresión; que predica paz y sosiego a pueblos que con sus providencias tiende a poner en movimiento, es un gobierno despótico que ama la tranquilidad para que sea más libre la acción de la tiranía.

Pero no tendrá jamás aquel carácter el gobierno que desea orden para consolidar sin tropiezos la independencia, y plantear sin obstáculos el sistema; el gobierno que exige juicio y prudencia para que tenga opinión nuestra causa y sea reconocida por todas las naciones del mundo; el gobierno que quiere paz y sosiego para que el movimiento tumultuoso de las revoluciones no impida o atrase la marcha tranquila de las leyes; el gobierno que no ama la tranquilidad de los cadáveres que yacen en los sepulcros, sino la de hombres alegres y contentos por los goces de sus derechos y las dulzuras de su existencia.

Los intereses de nuestra causa son los que exigen la conservación del orden. Obra contra ellos quien lo altera; desacredita nuestras instituciones quien lo turba; pone a los pueblos en la necesidad de desear cualquier dominación que les dé paz y sosiego, quien los hace sufrir los males de la anarquía o los horrores de la revolución.

Para prevenirlos y mantener inalterable el orden social, el Poder Ejecutivo acordó en 6 de febrero de 1824 que cada día diesen parte del estado de tranquilidad e incidencias que ocurriesen relativas a ella el jefe político superior y comandante general de esta provincia; mandó en orden de 11 del mismo mes que lo diesen cada mes los jefes políticos de las demás provincias, exigiéndolo a los subalternos de los partidos respectivos; ordenó en 18 de marzo del mismo año que los jefes políticos, militares y de hacienda residentes en esta corte se presentasen cada semana al presidente del Poder Ejecutivo el día y hora que éste les designase para darle los informes que les pidiese sobre sus departamentos respectivos, tratar de su mejora y hacer que cesase todo motivo de queja.

Previno en circular de 6 de abril siguiente, para acreditar a las provincias la liberalidad de principios con que se pensaba en su bien, que los jefes políticos mandasen publicar bando, cada uno en su territorio respectivo, manifestando que la Asamblea en orden de 15 de marzo había acordado que las que antes eran provincias fuesen en lo sucesivo Estados Federados; y que, circulada la ley de elecciones y celebradas éstas, tendría cada una en su seno un gobierno que fuese obra de ella misma sin sufrir las dilaciones ni hacer los gastos de recursos lejanos y costosos.

Acordó en la fecha precitada que los jefes políticos mandasen también publicar otro bando manifestando que el gobierno supremo deseaba oír la voz de los pueblos en todo lo que sufriesen agravio; que podían elevarla del modo prevenido por la ley en representaciones públicas o reservadas; y que, verificándose así, el Poder Ejecutivo sabría oír sus quejas y acordar lo que correspondiese, siendo justas. Ha dictado últimamente las providencias que han exigido los partes o representaciones recibidas; ha observado la opinión general; y su espíritu jamás ha sido contrario al de la nación.

Instrucción Pública

Para darle conocimientos que la ilustren en sus intereses y derechos; para que pueda tener hombres que sepan dirigirla, elevarla, engrandecerla, y hacer que en el transcurso del tiempo no torne a ser víctima de calculadores capaces de sacrificar pueblos enteros a sus intereses personales; para abrir la fuente de donde emanan las luces, las artes, las ciencias, las riquezas y bienes de las naciones, el Poder Ejecutivo pensó en lo primero en que deben pensar los gobiernos que no quieren tener humillados en la ignorancia a los Estados que mandan.

Trató de la instrucción pública; se ocupó en la organización general de nuestros estudios.

Eran limitadas sus atribuciones y nulos sus fondos en este punto. Pero era inmensa su voluntad; era infinito el deseo; y si ambiciona algún honor, si envidia alguna gloria, es la de formar el sistema de instrucción pública, plantearlo, hermosearlo, protegerlo y darle toda la perfectibilidad que permita el estado de la república.

En todas las naciones cultas se han trabajado planes; en todas se han publicado sistemas de instrucción general. Francia es la que más se ha distinguido; Francia es la que ha presentado proyectos más sublimes, proyectos que serán los monumentos más grandes del poder de la razón.

El Poder Ejecutivo conoció que no era posible ni debía adoptarlos en su totalidad. Sabe que los sistemas o planes deben ser proporcionados al estado del pueblo a quien se presentan; sabe que, en lo literario, así como en lo político y económico, debe haber una escala gradual, y que los saltos aun a extremos de perfección son imprudentes y peligrosos.

Pero vio en aquellos proyectos los principios generales que deben servir de base al sistema de instrucción pública; y deseoso de aprovecharlos en lo que fuese adaptable a nuestras circunstancias, nombró en acuerdo de 8 de abril de 1824 una comisión especial para que se encargase de su traducción, y concluida ésta se publicasen sus trabajos abriéndose al efecto la suscripción correspondiente.

La comisión de traducción los tiene adelantados; y cuando logre terminarlos, el gobierno nombrará otra comisión que, teniendo presentes los de la anterior y habiendo en consideración todos los antecedentes que se le franquearán, forme el plan organizador de nuestros estudios; y examinado por el Poder Ejecutivo se presentará con informe del mismo a la deliberación y acuerdo de este congreso.

Este pensamiento, que el gobierno no perderá de vista porque conoce toda su influencia en los destinos de Guatemala, bastaría para acreditar la atención que ha dado al objeto más digno de ella. Pero no ha sido limitada a él la actividad de su celo. La ha extendido a otros que, si no pueden tener acción tan universal en la instrucción pública, la tienen particular en diversos ramos de ella.

En 1 de marzo de 1824, que la municipalidad de esta capital, reuniendo los informes necesarios, lo diese sobre el método de enseñanza, número de alumnos y horas de lección en cada una de las escuelas de esta ciudad; que, si tienen reglamentos para su dirección, remitiese copia certificada de ellos; y que invitase a los hombres de letras ofreciendo premio a quien mejor escribiese una cartilla que simplifique el método de enseñar a leer y explique con más claridad los deberes del cristiano y del ciudadano.

En 9 del mismo mes, que conforme a la voluntad de la Asamblea se ofreciese premio al autor del catecismo en que se explicasen con más claridad los principios del sistema republicano adoptado por la nación; y que el premio fuese una medalla de oro que en su reverso tuviese grabadas las armas nacionales con la inscripción siguiente: Los Estados federales de Centro América a N., autor del catecismo formado para la enseñanza pública.

En 10 del mismo mes, que una comisión se ocupase en traducir el nuevo método para estudiar la lengua latina, que se publicó en Francia para el uso de los liceos, y que concluido su trabajo se publicase, abriendo suscripción para no gravar a los fondos públicos, y se circule a todas las clases de gramática para arreglar la enseñanza simultánea de los idiomas latino y castellano a un método que promete ventajas en la de una y otra lengua.

En 31 del mismo mes, que se excitase el celo de los hombres de letras para que abriesen clase, y diesen lecciones desinteresadamente por el tiempo y con el método que les pareciese conveniente sobre cualquier ramo que eligiesen en las ciencias exactas, naturales, económicas, políticas o morales, y que el jefe político respectivo les facilitase los auxilios que sin gravamen de la hacienda pudiese franquearles.

En 3 de abril siguiente, que se abriese clase de botánica y agricultura en consideración a que la enseñanza unida de ambas ciencias es una de las que tienen influjo más activo en el bien general de los pueblos; y que se propusiese a la Asamblea la necesidad o utilidad de acordar que en lo sucesivo, y mientras haya clase abierta de aquellas ciencias, ninguno pueda en esta capital ser matriculado médico o boticario sin haber acreditado el curso correspondiente de botánica.

En el mismo mes de abril, que los enviados a la Norte y Sur América propusiesen el proyecto importante de una expedición científica compuesta de astrónomos, geógrafos, botánicos, naturalistas, etc., destinada a reconocer y observar el nuevo continente en sus puntos más importantes, y costeada por todos los gobiernos de las Repúblicas de América; que se interesasen en formar una colección de los manuscritos más dignos de copiarse, y de los croquis, planos, cartas o mapas de las provincias, costas, puertos y bahías de ambas Américas para enriquecer con los primeros nuestra biblioteca, y preparar con los segundos materiales para un depósito geográfico; que solicitase el enviado a Norte América un profesor de enseñanza mutua capaz de plantear el método lancasteriano; que se informase de los precios a que se vendan los instrumentos y máquinas necesarias para una clase de física experimental; fórmase el presupuesto; y diese cuenta al gobierno para disponer lo conveniente.

En 13 de mayo siguiente, que se abriese una clase de matemáticas y geografía para que recibiesen en ellas lecciones todos los cadetes; que los jefes respectivos excitasen a los oficiales para que concurriesen igualmente, manifestándoles que el gobierno tendría presente su mérito y la instrucción que acreditasen haber recibido; y que se comunicase el acuerdo al rector de la Universidad para que, manifestándolo a los cursantes, los estimulase a recibir los elementos de aquellas ciencias.

En 14 de junio, que los maestros de gramática, filosofía, teología, cánones, leyes, instituta y medicina llevasen cada uno su libro respectivo para asentar el nombre, patria, edad, aplicación, moralidad y faltas de sus discípulos; y que cada seis meses remitiesen una razón al jefe político para que éste la elevase al gobierno supremo, y se tuviese presente, así para acordar las medidas correspondientes como para haberla en consideración cuando los cursantes pretendiesen algún destino o empleo.

En 23 de dicho mes, que la municipalidad de esta capital, que se interesa con loable celo en la educación de la juventud, dispusiese la impresión de la memoria que escribió el R. P. Dr. Fr. Matías Córdova presentando un nuevo método para enseñar a leer y escribir; que costease la impresión con los fondos de propios, y para reintegrar a éstos se abrió suscripción, y deducidos gastos quedase el sobrante a beneficio de los mismos fondos.

En 3 de agosto, que nuestro enviado cerca del gobierno de México remitiese cien ejemplares de la cartilla que se publicó en aquella capital sobre el método de enseñanza mutua para circularlos, como se hizo en noviembre último, a todos los jefes de los Estados con el objeto de que los maestros de escuelas aprovechasen lo que fuese posible en el actual estado de ellas.

En 30 de noviembre, que se pasase oficio al rector de la universidad para que excitase el celo de algún hombre de letras a la aperción de un curso en que se enseñase la historia con arreglo al método tan útil como ingenioso de Mr. Stras.

En diversas fechas dictó distintas órdenes para que se cumpliese puntualmente la de 2 de enero de 1824 en que la asamblea mandó que las autoridades provinciales informasen sobre el número de escuelas en cada provincia, sus dotaciones o fondos y ramos de comercio, industria y agricultura que puedan gravarse para su existencia y conservación.

En el mismo tiempo mandó que se distribuyese graciosamente a los alumnos de los colegios y universidad el cuadro más exacto de las ciencias filosóficas, bellas letras y artes para que aprendan a conocer los enlaces y conexiones de ellas y su unión en un solo todo; para que tengan ideas precisas de su objeto y extensión, y penetrados de su importancia sepan amarlas y consagrarse a su estudio.

En 2 de septiembre que se presentase a la Asamblea para su aprobación o reforma el reglamento que formó para la creación de un colegio militar que facilitase a los alumnos la educación física, literaria y moral que deben tener los que algún día han de ser defensores de la libertad y fueros de la patria.

En 29 de enero último, que el C. Santiago Marquí, formado en la academia de San Fernando y enviado para concluir esta santa iglesia Catedral, diese lecciones de arquitectura a los jóvenes que quieran dedicarse a su estudio.

En 11 del corriente, que en la casa de moneda se franqueasen las piezas necesarias para el laboratorio químico que va a establecer un profesor francés, y que se le ofreciese la protección del gobierno en lo que fuese precisa para sus progresos.

Fuerza

Todos estos acuerdos, prueba inequívoca del interés que ha tomado el gobierno en el ramo más hermoso de la administración, tienden a formar la fuerza moral de la nación, facilitándole la instrucción que es el elemento primero de ella.

Los que ha dictado para la fuerza física son también de importancia y acreditan su celo en un departamento que hace necesaria la injusticia de los que no saben respetar los derechos de sus semejantes.

Si todos los gobiernos deben tener la fuerza necesaria para dar respetabilidad a la ley y a las autoridades que la hacen cumplir, en los de América es más grande aquella necesidad porque las naciones de América, débiles todavía porque acaban de comenzar a existir, pueden ser invadidas por fuerzas exteriores o turbadas por intrigas interiores.

Desde que Guatemala se pronunció independiente debió pensar en la creación de una fuerza que la hiciese respetable, y no habría sufrido suerte tan desgraciada si desde entonces se hubiera ocupado en lo que no debió olvidar jamás.

El gobierno ha tenido presente lo que exigen los intereses de su independencia y libertad; ha querido que la república tenga toda la potencia necesaria para sostenerla; ha dado a las tres fuerzas de la nación la atención que era debida a las que deben ser apoyos de sus derechos. Si el Poder Ejecutivo no fuera limitado a lo que expresa su nombre; si a más de ejecutor de la ley tuviera también el título de organizador o creador de nuevas formas, el gobierno se habría ocupado en dar la que juzgase conveniente a las tres fuerzas de la república, cívica, provincial y permanente.

Fuerzas de carácter distinto, de naturaleza diversa y de ordenanza diferente exigen la mayor delicadeza, especialmente en Estados nuevos que no tienen todavía la experiencia de dirigirse en la situación difícil en que se hallan. Pero el Poder Ejecutivo debe limitarse a lo que indica su título; y al Legislativo es a quien corresponde levantar fuerzas y darles las leyes que deben organizarlas.

El gobierno, ceñido a sus atribuciones, circuló el reglamento de fuerza cívica decretado por la asamblea, ordenando su más puntual cumplimiento. Mandó en 4 de marzo de 1824, después de haber pedido al Poder Legislativo la facultad necesaria, que se abriese subscripción voluntaria para proporcionar el armamento que necesitaba la milicia cívica de todos los pueblos de la república; dispuso con este objeto el reglamento que le pareció más prudente para que, interesándose el celo de las municipalidades, tuviese suceso feliz la subscripción; previno en circular de 20 del mismo mes que los jefes políticos activasen la organización de la fuerza cívica, removiendo los obstáculos que pudiesen embarazarla, y tomando interés en la subscripción decretada para su armamento; que pidiesen jefes de instrucción a los comandantes respectivos; que éstos les diesen los que necesitasen y que los servicios hechos en asunto tan importante fuesen habidos por el gobierno como un mérito distinguido; tomó en consideración la milicia activa o provincial convencido de la importancia de tener una masa disponible de fuerzas de esta especie; dedicó varias sesiones al examen detenido del plan de reforma y aumento de aquella milicia que le presentó la junta consultiva de guerra; acordó las modificaciones que creyó útiles o necesarias y lo pasó a la asamblea para su aprobación o reforma; dio también su atención al reglamento de quintos y reemplazos que en cumplimiento de su orden le propuso la misma junta de guerra, y lo pasó a la asamblea en 31 de mayo de 1824 para su aprobación o reforma; evacuó los informes que le pidió el mismo Poder Legislativo cuando se ocupó en aquellos reglamentos; dio las órdenes correspondientes por la composición, reparos y conservación del molino en que se fabrica la pólvora y hace tanto honor a Guatemala por ser único en su especie, o haberse concebido en esta ciudad la primera idea de su construcción; hizo presente a la asamblea la necesidad de poner los puertos en el mejor estado de defensa; le propuso con este objeto lo que le pareció conveniente; le manifestó la utilidad de restablecer las compañías fijas que hacían con buen suceso el servicio antes de ser abolidas; dispuso el establecimiento en el golfo de una población capaz de ocurrir al servicio que exige el castillo; y ha extendido su atención a Trujillo y a Omoa dictando las providencias que han exigido las circunstancias.

Hacienda

Una y otra fuerza, la moral y la física, demandaban fondos para su creación y conservación. La hacienda pública es en este aspecto la basa fundamental de las dos; y el Ejecutivo, convencido de serlo, la presentó al Legislativo como uno de los objetos primeros que debían ocupar el celo de ambos Poderes.

La que era antes provincia de Guatemala subió después a República de Estados Federados de Centro América. Las erogaciones de gobiernos subalternos ascendieron a gastos de gobiernos supremos de diversos Estados unidos en República. La transición del mínimum al máximum de egresos exigía aumento proporcional de ingresos; y ese aumento debía ser tan rápido como el salto que acaba de darse.

El gobierno se ha visto en la posición más difícil en que puede verse el de una nación. La economía de empleos, que es recurso fácil y justo para otros gobiernos, no podía serlo para el de una república que veía en la ley fundamental todas las plazas que deben existir. La reducción de sueldos, hecha en alguna parte, no cubría las necesidades, ni podía aumentarse más sin sacrificar la existencia del empleo. La creación de rentas nuevas es obra de muchas dificultades, de mucho tiempo y de muchos peligros. Y los diversos ramos de las antiguas habían sido abolidos unos, y menguados otros por el celo de la asamblea que, deseando sin duda hacer amar nuestra causa, quiso derogar o disminuir los impuestos. El Poder Ejecutivo veía, por una parte, aumentado por la ley el número de empleos y sueldos; y observaba por otra disminuidos por ella los ingresos de la hacienda. Hizo en posición tan triste lo que correspondía hacer para llamar la atención a una diferencia tan funesta y evitar que el gobierno se acabase por consunción.

"Que se forme —dijo— un estado de los ingresos actuales de la hacienda y otro de los gastos que es obligada a hacer para ocurrir a todas las atenciones que exige su justa independencia; que de la comparación de unos y otros se infiera el déficit que resulta; que para cubrirlo se conserven y mejoren las rentas antiguas cuyo establecimiento costó tantos años de trabajos y gastos; las rentas a que ya están acostumbrados los pueblos; las rentas que tienen para su mejor dirección la experiencia adquirida por sus funcionarios; las rentas que por su misma antigüedad han establecido el equilibrio de las clases vendedoras y consumidoras."

Este ha sido el idioma que el Ejecutivo ha hablado al Legislativo en las notas o exposiciones que ha pasado. Firme en él, porque lo ha creído conforme con los principios económicos y propio de nuestro actual estado, fijó su atención en la mejora de las rentas que forman la hacienda pública. Con este objeto mandó que la contaduría mayor formase un estado general de los ingresos y egresos fijos y eventuales de la tesorería nacional; mandó que los jefes de rentas que en el servicio de ellas han adquirido conocimientos propusiesen las medidas más eficaces para poner las de su cargo respectivo en el mejor estado posible; mandó que una comisión compuesta de un funcionario de cada renta se ocupase en meditar y presentar los medios más útiles para mejorar las rentas.

Oyó a la comisión en todos los asuntos de consideración que han ocurrido relativos al departamento de hacienda; y la comisión ha sabido corresponder a su confianza.

Propuso a la asamblea en 2 de marzo de 1824, para mejorar la renta de alcabalas, que se aumentasen los derechos de importación en el comercio exterior, porque comparado el arancel de esta República con el de las demás naciones de Europa y América resultan tan pequeños los derechos del nuestro que podían subirse con moderación sin temor de retraer o alejar de nuestros puertos a los especuladores o comerciantes de otros países; sostuvo la renta de tabacos en el discurso que se dio a luz, con razones que lejos de ser contrarias a la ciencia económica fueron derivadas de ella; la sostuvo estableciendo los guardas que exigía el celo del contrabando; la sostuvo dando a la dirección la protección que merecían sus propuestas.

Manifestó que no debían menguarse los ingresos de la renta de correos reduciéndose los portes; y acordó en ella diversas economías propuestas por su administrador, y apoyadas o modificadas por la comisión de hacienda. Presentó el plan de una compañía destinada a proporcionar sin gravamen de los socios el fondo que necesita la casa de moneda para el rescate de platas.

Pidió que la alcabala de internación que adeudan los géneros extranjeros se declarase correspondiente a las rentas federales y se reservase a las de los Estados la que causasen los efectos y frutos de nuestro suelo. Propuso la acuñación de alguna cantidad de cobre apoyando su propuesta en el ejemplo de naciones que no podemos llamar ignorantes, fundándola en diversas razones y contestando a las que se han opuesto de contrario. Representó los aumentos moderados de que creyó susceptibles las tarifas o tablas de las clases sujetas a la contribución directa. Mandó que los ministros generales presentasen mensualmente un estado de los ingresos y gastos de la tesorería, expresando las partidas respectivas que formasen la suma de unos y otros.

Acordó que los jefes de rentas presentasen también estados mensuales de las entradas y salidas de sus tesorerías respectivas para compararlos con los de la general y observar el progreso o retroceso en los productos de las rentas. Dispuso que los comandantes subdelegados de los puertos remitiesen igualmente estados de los barcos que arribasen a ellos expresando su procedencia, cargamento, tripulación, géneros consumidos en los mismos puertos o guiados para lo interior de las provincias, etc.

Celó el cobro de los créditos activos de la hacienda, mandando que las intendencias de las provincias remitiesen mensualmente estados demostrativos del que tuviesen los expedientes; y que el ministerio de hacienda diese cuenta en el caso de haber omisión en los intendentes. Dictó las providencias oportunas a vista de los estados que sobre los mismos créditos debían presentar cada quince días el intendente y juez de hacienda de esta capital; propuso, para que no fuesen eternas las causas en que es interesada la hacienda, el plan que parecía útil para simplificar los trámites de sustanciación; oyó proposiciones de empréstitos hechas por diversas casas; formó el cálculo comparativo de ellas en tablas demostrativas; expuso su opinión; y autorizado por la asamblea ajustó con la casa de Barclay, Herring y Compañía de 7.142,857 pesos; pasó a la asamblea para su aprobación la nueva planta que acordó, oyendo al intendente y a la comisión, para el establecimiento de ministerios en Omoa y Trujillo y administración en Gualán.

Dictó varias medidas para evitar del modo posible en costas tan abiertas la defraudación de derechos; encargó al enviado de la Norte América que diese atención especial a la casa de moneda de aquellos Estados; observase sus máquinas, labores, gastos, derechos y utilidades;

diese razón circunstanciada de sus observaciones; y si hay máquinas que simplifiquen los trabajos o economicen los gastos, informase sobre su valor para acordar arbitrios que faciliten su compra y remisión. Expuso lo que creyó justo sobre clasificación de rentas y evacuó los informes pedidos sobre asuntos diversos del departamento de hacienda.

Riqueza

La transición de provincia subalterna a nación soberana hacía necesario el aumento de ingresos en la tesorería general; para el aumento de ingresos era preciso el de contribuciones o impuestos; y el de contribuciones exigía el de riqueza.

Gravar a los pueblos con nuevas contribuciones y no interesarse en el progreso de su riqueza sería injusticia digna de la censura de la razón. El gobierno que con una mano exige aumento de impuestos debe con otra procurar aumento de riqueza.

El Ejecutivo de Guatemala, que confiesa esta verdad, tiene al publicarla la satisfacción dulce de no haber olvidado uno de sus más estrechos deberes. Ha trabajado para que los pueblos sean más ricos o menos pobres; se ha interesado en su bienestar; ha procurado su mayor prosperidad; y cuando acaben de desarrollarse todos los efectos de sus providencias, la nación sabrá hacerle justicia.

Para fomento del ramo importante de minería; para que el minero sepa trabajar sus minas; para que se extraiga de nuestras montañas toda la riqueza que hay en ellas, el gobierno ha pedido un mineralogista a México; lo ha proporcionado el profesor digno de mineralogía D. Andrés del Río; y si no ha hecho su viaje es porque la factoría de Oaxaca no ha podido cubrir la letra dirigida a su cargo para costear el viaje del mineralogista pedido. Por el correo anterior se ha dirigido recomendación que no será inútil; y el gobierno espera que se pagará sin dilación el libramiento que por ser bueno ha sido aceptado. Se imprimió también la Descripción del beneficio por azogue de los minerales de oro y plata en el Real de Zacatecas; y se circuló para que los mineros aprovechen las observaciones que hay en ella.

Se mandó que la junta de Costa Rica propusiese todos los planos, medidas o arbitrios que juzgase oportunos para el progreso de sus minas. Se presentó a la asamblea para su aprobación el plan importante de una compañía Anglo-Guatemalana para el laboreo y fomento de nuestras minas, tratado por el gobierno con el apoderado de la casa de Simonds; y en las instrucciones dadas a nuestro enviado a la Sur América se le recomendó que se informase de los métodos más económicos y provechosos para el beneficio de metales, y los comunicase oportunamente con el objeto de publicarlos y dar nuevas luces a los mineros.

Para que el artículo precioso de la grana continúe los progresos que está haciendo con tanta rapidez, circuló ejemplares de la instrucción sobre su cultivo y beneficio; y publicó la orden que le concede exención de derechos.

Para que el cultivo del cacao vuelva al estado de prosperidad que tenía en tiempos anteriores, mandó que los jefes políticos de Escuintla y Suchitepéquez propusiesen los medios que considerasen más eficaces para hacer prosperar este ramo útil de nuestra agricultura; y ha mandado imprimir, con el fin de circular entre los labradores de aquel fruto, la instrucción sobre su mejor cultivo y beneficio.

Para dar a nuestra industria fabril la protección de que es digna, encargó a nuestros enviados a la Norte y Sur América que manden modelos de los instrumentos y máquinas que puedan ser útiles y no se conozcan en este país.

Para que la agricultura se dilate a todos los artículos a que pueda extenderse en tierras donde hay temperaturas para casi todos los géneros de vegetales, encargó a los mismos enviados que remitiesen una colección de semillas, raíces y estacas de plantas útiles y desconocidas en esta nación; que tomasen los informes más exactos sobre los métodos de cultivo adoptados en aquellos países; y siendo distintos de los que se acostumbran en éste, los comuniquen para acordar su publicación; y que proporcionasen además cuatro o seis labradores de pericia acreditada en el cultivo de olivos y viñas, ofreciéndoles tierras, los gastos de viaje, y los precios para la primera labor.

Para establecer este nuevo ramo de cultivo, y que nuestras tierras hermoseadas ya con nopaleras lo sean también con olivares, ha pedido a México cajones de estacas de olivos que vendrán en breve y serán distribuidas con el objeto de crear este artículo de riqueza en tierras capaces de producirlo.

Para que las tierras de cosecha se acerquen a los puertos de extracción; para que la agricultura, abatida ahora por falta de comunicaciones, pueda dilatarse llevando a las plazas extranjeras sus frutos o producciones, recomendó a los mismos enviados la aperción de caminos desde las poblaciones principales del centro hasta los puertos de la costa del norte para que excitasen el espíritu de especulación procurando se formen compañías y ofreciendo a las que se establezcan el derecho de exigir los que decrete este congreso.

Para estimular a los empresarios a facilitar comunicaciones de especie más útil que las anteriores, pasó a la asamblea la nota correspondiente para que concediese un privilegio exclusivo, u otorgase otra gracia a los que emprendiesen hacer navegables los ríos que pueden serlo en la república.

Para dar valor a nuestros frutos, o hacer que se conozca el que tienen, envió a la otra América por medio del enviado muestras de nuestra grana, de nuestros tabacos, de nuestros tejidos de algodón y de nuestras maderas, para que conociéndose en aquellos países se avive el espíritu mercantil y se extiendan las relaciones de nuestro comercio.

Para que el propietario no sea sacrificado con dilaciones y gastos en las diferencias que ocurran sobre su propiedad, presentó a la asamblea un cuadro de los daños que hace sufrir el método de sustanciación prescrito por las leyes en los pleitos ordinarios, y manifestó la necesidad de reformarlas suprimiendo trámites y simplificando el orden de los juicios civiles.

Últimamente, para que esta nación sea el centro del comercio universal; para que el aspecto y relaciones de su tráfico varíen en su favor, tomó en consideración el proyecto grande de un canal que ponga en comunicación los dos mares en el Estado de Nicaragua; oyó las proposiciones hechas sobre este asunto importante por los apoderados de dos casas inglesas; se fijó en las bases en que podía convenirse; y unidos antecedentes y datos lo presentó todo a la asamblea para su deliberación y acuerdo.

Los elementos grandes de la riqueza de un pueblo son la extensión, feracidad y posición de sus tierras; la justicia de sus leyes, protectoras de las personas y propiedades; el celo activo de su gobierno; la libertad de sus individuos para cosechar y exportar los frutos que convenga a su interés individual; y la facilidad de comunicaciones por agua y tierra para la extracción breve y poco dispendiosa de los géneros y frutos. Guatemala posee en grado eminente todos los principios de prosperidad. En toda la extensión de la América, es la que se halla en posición más feliz. Tiene una legislación que respeta a los propietarios, dignos siempre de la protección de los poderes porque están unidos con la patria por vínculos estrechos. La rige un gobierno justo en sus providencias y liberal en sus principios. Y todos los agentes de la industria rural, fabril y mercantil tienen el derecho sagrado de dar libremente a sus intereses la dirección que les parezca.

Comunicación fácil entre los puntos de cosecha y los mercados de consumo es el elemento que nos falta. Caminos son los que no tenemos; y esto es lo que seguirá ocupando al Poder Ejecutivo y debe llamar la atención del Legislativo. Con ellos daremos el impulso más activo a la riqueza de la nación; y la riqueza aumentando su poder facilitará sus relaciones.

Las de la república se van extendiendo como exige el interés de nuestra justa causa. El Gobierno de Colombia ha reconocido nuestra independencia; el de México ha hecho igual reconocimiento; el cónsul de Chile ha protestado que el de su república lo hará también; y el de los Estados Unidos de Norte América, recibiendo a nuestro enviado y nombrando el cónsul que existe ya en esta capital, ha manifestado con estos actos las consideraciones que merecen nuestros derechos.

El Poder Ejecutivo ha nombrado Enviados Extraordinarios y Ministros Plenipotenciarios para Sur y Norte América, para México y para Londres. Nuestras relaciones comienzan a tener carácter de diplomáticas; el celo patriótico de los nombrados para consolidarlas y extenderlas promete bienes a la nación; y Guatemala, unida por vínculos de amistad y alianza con las demás Repúblicas de América, formará con ellas un todo respetable y sabrá defender los fueros y libertades del nuevo mundo y hacer progresos de riqueza y prosperidad.

Constitución

Una ley fundamental formada con prudente sabiduría es el objeto final de una nación que se ha puesto en movimiento para ser independiente y feliz. El gobierno ha terminado los trabajos del tiempo que he recorrido, jurando guardar y hacer cumplir la constitución que acaba de publicarse. La ha circulado a todos los Estados; y desea que se llenen los votos de la asamblea que la decretó.

Todas las autoridades de la Federación han prestado el juramento que exige la ley. Continúan haciéndolo las de los Estados y en breve quedará concluido este punto importante con aquel orden que los hijos de Guatemala han sabido guardar respetando siempre la ley.

El gobierno presenta la nación sin revolución ni movimientos destructores; la presenta avanzando en su carrera. Un labrador laborioso recuerda con gozo sus trabajos y ve con placer sus cosechas. Un gobierno celoso, volviendo los ojos a los suyos, se penetra de iguales sentimientos.

Trabajé, dice, en el año que ha pasado; trabajaré más en el año que comienza. Los pueblos me han confiado sus destinos; yo seré todo para los pueblos. Una lágrima menos; una espiga más; un retoño de planta que no se había cultivado será el máximum de mi felicidad.

El Ejecutivo de Guatemala no tiene el placer de ver cosechas tan ricas o contemplar frutos tan sazonados. Pero ha amado el bien de la nación; lo ha amado con prudencia; lo ha amado sin precipitaciones peligrosas.

Que siga la nación dirigida por este congreso con la sabiduría de que es digna; que a fuerza de prudencia se haga amar nuestro sistema; que por ella se unan acordes todos los hijos de la república. Éstos son los deseos del Poder Ejecutivo. Los individuos del Legislativo sabrán llenarlos; y los pueblos gozarán entonces todos los grados de felicidad.

Guatemala, 25 de febrero de 1825

Manifiesto a la Nación Guatemalana

Conscientia bene actæ vitæ jucundissima est.

Séneca

Guatemala restituida al goce de derechos que nunca debiera perder, hizo uso del más precioso para los pueblos. Eligió los ciudadanos que creyó dignos de ejercer las autoridades supremas de la República; y un suceso tan grande en todos sus aspectos, tan interesante en todas sus consecuencias, no ha podido verificarse sin incidencias serias que me ponen en la necesidad de volverme a la nación, y hablarle el idioma del respeto y la verdad.

No tengo ambición, ni es posible que la haya en quien conozca toda la delicadeza de nuestras circunstancias. No pretendo empleos; no deseo destinos; ni he mendigado sueldos.

Abro mi alma para que la lea el que quiera. Mi primera pasión, la que ha formado mi carácter y creado el género de mi vida, no es la de mandar, especialmente en la época más espantosa para los mandos; no es la de estar cosido a un bufete leyendo procesos insípidos o repugnantes. Es la del estudio en las delicias del retiro y soledad; la de cultivar esas ciencias que han sido el primer placer de mi alma; la de leer lo que ha publicado el talento en libros inmortales, gloria del hombre, orgullo de la especie; la de admirar aquellas obras que al contemplarlas su autor puede decir con razón: yo me adoro en lo que he escrito.

Dado a ocupaciones de esta especie; leyendo, pensando, escribiendo, comenzaría desde luego a pasar tranquila y plácidamente el tiempo de que al fin soy señor. Pero hay momentos en que no es permitido el silencio; y uno de ellos es el presente.

Pueblos que me honran con su opinión, quisieron darme sus votos para el primer empleo de la república. Pueblos que no me conocen, ven que teniendo mayoría de sufragios en las provincias no he merecido los de los diputados que las representan. Soy sensible a la gratitud, y el honor no es una quimera para mí. Debo ofrecer a los primeros las seguridades de mi reconocimiento, y manifestar a los segundos las de mi conducta política. Debo presentar a unos mi vida pública, y ofrecer a otros mis servicios en la privada.

El período de nuestra independencia es el de nuestro verdadero ser. La América del Sur había pronunciado la de aquella parte del nuevo mundo; la del Norte había proclamado la suya; y Guatemala, colocada en medio de una y otra, era preciso que hiciese igual pronunciamiento.

Yo tuve el honor de manifestar sus derechos en la primera junta general de empleados que se celebró para tratar de sus destinos; tuve el de que mi voto fuese adoptado por la mayoría, revocando algunos el suyo, y subscribiendo el mío; tuve el de haber escrito el Acta memorable del 15 de septiembre de 1821, la primera de nuestra independencia y libertad, recibida con entusiasmo por los pueblos de esta nación, y reimpresa con elogio en otros; tuve el de haber hecho el manifiesto que publicó el capitán general sobre un acontecimiento tan satisfactorio; tuve el de haber procurado afirmar la opinión de independencia, convenciendo su justicia, y evidenciando sus ventajas en tres discursos que publiqué con este objeto y fueron también reimpresos en otras naciones; tuve el de haber sido nombrado individuo de la junta consultiva que se acordó establecer[119].

En ella fueron públicos mis trabajos y conocida la voluntad con que me interesé en el bien general de esta nación. Guatemala es mi patria; en Guatemala he sido formado; a Guatemala debo honores de toda especie. Mi gratitud debía ser inmensa. Yo me sentía penetrado del deseo más vivo de su felicidad; y Guatemala hubiera sido la primera nación del mundo si para serlo hubieran bastado los votos ardientes de mi voluntad.

Hice lo que era posible hacer en aquel tiempo y circunstancias. Propuse que se ordenara el trabajo dividiéndolo en comisiones que presentasen los asuntos meditados y esclarecidos; llamé la atención a la hacienda pública, porque en la hacienda he visto siempre la columna de bronce sobre que debe descansar la independencia; fui nombrado presidente de la comisión de aquel departamento; y auxiliado por los individuos que la componían, reunimos estados de todas las rentas; despachamos los asuntos relativos a ellas; propusimos diversas medidas para aumentar los ingresos; formamos el arancel de derechos de importación y exportación sobre bases, que respetadas en toda la América harían la felicidad de las naciones que existen en ella; trabajé el discurso que las manifiesta y se puso a su frente; manifesté la necesidad de entrar con las otras repúblicas en relaciones de alianza y amistad para tener en ellas el apoyo conveniente de nuestros derechos; ofrecí mis pensamientos y sufragios en los asuntos diversos que despachaba la junta; auxilié a la secretaría en otros; y en el más memorable de todos, en el de la unión de Guatemala con México, en ese negocio, origen de mis sufrimientos y los de mi patria, no ignoráis, pueblos, mi opinión y constancia en sostener la que tenía.

---

[119] Se publicaron en el Tomo 20 del Amigo de la Patria.

Guatemala, colocada en la posición más feliz de la América, extendida sobre un área de 26,000 leguas cuadradas de tierras de diversos grados de temperatura y fertilidad, y poblada de dos millones de individuos de diversos talentos y aptitudes, tiene los elementos más preciosos de prosperidad, las semillas más fecundas de riqueza; los principios más activos de lo grande. Bien administrada por un gobierno que quiera, sepa y tenga las facultades precisas para desenvolver aquellos gérmenes, Guatemala no solo puede ser nación independiente sino rica también, fuerte y poderosa. Pero mal administrada por un gobierno que no quiera, o no sepa, o no esté bastante autorizado para desarrollar sus elementos, Guatemala no podrá ser pueblo independiente y libre, grande ni rico. Ved esas tierras tendidas, fértiles, y bien situadas. Serán jardines, si el propietario, dueño de ellas, quiere y sabe labrarlas. Serán malezas, abrojos, o gramas si no tiene voluntad o pericia para cultivarlas. Mirad ese joven robusto y bien dispuesto para recibir la educación más feliz. Será pequeño si su preceptor no quiere que sea grande; pero será sabio si su maestro quiere que sea ilustrado. Un pueblo de dos millones de individuos colocados en lo mejor del nuevo mundo tiene principios o recursos que no temo llamar inmensos. Si acaba de proclamar con todos los acentos de la alegría, con todos los idiomas del gozo, su libertad e independencia absoluta, ¿podrá pensarse que quiera perderla ahora que empieza a gustarle? Los hombres de Guatemala son como los de Chile, los de Buenos Aires, los del Perú, los de Colombia y los de México. Quieren ser independientes, y tendré por mentirosos a los que supongan en ellos voluntad contraria. No hablan lo que sienten o son locos que han perdido la razón los que dicen que aman la esclavitud. Si en diversas actas distintos ayuntamientos declaran que quieren perder su independencia y estar sometidos a México, yo no inferiré a pesar de esto voluntad positiva de esclavitud. Diré que ha habido movimientos o intrigas subterráneas; diré que los municipales han sido sorprendidos; diré que por una parte se les ha anunciado que vienen de México ejércitos numerosos y bien disciplinados, y por otra se les ha manifestado que el capitán general que tiene las fuerzas de esta nación quiere que Guatemala esté sometida a México; diré que poniéndolos en posición tan violenta no han tenido voluntad libre y espontánea; diré que ignoran los principios de derecho público y por ignorarlos no dieron las contestaciones que debían dar. No son los ayuntamientos establecidos para cuidar de las escuelas de primeras letras o del aseo y limpieza de las calles los que deben decidir la suerte de una nación; no es una junta creada para dar consejo al gobierno sobre los asuntos ordinarios de despacho la que debe determinar su ser político; no es un capitán general nombrado para defender sus fueros quien debe declarar sus destinos. Los de una nación dependen de ella misma. Solo Guatemala puede decidir de Guatemala; y esa voluntad no se ha pronunciado hasta ahora. Guatemala no debe ser provincia de México. Debe ser independiente. Esto es lo que enseña la razón; lo que dicta la justicia; lo que inspira el patriotismo.

Así fue como discurrí para formar opinión sobre un asunto tan importante. No era desconocida para mí la del jefe político y capitán general don Gabino Gaínza. Varias veces me había hablado para que escribiera manifestando las ventajas de la unión de Guatemala con México; diversas ocasiones me había indicado los bienes que debía esperar del concepto que formase de mí el generalísimo don Agustín Iturbide. Tampoco podía ignorar la de varios vocales de la junta consultiva que del modo más claro habían dejado penetrar su decisión a favor de México. Yo fui, sin embargo, constante en la que había formado. El convencimiento de un principio es para mí de fuerza superior a las esperanzas de empleos o perspectivas de fortuna. Me arrastra imperiosamente; y no tengo libertad para resistir. No habían llegado aún todas las contestaciones de los ayuntamientos sobre la independencia absoluta de Guatemala o su sujeción a México. Yo lo hice presente comparando el número de las que se habían recibido con el de las municipalidades que existían en las provincias. Gaínza quiso, no obstante esto, que se tratase el asunto, y que la junta no se disolviese hasta que no lo hubiese despachado. Se declaró permanente la sesión. Tres ocasiones comencé a evidenciar los derechos de esta desgraciada nación, y otras tantas fui interrumpido por Gaínza. Continué, sin embargo, demostrándolos con la energía de que era capaz. Manifesté que ni los ayuntamientos, ni el capitán general, ni la junta tenían facultad para pronunciar dependiente a una nación que acababa de proclamar su independencia absoluta.

Salvé mi voto; pedí que se agregara al libro de actas; y en él existe, patria mía, el documento más irrefragable de mi opinión y razones principales que la apoyan.

Guatemala que con tanto entusiasmo se había pronunciado pueblo libre e independiente de España, se vio de repente sometida a México, que había sido como ella provincia de España. Desapareció tristemente su existencia; y yo recordé las palabras de Cicerón: después que se acabó, decía, la república, las ciencias fueron mi asilo; a ellas me entregué, y cultivándolas serviré a la patria.

Gozaba tranquilamente del estudio a que he tenido siempre inclinación decidida, cuando Tegucigalpa, mi provincia amada, me eligió diputado al Congreso de México el 10 de marzo de 1822. Chiquimula, ignorando el honor que se me había hecho, quiso también elegirme el 19 del mismo mes; y una y otra, comunicándome la elección, me suplicaron que la aceptase.

Otros diputados, eclesiásticos o célibes, no tenían otros vínculos que los del amor dulce que une al país donde se vive o nace. Mis sacrificios debían ser mayores. Era preciso arrancarme de una familia que jamás había estado separada de mí. Era preciso abandonar mis intereses, situados unos en la provincia de Tegucigalpa y existentes otros en la de Guatemala. Era preciso atravesar 400 leguas, yo que desde la edad de ocho o nueve años jamás había caminado 15; exponer mi salud a tantas temperaturas, tantas atmósferas, tanta variedad de aguas, tanta diversidad de alimentos; decidirme en fin a entrar en un país donde no tenía relaciones, donde todo era nuevo para mí, donde debía suponer el desagrado de haber repugnado con tanta constancia la unión de Guatemala con México.

Ha sido siempre vivo el deseo que he tenido de viajar para adquirir conocimientos. He podido hacerlo; y nunca me había determinado. Tengo dos haciendas en la provincia de Tegucigalpa; y el interés jamás me ha llevado a conocerlas. Tú sola, patria querida, tuviste poder bastante para desprenderme de ti misma; tú sola fuiste el objeto digno de mis sacrificios.

Los hice al fin emprendiendo mi viaje; y en él me propuse servir a Guatemala de los dos únicos modos en que podía hacerle algún servicio: defendiendo en México su justa causa, evidenciando sus derechos; y reuniendo datos, observaciones y noticias que pudieran ser de algún provecho.

Fijo en este objeto salí de esta ciudad el 7 de mayo de 1822, con multitud de personas que quisieron acompañarme, unas 2, otras 3, y otras 12 leguas; atravesé todas las que separan a Guatemala de México sufriendo las especies de trabajos que es necesario sufrir en tierras montuosas y despobladas; llegué al fin el 28 de julio a la capital de Anáhuac, y presenté mis poderes al congreso; tomé posesión el 3 de agosto siguiente; y el 5 del mismo fui nombrado individuo de la comisión de constitución.

Desde entonces, dividido el tiempo por la naturaleza misma de las ocupaciones, asistía al congreso por la mañana, concurría por la tarde a la biblioteca de la catedral, donde nos reuníamos los individuos de la comisión, y daba a la lectura aquella parte de la noche que no es destinada al descanso.

Los congresos son uno de los puntos más ventajosos para observar la nación que representan. Divididos generalmente en partidos que en sesiones más o menos acaloradas manifiestan sin oscuridad unas opiniones, y hacen traslucir otras, cada uno de ellos es imagen de los que existen en las capitales respectivas; los de las capitales producen, influyen, o dan impulsos a los de las provincias; y conociendo los sentimientos y tendencias de los unos, se pueden penetrar los de los otros.

Yo veía el Congreso de México partido en dos secciones decididamente opuestas: la del menor número estaba en armonía perfecta con el gobierno; seguía su marcha; y parecía penetrada de idénticos sentimientos; y la más numerosa sostenía regularmente opiniones contrarias.

De los primeros no debía esperar que, conociendo la nulidad del acta en que se pronunció el acuerdo triste de sujeción de Guatemala a México, tuviesen valor bastante para declararla. En los segundos traslucía convencimiento en unos, y predisposición en otros; y me lisonjeaba la esperanza de que todos verían clara la verdad que lo era para mi razón.

Formé entonces el plan que exigían los intereses, costosos para mí, de Guatemala, mi patria siempre presente. Me propuse ir preparando la opinión de los que podrían alguna vez sostenerla en favor de nuestra justa causa, darles la historia de nuestra desgraciada sujeción a México, recordar los principios de derecho público, y esperar que llegase el momento oportuno para hacer al fin la proposición que era objeto primero de mi viaje, y sostenerla con todas las fuerzas de la razón.

El ministro de relaciones pasó, apoyado en oficio de 4 de agosto, el dictamen en que el Consejo de Estado, pintando las circunstancias tristes en que decía hallarse la nación, proponía que hubiese en la capital de cada provincia un tribunal especial compuesto de dos oficiales del ejército y un letrado nombrados por el Emperador; que aquel tribunal conociese exclusivamente o a prevención con los demás jueces de los delitos de sedición y conspiración contra el Estado, y de los hurtos, heridas y homicidios; que las apelaciones se hiciesen al capitán general de la provincia; y no siendo conformes las sentencias se elevasen en último recurso al tribunal de guerra.

El congreso acordó que pasase la nota del ministro a la Comisión de Constitución unida con la de Legislación para que examinasen ambas un proyecto que alarmó a México y podía ser funesto a Guatemala. Decretar la ley que proponía el Consejo era sujetar a Guatemala al juicio y sentencia de los oficiales mexicanos que nombrase el emperador; era afirmar o consolidar la sujeción poco justa de unos pueblos dignos de mejor destino; era embarazar indirectamente el restablecimiento de su independencia, que jamás cesé de esperar porque siempre la creí justa; y la justicia triunfa al fin sobre océanos y montañas. Yo sostuve los fueros de la jurisdicción ordinaria con las fuerzas de la ley, de la razón y del interés de los pueblos. El congreso mandó imprimir el dictamen que trabajé; yo mandé ejemplares a esta capital; el ministro retiró el proyecto; y la causa de Guatemala tuvo, así como la de México, un triunfo muy importante.

Una y otra lo tuvieron también muy decisivo en la sesión de 16 del mismo mes de agosto, que si no era de interés inmediato para Guatemala podía tener influencia muy grande en sus destinos. Se trataba de declarar si el congreso o el gobierno debía nombrar a los ministros del Tribunal Supremo de Justicia. La razón hablaba a favor del congreso, y los intereses de Guatemala estaban en armonía con la razón.

Haciendo el gobierno los nombramientos, no había motivo para creer que se mudase el ministro que le estaba dando dirección tan imprudente, y había despreciado y seguía hollando los derechos de Guatemala. Pero haciéndolos el congreso, yo podía hacer proposición de responsabilidad, y declarada ésta esperar que el Tribunal Supremo de Justicia juzgase y sentenciase conforme a derecho.

Penetrado de estas esperanzas sostuve los derechos del congreso, derivados de la naturaleza misma de los poderes. Tres son los existentes: el legislativo, el ejecutivo y el judicial. Es preciso que uno de ellos haga el nombramiento; y sin ofender al segundo y tercero, la razón prefiere sin duda al primero. Los ministros del Tribunal Supremo de Justicia no pueden juzgar a los individuos del Poder Legislativo, y la ley les concede facultad para juzgar a los funcionarios del Poder Ejecutivo y a los agentes del Poder Judicial.

Dar al Poder Legislativo el derecho de nombrar los ministros del Tribunal de Justicia es darlo a un poder que ni en sí, ni en sus individuos debe ser juzgado por aquellos ministros. Concederlo al Poder Ejecutivo sería concederlo a un poder que en casi todos sus funcionarios debe ser juzgado por dichos ministros; y otorgarlo al poder judicial sería otorgarlo a un poder que en todos sus agentes debe ser también juzgado por los mismos ministros.

El discurso en que di extensión a este pensamiento, y contesté a los que se objetaban de contrario, está impreso en el *Diario del Congreso*. La votación fue victoriosa; yo debí a la galería demostraciones que recuerdo con gratitud para dar idea del movimiento que iba tomando la opinión. En la comisión de constitución tampoco debía olvidar la causa de estos pueblos quien había hecho un viaje tan penoso con el fin preciso de sostenerla.

Yo quería que en el proyecto de ley fundamental se sentasen principios de los cuales fuese fácil inferir los títulos de Guatemala a su justa independencia; quería que, subiendo al origen de las sociedades, se pusiese la base primera de que todas son reuniones de individuos que libremente quieren formarlas; que, pasando después a las naciones, se manifestase que estas son sociedades de provincias que por voluntad espontánea han decidido componer un todo político; y que, poniendo por segunda base que el mayor bien posible del mayor número posible de los socios es el objeto de toda sociedad, se dedujese el sistema de gobierno y los derechos y deberes de sus primeros agentes.

Arreglado a este plan comencé a trabajar el Proyecto de Constitución que se nos encargó al señor Mendiola y a mí. Yo esperaba que a la discusión de los primeros artículos se abriera un campo vasto para desenvolver los principios que hacían evidente la causa de Guatemala; y esta lisonjera idea, dándome las más alegres esperanzas, me sostenía en un trabajo, lleno como todos los de su género, de dificultades y peligros.

Ocupado en él, llegó el 24 de agosto, día de elecciones en el Congreso. Veintiún días solamente habían corrido desde que había tomado posesión el mismo mes; los señores diputados me habían dado diversas pruebas de consideración, y ellas solas bastaban para acreditar el honor que me hacían. Quisieron, sin embargo, añadir otra, y me eligieron vicepresidente.

Este era mi empleo, y el proyecto indicado mi ocupación, cuando dos diputados de estas provincias fueron a mi casa a manifestarme la voz que corría de que muchos del Congreso iban a ser presos de orden del gobierno, y el temor que tenían de ser ellos mismos de aquel triste número. Otro, vecino de México que no había recibido servicio alguno de mí, tuvo la generosidad de ofrecerme su casa para salvarme en ella como salvó a un diputado de Chiapas. Otro quería que me trasladase a la del enviado de Colombia, a quien debía consideraciones muy especiales.

No quise, sin embargo, hacer fuga o estar oculto. Que huyan o se escondan los que son reos ante la ley; los que han cometido delitos y son positivamente criminales. Yo no conozco el crimen; yo soy hombre de bien; yo respeto la virtud, y procuraré siempre respetarla. Esperé en casa el golpe que me dio al fin la injusticia. Un ministro arbitrario que marchaba a su ruina y precipitaba la del gobierno, ordenó mi arresto y el de otros diputados, militares y paisanos de honor y opinión en México.

Sin presentarse mandamiento escrito; sin preceder información sumaria; infringiéndose la constitución; y hollándose la hombría de bien, más sagrada que la constitución, me vi tratado como reo de Estado; recluso en un convento, incomunicado, con centinela de vista.

Sabía que una injusticia grande había tenido siempre consecuencias muy serias en todos los países, y las tendrá en todos los siglos. Conocía que la opinión volaba en sus progresos contra el gobierno; tenía la satisfacción de que personas que jamás había tratado me proporcionaban permiso del oficial de guardia para ofrecerme sus servicios; veía que el mismo centinela puesto el primer día me ofreció los suyos cuando estaba solo; sabía que el Congreso iba a reclamar con energía el cumplimiento del artículo 172 de la Constitución española, que manda poner dentro de 24 horas a disposición del tribunal competente las personas que el Rey haya mandado arrestar; y del 128 que declara que los diputados no pueden ser juzgados sino por el Tribunal de Cortes; creía que no era posible probarme cargo alguno; tenía la conciencia del hombre de bien; preveía que no podía ser larga la duración de un gobierno dirigido con tan poco tino o tan grande torpeza.

Pero todo es temible en dos períodos funestos para los pueblos: el de arbitrariedad y el de revoluciones. No hay entonces leyes; no hay garantías; no hay seguridad.

Yo no creía imposible que se cometiese el último atropellamiento habiéndose cometido el primero; y contemplando a mi familia inocente en el momento en que oyese la voz primera de mi arresto; considerándola a tanta distancia recibiendo noticias exageradas por la misma distancia o encarecidas por la malignidad; viéndola en lágrimas, penetrada del dolor más profundo, mi alma sufría sentimientos que en la serie entera de años corridos desde que nací jamás había sufrido.

No fue cumplido el artículo 190 de la Constitución, que manda recibir declaración dentro de 24 horas; no lo fue el 300, que ordena manifestar la causa de la prisión y el nombre del acusador. Al cabo de muchos días se me dijo (y se expresó así en el sumario) que se me iba a recibir declaración no como reo sino como testigo; y se me hicieron distintas preguntas sobre relaciones y opiniones de diversos sujetos, entre ellos algunos que por no residir en México ignoraba aún su existencia. La dilación en recibir la declaración; la contradicción de haberme tratado como reo de Estado y preguntarme como testigo; y el interrogatorio por cuyo tenor fui examinado, me hicieron conocer que el gobierno seguía mal dirigido y no tenía datos para fundar cargos. Pasaron muchos días, y yo ignoraba el curso de un proceso tenebroso, debiendo ser, por el carácter de gravedad que se le daba, el que debía seguirse con más respeto a la ley. Era grande el agravio que sufría en la dilación. Confieso, sin embargo, que el gobierno que había dado las primeras órdenes no era el objeto primero de mi indignación. Los reptiles que entran arrastrándose en los palacios para abusar después de la autoridad con orgullo; los delatores oscuros; los informantes ocultos, han sido siempre los que he visto con más horror.

Yo hice tres representaciones al gobierno, y en todas ellas le manifesté que en mi conducta privada y pública no temía paralelos con mis enemigos; que estaba pronto a compararla con las de los denunciantes e informantes que me habían calumniado; que, si había cargo, se me hiciese desde luego; y en caso contrario, se me diese la satisfacción a que tenía tantos derechos.

No se me comunicó decreto o auto alguno proveído en vista de mis exposiciones; y continué esperando el resultado de un proceso que deseaba tener a la vista para confundir a mis ofensores.

Los religiosos de Santo Domingo, y especialmente sus dignos prelados, adquirieron títulos muy grandes a mi gratitud. No olvidaré jamás las atenciones, los oficios y afectos con que quisieron hacer menos molesta mi existencia. Los que se hacen en tiempos de adversidad son siempre de impresiones indelebles. Yo, estimándolos en todo su valor, pasaba los días reuniendo las noticias o acumulando los datos que podían hacer más provechoso o menos inútil mi viaje.

Tenía las llaves de la biblioteca del convento, y en ella me encerraba para buscar manuscritos que pudieran ser curiosos en algún aspecto; para leer impresos de sucesos ocurridos o establecimientos fundados en México; para ver las gacetas antiguas del gobierno, y observar en ellas los progresos sucesivos de aquella nación.

Reuní diversos mapas de Nueva España; y comparando unos con otros el de Alzate, el de Humboldt, el de Arowsmith y el de Brue; haciendo diversas preguntas a mis compañeros de arresto, que conocían unos unas provincias y otros otras; y recordando las que yo había atravesado, apuntaba las inexactitudes que se notaban.

Daba al estudio algunas horas; y sentí entonces toda la verdad del pensamiento de Plinio, que lo llamaba consuelo en las adversidades. Daba otras a un ensayo sobre las ciencias que años antes de mi viaje a México comencé a trabajar; y escribí algunos pliegos que cuando concluya aquella pequeña obra serán los más interesantes para mí.

Así corrían los días cuando al cabo de cerca de seis meses, el 22 de febrero de 1823 a las 6 de la tarde, se presentó un oficial y puso en mis manos el pliego en que se me comunicaba que había sido nombrado secretario de Estado y del despacho de Relaciones; que pasara a Zapaluta, donde estaba el emperador, a recibir instrucciones; y que el capitán general tenía orden para darme la escolta y franquearme los auxilios que necesitase.

Yo quedé sorprendido a vista de un suceso que estaba muy distante de esperar. Contemplé el imperio de la suerte que desde el arresto en que estaba quería elevarme a la primera secretaría de la nación; admiré las singularidades de mi vida; y me ratifiqué en la creencia de que la justicia triunfa siempre de la intriga y la calumnia.

Al día siguiente hice viaje a Zapaluta. El señor Iturbide me dijo que me había nombrado ministro para darme alguna satisfacción de los agravios que había sufrido.

Yo olvidé los que había recibido. Le ofrecí mis respetos y le protesté mi gratitud. Pero le manifesté al mismo tiempo que no podía aceptar el honor que se servía hacerme.

Un ministro, le dije ante dos personas de carácter que estaban presentes, y viven todavía, una en México y otra en Oaxaca, debe ser el primer hombre en la ciencia de los gobiernos; el primero en el conocimiento de la nación que ha de dirigir. No debo tener el orgullo de darme el primer título. No ha siete meses que llegué a México; y no tengo, por consiguiente, todos los conocimientos necesarios de esta nación.

Añadí otras consideraciones de igual fuerza; pero ninguna de ellas fue bastante; y yo me vi en la necesidad imperiosa de tomar posesión del ministerio. Hice segunda renuncia pocos días después, aprovechando momentos que me parecieron oportunos; la hice en los términos más decisivos y en un memorial dirigido desde México a Tacubaya, donde estaba el señor Iturbide. Pero la respuesta fue también decisiva; y obligado a ceder a las circunstancias, lo fui también a continuar en la secretaría.

Los que tengan noticia del estado en que se hallaba la nación en aquella delicada época; los que conozcan la posición crítica en que estaba el gobierno; los que se hayan formado idea de una secretaría que abrazaba relaciones tan complicadas; los que no sean absolutamente ignorantes ni absolutamente parciales, confesarán que el ministerio no podía ser agradable en un período en que se iban a hacer crisis tan grandes.

Lo fueron en el más alto grado los acontecimientos que sucedieron unos tras otros; lo fueron mis trabajos, vigilias y cuidados. Puedo decir que no sentí en toda su extensión los placeres del tránsito que acababa de hacer de la privación de mi libertad al goce de ella. A días de amargura corridos en un arresto injusto siguieron días de tormento pasados en un ministerio penoso.

Yo vi por una parte en D. Agustín Iturbide lo que no olvidó jamás el Congreso de México, el general que tuvo valor para ejecutar con suceso el plan de independencia; y compadecí su suerte porque la de un desgraciado interesa siempre a los que no han nacido en el país de los carnívoros. Pero respeté por otra los derechos santos de la nación; caminé con toda la prudencia de que fui capaz por la línea delicada que debía seguir entre un gobierno desgraciado y unos pueblos dignos de la suerte más feliz; procuré el restablecimiento del Congreso que había sido disuelto el 31 de octubre de 1822; y cuando algunos repugnaban su instalación, yo desde la silla en que había hablado como diputado, hablé entonces como ministro para que tuviese efecto; hice entender a la nación en circular de 9 de marzo de 1823 que el gobierno respetaba en los sabios la facultad de pensar; cuidé especialmente de que la revolución, avanzada ya a mi ingreso en la secretaría, no fuese sanguinaria ni tuviese el carácter de reacción física, horrorosa como todas las que llegan a tomarlo; supe quiénes habían sido mis delatores e informantes; pude vengarme de ellos, y no lo hice entonces, ni lo he hecho después.

Estos rasgos marcan un ministerio, el más breve en el tiempo de su duración; pero el más fecundo en sucesos de importancia y trascendencia[120].

---

[120] Véase al fin lo que se publicó en El Censor.

La revolución fue pacífica, sin sangre ni muertes; terminó el imperio, y se estableció el Poder Ejecutivo compuesto de tres individuos; yo cesé en el ministerio; y México, que amaba su libertad y era espectadora de mi vida privada y pública, me hizo honores que constan del diario o actas de su Congreso.

El 14 de mayo de 1823 fui nombrado individuo de la comisión especial que se creó para fijar las bases de la constitución; trabajé en ella con mis compañeros; formé el discurso que las designa; y, leído en la sesión del 28, mandó el Congreso se imprimiera.

En la del 31 siguiente se me nombró vocal de otra comisión que mandó establecer para que, de acuerdo con el gobierno, indagase las causas de los movimientos subversivos que comenzaban a haber en algunas provincias, y propusiese las medidas más eficaces para impedir su progreso. Trabajé también en este delicado negocio con los demás individuos de la comisión; y presentamos al Congreso el resultado de nuestros trabajos.

Fui igualmente nombrado vocal de otra comisión que debía proponer el proyecto de ley sobre elecciones de diputados para el segundo Congreso que había de suceder al primero. Fueron repetidas nuestras discusiones; fijamos al fin los puntos principales, y yo trabajé por encargo de la misma comisión el discurso que los demuestra con extensión.

Otros asuntos de diversas comisiones me ocuparon también algunos días. Pero el primero en mi atención; el que me hacía pensar más y llenaba mayor número de horas era el de la independencia absoluta de Guatemala, mi patria jamás olvidada. Puedo decirlo con dulce satisfacción: casi no había día en que no escribiese o hablase privada o públicamente sobre este asunto predilecto.

El día 12 de abril de 1823 hice al Congreso una representación extensa que mandé imprimir y distribuí muchos ejemplares entre sus individuos, y remití los demás a esta capital para afirmar o consolidar la opinión. En ella pedí se declarase que las tropas de México mandadas por el brigadier D. Vicente Filísola debían retirarse inmediatamente de todo el territorio de Guatemala; y desenvolví además estas seis proposiciones:

1ª La voluntad de México y Guatemala eran necesarias para la unión de la una con la otra.

2ª Debió pronunciarse aquella voluntad de modo legal por la única autoridad competente para pronunciarla.

3ª La voluntad de Guatemala no tuvo el grado de libertad que era necesario.

4ª No fue pronunciada del modo que dictaba la razón por la autoridad que debía expresarla.

5ª Aun respecto de aquellos que se decidieron por la agregación de Guatemala, ha debido cesar desde el momento en que el Congreso Mexicano declaró insubsistente el Plan de Iguala y el Tratado de Córdoba.

6ª Aun estando vivos uno y otro, debe tenerse presente que ni a México ni a Guatemala conviene la unión de la segunda con la primera[121].

En junio extendí el dictamen que presentaron varios individuos de la comisión sobre la independencia de Guatemala; y puesto a discusión en julio pedí la palabra, y en un largo discurso di la historia de los puntos que debían tenerse presentes; deshice algunas equivocaciones, y demostré los derechos de nuestra patria.

En 5 del mismo mes manifesté en uno de los periódicos de México la verdad de esta proposición[122]: Para que dos naciones independientes formen una sola sociedad, es preciso que su voluntad sea pronunciada por ella misma o por sus legítimos representantes; contesté a las objeciones que podían hacerse; y deduje la nulidad del acta en que se acordó la sujeción de Guatemala por una junta que no tenía poderes para decretarla[123].

En noviembre siguiente publiqué otro discurso evidenciando este principio: El hombre ama su bien; y las naciones son sociedades de hombres. La independencia es un bien; y en toda nación debe suponerse voluntad de ser independiente.

Recordé el ejemplo de diversos pueblos que acreditan aquella verdad; manifesté la voluntad reiterada de Guatemala, y respondí a aquellos que, por falta de conocimientos, por interés individual o por miras de ambición, dicen que Guatemala no tiene elementos para constituirse[124].

En el mismo mes escribí unos diálogos sobre los derechos de estos pueblos a su independencia y el adelantamiento sucesivo de riqueza y poder que deban esperar de su nueva existencia. Indiqué los elementos

---

[121] En el Águila Mexicana Nº 89 se publicó este discurso.
[122] En el Águila Mexicana Nos. 211 y 212 se publicó este otro discurso.
[123] En la Gaceta de Gobierno Nº 27 se publicó una parte de estos diálogos.
[124] Véase al fin la lista de impresos.

de prosperidad que hay en este suelo fecundo; el desarrollo que han tenido los de otros pueblos menos venturosos; y el modo progresivo con que se irán desenvolviendo los del nuestro[125].

La justicia del asunto y las razones que la evidenciaban produjeron los efectos que deseaba. Diversos diputados se manifestaron convencidos de la justicia de nuestra causa. El ministro, órgano de la voz del gobierno, dijo que el asunto de Guatemala estaba reducido a dejarla en libertad para constituirse como le pareciese y mandar que las tropas mexicanas se retirasen de este territorio. El Congreso lo acordó así; y yo vi en su acuerdo un resultado a que habían cooperado mis trabajos.

Otros de género diverso llenaban las horas que no daba a los del Congreso[126]. Una nación es un libro muy grande de instrucción muy vasta y profunda. Yo quería estudiar la mexicana, reunir todos los conocimientos posibles, y volver con ellos a Guatemala. Penetrado de este deseo hice lo que pude para llenarlo. Leí por segunda vez el *Ensayo político* de Humboldt sobre Nueva España; comparé lo que dice sobre algunos puntos con lo que había visto o estaba viendo yo mismo; procuré adquirir los impresos que podían dar idea de México o sus provincias; busqué en el archivo del Gobierno, y pedí a diversos particulares los manuscritos de más mérito; y tuve el placer puro de tener en mis manos los mismos que tuvo Humboldt en las suyas; extracté unos y mandé copiar otros; hice algún estudio del carácter y moralidad de aquellos pueblos, y recogí las observaciones que oía a los que desde mucho tiempo se hallaban establecidos en él; procuré observar la multitud de diferencias que distinguen al mexicano del guatemalano; vi las casas públicas de estudios, la de moneda y apartado, la galería que admira a los viajeros que la observan, y el colegio de minería que penetra de sentimiento por la ruina que amenaza; escribí un discurso sobre las ciencias naturales excitando el celo de los más distinguidos en ellas a publicar un periódico que diese a conocer las riquezas de la América septentrional en las tres secciones grandes de animales, vegetales y minerales; recibí y traje como una preciosidad la colección de rocas clasificadas por el profesor de mineralogía D. Andrés del Río, que se sirvió ofrecerme el profesor de botánica D. Vicente Cervantes para que

---

[125] Véase al fin la de los manuscritos.
[126] Se publicó el discurso en el Águila Mexicana N° 149.

sirva de base al estudio de aquella ciencia cuando pueda establecerse una clase[127].

En tres de septiembre pasé oficio a los secretarios del Congreso manifestándoles, para que lo hicieran presente, que había sido electo diputado en la Asamblea de Guatemala, y nuestro gobierno había acordado que nos retirásemos los de esta nación que residíamos en aquella. La comisión nombrada para este asunto tuvo la bondad de despacharlo de una manera honrosa para mí. Yo cesé de asistir al Congreso de México. El de Guatemala se sirvió nombrarme individuo de este S. P. E.; y comencé a disponer mi viaje con las precauciones que exigía la poca seguridad en los caminos.

Deseaba hacerlo con todo el provecho posible, y busqué con este objeto los instrumentos más útiles. Pero no pude conseguir más que un barómetro y un termómetro de la escala de Fahrenheit.

Sin tener otros auxilios para llenar el deseo de quien deseaba trabajar, me propuse:

— Tomar la altura sobre el nivel del mar de los lugares principales del tránsito; formar dos tablas, una de alturas barométricas según el método conocido, y otra de alturas termométricas según el de D. Francisco Caldas; comparar unos con otros los resultados; y deducir las ventajas o desventajas del método ingenioso de aquel observador, hijo de la otra América, digno de los elogios de Humboldt, y uno de los que más han trabajado en este siglo para el progreso de las ciencias naturales.

— Observar la opinión de los pueblos (que la tuviesen) especialmente sobre la independencia de Guatemala, que era mi asunto predilecto.

— Llevar un diario de mi viaje expresando las distancias de los pueblos según la voz o juicio común, manifestando sus temperaturas, y apuntando lo más notable que hubiese en cada uno de ellos.

No pude ejecutar en su totalidad este plan porque en Venta Salada, a 7 leguas de Tehuacán de las Granadas, me rompieron el barómetro que traía con tanto cuidado. Pero lo ejecuté del modo posible en los demás puntos. Tomé con el barómetro las alturas de México, Río Frío, Puebla y Tehuacán; computé con el termómetro las de todos los lugares donde hacía noche desde México hasta Guatemala; y algún día presentaré la línea o perfil desde aquella a esta capital; observé la opinión de los pueblos que parecían tenerla, y podría también formar la línea de ella; vi las familias de vegetales más notables que se suceden unas a otras en

---

[127] Al fin se publica el Dictamen de la Comisión.

todo el terreno que atravesé; medí el sabino de Santa María del Tule que ha dado nombre en todo el mundo a pueblo tan pequeño; fui a conocer el palacio antiguo de Mitla, y formé el plan de una obrita que podría escribirse con el título de *Ruinas de Mitla*; llevé el diario que deseaba; traje una colección de semillas que di a varias personas y han comenzado a ser útiles; traje bien disecadas algunas plantas de diversos lugares, especialmente de los Cuchumatanes que parecen el jardín formado por la naturaleza para presentar al amigo de la ciencia tanta variedad de géneros, especies y formas; traje el retrato de Washington, que tuve el honor de presentar a la Asamblea Nacional para que lo colocase en su salón[128].

Llegué al fin a la altura de Mixco, y desde allí divisé a Guatemala, término de mi viaje y deseos. El sentimiento de dos amigos tiernos que se ven de repente después de haber estado divididos mucho tiempo; el de un hijo amante que vuela a su madre después de años de ausencia penosa no es más grande que el que tuve en aquel momento lleno todo de delicias. Un gentío numeroso quiso aumentarlas yendo hasta la garita a recibirme con demostraciones que me penetraron de ternura. Yo repetí entonces el voto que tenía hecho de vivir para mi patria. Entré en esta capital; y si hubiera sido posible estrechar en mis brazos a Guatemala, yo la hubiera apretado en ellos con más gozo que un amante al objeto de sus amores.

Deseaba después de dos años de ausencia ver al menos la hacienda que tengo a 16 leguas de esta ciudad, y observar su estado antes de tomar posesión como individuo del S. P. E. Pero la Asamblea, haciéndome honores que debo reconocer, no quiso que dilatase el ejercicio del destino a que era llamado[129]. Presté en ella el juramento el 5 de enero de 1824; manifesté en un discurso, impreso en esta capital y la de México, el plan de mis deseos; y prometí vivir por una nación que me había honrado de tantas maneras.

Guatemala, testigo de mis trabajos, dirá si procuré cumplir el juramento que hice ante la Asamblea que la representaba. Yo no vivía para mi familia; yo no me ocupaba en mis intereses. Mi existencia entera fue dedicada al servicio público. Sin tener aún el descanso justo de paseos y ejercicios precisos para conservar la salud; sin gozar aún el placer inocente de hacer visitas a los que me habían honrado con las

---

[128] Véase el acuerdo de la Asamblea al fin.
[129] Véase al fin la orden de la Asamblea.

suyas, todo el día y parte de la noche estaba en palacio y en mi casa constantemente ocupado en los asuntos importantes del gobierno. No me limitaba a lo que era de mi preciso deber. Trabajaba como individuo del Poder Ejecutivo; trabajaba como secretario dictando algunas notas para auxiliar al ministro; trabajaba como presidente de la Comisión de Hacienda[130]; trabajaba como editor de la *Gaceta*; y el número de los acuerdos, informes y providencias del gobierno; el de los oficios dictados por mí; el de las juntas y consultas de la comisión; y el de las gacetas que se publicaron darán alguna idea de aquella masa de trabajos[131].

El 25 de febrero último abrió el Congreso Federal sus sesiones. Yo manifesté entonces en cumplimiento de la ley los trabajos principales del gobierno desde que empecé a ser individuo suyo. Mi discurso fue impreso y circulado; y en él verán los pueblos mi voluntad y conatos; en él verán los progresos que me parece ha hecho la nación; en él verán que si no avancé más fue porque el Poder Ejecutivo no tenía aún las facultades ordinarias que tienen los de otras naciones, y reclamadas decorosamente en dos notas que yo mismo dicté, las ocupaciones de la Asamblea no le permitieron despacharlas; fue porque faltaban fondos en la tesorería, y pedidos en diversos oficios los que eran precisos, no fue posible al Cuerpo Legislativo decretar en aquellas circunstancias los que se necesitaban.

Hubo días en que la hacienda no tenía cantidad alguna para el entretenimiento preciso de la guarnición que existe en esta capital; y yo hice los suplementos necesarios para objeto tan justo; hubo día en que no había dinero para los empleados de las Secretarías de Estado que viendo atrasado el reintegro de sus sueldos sentían que por una parte no se les pagase y por otra se le comprometiese al trabajo de sus mesas respectivas; y compadecido de su suerte hice otro suplemento para socorrerla.

Procuré se pagasen a los empleados sus sueldos respectivos. No he exigido ni se me han cubierto hasta ahora los míos. Se me debe todo lo que devengué como individuo del S. P. E. Se me debe la mayor parte de lo que devengué como diputado al Congreso de México.

Sin haber recibido los sueldos, viático y parte de dietas que todavía se me restan, pagando, sin embargo, de esto las contribuciones que me han correspondido como hacendado, y la cuota respectiva de empréstito

---

[130] Véase al fin el acuerdo del gobierno.
[131] Véase al fin la nota sobre la Gaceta

que me tocó en el mismo concepto y se me adeuda también; haciendo graciosamente algunos pequeños gastos para utilidad de los pueblos, continué mis servicios hasta que se hicieron las elecciones de las autoridades federales.

Antes de celebrarse se publicaron algunos papeles en que era conocida la voluntad que había en su autor de debilitar la opinión con que me honran los pueblos. Se recordó, para hacerme sin duda sospechoso, que había sido ministro del general Iturbide; se manifestó que el brigadier Filísola me había elogiado en un impreso que dirigió a esta ciudad desde la de Puebla.

Yo pude haber sacado partido de lo mismo que se meditaba para destruir el que se temía haber en mi favor; pude haber demostrado la mala fe que dictaba aquellos papeles y el objeto que había en su publicación; pude haber dicho, y probado en caso preciso, que no he tenido antes ni tengo ahora relaciones directas ni indirectas con el brigadier Filísola; pude haber acreditado que después que cesé en el ministerio se sirvieron honrarme de diversos modos el Congreso de México, la Asamblea de Guatemala y los pueblos, que no siendo alarmados por la fuerza se equivocan menos que los individuos en la calificación de sujetos; pude haber manifestado que no podía ser sospechada sino por malignidad la opinión de uno que en cada número de la *Gaceta* de gobierno ha defendido y evidenciado de cuantas maneras son posibles la justicia de nuestra absoluta independencia; pude haber publicado entonces en uno o diversos papeles lo que publico ahora en el presente.

No quise, sin embargo, hacerlo porque dándoles contestación les daba una importancia que no merecen. Seguí en el centro de los asuntos, ocupado en los que tenían más derechos para ser preferidos; y el 10 de abril último se abrieron los pliegos de elecciones hechas por los pueblos para los primeros empleos de la república.

Estaban a la vista las actas de las juntas electorales de todos los partidos, sin faltar otras que las de Matagalpa y Cojutepeque que aún no habían llegado. Excluidas éstas y la del Petén que el Congreso había acordado que no se abriesen, resultó que los votos populares de las que estaban presentes eran 79; y los tuvimos otros ciudadanos y yo del modo siguiente:

PARA PRESIDENTE DE LA REPÚBLICA:

El C. Santiago	1
El Canónigo José María Castilla	1
El C. Alejandro Vaca	2
El C. Manuel Arce	34
Yo	41
	79

PARA VICEPRESIDENTE:

El C. Juan Barrundia	1
El C. Antonio Batres	1
El C. Toribio Argüello	1
El C. Manuel Pavón	2
El C. Tomas O 'Horán	2
El C. Juan de Dios Mayorga	2
El C. Juan Vicente Villacorta	3
El C. Mariano Beltranena	4
El C. José Manuel Cerda	4
El C. Alejandro Vaca	5
EL Yo	6
El C. Arce	23
El C. José Francisco Barrundia	25
	79

El Congreso se sirvió elegir al C. Arce presidente, y a mí vicepresidente. Yo renuncié la vicepresidencia manifestando que ni el estado de mi salud, ni el de mis intereses, casi abandonados desde 1821 por servir a la nación, me permitían aceptar el nombramiento. El Congreso, en orden de 22 de abril último, acordó no ser admisible mi renuncia, y que se me manifestase por medio del gobierno que el Cuerpo Legislativo esperaba de mi patriotismo me prestaría a servir el empleo que se me había conferido.

Hice entonces presente que los diputados de la Asamblea Nacional tenían por decreto expreso el privilegio de poder renunciar los destinos a que fuesen electos; que yo había sido diputado de la Asamblea, y si no ejercí la diputación fue porque ella misma me eligió individuo del Poder Ejecutivo; que no había tenido para la vicepresidencia más que 6 votos; que otros habían merecido mayor número de sufragios, y en esa mayoría habían manifestado los pueblos que su voluntad era que no fuese yo el vicepresidente, sino aquel que tuviese más votos.

El Congreso, en orden de 25 del mes precitado, se dignó hacerme los honores que expresa ella misma, y repetir que no se admitía mi renuncia. Yo protesté mis sentimientos de respeto y gratitud, y reiteré que no podía servir el empleo. Se admitió entonces la renuncia, y se procedió a la elección del C. Barrundia primero, y C. Beltranena después[132].

Estoy convencido de la nulidad de la elección de presidente hecha por el Congreso en el C. Arce. Sujetos irrecusables por su imparcialidad, instrucción y virtud están persuadidos de la misma verdad; la nación entera sería también penetrada de ella, si fuera bien instruida en el asunto, y me parece que podría demostrarla con razones irresistibles, derivadas de las leyes generales y de las particulares dictadas por la Asamblea. Pero no es este mi objeto. No son los empleos los elementos de mi felicidad; no son los sueldos las bases de mi existencia. No ansío premios, no ambiciono destinos, origen de odios o resentimientos.

Lo que quiero es que mi honor no sufra, en pueblos que no me conozcan, juicios que puedan ofender; lo que deseo es que después de sacrificios de mi persona e intereses tenga al menos la satisfacción de no verme expuesto a dudas que puedan agraviarme. A esto contraigo mis votos; a esto limito mi voluntad.

Jamás he publicado manifiestos de servicios; nunca he ponderado los que haya hecho. En silencio perpetuo continuaría viviendo si, olvidado de los pueblos, no hubiera tenido votos en sus elecciones. Pero nombrado por ellos, ¿podía guardarlo, y dar con el que guardase un pretexto para dudas en países donde no sea conocido? ¿Podía ser insensible al honor que ha sido siempre el alma de mi conducta pública? ¿Podía callar teniendo tanto derecho para hablar con tanta justicia?

El hombre de bien se presenta en cualquiera parte a donde le llame el honor; y yo soy hombre de bien en toda la extensión de mi ser, en toda la latitud de mi vida, en la acepción más estricta de la palabra. Hay moral para mí; y sin mérito alguno de mi parte respeto la que existe por no sé qué fuerza oculta que me lleva a respetarla. He escrito este manifiesto.

No es el orgullo el que lo ha dictado. Pueblos: yo ofrezco a la rectitud de vuestro juicio el cuadro pequeño de mi conducta pública porque el imperio de incidencias ocurridas sin cooperación mía me ha obligado a ofrecerlo; acompaño documentos justificativos porque no quiero que mi palabra se presente sin pruebas que la acrediten. Si hay vacíos, estoy pronto a llenarlos. He hecho punto en mi vida pública; pero no lo haré

---

[132] Véanse al fin las órdenes del Congreso sobre mis renuncias.

jamás a los servicios que debo a la nación. La vida privada es el máximum de mi felicidad individual; pero en ella no olvidaré jamás que tengo patria. Si he cesado de ser individuo del Poder Ejecutivo, no he dejado de ser ciudadano; y el deber primero de quien lo sea es servir a la patria.

La serviré mientras viva; y la satisfacción dulce de servirla será el premio de mis servicios.

Guatemala, 20 de mayo de 1825.

Documentos Justificativos

En el número 2 del Censor Mexicano, periódico que tenía más carácter del que manifestaba, se dijo: Todos los que conocían el capricho y precipitación con que obraba el opresor erraron el cálculo porque no entró en la previsión el terror pánico que de repente le sobrecogió para tomar esta medida (la de restablecer el Congreso) que no se esperaba de su conocido carácter, en la que ciertamente tuvo mucho influjo la fina política y probado patriotismo del diputado por Guatemala don José del Valle que por fortuna se hallaba encargado del Ministerio de Relaciones; deduciéndose de aquí que si los generales y jefes que intervinieron en el plan de Casa Mata hubieran tenido segura noticia de que los diputados del actual Congreso habían de ser restituidos dócilmente por la misma mano que los separó con violencia, no habrían hablado una palabra sobre nueva convocatoria, porque la causa impulsiva que les movió a separarse de la dominación tiránica fue el despojo y persecución de los representantes que dieron pruebas inequívocas de constancia y de sufrimiento.

Minuta de los impresos, libros y planos que traje de México, y pueden dar alguna idea de aquella capital y sus Estados:

Tablas mineralógicas dispuestas según los descubrimientos más recientes e ilustradas con notas por Karsten; traducidas al castellano para uso del seminario de minería por don Andrés del Río, con notas de este y expresión de los criaderos de Nueva España.

Memoria sobre la población del reino de Nueva España, escrita por don Fernando Navarro y Noriega.

Demostración de la plata y oro acuñados en la Casa de Moneda de México en 133 años corridos desde 1690 hasta 1822.

Estado que manifiesta las cantidades de oro, plata y cobre acuñadas en la Casa de Moneda de México con los productos, gastos y utilidades líquidas que tuvo, inclusa la del Apartado, en los años de 1810 a 1822 y tres primeros meses de 1823.

Apuntamiento sobre la necesidad de promover el cultivo del azúcar y otros frutos por medio de providencias que faciliten su extracción de Nueva España.

Memoria provisional presentada al Soberano Congreso por el Ministerio de Hacienda en 2 de junio de 1823.

Plan de riqueza y fortuna para un gobierno discreto, calculado según la población y circunstancias de Nueva España.

Exposición que sobre la provincia de Sonora y Sinaloa escribió su diputado Carlos Espinosa de los Monteros.

Memoria sobre las proporciones naturales de las provincias internas occidentales formada por los diputados de dichas provincias.

Estado de la renta del tabaco de la nación mexicana desde 1765, en que comenzó a establecerse, hasta fin de 1791.

Decreto Constitucional para la libertad de la América mexicana, sancionado en Apatzingán a 22 de octubre de 1814.

Plan de la Constitución Política de la nación mexicana, 1823.

Tratado de amistad, arreglo de diferencias y límites entre su Majestad Católica y los Estados Unidos de América.

Tratado de amistad, liga y confederación entre la República de Colombia y la nación mexicana celebrado en México a 3 de octubre de 1823.

Actas del Congreso Constituyente Mexicano.

Sesiones extraordinarias del Congreso Constituyente de México con motivo del arresto de algunos señores diputados.

Indicación del origen de los extravíos del Congreso mexicano.

Diario de la Junta Nacional Instituyente del Imperio mexicano.

Proyecto del plan de Hacienda para el año económico de 1823.

Observaciones sobre algunos periódicos de la Habana en que se escribió contra México y don Agustín Iturbide.

Cuadro histórico de la revolución de Nueva España.

Idea de la conspiración descubierta en la capital del Imperio mexicano.

Reflexiones políticas sobre la elección de emperador.

El Semanario Político y Literario.

El Noticioso General.

El Águila Mexicana.

El Sol (de México).

Gacetas del Gobierno de México anteriores a la independencia.

Gaceta del Gobierno Imperial.

Gaceta del Gobierno Posterior.

El Diario Sanjuanista.

El Yucateco, o el Amigo del Pueblo.

Idea de una nueva historia general de la América Septentrional, fundada sobre material copioso de figuras, símbolos, caracteres, jeroglíficos, cantares y manuscritos de autores indios, por el caballero Lorenzo Boturini Benaduci.

Proyecto de ley general sobre colonización con planos de sitios, pueblos y sacas de agua dividida en medias, cuartas y ochavas.

Estado que manifiesta todos los bienes y créditos que poseía el extinguido Tribunal de la Inquisición en su última ocupación verificada en 23 de junio de 1820.

El Iturbide o el Septentrión Emancipado. Rasgo poético dividido en cuatro cantos. Su autor, el ayudante don Mariano Barazabal.

Resumen de la Estadística del Imperio mexicano por don Tadeo Ortiz.

Prospecto de la nueva escuela de enseñanza mutua.

Memoria estadística de Oaxaca extractada de la de don José Murguía por don Carlos Bustamante.

Estados del producto de la renta de alcabalas.

Bosquejo ligerísimo de la revolución de México desde el grito de Iguala hasta la proclamación imperial de Iturbide, por un verdadero americano.

El Fanal del Imperio mexicano, o miscelánea política extractada y redactada de las mejores fuentes, por el autor del Pacto Social.

Específico y único remedio de la pobreza del Imperio mexicano.

Una colección de estados anuales de las cantidades de oro y plata acuñadas en la Casa de Moneda de México con expresión de lo que se acuña en cada mes.

Descripciones de plantas por don José Dionisio Larreategui.

Los decretos del Congreso mexicano, y consultas de sus comisiones que estaban impresos a la fecha en que salí de México.

Elementos de Orictognosia, o del conocimiento de los fósiles para uso del seminario de minería de México por don Andrés del Río.

Plano general de la ciudad de México levantado por el teniente coronel don Diego García Conde.

Plano del valle de México por el Barón de Humboldt.

Plano de la laguna de Chapala, pueblos y haciendas de su circunferencia.

Mapa del virreinato de México por don José Antonio de Alzate y Ramírez.

Carta de Nueva España por el Barón de Humboldt.

Carta de Nueva España por Arrowsmith.

Carta de Nueva España por Brue.

Mapa de la provincia de Guadalajara según las observaciones del teniente de navío don José María Narváez.

Observaciones sobre el clima en diferentes partes de América comparado con el clima de las partes correspondientes del otro continente por Hugh Williamson.

Lista de los manuscritos que traje de México, copiados con fidelidad de los que me franqueó la amistad de los señores don Manuel Ruiz de Tejada, profesor de Física Experimental; don Vicente Cervantes, profesor de Botánica; don Francisco Sánchez de Tagle, diputado; don José María Bustamante, diputado; y otros sujetos.

Descripción del beneficio por azogue de los minerales de oro y plata que se practica en el Real de Zacatecas, presentada al Tribunal de Minería por don Manuel Ruiz de Tejada[133].

Memoria sobre el cultivo y beneficio del añil[134].

Tablas o cuadros analíticos de las partes principales de los vegetales por don Vicente Cervantes[135].

Informe que presentó al Supremo Poder Ejecutivo de la Nación Mexicana sobre el estado del Jardín Botánico y estudio de esta ciencia, el catedrático de ella don Vicente Cervantes el año de 1823.

Resumen histórico sobre el establecimiento del Jardín Botánico en Nueva España y expediciones facultativas, escrito por un oficial de la Secretaría, de orden del Virrey Marqués de Brancifort para dar cuenta al rey.

Reflexiones sobre el opio de Guatemala por don Vicente Cervantes.

Tablas barométricas calculadas por don José María Bustamante en México el año de 1818.

Análisis de las aguas del Peñón de México, Villa de Guadalupe y otras.

Ensayo sobre la geografía de las plantas, leído en la clase de ciencias físicas y matemáticas del Instituto Nacional de París por el Barón de Humboldt, y traducido al castellano.

Cuadro de las regiones ecuatoriales por el Barón de Humboldt, traducido en Valladolid en 1815.

Compendio de la historia de Real Hacienda de Nueva España, escrita el año de 1794 por don Joaquín Maniau.

---

[133] Se imprimió esta memoria a mi costa para distribuirse graciosamente a los mineros.

[134] Se manifestó en la Gaceta de Gobierno haberse abierto suscripción para dar a luz esta memoria.

[135] Estas tablas o cuadros son los que han servido en la clase de Botánica que se abrió el año anterior, y para la cual costee los muebles necesarios.

Carta de don Miguel Costanzo al Barón de Humboldt, escrita en Veracruz a 30 de noviembre de 1803.

Diario de lo visto y observado en la visita general de presidios que ejecutó de orden de su majestad el brigadier don Pedro de Rivera.

Memoria sobre la Isla de Masarredo, por don José Mariano Mosiño.

Exposición de don Joaquín Velásquez de León sobre el desagüe general de la laguna de México.

Exposición sobre los establecimientos de California hecha de orden del Virrey don Antonio Bucareli por don Pedro de Fages, comandante militar de ellos.

Descripción de las antigüedades de Xochicalco dedicada a los señores de la expedición marítima del orbe, por don José Antonio Alzate.

Observaciones sobre la temperatura de México, por el mismo.

Carta del Barón de Humboldt a Mr. Pictet, profesor de Filosofía en Ginebra, traducida al español por el Dr. don Florencio Pérez.

Diario histórico de los viajes hechos al Norte de California de orden del Marqués de Croix, Virrey de Nueva España.

Posición geográfica de México, Veracruz y Acapulco.

Medios adoptados para liberar a la ciudad de Guanajuato de las inundaciones que experimenta por los ríos que la bañan.

Informe de don Miguel Costanzo sobre los habitantes de tierra caliente.

Informe sobre defensa del castillo de San Juan de Ulúa y de la plaza de Veracruz dado en 1799.

Derroteros del brigadier don Pedro de Rivera en la visita que hizo de las provincias y presidios de las fronteras de Nueva España en 1724. Expresa los nombres de los lugares, las distancias, los rumbos y el grado de latitud.

Noticias sacadas del Derrotero del ingeniero don Nicolás de Lafora en su viaje a las provincias internas emprendido desde la capital de México en 1766.

Derrotero de México a diversos lugares de Nueva España por el ingeniero don Manuel Mascaró en 1778 y 1785.

Itinerario de la Villa de Córdoba a la plaza de Veracruz. Expresa leguas y cordeles.

Camino de ruedas de Veracruz a las villas de Córdoba y Orizaba, compuesto de orden del Virrey Marqués de Brancifort en 1798. Expresa también leguas y cordeles.

Longitud en varas castellanas desde el pueblo de los Reyes hasta la ciudad de Puebla por San Rafael y San Salvador el Verde.

Longitud en varas castellanas desde el pueblo de los Reyes hasta la ciudad de Puebla por el camino de Río Frío.

Longitud en varas castellanas desde el pueblo de los Reyes hasta la ciudad de Puebla por el paso de los volcanes.

Derrotero desde la ciudad de Cholula hasta el pueblo de San Martín, pasando por Huejotzingo[136].

Estado general del número de feligreses de las 14 parroquias de México con distinción de ciudadanos, sirvientes y originarios de África, conforme al padrón hecho por el Ayuntamiento de orden del Virrey el año de 1813.

Tabla de las leguas que hay y paga el rey desde México a diversas ciudades de la América Septentrional.

Informe de don Miguel Costanzo sobre la policía de México dado a don Pedro Basava, apoderado del Virrey Conde de Revillagigedo.

Nombres botánicos correspondientes a los mexicanos con que el Abate Clavijero denomina a los vegetales de que hace mención en su Historia de México, por don Vicente Cervantes.

Estado general que demuestra el número de ciudades, villas, valles, reales, pueblos, misiones, ayuntamientos y total de almas que hay en las provincias internas de Oriente, remitido por el capitán general al Ministerio de Relaciones en 18 de julio de 1822.

Título de Marqués del Valle expedido al señor don Fernando Cortés en la ciudad de Barcelona a 6 de julio de 1529; y cláusula de su testamento relativa a la fundación del mayorazgo.

Plantarum michoacanensium fasciculus primus orchides atque epidendra complectens. Autore Joanne Josefo de Lexarza, con láminas iluminadas de mérito superior, 1818.

Descripción estadística de Oaxaca y todos sus partidos, por don José Murguía y Galardi.

Manifiesto histórico de las rentas y gastos del Ayuntamiento de México, escrito a 18 de noviembre de 1789.

Estado que manifiesta las rentas del Ayuntamiento de México en el quinquenio de 1784 a 1788.

Estado de los gastos del Ayuntamiento de México en el mismo quinquenio.

---

[136] Estos derroteros son una de las adquisiciones que más estimo. Con ellos a la vista revisaré algún día los mapas de Nueva España, y presentaré mis pensamientos

Principios de agrimensura en los cuales se manifiesta lo que debe entenderse en Nueva España por cordel, sitio de ganado mayor, sitio de ganado menor, criadero de ganado, caballería de tierra, suerte de tierra, solar para casa, y modo para medir y cuadrar sitios, etc.

Tales son los impresos, mapas y manuscritos que, a más de dos cajones de libros útiles y poco conocidos en Guatemala, logré reunir con algún trabajo y gastos. Los he aumentado posteriormente con otros que se me han enviado, y especialmente con las memorias de los secretarios de Estado presentadas al Congreso.

En ellos y en mis apuntamientos hay materia para escribir mi pequeño Viaje a México con plan menos extenso en lo físico, pero con puntos de vista más interesantes en lo político que el de Humboldt. La diferencia de épocas, la naturaleza misma de las cosas, son las que deben aumentar el interés. El sabio Barón hizo su viaje en 1803 cuando las provincias de América, sujetas a la legislación de Castilla, tenían un movimiento uniforme y tranquilo que no presentaba sucesos grandes o extraordinarios.

Yo hice el mío en 1822 cuando esos mismos pueblos desarrollaban con energía los resortes de su elasticidad, cuando la voluntad dominante era mudar la faz de las naciones destruyendo lo antiguo y creando sobre sus escombros otro orden nuevo de instituciones, cuando en un año se levantaba majestuosamente una monarquía que quería extenderse desde California hasta el Istmo de Panamá; y en el siguiente desaparecía esa misma monarquía sin muertes ni sangre, casi sin ruido o estrépito. Residente en la capital de la nación donde se representaban escenas tan grandes: puesto sin pretenderlo en el centro del Poder Legislativo primero, y del Ejecutivo después: victima yo mismo del torrente que arrastraba unas sobre otras todas las cosas: hoy en un arresto y al otro día en un ministerio: la sucesión misma de los acontecimientos era preciso que hiciese pensar al hombre menos ejercitado en observaciones. Yo quiero presentar las mías a mi patria. La experiencia de sucesos ocurridos en una nación puede ser útil a otra. Deseo el bien de Guatemala; y éste será el objeto principal de lo que escriba.

Dictamen de la Comisión nombrada por el Congreso de México

La comisión nombrada para consultar a vuestra soberanía sobre la proposición del señor Montúfar que pide decrete vuestra soberanía el retiro de los señores diputados de Guatemala, y sobre la licencia que solicita el señor Valle para ir a desempeñar las funciones de diputado de Guatemala, de cuya Asamblea, según documentos que presenta, es miembro por el nombramiento de su provincia, no ha dejado de verse embarazada en un asunto que, aunque a primera vista parece de fácil resolución, presenta sus dificultades por los diversos modos con que las provincias de aquel reino se unieron al territorio mexicano... Vuestra soberanía ha admitido en su seno a los diputados de Guatemala, y han funcionado y tomado parte en todas las resoluciones de este soberano congreso con todo el carácter y atribuciones de los diputados de México. El estado de cosas ha variado, y Guatemala quiere ya deliberar sobre su suerte con más madurez, con mayor libertad y con un detenimiento más circunspecto: quiere oír el voto general de sus habitantes, a cuyo efecto formó ya su congreso.

Aguárdese pues la resolución de éste: sepa vuestra soberanía cuál es su determinación, y entonces con mejor acuerdo proveerá la solicitud del señor Montúfar, no debiendo embarazar esto la licencia que pretende el señor Valle. Este benemérito diputado es llamado para el servicio de su patria en las circunstancias más graves y difíciles que se pueden ofrecer a una nación. Sus luces le serán de mucha utilidad; y la comisión cree cedería en perjuicio de aquel país el que se le negase la licencia. Por todo, la comisión presenta a la deliberación de vuestra soberanía las proposiciones siguientes: Primera: que mientras el Congreso de Guatemala no resuelva sobre la segregación o unión de aquellos pueblos al territorio mexicano, no puedan sus diputados retirarse sino que permanezcan en el seno de vuestra soberanía con el mismo carácter y atribuciones que hasta aquí. Segunda: que pueda el señor Valle retirarse al desempeño de las funciones a que es llamado en Guatemala. México, octubre de 1823. Cantarines. Dr. Herrera. Iriarte.

Oficio de los Secretarios de la Asamblea Nacional

Con todo el aprecio de que es digno el nombre de Jorge Washington, ha aceptado la Asamblea Nacional el retrato de ese héroe que el patriotismo de Ud. ha querido donarle; y al acordar que en el salón de sus sesiones se le diese el lugar conveniente, mandó también se hagan a usted las insinuaciones más vivas de gratitud del Cuerpo Legislativo, y que la carta con que remitió el retrato se insertase en el acta de este día. Dios: Unión: Libertad. Guatemala, febrero 26 de 1824. Manuel Barberena, Secretario. José Francisco de Córdova, Secretario. Al C. José del Valle, individuo del Supremo Poder Ejecutivo.

Los secretarios de la Asamblea me dicen con esta fecha lo que sigue: Hallándose en esta ciudad desde 28 del que acaba el C. José del Valle, individuo del Supremo Poder Ejecutivo; y persuadida la Asamblea Nacional de que su celo y empeño decidido por el bien y prosperidad de las provincias unidas del Centro de América contribuirán eficazmente a dar el mejor impulso a la marcha del sistema; y que este mismo se le manifieste el deseo que anima a todas las provincias unidas de verlo ocupar cuanto antes el puesto a que lo ha llamado el voto general de sus representantes, y se le excite a tomar posesión de él con toda brevedad por exigirlo así la conveniencia pública. De orden de la misma Asamblea lo decimos a usted para inteligencia del Supremo Poder Ejecutivo y que tenga efecto lo acordado. Dios: Unión: Libertad. Guatemala, enero 31 de 1824. Manuel Barberena, Secretario. José Francisco Córdova, Secretario.

Y el Supremo Poder Ejecutivo, al acordar su cumplimiento, me ha prevenido manifieste a usted, como lo efectúo, los deseos que también le animan de verle ocupar a la mayor brevedad el asiento que tan dignamente le tiene destinado la voluntad nacional, esperando se sirva decirme el día en que tenga dispuesto prestar el juramento prevenido, a fin de ponerlo en noticia del cuerpo deliberante con oportunidad. Dios: Unión: Libertad. Guatemala, enero 31 de 1824. Zebadúa. Ciudadano José Cecilio del Valle.

Los ciudadanos secretarios de la Asamblea Nacional me han dirigido con esta fecha la orden siguiente: Enterada la comisión por la nota de Ud., fecha de ayer, de la enfermedad del C. Tomás O'Horán; y de la disposición en que se halla el C. José del Valle de pasar a su hacienda; considerando que la medida de autorizar a solo un individuo para el ejercicio del Supremo Poder Ejecutivo es opuesta a su reglamento, cuya derogación sería entonces necesaria; y advirtiendo que el nombramiento de un suplente no parecería bien cuando se aproxima la época en que las autoridades constitucionales deben establecerse y comenzar a funcionar, se sirvió acordar en sesión de hoy: que el Supremo Poder Ejecutivo excite el patriotismo del C. Valle a fin de que suspenda su viaje hasta que el C. O'Horán se halle en disposición de concurrir al despacho, manifestándole que la patria tendrá presente el nuevo sacrificio que hace por servirla, y que la Asamblea espera de su desinterés que se prestará a una medida que exigen las circunstancias.

Y habiendo el Supremo Poder Ejecutivo decretado su cumplimiento, de su orden lo transcribo a usted para su inteligencia y fines que se expresan. Dios: Unión: Libertad. Palacio Nacional, 20 de diciembre de 1824. Manuel Julián Ibarra. Al C. José del Valle, individuo del Supremo Gobierno.

Acuerdo del Gobierno

El Supremo Poder Ejecutivo, teniendo presente que la hacienda nacional es uno de los primeros objetos que deben ocupar la atención del gobierno en todos tiempos y con especialidad en los presentes en que, elevada esta nación a Estado libre e independiente, debe aumentar los gastos para sostener su decoro y dignidad; considerando que un sistema nuevo de hacienda no es obra de un momento, ni puede plantearse sin vencer dificultades y allanar obstáculos; que aun en el caso de ser fácil en su concepción y ejecución no deberían desatenderse las rentas antiguas sin estar planteadas y consolidadas las nuevas; que las mejoras de las establecidas son obra más fácil que la creación de las que deberían sustituirlas; y que siendo urgentes las necesidades de la nación, debe volverse la vista con particularidad a lo que puede socorrerlas en menor tiempo y con menores dificultades, ha acordado: 1.º que se establezca una comisión dedicada a meditar y proponer las medidas más eficaces para que las rentas se pongan en el mejor estado posible; 2.º que esta comisión, presidida por el C. José del Valle, individuo de este Supremo Poder Ejecutivo, se componga del ministro menos antiguo de la Tesorería General, del oficial que ejerce funciones de contador mayor, del interventor de correos, del vista de la aduana, del contador de la renta de tabacos, del fiel de la casa de moneda, y del C. Francisco Argüello, que hará de secretario; 3.º que reuniéndose cada semana, el día y hora que acuerde la comisión, y trayendo a la vista el estado hecho por la contaduría mayor e informes pedidos de orden del gobierno a los jefes de las mismas rentas, trate de las materias o puntos que deben formar el objeto de su reunión. Palacio Nacional de Guatemala, febrero 28 de 1824.

La gaceta de gobierno, que en distintos periódicos ha visto reimpresos diversos artículos suyos, ha tenido también el honor de que los editores del Redactor Municipal y Archivista General de México hubiesen publicado lo siguiente:

Hemos recibido ya el primer número de la Gaceta del Gobierno Supremo de Guatemala, y en él admiramos con entusiasmo que en el Centro de América existen genios para dirigir un periódico oficial o de gobierno con más utilidad que otros que conocemos. Redactor Municipal. México, 31 de marzo de 1824. El 1.º del presente marzo ha salido el número 1.º de la Gaceta del Gobierno Supremo de Guatemala. Lo tengo a la vista, y por los extractos que daré en lo sucesivo juzgará el lector de su mérito. El artículo de estadística de la república y de independencia son de mano maestra. En ellos creo poder asegurar que he reconocido la pluma ejercitada del guatemalteco que por demasiado corto tiempo fue ministro de estado de México y cuyos discursos ilustraron la tribuna anahuacense cuando era uno de los diputados de su país, entonces provincia mexicana. El Archivista General, 29 de marzo de 1824.

Órdenes del Congreso Federal sobre las renuncias que hice de la Vicepresidencia

Los secretarios del congreso me han dirigido con fecha de ayer la orden siguiente:

Dimos cuenta al congreso con la nota de Ud., fecha de ayer, en que inserta el oficio del C. José del Valle en que renuncia el empleo de Vicepresidente de la República que le ha confiado la representación nacional. En su consecuencia, trayendo a la vista las disposiciones de la materia y oyendo el dictamen de una comisión especial, se ha servido acordar que no es admisible la renuncia hecha por el C. Valle, y que se le manifieste por medio del Gobierno que el Congreso espera de su patriotismo que se prestará a servir el empleo que se le ha conferido. Enterado el Supremo Poder Ejecutivo de esta disposición, acordó se le comunique a Ud., como lo ejecuto, para su inteligencia y fines consiguientes. Dios: Unión: Libertad. Palacio Nacional, 23 de abril de 1825. Marcial Zebadúa. Al C. José del Valle, individuo del Supremo Poder Ejecutivo.

Con esta fecha, bajo el número 109, me han dirigido los Secretarios del Congreso Federal la orden siguiente:

Enterado el Congreso Federal de la nota de Ud., de 23 del que rige, en que de orden del Supremo Poder Ejecutivo inserta la exposición del C. José del Valle, contraída a renunciar por segunda vez el destino de

Vicepresidente de la República, la pasó a una comisión especial compuesta de un representante por cada Estado, la cual dio el dictamen que a la letra dice:

«Cuando la comisión especial que subscribe opinó en su primer dictamen que no era admisible la renuncia hecha por el C. José del Valle del empleo de Vicepresidente de la República, fue porque, visto el negocio por todos sus aspectos, encontró fundada aquella opinión; y de aquí es que hoy estima también inadmisible la renuncia que repite el mismo ciudadano... En el día, el Senado que acaba de instalarse está paralizado por la falta de su presidente nato... Propone pues la comisión: que el congreso se sirva no admitir la expresada renuncia; mandar que por medio del gobierno se llame al C. Valle a prestar el juramento y tomar posesión; y que se le diga que la representación nacional espera de su patriotismo que se prestará gustoso a sus insinuaciones, y que reservará para más adelante la dimisión de la Vicepresidencia».

Y habiendo el Supremo Poder Ejecutivo acordado su cumplimiento, de su orden lo transcribo a Ud. para su inteligencia y efectos consiguientes. Dios: Unión: Libertad. Guatemala, abril 25 de 1825. Marcial Zebadúa. Al C. José del Valle.

El Supremo Poder Ejecutivo me ha dirigido el decreto siguiente:

El Congreso Federal de la República de Centro América, teniendo en consideración que por la reiterada renuncia que ha hecho de la Vicepresidencia de la República el C. José del Valle se halla vacante este destino, y que conforme al acuerdo de veintiuno del que rige y demás disposiciones vigentes debe proveerse en alguno de los ciudadanos que han obtenido votos populares, ha tenido a bien decretar y decreta: Se nombra Vicepresidente de la República al C. José Francisco Barrundia. Comuníquese al Supremo Poder Ejecutivo para su cumplimiento y que lo haga imprimir, publicar y circular. Dado en Guatemala, a veintiséis de abril de mil ochocientos veinticinco. Carlos Salazar, diputado presidente. José Francisco de Córdova, diputado secretario. José Domingo Diéguez, diputado secretario.

Por tanto, mandamos se guarde, cumpla y ejecute en todas sus partes. Lo tendrá entendido el secretario del despacho y hará se imprima, publique y circule. Palacio Nacional de Guatemala, veintiséis de abril de mil ochocientos veinticinco. Tomás Antonio O'Horán. José Manuel de la Cerda. Al C. Marcial Zebadúa.

Y de orden del Supremo Poder Ejecutivo lo inserto a Ud. para su inteligencia. Dios: Unión: Libertad. Guatemala, abril 27 de 1825. Marcial Zebadúa. Al C. José del Valle.

Prospecto de la Historia de Guatemala

Escrito en 1825

La historia de una nación es uno de sus libros más importantes. En ella debe un político profundizar el estudio de su ciencia: un legislador formar su plan de legislación; un gobernante recibir lecciones de gobierno.

Viendo a los Estados nacer al principio pequeños y casi confundidos con la nada; subir después gradualmente llevados por la mano de la prudencia; y bajar últimamente con precipitación por no haber talentos que sepan mantenerlos en la altura del poder; observando sus movimientos; investigando las causas de sus progresos y retrocesos, el hombre que estudia la ciencia de las sociedades aprende en una escuela práctica lo que no podría enseñarle la teoría más sutil.

El que no observa a un pueblo más que en su actual posición es como el que no ve a un hombre más que en un acto solo de su vida. Para conocer a un hombre es preciso verle en todos los períodos; y para conocer a un pueblo es necesario observarle en todas las épocas de su historia.

La de una nación es la que manifiesta su vida pública y privada; la que designa los pasos que ha ido dando en el transcurso de los siglos; la que indica los que debe dar para llegar gradualmente a la altura a que puede subir. Cicerón llama a la Historia *Magistra Vitae*; y este pensamiento es un libro grande reducido al laconismo de dos palabras.

Todas las naciones deben tener su historia particular. Es el libro que deben presentar a sus legisladores y gobernantes para que vean en él como en un cuadro, el pueblo que van a mandar, la marcha que ha seguido, los estados por donde ha pasado, y el último que tiene en el momento presente.

Cuando Córcega se pronunció independiente, el autor del *Contrato Social*, invitado para formar el plan de su legislación, no se contentó con pedir noticias del estado que tenía aquella nación. Manifestó que eran necesarias una buena carta de la isla donde estuviesen bien designados y distinguidos todos sus distritos; una descripción exacta de ella, su historia natural, su cultivo, su población, el número e influencia respectiva de los eclesiásticos y nobles, el estado de los puertos y fortalezas, la industria, las artes, el comercio, etc. La historia de la nación, sus leyes, y todo lo respectivo a la administración pública, rentas,

261

contribuciones, lo que pagaba el pueblo y lo que podía pagar. Guatemala no tiene todavía la historia que debe haber. Se considera su estado presente, y no se ha hecho estudio de los anteriores por donde ha pasado; se ve su superficie, y no se penetra más allá; se mira su fisonomía exterior; y no se tiene idea de su alma. Guatemala no es conocida como debe serlo; y sin tener conocimiento profundo de ella, ¿podrá ser bien gobernada?

El patriotismo debe interesarse en llenar vacío tan grande, para que su administración sea menos desgraciada, para que se mida el espacio que ha corrido viendo el punto mínimo en que comenzó a existir y el máximo a que puede elevarse, para que se conozca su verdadero ser y las causas que lo han ido formando y desarrollando, para que se aprenda a gobernarla con prudencia y levantarla con sabiduría a la altura a que la llaman sus destinos.

Es importante el asunto, y grandes las consecuencias. El celo debe darle toda la atención que demanda. Pero debe tener presente una verdad incontestable.

No son todos los talentos dignos de escribir la historia. Unos calculan el movimiento de los astros; y otros observan el de los pueblos. Tulio gobernaba a Roma; y Livio escribió su historia.

Si en Guatemala existen hombres dignos de escribir la de una nación; si los acontecimientos del mundo político les interesan y ocupan más que los fenómenos del mundo físico; si el libro de las causas de la grandeza y decadencia de los Romanos escrito por Montesquieu les llama la atención más que las *Épocas de la Naturaleza* publicadas por Buffon; si el discurso de Bossuet que ve pasar sucesivamente a los Asirios, a los Medos, a los Persas, a los Griegos, a los Romanos, y caer, por decirlo así, unos sobre otros, es obra que leen con placer más grande que la de Deluc, que manifiesta las revoluciones progresivas de la tierra; si han hecho estudio profundo del hombre y la ciencia de sus derechos y deberes; si leyendo la historia de las naciones se han complacido en observar cómo ha obrado ese hombre, y por qué causas han sido esos derechos hollados en unas y respetados en otras; si investigando esas causas se han dedicado a descubrir la influencia del clima, la religión y el gobierno, que son las principales que obran en los pueblos y les dan las formas que tienen; si considerando la acción de esos grandes agentes se han ejercitado en observar la genealogía de los sucesos, viendo en los primeros el germen de los segundos y en los segundos el principio de los terceros; si acostumbrados a conocer los enlaces o conexiones que tienen unos con otros todos los acontecimientos, han aprendido a ponerlos en orden y expresarlos con el idioma propio de cada asunto; últimamente, si han nacido con el talento de los historiadores, y han sabido cultivar ese talento, la patria tiene derecho para pedir que lo empleen en escribir su historia.

Para formarla como exigen sus intereses no bastan estudios comunes de libros publicados sobre principios generales.

Los que emprendan trabajos tan importantes deben fijar su atención en tres grandes objetos: España, México y Guatemala; deben estudiar la historia de España observando la forma de su gobierno y la influencia que debía tener en las Indias, su sistema respecto de la América, y de Guatemala, parte muy distinguida de la América, y las revoluciones que sufrió en el período dilatado de 1524, en que Pedro Alvarado fundó la capital de nuestra república, hasta 1821 en que se pronunció independiente; deben leer todo lo que se ha escrito de Guatemala antes y después de ser conquistada por España, haciendo estudio profundo de los códigos legislativos que la han regido desde el Fuero Juzgo hasta la Recopilación de Indias, recorriendo las órdenes y cédulas particulares expedidas para estas provincias, registrando los archivos del gobierno y antigua capitanía general, de la audiencia y ayuntamientos de las ciudades principales, viendo los planos, croquis y cartas de los puertos, costas y partidos de esta nación, recogiendo las tradiciones conservadas por los hombres más fidedignos, y reconociendo las antigüedades que existan; deben instruirse en la historia de México dando una ojeada a la de los tiempos anteriores a su independencia, haciendo estudio particular de su larga y desastrosa revolución, y deteniéndose especialmente en el período desgraciado de su gobierno imperial; deben observar a Guatemala en todos sus períodos desde que era cakchiquel, hasta que subió a república soberana y federal; deben meditar la naturaleza respectiva de cada uno de los gobiernos que la han administrado y los efectos necesarios que debía producir su forma en la civilización, moralidad y carácter de sus habitantes.

Un gobierno es decisivo de la suerte de los pueblos. Tiene todos los poderes; se ocupa exclusivamente en ejercerlos; y los emplea en llevar al término que quiere a hombres desvalidos, distraídos o dedicados a atenciones de diverso género. La historia de Luis XIV, protector de las artes y ciencias, es la de Francia ilustrada por los talentos más brillantes. La de Godoy, que tuvo el atrevimiento de gobernar sin haber aprendido la ciencia difícil de los gobiernos, es la de España que llegó casi a ser borrada del mapa de Europa.

Conociendo la forma de un gobierno; leyendo la constitución que lo ha creado u organizado; y viendo las manos que lo dirigen, yo no exigiría otros datos para adivinar los destinos de una nación. Diría acertivamente sin temor de equivocarme: los pueblos serán ignorantes o civilizados, pobres o ricos, inmorales o virtuosos; brillarán en el horizonte de las repúblicas libres, o volverán a la obscuridad de las colonias o provincias subalternas.

Si Guatemala ha tenido cuatro estados principales, y en cada uno de ellos ha sido regida por gobiernos diversos; si dividida en naciones pequeñas y gobernada como lo eran las de los indígenas antes del descubrimiento del nuevo mundo, fue conquistada después por los españoles, y sometida a su imperio cerca de tres siglos; si proclamándose independiente del gobierno de Castilla fue, cuando empezaba a gozar de su independencia, sujetada a México y administrada por el gobierno de la Nueva España; si pronunciada segunda vez su libertad se ha erigido en república independiente y federal, parece que su historia debe tener cuatro secciones grandes. GUATEMALA INDIA: GUATEMALA PROVINCIA DE ESPAÑA: GUATEMALA PROVINCIA DE MÉXICO; Y GUATEMALA REPÚBLICA LIBRE.

Estos son los cuadros que debe pintar el historiador digno de la nación.

No han ocurrido en ella las guerras estrepitosas que llenan los anales de otros estados. Una paz de siglos ha distinguido a Guatemala; y en sus pueblos jamás se han visto revoluciones tan horrorosas como las que han desolado a otros. Pero ¿dejará de interesar el cuadro de una nación pacífica que en su mayoría ha conocido los valores del orden y tranquilidad? ¿de una nación justa que ha sabido respetar los derechos de las demás? ¿de una nación prudente que no ha proclamado sus fueros y libertades sino en el momento de la oportunidad, cuando podía hacerlo sin sangre ni muertes?

SECCIÓN I
Guatemala India

El primer período de la existencia de una nación es siempre obscuro o muy poco luminoso. Los pueblos son como los hombres: no conservan de su infancia más que una memoria confusa, que si recuerda algunos hechos, no tiene presentes otros, ni ve con claridad los demás.

Esta suerte, común a las otras naciones, es también la de Guatemala. Su historia no puede penetrar en su totalidad la primera época de su ser; pero existen algunos monumentos que en medio de las ruinas donde se encuentran comunican luces a quien sepa observarlos, y se conservan algunas tradiciones que dan conocimientos a quien se dedique a recogerlas.

Los Estados grandes ahora, después de algunos siglos, eran antes una colección de Estados pequeños e independientes, que la fuerza o los pactos fueron reuniendo y haciendo partes integrantes de una sola nación.

España, que es al presente un solo reino de 15,005 leguas cuadradas, estaba antiguamente dividida en el principado de Asturias, el condado de Castilla, el de Cataluña, el reino de Navarra, el de Aragón, etc.; y los príncipes, condes y reyes que gobernaban estos pequeños reinos, rivales unos de otros, se hacían guerras y traiciones frecuentes.

Guatemala, que es ahora una república de 25,000 leguas cuadradas, estaba también dividida en pequeñas naciones de indios, independientes del imperio mexicano, y gobernadas por reyes, electivos unos y hereditarios otros, contrarios entre sí; pero todos, dice un escritor, enemigos acérrimos de la dominación a que aspiró siempre México.

Las más principales eran la nación de los Zutugiles, cuya capital estaba en Atitlán, que ahora se llama Sololá; la de los Kichees, que tenían la suya en Utlatán, gobernada por el rey Kicab, señor de un numeroso vasallaje; la de Ruiaalxot compuesta de Comalapa, Sacatepéquez, etc.; las de Zapotitlán, Soconusco, Verapaz, etc.; la de los Kakchiqueles o Guatemalas, que tenían su corte en Patmamit en el lugar donde ahora está Tecpán Guatemala, cuyo último rey fue Ahpotzotzil, que tenía tantos pueblos que erigió en soberano de muchos a su hermano Ahpoxahil.

No es de poca instrucción ni carece de títulos para interesar, el de una época que es la primera de nuestra vida pública. Viendo a indios que se creen salvajes reconocer y sostener con energía los principios sociales de más importancia para las naciones; viéndolos defender con valor su independencia de México, base fundamental de su felicidad; viéndolos elegir a sus primeros jefes o magistrados y confesar en estas elecciones uno de los derechos más preciosos de los pueblos; viéndolos calcular el tiempo y arreglar a su movimiento sus trabajos rurales y políticos, es imposible que los hijos de Guatemala dejen de penetrarse de gozo. Ven en su primera edad el germen de los primeros principios; ven a sus padres dando lecciones a su posteridad.

SECCIÓN II
Guatemala Provincia de España

Los indígenas vivían gobernados por jefes que elegían ellos mismos, cuando el genio hizo un descubrimiento que mudó de repente su posición. Colón descubrió la América, y España mandó conquistadores.

Pedro Alvarado, abriéndose paso por Soconusco y Zapotitlán a pesar de la resistencia que le hicieron los indios, y especialmente el rey de los Kichees, llegó al fin a la corte de los Kakchiqueles; y el 25 de julio de 1524 fundó la ciudad de Santiago, en el sitio que primero se llamaba Panchoy, después Almolonga y últimamente Ciudad Vieja.

A la época de la conquista de Guatemala y dominación de España sobre ella, dos grandes asuntos ocupaban especialmente la atención del gobierno español: plantar el poder absoluto destruyendo hasta los vestigios del sistema constitucional, y sostener la religión católica con toda la severidad que había entonces en el sistema inquisitorial.

Carlos V empezó a abrir los cimientos del poder absoluto; sus sucesores acabaron de levantar el edificio horroroso que él había empezado; se comenzó a dar a los reyes de España el título de Majestad; cesaron las cortes; se acabó la constitución; una revolución de la trascendencia más lata dividió a la Europa en la religión que profesaba; el Norte adoptó la reformada, y el Mediodía se afirmó con entusiasmo en la católica; Felipe II mandó establecer el tribunal de la inquisición en los Países Bajos para impedir los progresos de la luterana; Felipe III, para conservar pura la católica, decretó la expulsión de más de 900,000 moriscos que tenían riquezas y ejercían las artes y oficios útiles; se vio con horror a los extranjeros; se estableció por todas partes la inquisición.

La influencia de estos grandes acontecimientos era preciso que se hiciese sentir en Guatemala y las demás naciones del Nuevo Mundo.

Poder absoluto y espíritu inquisitorial fueron el sello distintivo del gobierno en América y en España, para nosotros y para nuestros padres. No era permitido hablar de cortes. Estaba borrada en el Diccionario de la lengua castellana la palabra derechos de los pueblos. Monarquía absoluta y feudalismo, origen de la aristocracia posterior, era el gobierno de aquella época.

Que la América se cerrase a toda relación con los extranjeros; que los descubridores se informasen de la diversidad de naciones de indios y de los señores a quienes obedecían; que por medio del comercio cuidasen de atraerlos a su amistad, y asentada la paz con ellos procurasen que los predicadores se juntasen con la mayor solemnidad a persuadirles los misterios de nuestra santa fe; que estando domesticados les dejasen un sacerdote que los doctrinase y pusiese en buena policía; que hiciesen después algunas fortalezas o casas fuertes; que tuviesen los descubridores y pobladores a los indios en encomienda, defendiendo los encomenderos a las personas de los indígenas, y pagando estos a los encomenderos los tributos correspondientes; que no se fundasen poblaciones en las costas, sino en lo interior, lejos de relaciones extranjeras, sobre montañas o inmediatas a los minerales; que no se permitiese tener armas defensivas ni ofensivas: este fue el plan de aquellos tiempos, consignado en las leyes[137] de cuya colección se formó el Código de Indias.

El celo que quería abolir la religión pagana y plantar la católica destruyó los monumentos de los indios que podían dar luces sobre sus opiniones religiosas y morales, su disciplina y sus cultos.

La política del gobierno que deseaba sustituir el de los españoles al de los indígenas hizo destrucciones de otro orden y borró ideas de otra especie. Desaparecieron los sacerdotes, depositarios de la teología, liturgia y astronomía de los indios; desaparecieron en su mayor número los caciques que habían recibido educación, y tenían por ella y sus empleos algunas luces o ilustración. Quedó lo más infeliz, lo más ignorante de los pueblos; y a esos hombres que quedaron no se permitía tener un baile, ni montar una caballería[138].

La pobreza, la miseria, la ignorancia, el embrutecimiento debían ser efectos precisos de un sistema tan funesto. No había esperanza de que a una noche tan obscura siguiese al menos un crepúsculo de media luz.

El abatimiento era el carácter del guatemalteco y los demás hijos de América. Sentían la necesidad de la independencia. No tenían valor ni ilustración para emprenderla.

---

[137] Leyes 1, 2, 6, y 6, tit, IV, lib. IV, 1 tit. V, y 1 tit. IX, lib. VI, de la Recop. de Ind.
[138] Leyes 33, y 38, tit. I, lib. VI, ibídem.

El Mediodía y el Centro de América seguían en posición tan triste, cuando en el Norte se hizo una revolución que debía extender su influencia a todo el Nuevo Mundo. Los Estados Unidos, sujetos a Inglaterra, donde había constitución, representación nacional, libertad de imprenta y espíritu público, tenían gobiernos, caracteres, costumbres y luces que no había en las provincias sometidas a España, donde dominaba el poder absoluto y no se permitía el justo derecho de pensar y escribir. El Norte se pronunció independiente de Inglaterra; la España auxilió su independencia; y franqueándole auxilios para sostener sus derechos, manifestó al Centro y Mediodía que eran justos los suyos.

Un hombre extraordinario, superior a los que existían de su género, Bonaparte, carácter eminentemente emprendedor, mente vasta que abrazaba un mundo entero en sus combinaciones, puso en movimiento a la Europa. Quiso abolir las dinastías antiguas y crear otra nueva en su familia; arrebató a España el cetro de su rey para ponerlo en manos de su hermano; y el español, deprimido por el poder absoluto, pero no destruido jamás, desplegó entonces una heroicidad que será inmortal en la historia del mundo. La agresión más injusta hizo proclamar derechos que no se oían en la península; hizo sentir los horrores del poder absoluto y la necesidad de una constitución; hizo pensar y escribir.

Un mar de luz pasó repentinamente de las costas de España a las de América. Los hijos del Nuevo Mundo vieron claros sus derechos: conocieron la oportunidad del momento, y meditaron el plan de su libertad.

SECCIÓN III
Guatemala Provincia de México

En todas las provincias del Nuevo Continente empezó a proclamarse la independencia. Guatemala dio igual voz, porque Guatemala es como Chile, Buenos Aires, Perú, Colombia y México: una sociedad política de hombres que tienen los mismos derechos que los chilenos, bonaerenses, peruleros, colombianos y mexicanos.

Los pueblos empezaban a gustar las perspectivas de felicidad que les prometía su justa independencia. Los que aman a su patria sin ambición de empleos ni codicia de sueldos, comenzaban a pensar en su bien más sólido y general.

Esperanzas lisonjeras los penetraban de gozo, cuando las vieron tristemente frustradas.

Guatemala, que en 15 de septiembre de 1821 se había pronunciado nación independiente y soberana, se vio el 5 de enero de 1822 injustamente agregada a México como un apéndice subalterno de aquel gobierno. Diez y ocho meses estuvo humillada en esta oprobiosa situación... Yo quisiera que se borrara de la memoria de los hombres ese período ignominioso de su existencia. Quisiera que se aniquilaran esos meses, reduciéndose a verdadera nada sin recuerdo alguno de haber sido jamás. Quisiera que saltara el tiempo desde 5 de enero de 1822 hasta 1 de julio de 1823, uniéndose estas dos fechas como si no hubiera espacio divisorio entre ellas.

Pero conviene para hacernos prudentes en lo futuro la memoria afrentosa de lo pasado. La historia debe ser fiel y superior a todo. Que su voz respetable nos cubra justamente de vergüenza; que elevándose a la región pura de la verdad diga desde ella con la energía imparcial y valiente que debe ser su carácter distintivo:

EN GUATEMALA UNOS OPINARON Y ESCRIBIERON CONTRA SU PATRIA; OTROS OBRARON Y TOMARON ARMAS CONTRA ELLA; OTROS SE CONTENTARON CON PENSAR Y ESCRIBIR A FAVOR DE SUS DERECHOS, DEBIENDO RECORRER LOS PUEBLOS PRINCIPALES PARA ILUSTRARLOS SOBRE SUS VERDADEROS INTERESES E IMPEDIR QUE FUESEN SORPRENDIDOS CON SOFISMAS O ALARMAS; OTROS NO SUPIERON DEFENDERLA Y SU DERROTA HA AUMENTADO EL ORGULLO DE LOS AGRESORES; EN MÉXICO SE DIO AL DESEO DE MANDO UNA LIBERTAD QUE ES PRECISO LLAMAR LOCA. UN GOBIERNO QUE ACABA DE NACER QUISO PENSAR EN CONQUISTAS; UN GOBIERNO QUE AÚN NO TENÍA ASEGURADO EL TERRENO MEXICANO SE AVANZÓ A PENSAR EN EL GUATEMALTECO; UN GOBIERNO QUE SOLO EN LA ADMINISTRACIÓN DE NUEVA ESPAÑA TENÍA ASUNTOS PARA OCUPAR A TRES GOBIERNOS, QUERÍA ADMINISTRAR LA EXTENSIÓN INMENSA QUE HAY DESDE TEXAS Y LA ALTA CALIFORNIA HASTA EL ISTMO DE PANAMÁ.

Pero publicando la verdad en toda su pureza, la historia no engendra odios ni venganzas. No es autora de discordias ni de guerras intestinas. Es maestra experimentada de prudencia, y sus lecciones, derivadas de los siglos, no son de mal sino de bien. Se place en los odios políticos que tienen por objeto el espíritu de conquista, el de intervención en los negocios de otra nación, el de dominación absoluta; pero carga de horror a los odios personales que vuelven unos contra otros a individuos que deben penetrarse de un mismo espíritu. Enseña a ser previsores, cautos y prudentes, pero quiere que todos se unan en derredor de la patria; que todos sean conciudadanos, amigos, hermanos, colaboradores en beneficio de la madre común, penetrados de aquella rivalidad noble del talento y mérito, que ha sido siempre la creadora de los hombres grandes. Trabaja (porque es preciso formarlo) el cuadro de los siglos o años de ignominia y desgracias; pero vuela llena de gozo y alegría, a las épocas de honor y de gloria.

SECCIÓN IV
Guatemala República independiente y libre

Es contrario a la naturaleza de las cosas, dice el sabio Marqués de Laplace, que un pueblo continúe siempre gobernado por otro muy distante. Puede afirmarse que al fin esa causa constante de la distancia, uniéndose con otras que obran en el mismo sentido y va desenvolviendo el tiempo, restituirá al pueblo sometido su independencia natural.

Es imposible que permanezca eternamente esclavo el pueblo que gustó alguna vez su libertad; es imposible que esté siempre dependiente el que llegó a pronunciar un día su absoluta independencia.

El 15 de septiembre de 21 era pronóstico del 1 de julio de 1823. Los vivas del uno eran predicciones de los vivas más reiterados del otro. ¿Cómo era posible esperar que Guatemala estuviese sometida a México sabiendo que es provincia como las demás que formaban la monarquía española; haciendo comparaciones diarias de sus derechos con los de las otras; viendo sus sacrificios y conociendo todos los valores de su independencia?

Amaneció al fin el día más claro en nuestra atmósfera. El 1 de julio de 1823, en medio de aclamaciones, enhorabuenas, felicidades y dulces sentimientos dijo la Asamblea nacional: La incorporación de estas provincias al extinguido imperio Mexicano fue una expresión violenta arrancada por medios viciosos e ilegales.

Guatemala tornó a ser nación independiente y libre. Recobró sus derechos; y comenzó a ejercerlos. Dos años solamente han corrido desde el restablecimiento de su libertad. Pero esos dos años, pequeños en la medida del tiempo, son siglos por la sucesión de acontecimientos ocurridos rápidamente unos tras otros. ¡Cuánto tiene que publicar la historia viendo la última mitad del año de 23, contemplando todo el de 24, y observando lo que ha corrido hasta ahora del de 25!

Ella presentará el cuadro interesante de la República de Centro América en la época de su libertad; ella manifestará el plan y marcha de los tres poderes supremos; ella publicará retratos fieles de los hombres públicos; ella hará justicia a las virtudes y a los talentos; ella tendrá valor para decir la verdad en toda su pureza.

No siendo perdidas en lecciones; aprovechándose de ellas la república, será digna de tener lugar en la Carta de América; dará honor al Nuevo Mundo; hará la felicidad de sus hijos.

DATOS SOBRE GUATEMALA[139]
Enviados a Londres en 1825 para corregir las inexactitudes del "Catecismo de Geografía" publicado por el señor R. Ackermann.

Situación. La posición geográfica de Guatemala es la que pudiera desear quien tomase interés más vivo en su riqueza y poder. Está colocada en medio de las dos Américas, entre las repúblicas Colombiana y Mexicana, bañada de los dos océanos Atlántico y Pacífico, en el centro de las relaciones inmensas que puede abrir con todas las naciones del mundo nuevo y antiguo. Linda por el O y N. E. con Nueva España, por el S. E. con la provincia de Veraguas, por el S. y S. O. con el mar Pacífico, y por el N. con el Atlántico.

Extensión. La de su territorio es mayor que la de la República Helvética, que tiene 1,444 leguas cuadradas de 25 al grado; mayor que la del reino de Portugal, que tiene 4,275; mayor que la del reino de Prusia, que tiene 14,500; mayor que la de todos los estados juntos de Italia, que aun comprendiendo la isla de Córcega, sólo tiene 17,914; mayor que la de las islas de Cuba y Puerto Rico, que tienen 6,921; mayor que la de España, que tiene 18,750; mayor que la de la República de Chile, que tiene 22,574. El área de Guatemala es de 26,152 leguas cuadradas de tierras de diversa naturaleza, de diversa temperatura, de diversa altura, de diversa exposición, de diversa fecundidad.

Figura. La del territorio de una nación tiene influencia muy grande en sus destinos. Supónganse dos Estados de igual espacio de tierra, pero el uno triangular y el otro circular. El primero tendrá una circunferencia más prolongada, más puntos bañados o en contacto con las aguas del océano, más pueblos inmediatos al mar, más puertos marítimos, más proporción para el comercio exterior, más estímulo para la agricultura, más humedad en sus tierras y atmósfera, más pesquerías y salinas, más

---

relaciones, etc. Pero en un círculo, la población estaría armoniosamente distribuida en derredor del centro; la defensa en el caso de invasión sería más fácil y menos costosa; la energía del gobierno se desplegaría en rayos iguales a todos los lugares de la circunferencia; habría menos desigualdad en los efectos de su protección, etc. Un polígono podría asegurar las ventajas y disminuir las desventajas que se desean; y esta es precisamente la figura a que más se acerca la de Guatemala.

La figura del territorio de esta república es la de un polígono triangular. Su vértice está en la provincia de Panamá, y su base en la línea que la separa de Nueva España.

Altura. La misma montaña que saliendo de las aguas del océano Austral pasa por la América del Sur, angostándose en el istmo de Panamá y extendiéndose después, atraviesa el territorio de nuestra República. No se han medido todavía las alturas de los puntos más elevados. Pero los vegetales de tierras frías, templadas y calientes, producidos en abundancia, manifiestan la escala hermosa de elevaciones sobre el nivel del mar, desde la temperatura abrasadora de la costa, hasta la del hielo y de algunos grados bajo el cero en la estación del frío.

Ríos. De la altura de la montaña que atraviesa el territorio de Guatemala salen diversos ríos que, llevando fertilidad a las tierras por donde pasan, descienden al fin a la costa y desembocan, unos en el océano del norte y otros en el del sur. El río Hondo, el de Chocoyos, el del Golfo, el de Motagua, el Polochic, el de Ulúa, el de Lean, el de Aguán, el de los Limones, el de los Plátanos, el de la Pantasma, el de Mosquitos, el de San Juan, el Tinto, el de Huista, el de Samalá, el de Xicalapa, el de Michatoya, el de los Esclavos, el de Paz, el de Sonsonate, el de Lempa, el del Viejo, el de Nicaragua, el de Nicoya y otros muchos fecundan el suelo y refrescan la atmósfera de esta nación.

En Real orden de 30 de marzo de 1795, se encargó al consulado la navegación del Polochic y Motagua. Se ha hablado y escrito mucho sobre ella; las utilidades serían incalculables; pero la obra no ha sido hasta ahora ejecutada como exige el bien general, y es de desear que una compañía de especuladores extranjeros fijase en ella dos ojos, y atendiendo a su propio interés cooperase también al de la república. El Ulúa merece igualmente la atención de otra compañía de empresarios. Ese hermoso río es en todo tiempo navegable 40 leguas desde su boca hasta Barranco Colorado, y en la estación de aguas hasta Manianí que está a 4 leguas de la ciudad de Comayagua. El Aguán es también navegable hasta Olanchito; lo es el Lean hasta Cangélica; lo es el de San

Juan; pueden serlo otros, y solo falta que el espíritu público presente datos y ofrezca noticias bastantes para excitar el de especulación que tiene ahora vueltos los ojos a este gran continente[140].

Lagunas. La de Panajachel, la de Petapa, la del Golfo Dulce de Honduras, la de Managua y otras hermosean y fertilizan estas tierras. Pero el lago grande de Nicaragua es el mayor de todos. Se cree que tiene 150 leguas de circunferencia; da nombre a la provincia donde existe; y algún día será una de las causas activas que concurrirán a elevarla a emporio del comercio.

Puertos. La figura de nuestro territorio debe darnos diversos puertos. Tenemos al norte del Golfo, Omoa, Trujillo, San Juan y Matina; y al Sur, Nicoya, Realejo, Conchagua, Acajutla, el de la Libertad, y el de Iztapa o de La Independencia, habilitados por la Asamblea aquel en decreto de 6, y este en decreto de 10 de febrero de 1824. La historia recuerda que Alvarado, el conquistador, construyó bajeles en la barra de Iztapa; que ese fue mucho tiempo el puerto de Guatemala, y que solo distaba 15 leguas de la antigua capital. El puerto de la Culebra en el Estado de Nicaragua no está todavía habilitado. Pero reconocido por dos ingenieros dijeron: Caben en él 200 navíos con toda comodidad; a 50 varas de tierra

---

[140] El gobierno anterior dictó el acuerdo siguiente: "El Supremo Poder Ejecutivo teniendo presen te que el territorio de esta república es atravesado por ríos que pueden ser navegables con provecho incalculable de la agricultura, industria y comercio: que el Motagua y el Poloehic en este Estado de Guatemala, el de Ulúa, Chamelecón y Lean en el de Comayagua, el de San Juan en el de Nicaragua y Lempa y el Paz en el de San Salvador merecen consideración muy especial para facilitar las comunicaciones interiores con ahorro grande de gastos, que haciéndolos navegables y poniendo en ellos botes de vapor se lograrían beneficios que no es posible calcular en toda su extensión: que para excitar a los extranjeros a una empresa tan útil es necesario conceder algún privilegio o decretar alguna gracia capaz de ser estímulo; y correspondiendo esto a las atribuciones del Poder Legisla tivo, ha acordado: 1, que se ponga este asunto en la consideración de la Asamblea para que dándole toda la que merece se sirva decretar lo que estime conveniente: 2, que se comunique lo que se digne decretar a nuestro enviado al Norte de América para que llame la atención de los especuladores a una empresa de tanto interés. Palacio Nacional de Guatemala, 22 de junio de 1824.Valle, presidente.O'Horán.Arce."
Por las ocupaciones de la Asamblea Nacional no le fue posible dar al asunto toda la atención que exige. Pero el Congreso Federal se dignará sin duda tomarla en consideración; y los pueblos gozarán bienes incalculables.
Acuerdo publicado en la Gaceta del Gobierno Supremo de Guatemala al folio 136, N0 15 del 19 de julio de 1824.N. de los C.

tiene de 10 a 12 brazas de agua, fondo bueno de arena, cercado de multitud de maderas exquisitas, buena aguada, haciendas inmediatas de ganado vacuno; de legua y media de extensión en su boca, y dividida en tres canales por otros tantos islotes; limpias las entradas y de mucho fondo y el interior abrigado de todo viento.

Producciones. Es larga la lista de las de un suelo fértil y bien situado; no es fácil numerarlas todas. Que son las siguientes:

Artículos de Comercio. Algodón, añil, alquitrán, grana, cacao, vainilla, zarza, azúcar, panela o panocha, bálsamo negro, id. Virgen, id. cativo, id. de copaiba, balsamito, brea, azafrán romín, cebada, trigo, harina, almidón de yucas, de papas, etc.; mechas de papelillo, hilo, pita, seda silvestre, arroz, pieles de diversos animales, lanas, tabaco, etc.

Hortalizas. Acelga, ajo, albahaca, alcachofa, anís, apio, patata, berenjena, colinabo, bretón, repollo, lombarda, calabazas de muchas especies, capuchina, cardo, cebollas, coliflor, escarolas, espárrago, habas, lechugas, mastuerzo, mejorana, mostaza, nabo, orégano, pepino, perejil, pimientos de muchas especies, rábano, remolacha, salvia, tomate, tomillo, verdolagas, yerbabuena, zanahoria, berros, camotes, yucas, lentejas, frijoles de muchas especies.

Frutas. Arrayanes, aceitunas silvestres, aguacates, albaricoques, anonas, cidras, cerezas, castañas silvestres, capulines, cacos, cuagilote, cuiginiquiles, caimitos, coyoles, cocos, corozos, carao, duraznos, dátiles, guanábana, granadilla, guanacaste, guineos, limas, limones, manzanas, malucos, manzanillas, melones, mamey, matasano o zapote blanco, motates, nueces, naranjas, nances, peras, pepinos, perotes, plátanos, piñas, piñuelas, papayas, pitahayas, pomarosa, paternas, cincuyas, uvas, jocotes de muchas especies, sandías, zapotes negro, rojo y amarillo, zonzapote, melocotón, tempisque, tamarindos, guacamayas, guayabas, etc.

Maderas. Cedros, caobas, ronrón, ébano, pinos, pinabete, guapinol, granadillo, brasil, quebracha, roble, guiliguiste, ceibas, almendros, madre cacao, etc., etc.

Plantas Medicinales. Cordoncillo, guaco, agalla de ciprés, rosas, bejuco de la estrella, hipérico, azahares, malagueta, violetas, ipecacuana, culantrillo, orejuela, valeriana, siempre viva, cabalonga, canjura, adormideras, cañafístola, achicoria, llantén, jengibre, ajenjo, mosqueta, habilla, epazote, manzanilla, etc.

Minerales. Ámbar, almendrilla, alumbre, antimonio, arcillas, arsénico, azufre, calizas, caparrosa, cobre, cretas, cristal de roca, espato, feldespatos, granates, guijarros, hierro, mercurio, magnesia, oro, ocre, petróleo, piedra pómez, pizarra, plata, plomo, pórfido, cuarzo, vitriolo, yeso, talco, ópalos, rocas de muchas especies, tierras de todos géneros, sales, etc.

Animales. Ganado vacuno, caballar, lanar, cabrío y de cerda en abundancia; aves de muchísimas especies apreciables por su canto o por los colores y esmaltes de su plumaje, entre ellas el quetzal, no común en las naciones de América; peces de ríos y de mar exquisitos por su gusto; perlas, carey, múrice, conchas.

Población. La de esta república es más grande que la de la Isla de Cuba, que según los últimos censos solo sube a 700,000 individuos; más grande que la de Venezuela, que solo tiene 900,000; más grande que la de Nueva Granada, que solo cuenta 1,800,000; más grande que la del Perú, que solo numera 1,400,000; más grande que la de Chile, donde se calculan 1,100,000; más grande que la de Buenos Aires, donde se computan 2,000,000. En Guatemala calculan unos tres y otros dos millones largos de habitantes. Todas las probabilidades están a su favor. No ha habido en ella desde muchos años peste alguna desoladora; no ha sido víctima de las guerras devastadoras que han sufrido Colombia y México; las tierras son fértiles; las substancias baratas; el sexo fecundo[141]; y el peso de las contribuciones mucho más suave que en Nueva España y las demás naciones de América y Europa.

Constitución. Una nación tan feliz en el goce de tantos bienes ha sido constituida según la ley fundamental que ha jurado. La forma de su gobierno es la REPÚBLICA REPRESENTATIVA FEDERAL. El Poder Legislativo de la nación reside en un Congreso Federal compuesto de representantes elegidos por los pueblos; y le corresponde hacer las leyes de interés directo para toda la república, formar la ordenanza general del ejército nacional, fijar los gastos de la administración general, dirigir la educación, declarar la guerra o hacer la paz, arreglar el comercio, y regular las monedas, pesos y medidas. Un Senado, compuesto de dos senadores elegidos popularmente por cada uno de los Estados, tiene la sanción de la ley; da consejo al Poder Ejecutivo en los casos graves, propone para el nombramiento de los principales empleados de la Federación; y vela la conducta de éstos. Un presidente, elegido por los pueblos, debe ejercer el Poder Ejecutivo, cuidando el cumplimiento de la ley, entablando con previa consulta del Senado las negociaciones y

---

[141] Son diversas las madres que han tenido más de 20 hijos.

tratados con las potencias extranjeras, dirigiendo la fuerza y nombrando los funcionarios de la federación. Un vicepresidente, elegido también por los pueblos, debe hacer las veces del presidente en los casos designados por la ley. Una Corte Suprema de Justicia, formada de individuos elegidos igualmente por los pueblos, conoce en última instancia de los asuntos que expresa la constitución; juzga al presidente, vicepresidente, senadores, embajadores, secretarios de Estado, etc. Cada Estado tiene: 1. Una Asamblea de diputados elegidos por el pueblo, que dicta leyes, ordenanzas y reglamentos, determina el gasto de su administración, decreta impuestos, y fija la fuerza de la línea con acuerdo del Congreso Federal; 2. Un consejo de individuos nombrados por los pueblos que da o niega la sanción a la ley, aconseja al Poder Ejecutivo, y propone para el nombramiento de los primeros empleados. 3. Un jefe, elegido por los pueblos, que ejecuta las leyes; nombra los empleados y dispone de la fuerza; 4. Un vicejefe, nombrado por los pueblos, que hace sus veces en el caso de la ley; 5. Una Corte Superior de jueces nombrados por el pueblo, que ejerce el Poder Judicial en última instancia.

División Geográfica. La república está por ahora dividida en cinco Estados: el de Guatemala, el de El Salvador, el de Honduras, el de Nicaragua y el de Costa Rica. Los Estados se subdividen en partidos o departamentos; y jefes políticos nombrados por el jefe respectivo de Estado, tienen el gobierno de los partidos.

NOTA:

EL PROSPECTO DE LA HISTORIA DE GUATEMALA y los datos precedentes, fueron publicados en el CORREO LITERARIO Y POLÍTICO DE LONDRES, número 4, pág. 333 de 10 de octubre de 1826, mereciendo de su ilustrado director don J. J. de Mora, el comentario siguiente:

Tal es el prospecto de la historia de Guatemala que ofrece el ilustrado patriota D. José del Valle, en quien se reúnen todas las circunstancias necesarias para desempeñar tan importante empresa. Su vida pública ha dado suficientes testimonios de amor a la independencia, de celo, de desprendimiento y de patriotismo; sus escritos descubren un entendimiento cultivado por excelentes estudios, una lectura escogida, y una instrucción profunda, particularmente en aquellos ramos que más pueden contribuir a la prosperidad y a la ilustración del país a que ha hecho tan grandes servicios.

Este mismo sujeto ha tenido la bondad de corregir las inexactitudes que involuntariamente se cometieron al escribir el artículo Guatemala del "Catecismo de Geografía" publicado por el Sr. Ackermann. Cuando salió a luz este libro elemental, la República de la América Central acababa de proclamar su independencia; eran escasísimas las noticias que se tenían en Europa acerca de un país tan interesante, y el autor del Catecismo tuvo que reducirse a las cortas luces que pudieron darle una traducción inglesa de la obra de Juarros, y el mapa americano de Carey. Probablemente el Catecismo de Geografía, de que ya se han hecho dos ediciones, llegará a la tercera, y entonces el artículo Guatemala se refundirá completamente, según los apreciables datos que el Sr. Valle ha recogido, y dado a luz.

La Historia y los Historiadores de Indias

La historia de una nación es un curso de ciencias morales, políticas y económicas. Presenta el cuadro del país donde se han unido los hombres para vivir en sociedad: indica su clima, aguas, vientos, producciones, etc.; descubre el origen primitivo del Estado; manifiesta las formas de gobierno que ha adoptado sucesivamente, las leyes que se han dictado o recibido, y las influencias de su sistema físico y político en la moralidad, ilustración y riqueza de los pueblos; desarrolla la cadena de sucesos derivados unos de otros y ligados todos entre sí, los progresos o retrocesos, las causas que dan impulso a los primeros o producen los segundos, los tiempos de luz y los días de tinieblas, las épocas de vida y los períodos de muerte. La historia presenta simultáneamente la teoría y la práctica. Es la política en acción: la crisología obrando; la ciencia moral demostrando sus principios con hechos. Escrita con este plan no he visto todavía en América una sola historia de las naciones en que ha sido dividida, ni era fácil que la hubiese.

La América ha tenido tres épocas eternamente memorables: la de los siglos anteriores a su conquista, la de los tiempos en que estuvo sometida al gobierno de sus conquistadores, la de su justa y gloriosa emancipación. La primera es de tinieblas para nosotros. Ignoramos el grado a que se elevaba la ilustración de los indígenas; no tenemos datos bastantes para medirla; desaparecieron sus archivos y monumentos, fueron destruidos, unos por el tiempo, otros por el sable de los conquistadores; pereció la clase ilustrada, y quedó solamente la de indios ignorantes y desgraciados; el imperio de la conquista los fue embruteciendo más; y a vista del estado en que los vemos parece inverosímil que sus mayores fuesen capaces de escribir una historia digna de este nombre.

La segunda no era propia para estudios de este género. En un país subyugado por la fuerza, donde la ley cerraba las puertas del Estado a los hijos de otras naciones, solo existían dos clases de personas: conquistadores y conquistados.

Los conquistadores no tenían la opinión de imparciales donde hay necesidad más grande de serlo. Se juzga por el contrario que sus intereses eran opuestos a la verdad; se les cree impelidos por ellos a suprimirla en algunos hechos y desfigurarla en otros. Los conquistados carecían de libertad para publicarla. Debían callar, o ser ecos de los conquistadores; sus acentos eran también sospechados de parcialidad.

Y los hijos de otras naciones, alejados de nuestras costas, no habían sido espectadores de los sucesos; no tenían relaciones con los americanos; solo oían la voz de los conquistadores; y eran prevenidos por el espíritu de rivalidad que existía desde entonces y continúa hasta ahora entre las naciones de Europa. Solís, hijo de Alcalá, presenta la conquista de México como una campaña de Santiago, un milagro de la cruz, una obra del cielo. Niza, hijo de Tlascala, lisonjea al gobierno español cuando refiere la de su patria. Y Robertson, nacido en Escocia, manifiesta en su obra las influencias del país donde fue formado. La historia escrita por un conquistador o un conquistado tiene (en lo general sin perjuicio de excepciones) la presunción de obrepticia o subrepticia: la de suprimir verdades o publicar falsedades.

La tercera época ha sido de entusiasmo, de exaltación, divisiones y guerras intestinas. Cerca de tres siglos de gobierno absoluto produjeron resentimientos y enconos que estuvieron reprimidos por igual espacio de tiempo. Llegó al fin el de exhalarlos: se gritó INDEPENDENCIA; y empezó la lucha, tan obstinada como sangrienta, entre los españoles que querían conservar sometida, y los americanos que deseaban emancipar la América. Vencidos los primeros por la energía que da siempre el espíritu de libertad, empezó otra contienda tan horrorosa como la primera. Los que estaban acordes sobre la independencia de la América, no lo estaban sobre la forma de gobierno. Faltaban luces en las ciencias administrativas que no se habían cultivado; faltaba experiencia en los actores que por la primera vez se presentaban en las tablas; faltaba el conocimiento científico de los pueblos a quienes se habían de dar leyes. Lucharon unos con otros los que debían ser hermanos. Se derramó su sangre, y hubo muertes y horrores. En las crisis violentas, dice un escritor[142], de revoluciones y guerras jamás son atendidos los verdaderos intereses de los individuos, ni los de las naciones, ni los de los reyes. Escrita por los mismos combatientes la historia de sus guerras hubiera tenido contra sí las probabilidades de parcial y las prevenciones de injusta. El idioma de Murillo debía ser muy distinto del de Bolívar; y la lengua de Callejas muy diferente de la de Morelos. Era preciso que corriese el tiempo; que se fuese asentando el lodo de las pasiones, y quedase al fin la verdad clara, y pura como las aguas de la superficie del río.

Cada época ha presentado dificultades más o menos graves. La verdad es siempre la que tiene número mayor de enemigos; los que

---

[142] El señor Julien, digno director de la Revue Encyclopedique.

intentan decirla son los que se ven más amenazados. Pero otras repúblicas han sido, sin embargo, más felices que la nuestra. No sé qué hado triste hace derramar lágrimas en los paralelos que se forman. Centro América, tan distinguida por la naturaleza, queda siempre atrás en lo que es obra del arte.

Si las demás repúblicas no tienen todavía una historia general de todo lo que ha sucedido desde el principio de los pueblos que las han formado hasta la actual fecha, pueden no obstante presentar:

México (a más de las historias de sus conquistadores Hernán Cortés, Bernal Díaz del Castillo, Alfonso de Mata, Alfonso de Ojeda, etc., y de sus indígenas Fernando Pimentel Ixtlilxóchitl, Antonio Tobar Moctezuma, Gabriel de Ayala, Pedro Ponce, etc.) la que escribió Clavijero en italiano[143] y tradujo Mora, cuya pluma ha hecho servicios tan distinguidos a la América; las Memorias escritas en inglés por William Davis Robinson y traducidas por el mismo Mora, y el cuadro histórico de la revolución mexicana que ha dado a luz D. Carlos María Bustamante;

El Perú la de Zárate, la de Jerez, la de Garcilaso, la de Fernández, la de Cobo, etc., y las Memorias del general Miller publicadas en Londres el año anterior de 1829; Colombia la de Piedrahita, la de Oviedo, la de Simón, etc., y últimamente la que ha escrito de su revolución el señor José Manuel Restrepo, secretario del interior de aquella república; Chile la de Ovalle, la de Molina, etc., las Memorias políticas de D. Juan Egaña, senador de aquella república, y la historia de la revolución de la América Meridional, publicada en Francia.

Todas las repúblicas tienen diversos historiadores en cada una de sus épocas. La de Haití que al principio se creía más atrasada, se gloría de varios y especialmente del Barón de la Croix que en sus Memorias para la historia de aquel pueblo ha sabido descubrir con filosofía las causas de su revolución, manifestar la marcha que ha seguido, y dar a los que gobiernan en América lecciones que no deberían olvidar jamás.

Centro América presenta la Historia general de las Indias Occidentales y particular de la gobernación de Chiapa y Guatemala, publicada a principios del siglo XVII por Fr. Antonio Remesal; las Apuntaciones para la historia de Guatemala escritas por D. Francisco

---

[143] Don Francisco Saverio Clavijero, hijo de los Estados Unidos Mexicanos, escribió su historia primitivamente en castellano y después en italiano.

Fuentes en el XVIII; y el Compendio de la Historia de la ciudad de Guatemala que el Br. D. Domingo Juarros dio a luz en 1808.

El escritor[144] que supo dar leyes a los historiadores como Horacio las dictó a los poetas y Pope a los críticos, dijo hablando del P. Mariana: "Yo no lo conozco; pero me atrevería a apostar que un jesuita español ha escrito seguramente una historia imperfecta de España. Un mal religioso solo conoce la intriga: un buen religioso ignora las verdades políticas". Yo no arrojaré expresiones tan generales; pero respetaré siempre la verdad, y la publicaré con franqueza.

La historia de Remesal es un cronicón semejante al que escribían los regulares sobre los sucesos de sus conventos o provincias. La de Fuentes es una descripción histórica y geográfica de lo que se llamaba reino de Guatemala; y la de Juarros tiene el mismo carácter.

En todas tres se ve el espíritu común en los conquistados que hablan de conquista a presencia de sus conquistadores. Los reyes Cakchiqueles ofrecieron voluntariamente obediencia a Carlos V (que intentaba privarlos de su independencia y someterlos a un gobierno absoluto). Quicab (que no quería entregar su monarquía a invasores injustos) era un rey obstinado. El Eterno fue el que quiso reducir los Tzendales (que sostenían sus derechos) al camino de la verdad por la buena industria y gloriosos trabajos del M. I. Sr. D. Toribio Cosío, Presidente de la Real Audiencia. Este idioma es el de Estrada que, escribiendo la Historia de los Países Bajos, no dejaba, dice Mably, obrar las causas naturales; hacía que el cielo interviniese en todo; y creía permitido a Felipe II hollar las leyes antiguas, los tratados y los pactos porque había recibido su corona de Dios.

Guatemala cuenta muchos siglos desde que empezó a existir. No tiene historia alguna de los anteriores a su conquista; hay un cronicón de aquel en que fue conquistada; y le falta aún esto de los posteriores. Está a merced de los papeles fugitivos que quieran publicar partidos contrarios, divididos en sus intereses, opuestos en sus pensamientos. No existe una historia que fije la opinión pública en Europa y en América por la imparcialidad de su narración, la filosofía de su doctrina, y la elocuencia de su estilo. No se ha formado el cuadro que debe presentarle las causas que la han llevado de un estado a otro estado, los resortes que la han puesto en movimiento, los agentes que la han elevado o deprimido. Son muertos los siglos corridos. No recibe experiencia de ellos. Vive en el momento presente; no ve lo pasado; no presiente lo

---

[144] Mably. — Maniere d 'ecrire l 'Histoire.

futuro; y montada sobre un torrente no sabe si las aguas la llevan al edén, o la arrastran a un abismo.

Es honor de una nación, es interés suyo tener la historia de su origen, progresos y retrocesos. El año de 1825 publiqué el prospecto de la que correspondía escribir. Si Guatemala, dije desde entonces, ha tenido cuatro estados principales, y en cada uno de ellos ha sido regida por gobiernos diversos; si dividida en naciones pequeñas, y gobernada como lo eran las de los indígenas antes del descubrimiento del nuevo mundo, fue conquistada después por los españoles y sometida a su imperio cerca de tres siglos; si proclamándose independiente del gobierno de Castilla fue, cuando empezaba a gozar de su independencia, sujetada a México y administrada por el Gobierno de la Nueva España; si pronunciada segunda vez su libertad, se ha erigido en República Independiente y Federal, parece que su historia debe tener cuatro secciones grandes: Guatemala india; Guatemala provincia de España; Guatemala provincia de México; y Guatemala República libre.

Estos son los cuadros que debe pintar el historiador digno de la nación.

Todos ellos serían de alta importancia; todos influirían en la felicidad del Estado.

El cuadro de Guatemala india, describiendo su gobierno, religión, leyes, lenguas y costumbres; manifestando hasta dónde llega la influencia de estos agentes modificadores del hombre; descubriría lo que eran en realidad los indígenas que formaban entonces toda la población y forman ahora los dos tercios de ella.

El de Guatemala provincia de España, refiriendo la historia de su conquista, pintando la lucha y designando las causas por que el máximo fue víctima del mínimo, haría ver lo que fue desapareciendo de la religión, lenguas, hábitos y costumbres de los Cakchiqueles y lo que se fue introduciendo de la religión, idioma y usos de los españoles; diría lo que quedó últimamente de esta fundición de elementos tan contrarios, lo que llegó a ser esta mezcla de la religión de Jesús y la del Sol y la Luna, de la lengua Chinautla y la de Salamanca, de la pupuluca y la de Castilla.

El de Guatemala provincia de México, presentando a los indígenas emancipados al principio de la antigua y sujetos posteriormente a la Nueva España, desarrollaría un fenómeno tan curioso como interesante; los pintaría elevados primero desde lo más obscuro de una monarquía absoluta hasta lo más alto de una república libre, y descendidos después por el peso de su gravedad específica desde las alturas de la república hasta las profundidades del imperio.

El de Guatemala Estado soberano y federado con otros Estados manifestaría la caída del Imperio en México, el segundo grito de libertad en esta capital, la constitución política de la República y Estado, la marcha que siguieron los gobiernos de aquella y de este, la guerra civil y sus horrores, el movimiento que tienen los asuntos, y la perspectiva de lo futuro.

Cuatro comisiones de hombres positivamente ilustrados harían mucho bien dedicándose a reunir datos y acumular noticias sobre cada una de estas grandes secciones de la Historia de Guatemala, y presentándolas después a quien fuese capaz de escribirla con filosofía.

Este método, seguido en otras naciones con suceso muy feliz, reúne ventajas grandes: emplea muchas manos en la colección de hechos, y fía a una sola el trabajo de escribir. La historia es rica porque se apoya en multitud de datos, noticias y documentos compilados por muchos colaboradores; y tiene al mismo tiempo el carácter de unidad que debe tener siendo escrita por una sola pluma.

Terminada la revolución que cubrió de gloria a España, e influyó en la libertad de Europa, el gobierno de la Península nombró una comisión para la historia de la guerra contra Napoleón Bonaparte; y la que se ha escrito ha merecido los votos de los hombres de luces.

La franqueza de su idioma, dicen los editores de la Revista Enciclopédica, y la equidad de sus juicios anuncian que, llamados los autores de ella a consagrar la memoria de todos los hechos gloriosos, han llenado este honroso oficio sin desconocer los talentos distinguidos de sus enemigos.

Nosotros hemos nacido en el Estado; andamos sobre su territorio; respiramos su atmósfera, vivimos con sus habitantes. No lo conocemos, sin embargo, como es preciso conocerlo; y sin ese conocimiento es difícil dictar leyes y acordar medidas que estén en armonía con él.

El estudio de la historia no es un estudio vano. Es necesario para saber gobernar.

Discursos Pronunciados en el Congreso Federal de Centro América de 1826

Necesidad de Publicar las Sesiones del Congreso

El 28 de marzo de 1826, el día mismo en que fui obligado a ocupar una de las sillas del Congreso Federal, pedí la palabra, y dije:

He pedido la palabra, y voy a hacer uso de ella porque lo exige así la posición en que me hallo.

Yo estaba en el campo, llamado a él por los intereses de mi casa. Yo gozaba el doble placer de cuidar mi propiedad y admirar la naturaleza.

Tres departamentos de dos Estados diversos quisieron honrarme con sus votos. En esta capital, en Chiquimula y en Santa Bárbara fui electo diputado; y se me llamó a servir este destino.

No era insensible a la voluntad de pueblos, constantes en manifestar la que tienen de distinguirme en la diversidad de elecciones que han hecho. Nací en el Estado de Honduras, y allí heredé la primera propiedad de mi familia.

Fui formado en el de Guatemala, y aquí recibí otra propiedad de precio mayor: la educación que me ha inspirado amor a la causa pública y respeto a los principios de las sociedades políticas. Guatemala y Honduras tienen títulos muy grandes a mi gratitud.

Mi alma está penetrada de ella. Mi existencia particular está fundida con la pública de la nación.

Debo hacerle todos los servicios de que sea capaz. Le ofrecí los que son posibles en la vida privada. Manifesté que no podía hacer en la pública todos los que deseaba.

Este lenguaje era el de la buena fe. Mi salud está quebrantada. Lo acredité con certificación de facultativo. Lo probará más la experiencia sucesiva del tiempo.

Después de trabajos impendidos diariamente desde el año de 1821, es preciso que esté debilitada una organización que no es de hierro. Aun la piedra bruta, aun el hierro, más duro que la piedra, siente la acción de las causas o agentes que obran en él.

Consideraciones de género diverso debían también llamar mi atención. El Poder que está más en contacto con el Legislativo es el

Ejecutivo. El uno manda, y el otro debe ejecutar. El uno cela o vigila la ejecución, y el otro debe dar cuenta de ella.

Mi situación debía ser embarazosa en las relaciones de ambos poderes.

Como hombre privado, mi voluntad debía ser la del silencio. Como hombre público, mi obligación debía ser la de la palabra. La nación no sienta en estas sillas a sus representantes para que disimulen o callen. Los sienta para que sostengan con firmeza sus derechos.

Yo lo hice presente al Congreso. Manifesté las causas que me ponían en la necesidad de hacer renuncia del destino a que he sido llamado. Hice la primera, repetí la segunda. El Congreso no se sirvió admitir una ni otra; y los individuos que lo componen se manifestaron decididos a declarar sin lugar la tercera.

Yo he obedecido el acuerdo del Congreso. Yo he prestado el juramento que se me ha exigido. Yo vuelvo a las tempestades de la vida pública después del sosiego, tranquilidad y dulzuras de la privada. Yo voy a hacer esfuerzos para cumplir del modo posible lo que he jurado. Si es respetable el juramento de llenar los deberes de un empleo recibido de las manos de un funcionario, debe ser sagrado el de llenar las obligaciones de un destino recibido de la voluntad de los pueblos.

Toda creación es difícil, cualquiera que sea su género. Añadir perfiles a lo que está bosquejado; avivar luces u oscurecer sombras en lo que ha sido pintado no es obra muy ardua. Sacar las cosas de la nada, concebir el cuadro, pasar a la tela todo lo bello que existe en la mente, es el máximum de la dificultad.

Se trata de crear una república donde no había más que una colonia regida por un gobierno lejano; se trata de hacer ciudadanos a hombres que por tres siglos habían sido formados para que no lo fuesen jamás; se trata de desarrollar la multitud de gérmenes que existen escondidos en una extensión vasta de miles de leguas; se trata de abrir canales, mudar el curso de las aguas, descuajar montes, y taladrar montañas; se trata de luchar con la naturaleza y hacer culto lo que era bruto. He aquí en la serie de dificultades el último término de la progresión.

Hombres ingratos, traidores a la patria, deducirían de aquí la esclavitud de su patria. No somos capaces, dirían, de empresa tan grande. Sacrifiquemos la nación entera a la ambición extraña que quiera dominarla, o dividámosla y hagamos que sea en América lo que fue en Europa la infeliz Polonia. La desgracia pública será nuestra felicidad particular.

Los hijos amantes de la nación, los centroamericanos dignos de este título, infieren consecuencias muy diversas. Si es obra difícil, dicen, la creación de una república, doblemos el trabajo, multipliquemos los esfuerzos, velemos día y noche, y no descansemos hasta haber puesto el último canto del edificio.

Aquí está el alma que los colegios de la patria enseñaron a pensar, dirán los amigos de las ciencias desde el gabinete donde la cultivan. Nosotros meditaremos planes y discurriremos proyectos para que la nación consolide su independencia.

Aquí está la pluma que las escuelas de la patria enseñaron a escribir, dirán los hombres elocuentes que posean por principios el arte divino de la palabra. Nosotros la emplearemos en demostrar los derechos de la nación, e inspirar el entusiasmo santo del patriotismo.

Aquí está el sable que se nos ha dado, dirán los militares que amen sinceramente a la nación. Nosotros atravesaremos con él al hombre vil que quiera vender la república, o al injusto que ose violar sus fronteras.

Aquí está mi tesoro, dirá el comerciante enriquecido por las leyes protectoras del comercio. En la esclavitud de la patria no quiero caudal. Pobre en una nación independiente seré más grande que rico en una nación subyugada.

Aquí estoy yo, dirá el pueblo conocedor y amante de sus derechos. La ley ha declarado los que tengo. Todos nos uniremos para defender la nación.

Aquí estamos nosotros, los representantes de ese pueblo patriota, decimos los diputados del Segundo Congreso Federal. Nosotros juramos que este salón no será el de las pasiones que se disputan vergonzosamente un imperio injusto, sino el de la razón imparcial, legisladora de Centro América; juramos que nuestra voluntad privada no será jamás antepuesta a la voluntad pública de la nación; juramos sostener con nuestros votos, y si fuere necesario, con nuestra sangre, el decreto de 1.° de julio de 1823, en que la Asamblea Nacional declaró que estas provincias son independientes de España, de México y de cualquier otra porción del antiguo y el nuevo mundo; juramos consolidar la independencia absoluta de esta nación interesando a todos los ciudadanos de la república en la causa justa de la patria, y desarrollando con prudencia la constitución política que decretó la Asamblea Nacional y sancionó el primer Congreso Federal; juramos sostener el art. 1.°, que declarando soberana a la nación hace que todos los pueblos tengan interés en su existencia; el 8.°, que declarando federal el gobierno de la

República da a Costa Rica, Nicaragua, Honduras, San Salvador y Guatemala un ser que no tenían antes, ni podrían haber si volvieran a estar sujetas a la antigua o nueva España; el 11.°, que declarando religión de la República a la católica manifiesta la consideración que debemos tener a los ministros dignos de ella; el 12.°, que declarando a la república asilo sagrado para los extranjeros designa la protección que debemos dar a los que vengan a ser hijos suyos verdaderos, amantes sinceros de su prosperidad; y el 69, que numerando las atribuciones del Congreso nos manifiesta la obligación que tenemos de plantear el sistema general de educación, facilitar a los talentos los medios de cultivarlos, proteger a los labradores, artesanos y comerciantes, y crear la riqueza y prosperidad de una República que puede ser grande y poderosa si queremos positivamente que lo sea.

Tal es el juramento que acabo de hacer yo y han prestado anteriormente los individuos de este Congreso. Para ser fiel a él, para no apartarme jamás de los deberes en que me constituye, voy a comenzar el ejercicio de mis funciones presentando medidas que me obliguen a cumplirlos, haciendo proposiciones que me hagan objeto de odio y execración universal si alguna vez me separo de la línea que debe seguir un diputado.

No hay poder que no sea servido por hombres, y los hombres (hablando en general sin ofender a ninguno en particular) pueden abusar de la autoridad que se pone en sus manos. Por este temor, justo sin duda, y digno de la previsión del legislador, la ley ha declarado el derecho de recusar a los jueces, de apelar y suplicar de sus determinaciones, el de declarar la responsabilidad y juzgar a los agentes del Poder Ejecutivo, el de formar causas a los diputados y mandar que sean públicas sus discusiones.

Lo son las de este Congreso, y lo han sido las de los que le han precedido. Pero la publicidad que han tenido sus sesiones no llena los objetos grandes que la ley se propuso al acordarla. Distantes de este lugar los individuos de los pueblos que componen la república; ocupados en sus oficios respectivos los habitantes de esta capital, el número mínimo de los que concurren a las discusiones es nulo comparado con el máximo de los que no las oyen o presencian.

La nación ve el texto de la ley; pero ignora la razón que la ha inspirado. Ve lo que se decreta u ordena, pero no sabe el principio de utilidad de donde se ha deducido el decreto o la orden. Ve lo odioso de lo que se manda; y no ve lo que hace desaparecer esa odiosidad.

Publicándose diarios de las sesiones del Congreso y Senado de la República, y de las asambleas y consejos de los Estados, habría doce focos grandes que, reuniendo las luces de los diputados, las derramarían por toda la república.

La nación tendría entonces la balanza comparativa del pro y contra, y se hallaría en aptitud de pesar el bien y el mal de una ley. Los pueblos verían en toda su luz las razones que la fundan y el espíritu que la ha dictado. Los ciudadanos llenos de conocimientos podrían hacer uso del derecho de petición que ahora es casi nulo por falta de ellos. Los jóvenes elegidos algún día para ser nuestros sucesores tendrían rasgos luminosos y acaso modelos de elocuencia deliberativa. Los Estados sabrían cuáles son las opiniones de sus diputados, y el celo que hayan desplegado en sostener sus derechos, o la indiferencia con que hayan visto sus intereses, o la infidelidad con que les hayan hecho traición. La historia biográfica, literaria y política tendría datos exactos para juzgar a los que han merecido los votos de los pueblos, para manifestar los progresos de una de las ciencias más importantes, y pintar la marcha de la nación en la época interesante de su nueva existencia. Las leyes serían estudiadas con placer, concebidas con facilidad, y retenidas fielmente. La república, poco conocida de las naciones extrañas, adquiriría crédito en ellas; y el crédito es siempre origen de muchos bienes. La opinión pública tendría hechos inequívocos para ser remuneradora justa; para censurar o elogiar, para borrar el nombre de algunos y hacer eterno el de otros.

Los diputados deben ser los oradores de la nación, los protectores de sus derechos, los conservadores de sus fueros. ¿Puede ser justo que los pueblos no oigan jamás la voz de sus defensores?

Todos los congresos de las naciones que han establecido gobiernos representativos tienen diarios que publican sus discusiones y propagan los conocimientos. ¿Solo el de la República de Centro América; solo el de Guatemala tendrá la desgracia de no publicar jamás sus sesiones? Guatemala tiene una gloria que ignoro hayan tenido las demás repúblicas de América; la de haber escrito un hijo suyo una taquigrafía nueva en diversos aspectos. Los congresos de las otras naciones tienen taquígrafos que escriben los discursos de sus diputados. ¿Y el de Guatemala será el único que carece de ellos?

En los dos meses que restan de la presente legislatura no podría publicarse un diario que presentase íntegros todos los discursos de los diputados en las sesiones del Congreso. No es posible formar taquígrafos en tan corto tiempo poniéndolos en aptitud de seguir la palabra con toda la rapidez con que se pronuncia. Pero puede publicarse un periódico que ofrezca a la nación un extracto de las sesiones del Congreso que la representa; puede nombrarse una comisión que lo redacte de una manera que haga honor a la república; puede abrirse suscripción general y acordarse, además de la que se abra, que los funcionarios primeros de la Federación, y los empleados principales, municipalidades y párrocos de los Estados sean suscriptores, o que se excite el celo de las asambleas de los mismos Estados para que ellas sean las que lo acuerden; puede resolverse que, si hubiere déficit, se cubra el que haya por la hacienda nacional; y si no hay fondos y por no haberlos no se quiere gravarla más, yo ofrezco al Congreso el sueldo que me corresponde como diputado para que se sirva destinarlo a un objeto tan importante.

Reservándome, pues, presentar el proyecto de un diario que ofrezca a los pueblos los discursos íntegros de sus diputados, hago ahora para que se tomen en consideración las proposiciones siguientes:

- Que se publique un periódico contraído precisamente a dar en extracto las sesiones del Congreso.
- Que se nombre para su redacción una comisión del seno del Congreso, o de fuera de él; pero presidida por uno de sus individuos.
- Que, para facilitar a la comisión sus trabajos, cada diputado de los que pidieren la palabra le dé un extracto del discurso que haya pronunciado.
- Que se abra suscripción general, y se acuerde, además de esto, que los funcionarios primeros de la Federación y los empleados principales, municipalidades y párrocos de los Estados sean suscriptores, o que se excite el celo de las asambleas de los mismos Estados para que ellas sean las que lo acuerden.
- Que, si uno ni otro bastare para llenar los gastos, se cubra el déficit por la hacienda nacional; y si hay escasez en ella y por haberla no se considera justo aumentar sus gravámenes, se disponga para objeto tan importante del sueldo que me corresponde como diputado de este Congreso.

Mi proposición fue pasada a una comisión; ésta la apoyó, y el Congreso acordó el decreto siguiente:

El Congreso Federal de la República de Centro América, considerando que nada puede contribuir tan eficazmente a la buena dirección de la opinión pública y el progreso de las luces en los ramos en que más importa generalizarlas, como el que se publiquen las

discusiones del cuerpo legislativo; y queriendo llevar a efecto el decreto
que con este fin fundó la Asamblea Nacional Constituyente en 24 de julio
de 1823; se ha servido resolver:

- ➢ Que se publique un periódico, cuyo preciso objeto sea el de dar en
  extracto las sesiones del Congreso.
- ➢ Que la redacción de este periódico sea a cargo de una comisión de
  su seno.
- ➢ Que, para facilitar los trabajos de la comisión, cada diputado de
  los que pidieren la palabra le dé un extracto del discurso que haya
  pronunciado.
- ➢ Que la comisión tenga además dos oficiales nombrados por ella
  misma que la auxilien en sus trabajos; y cuyas obligaciones serán
  con este objeto:
- ➢ Asistir diariamente a las sesiones del Congreso. Tomar apuntes de
  las discusiones.
- ➢ Escribir después lo que haya de publicarse, teniendo presente en
  la redacción de los discursos el extracto que deben dar de ellos sus
  autores, conforme a lo prevenido en el artículo 3.°, y llenar el vacío
  en caso de no darlos.
- ➢ Que el sueldo de los oficiales sea el de 30 pesos al mes, que se les
  cubrirá por la hacienda nacional, y se les abonará por todo el
  tiempo que se ocupen en este servicio.
- ➢ Que, para llenar los gastos de la edición del periódico, se suscriban
  a él todos los diputados; y si el importe de la suscripción no bastare
  a cubrirlos, se satisfaga el déficit por la hacienda pública.

Pase al Senado. Dado en Guatemala a 12 de abril de 1826. José del
Valle, Presidente. Mariano Gálvez, Diputado Secretario. Doroteo
Vasconcelos, Diputado Secretario.

Este decreto se pasó, después de haber corrido algunos días, a la
sanción del Senado que se sirvió negarla. Volvió entonces a la comisión
de que yo era individuo; y tuve el honor de poner el dictamen que sigue:

El Congreso se sirvió acordar que se publique un periódico con el
preciso objeto de dar en extracto las sesiones del Congreso; que la
redacción sea a cargo de una comisión de su seno; que para ser auxiliada
en sus trabajos nombre la misma comisión dos oficiales con el sueldo de
30 pesos mensuales cada uno; que para cubrir los gastos se abra una
suscripción general, y si hubiere déficit, se llene por la hacienda pública.

Este importante decreto se pasó al Senado para su sanción. Era de
esperar que se le diese llanamente, por ser muy obvia la justicia y muy

clara la utilidad de un acuerdo que produciría consecuencias del mayor interés. Pero la mayoría del Senado negó la sanción a un decreto tan justo; y las razones en que se funda son: 1.° Que el sueldo de 30 pesos asignado a los dos oficiales gravitará sobre la hacienda nacional; 2.° Que si no alcanzara a cubrir los gastos de impresión el producto de la suscripción que debe abrirse, se llenaría el déficit por la misma hacienda pública, y ésta no debe gravarse con gastos.

Admira que la mayoría del Senado se funde en razones de tan pequeña consideración para negar la sanción a un decreto que promete tantos bienes. La comisión las ha examinado detenidamente; y lejos de estimarlas bastantes, opina que debe ratificarse el decreto.

Las sesiones del Congreso deben durar tres meses, según el art. 66 de la Constitución. El sueldo de los dos oficiales, a razón de 30 pesos por igual espacio de tiempo, es por consiguiente de 180 pesos.

Los gastos de impresión, según el cálculo que se acompaña, son de 13 pesos 4 reales por cada pliego, tirando 200 ejemplares de cada uno. Suponiendo que se publica un pliego todos los días, resultan 92 en los tres meses de marzo, abril y mayo; y multiplicando 13 pesos 4 reales por 92, aparece que el costo de 200 pliegos diarios en todo el trimestre no sube más que a 1,242 pesos.

El papel que se consuma en la comisión de redacción no llegará a ser de una resma en cada mes. Pero supóngase que haya todo este consumo. El importe de las tres resmas, a 6 pesos cada una, sería de 18 pesos; y por consecuencia, unidas las tres partidas de 18 pesos, importe del papel; de 180, sueldo de dos oficiales; y de 1,242, gasto de impresión, no asciende la suma más que a 1,440 pesos.

No es creíble que deje de venderse un periódico de mayor interés que los demás que se publican. Doscientos suscriptores bastan para consumir o vender todos los 18,400 pliegos impresos, y recibir de la suscripción 2,300 pesos; si para otros periódicos de menor importancia hay igual o mayor número de suscriptores, para el del Congreso, que tiene tantos títulos para interesar, debe esperarse que sobrarán, y que lejos de ser gravoso, puede ser útil (aun en lo económico) el que se ha servido decretar el Congreso.

Es obvio el cálculo que lo demuestra. El total del periódico sólo asciende a 1,440 pesos, y su producto de venta sube a 2,300. Quedan, por consiguiente, 860 pesos de utilidad a beneficio de la hacienda pública, por la cual no se ha servido sancionar el decreto la mayoría del Senado.

Pero supóngase que no hay un solo suscriptor, o que no pagan los que hubiere. Supóngase que la hacienda nacional es la que satisface íntegros los 1,440 pesos que tendrá de costo el periódico.

Una cantidad tan pequeña no debe ser causa bastante para impedir a los pueblos la inmensidad de bienes que les promete un diario publicador de las discusiones del Congreso.

En toda nación que tenga gobierno representativo debe haber un periódico que publique las discusiones de su Congreso, Parlamento o Cortes. Todos los congresos de todas las naciones tienen diario de sus debates. Es gasto preciso y productor de muchos bienes. Debe decretarse su derogación en el caso de no bastar para cubrirla el producto de la suscripción que debe abrirse.

El S. P. E. tiene una gaceta que publica sus acuerdos y providencias. El Poder Legislativo debe tener un diario que dé a luz sus discusiones. La hacienda nacional cubre el déficit en la edición de la gaceta del gobierno. La misma hacienda debe llenar el déficit en la edición del diario del Congreso. Uno y otro gasto es justo. La nación no debe ser privada de los bienes que gozaría publicándose el periódico sólo por el ahorro mezquino de mil y tantos pesos. Otras erogaciones de menor utilidad han sido sancionadas por el Senado. Otros gastos menos importantes no han sufrido tanta oposición.

La comisión ama la economía y conoce sus ventajas; pero ama igualmente el bien general de los pueblos, y en su concepto y el de todos los que se detengan a meditar imparcialmente el asunto, pesan más los beneficios del periódico que el gasto pequeño de su costo.

Habiéndolo en consideración, propone al Congreso que se sirva ratificar el decreto de 12 de abril último.

Guatemala, 16 de mayo de 1826

El 21 de junio siguiente se ratificó el decreto; el 30 del mismo mes cerró el Congreso sus sesiones; y un acuerdo de importancia tan grande quedó sin haber tenido el cumplimiento que convenía a la universalidad de los pueblos.

A fines del mismo año de 1826 empezó la revolución que no olvidarán jamás los anales de Centro América. Desaparecieron los Poderes Constitucionales; quedo solamente el DESPOTISMO incendiario de pueblos, destructor de hombres, devorador de capitales; los Estados de El Salvador, Honduras y Guatemala se alzaron contra él en uso de sus derechos; y la justicia triunfó al fin como era de esperarse.

Después de tres años de interrupción, el Congreso fue restablecido el 24 de junio de 1839. El 2 de julio siguiente, aprobando la proposición que hice, declaró extraordinarias sus sesiones y fijó los asuntos que con arreglo a la Constitución debían ocuparle. El 3 del mismo mes pedí el cumplimiento del decreto precitado de 12 de abril; y se acordó así en la misma fecha.

Quiera la razón que en esta nueva época tenga suerte menos triste. Quiera ella misma que no se olvide un acuerdo tan interesante. Si se guarda y ejecuta el decreto, como es debido, los pueblos leerán el alma entera de sus representantes; sabrán si corresponden a su confianza; verán clara la justicia o injusticia de la ley. La opinión es el tribunal grande de los poderes supremos; y la opinión no puede formar sus juicios si no se le presentan los datos necesarios.

Guatemala, 13 de julio de 1829

Importancia de una Expedición Científica al Nuevo Mundo

Uno de mis deseos más constantes ha sido que esta nación sea conocida en la inmensidad de sus recursos naturales para que tenga el crédito y opinión de que es digna.

Fijo en este pensamiento, he indicado en distintos tiempos lo que me ha parecido conveniente para que tenga efecto.

En 1820 manifesté en diversos papeles la utilidad de la estadística, y excité a sus trabajos convencido de su importante trascendencia. Veía que se iba acercando la época feliz de nuestra libertad, y deseaba que fuesen conocidas en el mundo las riquezas de estas provincias cuando se presentasen a él como nación independiente.

En 1824 propuse, y acordó a mi propuesta el Supremo Poder Ejecutivo, que nuestros enviados a la Norte y Sur América presentasen cada uno en su alegación respectiva el proyecto de una expedición científica compuesta de astrónomos, geógrafos, botánicos, etc., destinada a reconocer y observar este nuevo continente en sus puntos más importantes, y costeada por todos los gobiernos de todas las repúblicas de América.

En marzo de 1825, sabiendo que el Barón respetable de Humboldt pensaba repetir su viaje a Nueva España, aproveché ocasión tan oportuna para llamar a estos países su celo acreditado por las ciencias naturales, y le escribí con este objeto una carta muy recomendada en su dirección.

En septiembre del mismo año recibí una del profesor de mineralogía de México en que me comunicó la llegada a aquella capital del naturalista alemán conde de Sack, y me hizo a su nombre diversos encargos. Volví entonces al deseo de ver en este suelo un hombre digno de observarlo en uno de los ramos más interesantes de la historia natural; y el 3 de octubre siguiente le escribí convidándolo a extender sus viajes por nuestra república.

En diciembre siguiente publiqué una pequeña memoria proponiendo el plan de una expedición científica enviada y costeada por una compañía anglo-guatemalana y protegida especialmente por los gobiernos de cada uno de los Estados de nuestra república.

Mis pensamientos no han tenido, sin embargo, el resultado que deseaba y exige el bien general. La estadística tan útil para naciones que, por ser nuevas, deben hacerse conocer del mundo, no se ha formado hasta ahora porque faltan datos de que no es posible prescindir. Nuestros enviados, ocupados sin duda en otros asuntos de importancia, no han tenido la satisfacción de ver emprendida la expedición que se recomendó a su celo. El conde de Sack me contestó en carta de 8 de noviembre de 1825 que le sería de un placer inexplicable poder extender sus viajes hasta Guatemala, país muy fecundo en todo género de producciones preciosas de la naturaleza; pero que circunstancias que no estaba en su mano remover le obligaban a salir de México para Colombia, donde debía unirse con un botánico que debía haber llegado de Alemania para acompañarle en sus futuros viajes. El Barón de Humboldt no manifiesta en sus letras de 30 del mismo mes de noviembre intención de volver a la América; y solo me dice en ellas que será eterno el sentimiento que tiene de no haber recorrido todavía los bellos Estados de la República de Centro América, y que se interesa vivamente en los destinos de una porción tan hermosa del globo, donde sus habitantes han sabido conquistar su independencia sin las borrascas de las disensiones civiles. Los gobiernos de los Estados de Costa Rica, Nicaragua, Honduras y Guatemala se sirvieron manifestarme el agrado con que habían visto el plan indicado de una expedición científica, y añadieron que, si tenía efecto, le darían toda la protección de que es digna. Pero el estado actual de los fondos y especulaciones de Inglaterra hace creer que no será adoptado, al menos en las presentes circunstancias, el proyecto presentado al espíritu que en aquella isla meditaba empresas útiles para una y otra nación. No debe, a pesar de esto, abandonarse un pensamiento que promete bienes de tanta magnitud. Debe, por el contrario, aprovecharse la ocasión más bella que puede presentarse.

Se va a instalar en Panamá el Congreso General de la América; y en esa dieta respetable donde se van a reunir plenipotenciarios de todas las nuevas repúblicas, sería importante que se acordase la expedición que debe recorrer el Nuevo Mundo y ser costeada por los Estados que existen en él.

No es preciso detenerse en demostrar todos los bienes que produciría este acuerdo. Hay pensamientos que basta indicar para que todos sean convencidos de su importancia.

Recorrida la América por viajeros dignos de contemplar esta naturaleza grande, rica y majestuosa; determinadas las posiciones geográficas de los puntos o lugares principales; observadas las temperaturas y elevaciones de ellos; clasificados los minerales, vegetales y animales que la hermosean y pueden enriquecer; reconocidos los puertos y bahías de sus costas; distinguidos los hábitos, caracteres, costumbres y organizaciones físicas de sus indígenas; corregido su mapa y los de las repúblicas que hay en ella; formada en fin la geografía de sus minerales, la de sus plantas y la de sus animales, levantando cartas exactas que designen las zonas de ellos y expresen las escalas de temperaturas y elevaciones respectivas en que se crían y viven, ¡cuánto se extenderían las ciencias! ¡Cuánto se mejorarían las artes! ¡Cuánto adelantarían las industrias! ¡Cuánto se perfeccionarían los métodos! ¡Qué creaciones! ¡Qué progresos! ¡Qué riquezas! ¡Qué revoluciones habría en el sistema general de los conocimientos humanos!

Las repúblicas aumentarían las tablas de sus riquezas; el Nuevo Mundo aparecería más grande; el Congreso de Guatemala tendría nombre; y el de Panamá se haría inmortal en los anales de la América.

Pido, pues, que el Congreso se sirva acordar que los ministros plenipotenciarios enviados a la Asamblea General de Panamá exciten el celo de ella para que se digne decretar una expedición científica compuesta de geógrafos, astrónomos, naturalistas, etc., costeada por los gobiernos de las repúblicas de América, y destinada a recorrer y observar los puntos principales del Nuevo Mundo.

(Sesión del 11 de abril).

Nuestra Soberanía y el Principio de No Intervención

El año pasado de 1834 reconoció México en la forma más solemne la independencia absoluta de Guatemala. Yo era entonces individuo del Poder Ejecutivo; y tuve la satisfacción dulce de publicar en la gaceta de gobierno el buen estado de las relaciones de esta república con la mexicana.

El año presente de 1826, llamado el mes anterior de marzo a ocupar una de las sillas de los diputados, tengo el sentimiento profundo de hablar idioma muy diverso.

En uno de los periódicos de México[145] se dice que don José Cirilo Gómez Anaya y don José Yáñez, individuos de la Cámara de Diputados de la nación mexicana, hicieron proposición pidiendo que se autorice al gobierno de aquella república para que en represalia ocupe con las armas a los pueblos de la nuestra que manifiesten al general o comandante mexicano que está en la frontera la voluntad que tengan de unirse con México.

Esta proposición es injusta, es subversiva, es anárquica; tiende a perturbar el orden; y produciría daños de consecuencias incalculables si fuera acordada. Los haría a Guatemala, los haría a México, los haría a toda la América en general.

En todo país donde se muda la forma de gobierno es preciso que haya dos partidos: el de los adictos al antiguo, y el de los amantes del nuevo.

Cuando Francia destruyó el suyo; cuando abolió el monárquico y estableció el republicano, la nación vio a unos que lloraban por la monarquía y a otros que celebraban la república. Cuando España hizo constitucional el gobierno que era absoluto, los que tenían interés en el absolutismo formaron una división, y aquellos que lo tenían en la Constitución política decretada por las Cortes formaron otra. Cuando Guatemala se pronunció independiente de la dominación mexicana, es natural también que haya dos secciones: la del mínimo que quiera la sujeción a México, y la del máximo que ama con alegría y entusiasmo la independencia absoluta de la nación.

Pedir que se autorice al gobierno de la nación mexicana para que ocupe con tropas a los pueblos de la nuestra que quieran ser parte de aquella república es pedir que se ofrezca protección al partido que no ame nuestra independencia; es estimularle a que dé gritos a favor de México; es animarle a que se rebele contra su patria; es alarmar a los que

---

[145] En el so

aman a la república; es soplar las teas de la discordia; es excitar a guerras intestinas; es querer que haya anarquía y se haga a una nación que respeta los derechos de sus vecinos el mal de mayor tamaño que puede hacerse a un pueblo.

Una familia no tiene derecho para fomentar divisiones en otra familia. Un pueblo no lo tiene para engendrar discordias en otro pueblo. Una nación no lo tiene para hacer nacer la anarquía en otra nación. Los derechos de una familia, de un pueblo, de una nación no son más que la suma de los derechos de los individuos que la componen. Si un individuo no puede hacer daño a otro individuo, una nación tampoco puede causarlo a otra nación.

Las naciones se hallan unas respecto de otras en el estado de naturaleza; y la moral es el vínculo que debe unirlas. Las naciones son independientes y soberanas cualquiera que sea la extensión de su territorio o el número de sus individuos. Las naciones deben en tiempo de paz hacer el mayor bien, y en el de guerra el menor mal posible. Una nación debe obrar con las demás como desea que se obre con ella. Una nación no tiene derecho para intervenir en los negocios de otra.

Estos son los principios luminosos del Derecho de Gentes que ha sabido fijar un publicista digno de este título. Ellos derraman luces para conocer los de la República de Centro América; ellos deben sostener a la faz del mundo nuestra independencia y libertades; ellos evidencian la injusticia de la proposición hecha por los diputados de Nueva España. En la misma República mexicana donde se da la luz, se han publicado anteriormente otros papeles dignos, como he indicado otra vez, de toda nuestra atención.

En ellos se han impreso noticias que disminuirán el crédito y ofenderían el honor nacional si no fuera manifestada su falsedad en el todo o su alteración en mucha parte; en ellos se ha deprimido a la república, ponderando la escasez de población, falta de industria y poca ilustración; en ellos se ha dicho que Guatemala no tiene elementos para ser independiente, ni poder para sostenerse como soberana; en ellos se ha aventurado la proposición de que esta república llegaría a ser presa del primer enemigo que quiera subyugarla si México, tanto por darle una mano protectora como por no dejarse flanquear por aquí, no defiende su libertad; en ellos se han descubierto miras muy claras diciendo que cuando uno quiere no arruinar su casa, se ve en la precisión de cuidar del buen estado de la que está pared en medio con ella.

Publicados estos papeles en Nueva España, si el Congreso mexicano acordara la proposición transcrita de dos de sus individuos, México tendría en las naciones que saben respetar los derechos de las demás el concepto que sería digno en tal caso. Se manifestaría por todas partes su injusticia y ambición; se diría que quiere ser conquistador al mismo tiempo que, declarándose independiente de la antigua España, publica que las conquistas no dan derecho a quien las hace; se añadiría que piensa en países lejanos cuando no ha acabado aún de consolidar la administración de los que tiene cerca; se demostraría la imposibilidad de gobernar bien una extensión tan inmensa de territorio desde California hasta el istmo de Panamá. Quedaría en contacto con Colombia, y el que dos repúblicas llegaran a ser rivales produciría consecuencias que no es difícil prever; se alarmaría el Nuevo Mundo viendo dilatarse por toda la América septentrional la dominación mexicana; la opinión general se volvería contra México y la justicia triunfaría al fin.

En todas las naciones que no han consolidado todavía su nuevo sistema hay enemigos interiores. Los papeles públicos de México manifiestan que los hay en aquella república, y los de las otras de América confiesan la misma verdad. Supóngase que ocupan con tropas el gobierno de Washington a los pueblos de Nueva España que quieran ser parte de los Estados Unidos de Norte América; el de México a los pueblos de nuestra república que quieran sujetarse a la mexicana; el de Guatemala a los de Colombia que quieran agregarse a Centro América; el de Bogotá a los del Perú que quieran unirse con Colombia, etc.

La América sería entonces imagen verdadera del caos. Los malcontentos de una república darían voces a favor de la vecina. Todo sería confusión. Un desorden general se extendería desde Texas hasta Chile. No habría paz, sosiego ni tranquilidad. La ambición europea cantaría victoria; y los americanos libres tornarían a ser esclavos.

Se indica por los diputados de México que la medida que piden se funda en el derecho de represalia. Pero esto manifiesta solamente que se ha olvidado la significación propia de la palabra y no se han tenido presentes los hechos.

Represalia es el derecho que tienen los gobiernos de retener y tomar de los enemigos las cosas que se hallan en el Estado al tiempo del rompimiento de la guerra. México no la ha declarado a Guatemala, ni Guatemala la ha declarado a México. Están en paz ambas naciones; y la disputa sobre Soconusco no puede fundar en sentido alguno la proposición de los diputados de Nueva España.

Soconusco ha sido desde más de dos siglos provincia de Guatemala; Soconusco ha pronunciado del modo más solemne y espontáneo la voluntad que tiene de seguir unida con Guatemala. Podría Guatemala, sin ofender el derecho de gentes, tener en Soconusco una división protectora o de respeto. Pero el Congreso del año anterior mandó que se retirase la fuerza que había en aquel punto para que no la hubiese de esta república ni de la mexicana mientras no se termine la cuestión pendiente. Si es, desde el año pasado, el pretexto que alegan los diputados autores de la proposición, supóngase, sin embargo, que en Soconusco hubiera alguna fuerza de nuestra república, ¿podría esto dar algún derecho al gobierno mexicano?

Si el de Centro América dijera a los pueblos de Nueva España: Si queréis separaros de aquella y uniros con esta república, yo enviaré fuerza que proteja vuestra voluntad; el de México, previos los preliminares que exigiría en tal caso el derecho público, podría hablar el mismo idioma a los de Guatemala.

Si el de Centro América ocupara con la fuerza provincias que desde siglos han correspondido y quieren pertenecer a Nueva España; el de México podría obrar de la misma manera con arreglo a los derechos que da una guerra legítima. Esto demandaría la reciprocidad de derechos que tienen las naciones. Pero querer que el gobierno mexicano ocupe con la fuerza a los pueblos de esta república que quieran unirse con la de México sin que el de Centro América haya pensado ocupar del mismo modo a los de aquella nación que quieran agregarse a esta, es violar los principios más obvios del derecho de gentes, es olvidar la moral pública que debe ser la base de las relaciones exteriores de las naciones, es dar escándalo al mundo entero y sujetarse a las censuras de la opinión universal de los pueblos.

Yo no creo que el Congreso de México sea capaz de aprobar una proposición tan escandalosa. En él existen hombres que saben respetar los derechos sagrados de las naciones. Yo los conozco. Su voz se habrá hecho oír contra una petición tan injusta. Vuelvo a decirlo. El Congreso de México no ha de querer cubrirse de oprobio a la faz de toda la América. No precipitemos nuestros acuerdos. Esperemos el correo; y con presencia de las noticias que trajere deliberaremos con más datos.

Esto es lo que consulta la comisión en el dictamen que he tenido el honor de extender. Yo opino que debe aprobarse[146].

(Sesión del 17 de abril).

---

[146] Se aprobó el dictamen; al día siguiente llegó el correo; y con él la noticia de haber desechado el Congreso de México la proposición de sus diputados.

El Plan Necesario para Consolidar la Independencia

En 1.° de marzo abrió el Congreso sus sesiones. Han corrido 52 días; y solo restan 40 del trimestre que señala la ley.

Son muchos los asuntos pendientes; son mayores en número los que pueden promoverse para bien de los pueblos. Yo llamo la atención de las comisiones; yo suplico que aumenten sus trabajos, y me tomo la licencia de presentar el plan que debe dirigirlos.

Hay verdadera inmensidad en los negocios que pueden ocupar el celo de un Congreso que quiera corresponder a la expectación de los pueblos. Pero todos ellos, cualquiera que sea su número, pueden reducirse a pocos puntos cardinales.

En una nación que acaba de proclamar sus derechos, la independencia debe ser el objeto primero de sus cuidados. Para sostener o consolidar la independencia son precisas dos fuerzas: la moral y la física. Para formar la fuerza moral es necesario arreglar la instrucción pública, y para crear la fuerza física es necesario organizar el ejército. Para los gastos que exigen la instrucción pública y el ejército es precisa la Hacienda Nacional. Para tener Hacienda Nacional es necesaria la riqueza. Y para que haya riqueza es preciso fomentar la agricultura, que hace dar frutos a la tierra; la industria, que mejora o embellece los frutos de la agricultura; y el comercio, que transporta los productos de la industria.

Independencia apoyada en dos fuerzas; instrucción pública creando la fuerza moral; ejército formando la fuerza física; Hacienda Nacional dando fondos para los gastos de la instrucción y del ejército; agricultura, industria y comercio enviando caudales a la tesorería de la nación. Este es el cuadro que el Congreso debe tener siempre delante de los ojos; estos son los puntos que deben ocupar nuestra atención; estos son los negocios en que debemos pensar.

Que la comisión de Instrucción Pública se ocupe en el plan benéfico que debe arreglarla conforme al artículo 69, atribución 14 de nuestra Constitución Política.

Que la comisión de Guerra trabaje el proyecto de la ley que debe organizar el ejército según el mismo artículo, atribuciones 2 y 3.

Que la comisión de Hacienda se dedique a mejorar la de nuestra república rectificando errores, corrigiendo abusos, llenando vacíos, y no olvidando jamás el estado comparativo de ingresos y gastos.

Que la comisión de Agricultura piense al fin en la madre primera del hombre, manifestando las causas que la tienen pobre y reducida a un pequeño número de artículos de exportación, y proponiendo medidas activas para hacerla rica y extensa.

Que la comisión de Industria se acuerde de los artesanos, fábricas y manufacturas, proponiendo cuanto sea útil para plantear en nuestro suelo algunas de las que faltan y son más necesarias.

Que la comisión de Comercio medite planes y presente arbitrios para dar extensión al de la república, multiplicando sus relaciones y elevándola al grado a que puede subir.

Ocupadas en estos asuntos diaria y celosamente las comisiones del Congreso, concluiremos el trimestre de la ley llenos del placer más puro que puede penetrar a un alma sensible.

La independencia de una nación se consolida interesando en su justa causa a los individuos que la componen. Cuando el interés los une en derredor del nuevo sistema; cuando están acordes en las bases primeras de su felicidad; cuando hay identidad de sentimientos y opiniones, la marcha de un pueblo es rápida y tranquila; de todas las voluntades individuales se forma una masa de voluntad general; cada ciudadano es un soldado o un orador de la patria; la república tiene respetabilidad; ninguno se atreve a calcular su sacrificio o especular sobre su ruina.

Cuando no hay armonía en los puntos fundamentales; cuando la divergencia de pensamientos y deseos llega al grado de no poder desconocerse; cuando no hay unidad aun en lo primero en que debe haberla, los resultados son muy diversos, las consecuencias muy distintas, las perspectivas muy tristes.

Para consolidar la independencia de una república es necesario interesar en su causa a los ciudadanos que la forman.

Para interesar a los ciudadanos es preciso dictar leyes que les hagan bien. Para acordar leyes benéficas es de necesidad oír la voz de las comisiones respectivas del Congreso.

Las comisiones son los primeros elementos del bien. De ellas depende que la nación progrese, retroceda, o se mantenga estacionaria. Su celo es el que influye más en los destinos de los pueblos.

No deben emplearlo solamente en los casos en que se pasa a su vista un expediente, una proposición o una adición. El objeto de su establecimiento manifiesta toda la extensión de sus trabajos. Aun cuando no hay expedientes; aun cuando no se hagan proposiciones, deben dedicarse a proponer medidas y presentar proyectos que llenen el objeto de su creación. Sin haber expedientes ni proposiciones, debe la comisión de Agricultura pensar en el fomento de esta primera fuente de riqueza. Sin preceder uno ni otro, debe la comisión de Industria discurrir planes que la hagan nacer en nuestro suelo.

Se ha mandado que los lunes de cada semana presente la Secretaría una lista de los asuntos pendientes en cada comisión. Es medida muy conveniente. Yo la apoyé cuando se propuso. Pero no llena todo el objeto que debe haberse en consideración.

Yo, deseando por una parte que se haga justicia al celo de las comisiones que trabajan, y queriendo por otra que se llenen las miras del reglamento, propongo al Congreso se sirva acordar:

Que los lunes de cada semana manifieste la Secretaría: 1. Cuáles son las comisiones que han trabajado, y cuántos asuntos han despachado; 2. Cuáles son las que no han trabajado en ninguno; 3. Qué asuntos continúan pendientes en cada una de ellas.

Que en el caso de no haber asuntos despachados por las comisiones para llenar las horas que según el reglamento deben durar las sesiones del Congreso, todos los individuos de ellas sean obligados a completar las horas que falten trabajando en los negocios propios de sus comisiones respectivas.

(Sesión del 21 de abril).

El Grandioso Proyecto Del Canal De Nicaragua Y La Ambición Extranjera

Aspecto Político

Todos los días se discuten cuestiones diversas y se determinan asuntos distintos. Si algunos son infinitamente pequeños, el que se va a examinar es infinitamente grande.

Se trata del canal de Nicaragua que más de dos siglos ha sido objeto de los geógrafos, de los economistas y de los políticos; se trata de unir las aguas del Atlántico con las del Pacífico, y hacer océano lo que es tierra firme; se trata de mudar los destinos de la república, de la América y del mundo entero.

Un Estado vasto, fecundo en su territorio, rico en sus producciones, colocado en medio de las dos Américas, situado entre dos mares, hermoseado por un lago de 70 a 80 leguas de largo y de 25 a 30 de ancho, que por una parte envía sus aguas al océano del norte por el río de San Juan, y por otra no dista del Pacífico más que 7 leguas en unos lugares y 4 en otros, es cuadro hermoso, propio para inspirar proyectos, estimular a empresas y excitar a especulaciones.

A los primeros momentos se transporta el alma de gozo; quisiera que no se perdieran instantes; que se abriera el canal grande de comunicación; que la república gozara desde luego los bienes que ofrece una perspectiva tan bella.

Pero cesa al fin el entusiasmo, y comienza la razón a meditar en calma el proyecto. Entonces se ve todo el orden de operaciones que exige una empresa tan grande; entonces se descubren las dificultades y se perciben las consecuencias; entonces se conoce que es preciso examinar cuatro cuestiones difíciles.

- ¿Puede abrirse un canal de comunicación entre los dos océanos haciendo navegable el río de San Juan y cortando el terreno que hay entre el lago de Nicaragua y el mar Pacífico?
- ¿Debe abrirse en el caso de ser posible su apertura?
- ¿Conviene abrirlo en el momento presente o debe diferirse su apertura a otros tiempos y circunstancias?
- Cuando convenga abrirlo, ¿debe fiarse la empresa a una compañía extranjera, o hacerse de cuenta de la nación o de sus hijos?

Estos son los puntos que deben examinarse antes de acordar una resolución definitiva. No basta mi examen poco detenido. La misma importancia del asunto exige que el Congreso, circunspecto en todas sus deliberaciones, lo sea en esta más que en las otras.

1.°

Para saber si es posible la apertura del canal es necesario reunir multitud de datos y ejecutar diversidad de operaciones; es necesario reconocer todo el terreno por donde debe pasar la línea del canal desde la costa del norte hasta la del sur; es preciso hacer nivelaciones, determinar alturas y fijar grados; es preciso levantar la carta general del Estado, y la especial del río de San Juan, de la laguna de Nicaragua y del terreno divisorio entre ella y el mar Pacífico.

Nada de esto se ha ejecutado hasta ahora con la exactitud necesaria. No se han hecho nivelaciones, no se han calculado alturas, no se han determinado posiciones.

No tenemos todavía cartas, ni planos, ni croquis exactos. La que formó el ingeniero don Juan Bautista Jáuregui el año de 1818 de lo que se llamaba Reino de Guatemala es, entre las que he visto, la menos defectuosa, y no están en ella determinados los grados ni designada la escala. El croquis del río de San Juan y su puerto hecho en 1790 por el ingeniero don José María Alexander no está arreglado, como confiesa él mismo, a posiciones y distancias bien determinadas, sino fundado en el conocimiento y cortas observaciones que hizo a su tránsito por él. El croquis de la laguna de Nicaragua que se encontró entre diversos papeles del coronel Roberto Hogdson tampoco es exacto, ni está conforme con el anterior, ni tiene escala. El plano ideal del río de San Juan, lago de Nicaragua y terreno que lo separa de la costa del sur hecho en 1823 según las indicaciones de don Manuel Antonio Cerda manifiesta en su mismo título que tampoco hay en él exactitud, grados ni escala.

Debemos confesarlo con franqueza. No podemos decir si es posible o imposible la apertura del canal. Nos faltan datos aún para formar este juicio que es el primero en el orden de todos los que exige un proyecto de tanta magnitud. Yo busqué esos datos el año de 1824 en la Secretaría del Gobierno cuando era individuo del Poder Ejecutivo; yo los he buscado el de 1826 en la del Congreso ahora que soy miembro suyo; y no los he encontrado en una ni otra.

2.°

Hechos los reconocimientos; ejecutadas las nivelaciones; calculadas las alturas; determinadas las posiciones, si el resultado de todo esto convenciere la posibilidad del proyecto, yo seré el primero en decir que debe ejecutarse oportunamente.

No abriéndose en América otro canal que el de Nicaragua, serían para nosotros inmensos los bienes e infinitas las consecuencias. La mente más vasta no puede abrazarlas en su totalidad. Una revolución extraordinaria se haría de repente en la suerte de Nicaragua y en los destinos de esta república y del mundo nuevo y antiguo.

El comercio, que es el árbitro poderoso de los Estados modernos, no tendría que atravesar el globo desde lo más boreal de la Europa hasta lo más austral de la América para realizar sus grandes negocios; no tendría que recorrer los mares de toda la costa occidental del África y doblar el cabo tempestuoso de Buena Esperanza para ir a la India, a la Nueva Holanda y a los mercados del Asia; no tendría que dar vuelta a toda la América meridional y subir hasta el cabo de Hornos para tener relaciones mercantiles con los pueblos de la costa occidental del Nuevo Continente; no tendría que esperar el tiempo más favorable para la navegación, suspendiendo sus especulaciones en unos meses del año y ejecutándolas en otros. Por vía más breve, sin tantos riesgos ni peligros, haría sus negociaciones con la Nueva Holanda, la India y la América, ahorrando centenares de leguas, aprovechando todos los meses del año, y economizando fletes marítimos y gastos.

El mundo antiguo se acercaría al nuevo. El océano no sería sepulcro de tantos hombres. El movimiento del comercio sería más rápido. Las especulaciones se multiplicarían. El precio de todos los géneros bajaría en beneficio de los pueblos.

3.°

Abriéndose canales en otros puntos del Nuevo Mundo, no serían tan grandes los bienes que nos haría gozar el canal de Nicaragua. Pero produciría muchos; y en obsequio de ellos debe abrirse. Pero el momento presente, ¿será el de la oportunidad para emprender una obra tan grandiosa? He aquí otro punto más delicado que los otros. He aquí la cuestión que en las actuales circunstancias debe ocupar más al Congreso.

Se pondera la inmensidad de bienes que promete el canal. Impaciente por hacer a mi patria todos los que puede gozar, yo fui en otro tiempo uno de los más exaltados en este proyecto. Pensé después más

detenidamente en él; vi todo el desarrollo de consecuencias que
produciría su ejecución; y conocí la necesidad de ser cauto o
circunspecto en obras tan grandes como la presente.

La nota de 19 de diciembre de 1824 que pasó el Ministerio de
Relaciones a la Secretaría de la Asamblea Nacional y dicté yo mismo
cuando era individuo del Gobierno, acredita mis pensamientos desde
aquella fecha. Yo dije entonces que si, visto el asunto en su aspecto
económico, ofrecía grandes utilidades, considerado en su aspecto
político parecía muy clara su delicadeza; yo indiqué algunos datos que
la convencían; yo concluí diciendo que si, a pesar de ellos, se celebraba
la contrata, era prudente poner a la provincia de Nicaragua en el mejor
estado de defensa.

No tengo motivos, ni se han presentado razones que me hagan variar
de opinión. Sigo firme en ella. Juzgo que no conviene abrir el canal en
el momento presente. Creo que debe diferirse su apertura a otros tiempos
y circunstancias.

Todos los puntos o lugares del globo han sido objeto de celos y
rivalidades desde el instante en que se les ha puesto en estado de ser
interesantes al comercio. Lo era en el Mediterráneo la isla de Malta, y
por serlo fue sucesivamente conquistada por la Francia y la Inglaterra.
Lo era Gibraltar en el mismo mar. España estaba en posesión pacífica; y
los ingleses tomaron aquella fortaleza en 1704 y continúan hasta ahora
dueños de ella. Lo era la isla de Córcega en el mar de Toscana; y por la
importancia de su posición fue ocupada por los cartagineses, los
romanos, los sarracenos, los genoveses, etc. Lo era la isla de Sicilia, y
por sus ventajas para las relaciones del comercio fue también
conquistada por los sarracenos, los españoles, los franceses, etc.

Lo era el cabo de Buena Esperanza después que lo descubrieron los
portugueses, y por su ventajosa situación para el comercio de la India
Oriental se estableció en él una compañía holandesa; los ingleses
lanzaron después a los holandeses en 1795; los franceses intervinieron
posteriormente; y en el tratado de Amiens se estipuló su restitución a la
Holanda.

No es preciso recordar otros ejemplos. La historia entera de los
establecimientos de los europeos en la América y la India Oriental
manifiesta constantemente que todo país que llega a ser ventajoso para
el comercio es objeto de celos, rivalidades, guerras y conquistas.

Nicaragua, colocada en posición tan ventajosa, no ha sido olvidada
de las naciones extranjeras. En todas las geografías se pondera con

encarecimiento la importancia de su situación. Bryan Edwards escribió una memoria sobre el canal de comunicación entre ambos mares, y en ella empleó diversas razones para manifestar al gobierno inglés que debía apoderarse del istmo de Nicaragua por fuerza o por negociaciones.

En una obra posterior publicada el año de 1821 se ha dicho que los ministros ingleses no han perdido de vista tan grande asunto, ni otros datos que sobre lo mismo se les han comunicado por varios sujetos instruidos que han residido en la bahía de Honduras.

En otros papeles ingleses sobre el comercio de la India se ha dicho que el istmo de Darién es una lengua de tierra muy estrecha entre San Blas y los indios misquitos; que Portobelo, Chagres y Panamá son como la llave de todo el país, y deben pertenecer al fin a una de las grandes potencias de Europa y no a los Estados Unidos de América.

Una expedición inglesa preparada en Jamaica, dirigida por el general Kemble y auxiliada por el rey de los zambos y mosquitos, atacó al puerto y castillo de San Juan el año de 1780. La real orden de 15 de octubre del mismo año indica los pensamientos que ha habido y no debe olvidar el Congreso.

Yo estoy muy distante de ofender a los gobiernos de las naciones extranjeras. No digo que haya en sus agentes miras injustas o contrarias a nuestros derechos. Creo que el nombre del ministro actual de Inglaterra será inmortal en la memoria de los americanos. Pero el carácter más grande de un cuerpo legislador debe ser la previsión. No debe fijar los ojos solo en el momento presente. Debe extenderlos a lo futuro. Debe considerar que los funcionarios de los gobiernos se mudan; que las relaciones se varían, y las circunstancias se alteran.

Si Nicaragua ha sido objeto de pensamientos cuando no tenía otros atractivos que los de la naturaleza, teniendo un canal de comunicación entre los dos océanos y haciéndose de este modo el punto más importante del globo, ¿no será con mayor razón el blanco de las voluntades y proyectos?

Nuestra república acaba de proclamar sus derechos y crear su gobierno. Su independencia no está todavía consolidada. Ninguna potencia de Europa la ha reconocido hasta ahora. No está aún organizado todo el ejército ni creada toda la hacienda que puede tener. Hay disputa sobre límites por una parte con México y por otra con Colombia. El gobierno mexicano cree que le corresponde la provincia de Chiapa; el colombiano piensa que le pertenece la costa que se extiende desde el cabo de Gracias hasta el Chagres; y en esa costa está el puerto y río de

San Juan que debe formar parte del canal. El territorio de Nicaragua por donde debe abrirse linda con el de los indios mosquitos, que tienen relación con extranjeros. Nicaragua acaba de sufrir una revolución dolorosa que ha dejado sentimientos no borrados hasta ahora.

Nuestra república está tierna todavía. Abrir ahora el canal es poner en ella la manzana peligrosa de la discordia; es sembrar la semilla de los celos y rivalidades extranjeras cuando no tenemos todavía desarrolladas nuestras fuerzas.

Abriéndose en Nicaragua el canal de comunicación, nuestra república tendrá la llave delicada del comercio; nuestra república decretaría los aranceles, subiendo o bajando los derechos de importación y exportación. Todas las naciones quedarían en este sentido dependientes de la nuestra. ¿Y Estados más ricos y poderosos que el nuestro querrían sufrir aquella dependencia? ¿Estados antiguos que saben concebir, preparar y ejecutar planes vastos querrían sufrir las leyes que dictásemos?

El barón respetable de Humboldt, observando la costa de la América desde los 54 grados de latitud boreal hasta la isla de Chiloé, designó nueve puntos donde pueden hacerse ensayos para saber si es posible la apertura de canales o comunicaciones interiores por medio de los ríos. Se hallan otras repúblicas de América en posición diversa de la nuestra; tienen más desarrollados sus elementos, y su independencia está ya reconocida por la Inglaterra. Yo observo, sin embargo, que no han abierto hasta ahora canales ni fiado su apertura a compañías extranjeras. Este ejemplo me parece digno de imitarse. Yo veo en él mucha prudencia; y deseo que no la olvidemos nosotros.

Pueden levantarse fortalezas en Nicaragua; puede estipularse su construcción en la misma contrata del canal; pueden acumularse unas sobre otras las condiciones y calidades. Pero Gibraltar es una roca; y fue ocupada por los ingleses. Gibraltar es una fortaleza de las más grandes de Europa; y fue ocupada por los ingleses. Gibraltar pertenecía a una nación que tenía entonces riqueza, poder y gobierno consolidado, y fue ocupada por los ingleses.

Nicaragua sin canal no ofrece tantos atractivos como Nicaragua con canal. En Nicaragua sin canal no hay para ocuparla los motivos o pretextos que puede haber en Nicaragua con canal. En Nicaragua sin compañía extranjera que tenga privilegio exclusivo y sea por él casi dueña del comercio marítimo, no hay tantos motivos para temer como en Nicaragua influida por una compañía poderosa que tenga aquel carácter. Las condiciones o artículos de una contrata son, hablando en general sin agraviar a ninguno en particular, garantía muy pequeña cuando no hay fuerza poderosa que las haga respetar.

No violentemos jamás la marcha gradual de la naturaleza. Consolidemos nuestra independencia; apoyémosla en las dos fuerzas que deben sostenerla, la moral y la física; pongamos en buen estado nuestras relaciones exteriores; sigamos planteando y afirmando nuestras instituciones; y concluidos estos trabajos, cuando estén más desarrollados nuestros elementos, pensemos entonces en empresas que ahora serían peligrosas.

Es brillante, es lisonjera, es llena de atractivos la de un canal que una los dos océanos. Pero bajo esa brillantez hay peligros, hay riesgos, hay abismos.

Yo lo manifiesto el día 27 de abril de 1826. El momento presente no es el de la oportunidad para abrir el canal de Nicaragua.

4.°

Aun en el caso que lo fuera, no debería contratarse su ejecución con una compañía extranjera. Debería hacerse de cuenta de la nación o de una compañía compuesta de hijos de ella.

Un padre prudente de familia que juzga necesarias algunas obras en su finca, no busca empresarios extraños que vayan a su propiedad a hacerlas y recibir hasta su reintegro el usufructo de las mismas obras. Si tiene capital, con él las hace de su cuenta. Si no lo tiene, lo solicita para ejecutarlas él mismo.

Un gobierno que sea padre de los pueblos que dirige tampoco debe buscar compañías extranjeras para que vengan a levantar obras que pueden ser peligrosas, y recibir sus productos y gozar privilegios por multitud de años. Si la hacienda pública tiene fondos, con ellos emprende las obras; y si no los hay en la tesorería, los pide en empréstito, y trabaja con los que recibe.

Roma, España, Francia, Austria podían sin peligro fiar a empresarios extranjeros la ejecución de sus obras públicas porque son naciones antiguas y tienen gobierno establecido, hacienda y ejército organizados. Roma, España, Francia, Austria han obrado, sin embargo, de distinta manera. Hicieron caminos, abrieron canales y levantaron obras prodigiosas sin contratar su ejecución con compañías extranjeras. Los caminos más memorables que existen en Europa son los de los antiguos romanos, y esos caminos se hicieron de cuenta de la nación. Los canales que Napoleón abrió en Francia fueron hechos de cuenta de la nación. El de Urgel y el de Aragón fueron también emprendidos en España de cuenta de la nación.

Los caminos públicos, las comunicaciones libres —dice un hombre de luces hablando a los nuevos Estados de América— hacen la riqueza de un pueblo. Pero estas empresas no deben fiarse a los extranjeros, porque los caminos no serían en tal caso sólidamente construidos, y costarían cuatro veces más de lo que deben valer. Como los caminos no pueden hacerse en un día, tampoco es preciso reunir a un tiempo todo el dinero que debe gastarse, y basta que el Estado designe una suma anual. La economía del gasto debe ser objeto de grande consideración. Los soldados, los reos condenados a obras públicas deben emplearse en estos trabajos para procurar de este modo grandes ahorros. Los romanos lo hacían así. La Austria lo practica actualmente. ¿Por qué, pues, no lo haremos nosotros?

Es empresa más difícil la de levantar ciudades y formar pueblos que la de abrir un canal; y las ciudades de la república, la Nueva Guatemala donde vivimos, fueron levantadas por la nación. Es empresa más difícil la de crear una república donde solo había colonias; y esta obra grandiosa se está haciendo por la nación.

Habiendo actividad en un gobierno, fijándole bases, dándole el plan y declarándole responsable si no sabe ejecutarlo, los trabajos del canal tendrían rapidez, y se concluirían en pocos años.

Si faltan fondos para comenzarlos, es muy fácil proporcionarlos. No ha mucho que se ajustó el empréstito con la casa de Barclay; y en la contrata se obligó el Gobierno Federal a no celebrar otro préstamo en Europa en el término de dos años contados desde la fecha del pacto. Ha corrido ya el primer año y en breve correrá el segundo. Tomando medio millón de pesos de ese empréstito, con él puede comenzarse la obra del canal mientras corren los dos años de la contrata; y corrido el bienio puede ajustarse otro préstamo en Europa. Si no se quiere contratarlo antes en América, donde no lo prohíbe la contrata.

Si no hay ingenieros; si no tenemos artistas; si faltan instrumentos y máquinas, es también trabajo muy fácil y sencillo el de traer todo esto de Norte América, de Inglaterra o de otra nación. Yo podría designar un hombre activo, desinteresado y patriota que volaría a traer lo que necesitamos.

Si queremos ahorrar jornales de operarios, pueden destinarse los reos condenados a trabajos públicos; puede emplearse la tropa que debe aumentarse y organizarse; y entonces se llenarían los deseos del publicista sabio que quería que el soldado no estuviese ocioso.

No ha diez días que se trató del nombramiento de agentes especiales para préstamos o contratas de diversas especies. Yo manifesté que nuestros ministros diplomáticos son los que deben evacuar estos encargos según las instrucciones dadas por el Poder Ejecutivo y aprobadas por el Legislativo; manifesté que las escaseces de la hacienda pública no permiten multiplicar agentes o comisionados, siempre gravosos a los intereses de la república.

La mayoría del Congreso acordó, sin embargo, que el gobierno nombrase agentes y que solamente los hijos de esta nación pudiesen ser nombrados. Yo, fijo siempre en el bien de mi cara patria, pedí entonces se declarase que si una casa extranjera de probidad y seguridad ofreciere evacuar aquellos encargos con condiciones más ventajosas que los hijos de la república, debe ser preferida como parece justo. Creí muy claras las razones que fundan mi proposición. Pero la mayoría del Congreso se sirvió reprobarla; y de su reprobación infiero consecuencias que hacen más evidente lo que me he propuesto demostrar. Si en asuntos menos graves los hijos de la nación deben ser preferidos, en un negocio de tanta delicadeza y trascendencia ¿no deberán serlo con más razón? Si en comisiones pequeñas no deben ser antepuestas las casas extranjeras de probidad, fondos y respetabilidad, ¿en una obra tan grande podrán tener derecho de preferencia? Una compañía extranjera no hace proposiciones por servir a la república. Las hace por avanzar en sus intereses. Y esos intereses que han de refluir en beneficio de compañías extranjeras, ¿no sería más importante que refluyesen en beneficio de la nación, o de una compañía compuesta de hijos de la misma nación?

La casa de Barclay dice en uno de los documentos que existen en el expediente que, habiendo recibido noticia de su apoderado en esta capital de que se iba a concluir la contrata del canal, la compañía de la unión del Atlántico con el Pacífico le ofreció por el contrato treinta mil libras esterlinas, que son 150 mil pesos. De aquí se infiere una consecuencia decisiva en mi opinión. Uno y otro apoderado, Beneski, que lo es de la casa de Palmer, y Baily, de la Barclay, se han convenido en los puntos que ha propuesto la comisión. Luego aun haciendo la contrata del modo que dice la comisión es ventajosísima para el empresario. Luego aun ajustándola de aquella manera ofrece tantas utilidades que solo por la cesión del contrato se prometen 150 mil pesos.

Pero supóngase que una compañía extranjera concluyese el canal en más breve tiempo y con menores gastos. Aun en este caso opino que la empresa debe ejecutarse de cuenta de la nación. La dilación y el aumento de gastos son males menores que los que pudiéramos sufrir haciéndose la obra de cuenta de compañías extranjeras.

Una compañía que ha de gastar millones en la apertura del canal es una compañía de muchas relaciones, de muchas influencias, de mucha riqueza y poder. Cualquiera diferencia o disputa sobre el espíritu o inteligencia de cualquier artículo de la contrata nos haría entrar en lucha con una compañía que por sus relaciones podría hacer que tomase parte su gobierno.

Si ocurriera desgraciadamente alguna revolución en Nicaragua, diría la compañía que se le debía permitir llevar tropa extranjera para continuar sus trabajos porque nuestro gobierno no podría, en su concepto, enviarle toda la tropa que creería necesaria.

Si corrieran voces, verdaderas o fingidas, de un rompimiento próximo de guerra, diría también que era preciso permitirle tropas extranjeras para defender el Estado de Nicaragua porque las nacionales le parecerían insuficientes.

Otros motivos o pretextos nos pondrían en compromisos que nos harían derramar lágrimas. Y cuando no ocurriesen causas de aquella clase, ¿sería fácil hacer que se retirase voluntariamente una compañía que por espacio de tantos años debe estar según la contrata gozando los productos y ventajas del canal?

El decreto del 27 de junio de 1825 permite a los extranjeros dedicarse al oficio, arte o industria que más les acomode; les permite dedicarse en particular o por medio de compañías al laborío de las minas; les permite adquirir la propiedad de ellas por cualquier título que no sea el de denuncio. Pueden los extranjeros establecerse en el Estado de Nicaragua en el número de familias que quieran para trabajar minas, cultivar tierras y ejercer cualquier arte u oficio. Si, a más de esto, se establece en el mismo Estado una compañía poderosa que tenga la llave del comercio, teniendo un privilegio que se la pone en las manos, ¿no habrá motivos para que un legislador prudente prevea todo lo que puede suceder?

Yo no soy enemigo de las compañías extranjeras. He deseado, he procurado que las haya sobre algunos ramos de industria; sigo constante en mis deseos, y creo que al fin tendré la satisfacción pura de haberlos llenado.

Mis raciocinios se fijan en la compañía extranjera del canal de Nicaragua porque en ella veo caracteres que no puede haber en otras.

Sin haberse hecho reconocimientos, ni ejecutado nivelaciones, ni determinado alturas, ni formado presupuestos de gastos, calculado utilidades, ni manifestado el crédito y circunstancias de la casa de Palmer, la comisión propone que se ajuste con ella la contrata más delicada que puede presentarse al Congreso; propone que se le vaya reintegrando con los dos tercios del producto de los derechos que se decreten sobre los buques que atraviesen el canal; propone que se le pague un interés o rédito de 10 por ciento de todos los fondos que se gasten en el canal; propone que después de reintegrada de todo el capital y réditos se le ceda por espacio de 7 años la mitad del producto de los derechos indicados; propone que por el tiempo de 20 años se le conceda el privilegio exclusivo de hacer ella sola la navegación en barcos de vapor; propone que se le prefiera en las comisiones de compra de armamentos y otros artículos que cree necesarios para la defensa del canal; propone que si no pudiere abrirse el canal, la república se manifieste generosa con ella para indemnizarla de los gastos que hubiere hecho. Una contrata propuesta en tales términos es dañosa para la nación.

Yo debo oponerme a ella; yo me opongo efectivamente; yo pido que se declare no haber lugar a votar el dictamen que se discute en su totalidad; yo pido que vuelva a la comisión para que tenga presentes los pensamientos que he indicado en este discurso.

(Sesión del 27 de abril).

Aspecto Económico

El día 27 del mes anterior, cuando se discutió en su totalidad el dictamen de la comisión sobre el canal de Nicaragua, llamé principalmente la atención al aspecto político del asunto. Lo vi por este lado; y de consideraciones que no deben olvidarse deduje que debía declararse no haber lugar a votar por artículos.

Ahora se discute el artículo 12 de las bases que propone la comisión; y voy a examinar el negocio en su aspecto económico.

El artículo dice: 1.º Que al empresario se darán dos tercios del producto líquido de los derechos que se decreten sobre los barcos que transiten por el canal; 2.º Que se le pagarán aquellos dos tercios todo el tiempo que sea necesario para reintegrarle del capital y réditos; 3.º Que los réditos que se le deben satisfacer serán a razón de 10 por ciento. Se cree inmenso el beneficio que nos va a hacer este artículo. La república,

316

se dice, va a recibir un tercio de derechos sin haber gastado un cuarto; la república va a crear una nueva renta sin haber hecho erogación alguna.

Mi opinión es diversa. Yo pienso que el artículo es contrario a lo que dicta la razón, contrario a los intereses de la república, contrario a la disposición expresa de un decreto del Congreso sancionado por el Senado.

La razón dicta que antes de celebrar contrata sobre una obra, antes de acordar indemnizaciones al empresario que ofrezca ejecutarla, antes de fijar las cantidades, réditos, gracias y privilegios que se le hayan de otorgar, se haga un cálculo aproximado de los costos que pueda tener la obra para compararlos con las utilidades que prometa, y saber por el estado comparativo de unos y otras si conviene su ejecución y en qué términos debe contratarse. Sin números no debe decretarse obra alguna de ninguna clase. Es preciso sumar y restar antes de emprender. No hay en las naciones cultas del mundo un solo gobierno que contrate o emprenda la ejecución de una obra pública sin formar antes presupuestos aproximados de gastos y cómputos de utilidades.

Si un propietario no contrata jamás una obra, ni estipula nunca la cantidad y tanto por ciento que ha de dar al que ofrece ejecutarla sin hacer antes reconocimientos y cálculos de gastos y utilidades, ¿podremos nosotros acordar la obra más grande y peligrosa de la república y designar al empresario réditos, gracias y privilegios sin preceder cómputo alguno, sin hacer ningún reconocimiento ni ejecutar ninguna operación de las que deben ser previas?

No habiendo un cómputo aproximado de gastos, no podemos saber el costo que pueda tener el canal; ignorando el costo, no podemos saber cuánto será el capital; ignorando el capital, no podemos saber cuánto importarán los intereses a razón de 10 por ciento; ignorando la cantidad a que suben los réditos, no podemos saber si el producto líquido de los derechos bastará para cubrirlos; ignorando si bastará para cubrirlos, no podemos saber si recibirán el empresario dos tercios y la república uno de aquel producto líquido; ignorando si el empresario recibirá los dos tercios que se proponen para su reintegro, no podemos saber si se perpetuará por siglos en el Estado de Nicaragua con el privilegio exclusivo que se propone a su favor; ignorando si la república recibirá el tercio que se le designa, no podemos saber si llegará a existir la renta que se espera crear.

En las otras naciones de América pueden abrirse también canales de comunicación según manifiestan Humboldt, Condamine y otros viajeros. Es regular que piensen en esto cuando hayan consolidado su independencia y desarrollado más sus elementos de fuerza y riqueza. Y llegado ese caso, abiertos otros canales en las demás repúblicas, ¿el producto del nuestro podrá ser tan grande como se pondera?

La renta de alcabala interior y exterior en todo lo que se llamaba reino de Guatemala solo ascendía antes de nuestra independencia a ciento sesenta y tantos mil pesos, y después de nuestra independencia produjo 165,283 en el año corrido desde 1.° de junio de 1823 a 31 de mayo de 1824.

El derecho de tránsito conviene que sea más moderado que el de alcabala, porque, a más de otras razones de utilidad, el uno se exige a los barcos solo por atravesar el canal, y el otro se cobra a los buques por consumir en la república sus cargamentos.

Yo no sé a qué cantidad ascenderá ese derecho. Yo no sé si será igual, doble o triple de la que ha producido la renta de alcabalas interna y marítima.

Tampoco se sabe el costo total que puedan tener el canal y fortificaciones. Algunos creen que subirá a veinte millones; otros gradúan que será de quince; y otros lo bajan a catorce.

Yo no puedo formar cálculos exactos ni aproximados, porque no habiéndose hecho reconocimientos ni trabajado presupuestos me faltan bases para hacerlos.

Pero abriéndose canales en otras repúblicas de América; siendo moderado el derecho que se exija a los barcos que pasen por el nuestro; y deduciéndose de su producto los gastos de reparación, guarnición y recaudación, ¿será tan grande el sobrante líquido que pueda haber con él para dar un tercio a la república y pagar con los dos restantes parte del principal y el rédito a razón de 10 por ciento de un capital que subirá a millones?

Supóngase que el producto del derecho de tránsito por el canal sea doble del de la renta de alcabalas; que el costo de la obra solo suba a diez millones; y que el rédito se gradúe, como propone la comisión, a razón de 10 por ciento. En tal caso el producto del derecho de tránsito será 330 mil, y el rédito del capital ascenderá a un millón. Del producto del derecho deben deducirse, según lo acordado por el Congreso anterior, los gastos de reparos del canal, los de la tropa que debe mantenerse para su defensa, los de los buques de guerra que debe haber en el lago de Nicaragua con el mismo objeto, y los de recaudación del derecho de tránsito. Haciéndose estas deducciones no quedará sobrante para ir amortizando el capital, ni para pagar sus réditos. La república no recibirá el tercio que se designa del producto líquido; la deuda nacional se aumentará cada año en un millón si no se pagaren réditos de réditos, y en más de un millón si se acumularen al capital los réditos que no se pagaren; al cabo de cien años la deuda de la república será de más de cien millones; no podrá amortizarse; y la compañía extranjera que haya abierto el canal será eterna en el Estado de Nicaragua, y formalizará acaso pretensiones que alarmarán a quien se detenga a meditarlas.

Adelántese el supuesto. Permítase que el producto del derecho de tránsito sea triple del de la renta de alcabala. Subiría en tal caso a 495 mil pesos; y deducidos de esta cantidad los gastos de reparos, guarnición y recaudación, ¿habría con el sobrante para pagar el millón de réditos y los diez millones del capital?

Extiéndase más el supuesto. Concédaseme que el producto del derecho de tránsito sea cuádruplo del de la renta de alcabala. Ascendería en tal hipótesis a 660 mil pesos. Pero restadas de esta suma las de reparos, guarniciones y recaudación, ¿podrían cubrirse con lo que quedase los diez millones del capital y el millón de réditos?

La contrata, vista solamente en su aspecto económico, prescindiendo de su aspecto político, será más o menos ruinosa, más o menos útil, según fuere el costo del canal, el rédito que se gradúe y las demás condiciones que se estipulen. No sabe el Congreso a qué cantidad ascenderá el costo del canal; no tiene datos sobre los puntos más principales. Todo es duda; todo es incertidumbre; todo es obscuridad. Y en tinieblas tan densas ¿qué es lo que dicta la prudencia? ¿Que se gradúen réditos y se cierre el pacto sin haber formado presupuestos de gastos y utilidades? ¿O que no se ajuste la contrata hasta que se hagan reconocimientos y se calculen las erogaciones y provechos?

La comisión propone que se pague a Mr. Carlos Beneski, como apoderado de Mr. Palmer, el capital que se gastare en la abertura del canal y fortificaciones que deben hacerse; que se le satisfaga un rédito de 10 por ciento de todo el capital invertido; que después de reintegrado de todo el capital y réditos se le done por espacio de siete años la mitad del producto del derecho de tránsito; que, a más de esto, se le conceda por veinte años contados desde la conclusión del canal el privilegio exclusivo de emplear barcos de vapor para el transporte de frutos y géneros; y que si por obstáculos invencibles no pudiere abrirse el canal, la república se manifieste generosa con él.

He aquí condiciones que aumentan el gravamen de la nación. He aquí condiciones que van a perpetuar en el Estado de Nicaragua a una compañía extranjera. He aquí condiciones que van a poner en una asociación extraña las llaves principales de nuestro comercio. He aquí condiciones que van a producir disputas, diferencias y pleitos. He aquí condiciones opuestas a los acuerdos del Congreso anterior.

El decreto de 16 de junio de 1825 expedido por el Congreso y sancionado por el Senado dice así: Se abrirá un canal en el Estado de Nicaragua. El gobierno ofrecerá a los empresarios una indemnización correspondiente al costo que tuviere la abertura del canal y las dificultades que hayan de vencerse. Si por obstáculos invencibles no pudiere abrirse el canal, no se dará al empresario indemnización de ninguna especie.

Concluido el canal y formada la liquidación de su costo, que será reconocido como deuda pública, se destinarán sus productos a la amortización del capital y pago de intereses, abonándose primero los gastos de reparos, recaudación y guarnición.

El decreto dice que la indemnización sea correspondiente al costo que tuviere la abertura del canal; y antes de graduarse el costo del canal se fija la indemnización. El decreto dice que la indemnización sea proporcional a las dificultades que hayan de vencerse; y antes de saberse cuáles son esas dificultades se señala la indemnización. El decreto dice que si por obstáculos invencibles no pudiere abrirse el canal, no se dará al empresario indemnización de ninguna especie; y la comisión propone que aun en aquel caso la república se manifieste generosa con el empresario. El decreto dice que el gobierno ofrezca indemnización a los empresarios; y no es el gobierno, sino la comisión la que ofrece esa indemnización. El decreto, deseoso de extinguir una deuda tan gravosa, destina a este fin todos los productos líquidos del canal; y la comisión solo aplica al mismo objeto los dos tercios de aquellos productos. El decreto dice que si solo puede abrirse canal para comercio de transbordo y no para navegación de buques del mayor porte posible, las indemnizaciones sean proporcionadas a la menor utilidad que tendría entonces la república; y la comisión, sin hacerse antes los reconocimientos necesarios para saber si puede abrirse canal para navegación de buques grandes o solo para comercio de transbordo, propone indemnizaciones que no guardan proporción con uno y otro caso.

En la sesión del 27 de abril último manifesté que en la posición actual de la república no debe abrirse el canal, sino reservarse a otros tiempos y circunstancias; demostré que en el caso de abrirlo no debe emprenderse su abertura por compañías extranjeras sino de cuenta de la nación.

Podía acordarse esto sin inconveniente alguno porque, si el gobierno ofreció recibir proposiciones de extranjeros o naturales, las que se han hecho son inadmisibles por el daño que pueden producir a la república; y declarándolo así el Congreso, podía acordar después que se abriese el canal de cuenta de la nación. Se objetó, sin embargo, el decreto precitado de 16 de junio en que el Congreso anterior mandó abrir el canal, olvidando que yo no me opongo a la abertura de él, y que lo que he dicho es que debe abrirse de cuenta de la nación cuando sea tiempo oportuno y después de los reconocimientos y cálculos correspondientes.

En la sesión de ayer manifesté que el artículo que se discute y otros que le siguen son contrarios al mismo decreto de 16 de junio. Es clara la contrariedad; y, sin embargo de serlo, se ha dicho que no debe citarse aquel decreto, y que el Congreso puede revocarlo.

Valga la razón. O está vivo el decreto o está revocado. Si está derogado, ¿por qué no se manifiesta la ley que lo revoca? ¿Por qué se objetó cuando demostré que la abertura del canal debe diferirse a otros tiempos y circunstancias? Y si está vivo, ¿por qué no se le da cumplimiento puntual? ¿Por qué no se observa lo que declara en términos tan expresivos? Si el Congreso puede revocarlo en unos artículos, ¿no podrá derogarlo en otros?

Yo no apruebo el artículo que está en discusión. Opino que debe volver a la comisión para que, teniendo presentes razones que me parecen muy claras, dictamine lo que exigen los intereses de la república.

(Sesión del 2 de mayo).

¿Quién es el contratante?

Mr. Carlos Beneski ofreció a nombre de Mr. Aron Palmer abrir el canal de Nicaragua del modo que expresan sus proposiciones.

El carácter con que se ha presentado Beneski es el de apoderado de Palmer. Era preciso saber si Palmer tiene el crédito y circunstancias necesarias para una contrata de tamaña magnitud; era preciso examinar si Beneski tiene poderes de Palmer y si son bastantes esos poderes.

Sin haberse discutido uno ni otro punto, el Congreso se sirvió aprobar el 24 de abril último el artículo siguiente que le propuso la comisión: El gobierno contratará la empresa del canal de Nicaragua con Mr. Carlos Beneski como representante de la casa de Palmer.

Yo no estaba presente cuando se pronunció este acuerdo. Después que lo vi manifesté que no sabía quién es Palmer ni cuáles son las circunstancias de su casa, y que los poderes de Beneski no son bastantes. Pedí en su consecuencia:

1.° Que se leyesen los documentos que hubiese relativos al crédito y circunstancias de Palmer; 2.° Que se leyesen los poderes que hubiese presentado Beneski; 3.° Que se examinase si los documentos relativos al crédito y circunstancias de Palmer son bastantes para comprobar uno y otro; 4.° Que se examinase si los poderes que hubiese presentado Beneski son bastantes para acreditar la legitimidad de su personería.

El Congreso se sirvió aprobar el primero y segundo punto, acordando que se leyesen los documentos relativos a Palmer y los poderes de Beneski. Pero no se han leído unos ni otros. No existen en el expediente documentos bastantes para comprobar el crédito y circunstancias de Palmer. Tampoco son bastantes los poderes de Beneski que he visto privadamente y no están en el expediente.

El Congreso se sirvió reprobar el tercero y cuarto punto en que pedí que se examinase si deben calificarse de bastantes los documentos que hubiese relativos al crédito de Palmer y los poderes de Beneski. Se dijo por algunos C. C. Diputados que esta calificación correspondía al gobierno.

Pero si el Congreso tuvo facultad para acordar que el gobierno contratase la empresa del canal con Mr. Carlos Beneski como representante de Palmer, ¿no la tendrá para examinar si Beneski es representante de Palmer?

El diputado Güell hizo proposición el 28 citado de abril último pidiendo que al artículo aprobado: El gobierno contratará la empresa del canal con Beneski como representante de Palmer, se añadiese:

calificando previamente la legitimidad de los poderes de Beneski y la publicidad de la casa de Palmer para realizar la contrata.

Se pasó esta adición a la comisión que ha despachado el asunto del canal; y la comisión propuso el 10 del corriente el artículo que sigue: El Congreso presta su anuencia a la contrata del canal de Nicaragua con el representante de Palmer si se verificare bajo las siguientes condiciones.

El Congreso se sirvió aprobar este artículo ayer once del presente mes. Las condiciones a que se refiere son los artículos propuestos anteriormente por la comisión y aprobados por el mismo Congreso; y ninguno de estos artículos es relativo a la calificación de los poderes de Beneski y documentos que hubiere sobre el crédito de Palmer.

La proposición del diputado Güell es contraída a pedir expresamente que se diga al gobierno que califique la legitimidad de los poderes de Beneski y la publicidad de la casa de Palmer; y la comisión no expresa una sola palabra sobre estos puntos en el artículo que propuso a la deliberación del Congreso.

Entre las condiciones aprobadas por el Congreso, la del artículo 26 dice así: La contrata será firmada y concluida dentro del tercer día por el representante de la casa de Palmer, residente en esta Corte.

Diciendo, pues, que el Congreso presta su anuencia a la contrata con el representante de Palmer si se verificare bajo las condiciones aprobadas, se dice que la contrata se celebre dentro del tercer día con el representante de Palmer que reside en esta Corte. Diciendo que se celebre con el representante de Palmer que reside en esta Corte, se dice que se celebre con Beneski, porque es el único que se ha presentado a nombre de Palmer y reside en esta Corte.

Recorriendo todas las condiciones aprobadas por el Congreso no se ve una sola relativa a calificación de poderes ni documentos; y de aquí puede deducirse otra demostración.

Decir que el Congreso presta su anuencia a la contrata del canal con el representante de Palmer si se verificare bajo las condiciones aprobadas por el Congreso, es decir que debe celebrarse la contrata con la casa de Palmer siempre que se verifique bajo las condiciones aprobadas por el Congreso.

Decir que debe celebrarse la contrata con Palmer siempre que se verifique bajo las condiciones aprobadas por el Congreso, es decir que no se exige otra condición que las que ha aprobado el Congreso. Decir que no se exige otra condición que las que ha aprobado el Congreso es decir que no se exige la calificación del crédito y circunstancias de

Palmer, ni la de los poderes de Beneski, porque en las condiciones aprobadas por el Congreso no está la de hacer aquellas calificaciones.

Beneski (lo repito) se ha presentado como apoderado de Palmer. Es preciso calificar sus poderes; y esa calificación debe hacerse por los Poderes Legislativo y Ejecutivo, o solo por el Legislativo, o solo por el Ejecutivo. Yo creo que debe hacerse primero por el Ejecutivo y después por el Legislativo cuando, hecha la contrata por el primero, se trate de ratificarse por el segundo. A su tiempo lo pediré como corresponde.

Ahora me contraigo a decir que el Congreso declaró que no debe hacer él mismo aquella calificación. De aquí se deduce que debe hacerla el gobierno; y en tal caso, o ya la ha hecho el gobierno, como dicen sin fundamento algunos diputados, o no la ha hecho todavía, como han demostrado otros con el expediente en la mano.

Si el Congreso cree que el gobierno ya ha hecho la calificación de los poderes de Beneski y documentos relativos al crédito de Palmer, yo hago proposición pidiendo al Congreso se sirva acordar que el gobierno remita con su informe los poderes y documentos que haya tenido presentes para calificar la personería de Beneski y crédito de Palmer; y que, remitidos, se pongan en la secretaría a mi disposición para pedir lo que corresponda.

Si el Congreso cree que el gobierno no ha hecho todavía la calificación de dichos poderes y documentos, yo hago proposición pidiendo al Congreso se sirva acordar que al artículo siguiente aprobado ayer: El Congreso presta su anuencia a la contrata con el representante de Palmer, se añada: si acreditare la legitimidad de su personería y el crédito y circunstancias de su poderdante.

(Sesión del 12 de mayo).

Trámite

No hay motivo para dudar en el punto que se discute. La Constitución está muy expresa.

Se examina si debe pasarse a la sanción del Senado el decreto en que el Congreso se ha servido acordar que se contrate con el representante de Palmer la obra del canal de Nicaragua, concediéndole los dos tercios del producto líquido de los derechos que se impusieren por todo el tiempo necesario para reintegrarle del capital que invirtiere y del rédito a razón de 10 por ciento, donándole la mitad de aquellos derechos por 7 años contados desde aquel en que acabare de reintegrarse, y franqueándole el privilegio exclusivo de barcos de vapor por espacio de 20 años, etc. Yo no penetro la razón que pueda haber para decir que no debe pasar al Senado un decreto de esta clase. El artículo 77 de la Constitución dice:

Todas las resoluciones del Congreso necesitan para ser válidas tener la sanción del Senado, exceptuándose únicamente las que fueren sobre su régimen interior, lugar y prórroga de sus sesiones, sobre calificación de elecciones y renuncia de los elegidos, sobre concesión de cartas de naturaleza y sobre declaratoria de haber lugar a la formación de causa contra cualquier funcionario.

No se trata en el decreto de régimen interior del Congreso, ni del lugar de sus sesiones, ni de la prórroga de ellas, ni de calificar elecciones, ni de otorgar cartas de naturaleza, ni de declarar si ha lugar la formación de causa contra algún funcionario. Se trata del canal de Nicaragua. ¿Por qué no ha de pasar el decreto a la vista del Senado?

(Sesión del 18 de mayo).

Educación Pública

La instrucción pública es la fuerza o poder primero de una nación. Ella es la que debe formar legisladores, gobernantes, magistrados, militares y funcionarios capaces de hacer el bien y no producir jamás el mal de los pueblos.

Convencido de esto, llamé a un punto tan importante la atención del gobierno el año de 1824, cuando era individuo suyo. Se nombraron comisiones que preparasen materiales para el plan general de instrucción pública que debía formarse cuando hubiese fondos bastantes para plantearlo; y mientras llegaba el día feliz se trabajó el de un colegio militar que diese a la nación alumnos dignos de servirla.

El día 2 de septiembre de 1824 acordó el Poder Ejecutivo que se presentase para su aprobación o reforma el plan trabajado para el establecimiento del colegio militar. El Congreso se sirvió aprobarlo el 17 de junio de 1825, y el gobierno lo publicó el 21 de octubre del mismo año.

Han corrido muchos meses y el colegio no ha sido hasta ahora establecido. Creo que es de la mayor importancia su establecimiento; y, persuadido de su utilidad, pido al Congreso se sirva acordar que se recuerde al gobierno el cumplimiento del decreto precitado de 17 de junio de 1825.

(Sesión del 3 de mayo).

Las Leyes Militares y el Derecho De Recusación

La discusión del proyecto de ley que formé como individuo de la comisión de guerra sobre los tribunales que deben juzgar a los oficiales militares es una prueba convincente del bien que puede hacer un Congreso cuando se fija en el grande objeto de su creación.

En la versión original no están las páginas 150 y 151

...hay leyes previsoras que la impidan, ni gobiernos ilustrados que sepan evitarla. Si hubo una acción para abolir el gobierno antiguo, debe temerse que haya una reacción para restablecerlo.

Fuimos cerca de tres siglos dependientes de España; estuvimos algún tiempo vergonzosamente sujetos a México; el gobierno republicano no agrada al sistema o liga que se ha formado en Europa para que en todo el globo no haya más que monarquías; las instituciones que hemos adoptado es regular que disgusten a diversas personas.

Debemos suponer que hay enemigos interiores en el seno de la república y enemigos exteriores fuera de ella. Debemos impedir las relaciones secretas entre unos y otros. Debemos evitar que los primeros pidan a los segundos los auxilios que no podrían encontrar en una nación decidida a sostener su independencia e integridad.

Es precisa una ley que presente la escala de los delitos que pueden cometerse contra la seguridad exterior de la república; que designe la de las penas que deben imponerse a aquellos delitos; que fije las pruebas que deben calificarse bastantes para su justificación y señale los tribunales que deben juzgarlos.

El proyecto de la ley que se discute abraza estos cuatro capítulos. Clasifica los delitos desde la inducción verbal hasta el acto positivo de tomar armas para atacar a la república. Clasifica las penas desde aquella que solo sujeta a ser vigilado por los jueces hasta aquella que hace sufrir la de muerte. Designa las pruebas que bastan para arrestar; declara las que son precisas para condenar; señala los tribunales que deben juzgar y respeta la Constitución en todos los artículos que abraza.

Si hay objeciones contra alguno de ellos se contestará cuando se discutan en particular. Ahora se discute el proyecto en su generalidad; y visto en este aspecto, parece que no hay razón sólida para prolongar más la discusión.

(Sesión del 23 de mayo).

II

El proyecto de ley sobre los delitos contra la seguridad exterior de la república tiene diversos artículos. El 1, el 2 y el 3 dicen así:

Art. 1.° Delito contra la seguridad exterior de la república de Centroamérica es la infracción de la ley que declara su independencia y la integridad e inviolabilidad de su territorio.

Art. 2.° Los reos de este delito son de cinco clases: 1, los que cooperan con sus palabras; 2, los que cooperan con sus escritos; 3, los que cooperan con sus obras a que sea atacada por la fuerza o violada de cualquiera manera la independencia de la república o la integridad de su territorio; 4, los que siendo sabedores del delito que se proyecta para atacar o violar la independencia o integridad de la república, no lo denuncian inmediatamente a la autoridad respectiva del lugar; 5, los funcionarios que, teniendo denuncia del delito que se premedita, no proveen o acuerdan lo que corresponda según sus atribuciones.

Art. 3.° Son reos de la primera clase: 1, los que no teniendo autoridad alguna de ninguna especie excitan o aconsejan; 2, los padres de familia, amos y demás personas que, teniendo autoridad privada, excitan, aconsejan o mandan que se ataque por la fuerza o se viole de otra manera la independencia de la república o la integridad de su territorio, o que se separen de ella y se unan con otra nación los pueblos que son parte suya integrante.

El 24 del corriente se discutió el primer artículo, y el Congreso se sirvió aprobarlo.

El mismo día comenzó a discutirse el segundo y continuó la discusión el 26. Los presbíteros diputados Antonio Peña y Miguel Alegría se opusieron a la primera parte del artículo. El P. Peña dijo que las palabras no pueden hacer daño y, por consiguiente, no debía aprobarse el artículo en la parte en que dice que son reos del delito contra la seguridad de la república los que cooperan con palabras a que sea atacada por la fuerza o violada de otra manera la independencia e integridad de la república. El P. Alegría expuso que el artículo 175 de la Constitución declara que ni el Congreso ni las asambleas pueden coartar en ningún caso la libertad de la palabra; y, por consecuencia, debía reprobarse un artículo que prohíbe valerse de la palabra para excitar con ella a que sea atacada por la fuerza o violada de otro modo la independencia o integridad de la república.

Son funestas estas doctrinas. Ellas afectan tristemente a quien se detenga a desenvolver sus consecuencias. Yo siento que se hayan sostenido en el Congreso que da leyes a la nación.

El hombre puede hacer daño con sus palabras; puede hacerlo con sus escritos; puede hacerlo con sus acciones. El que calumnia, denuesta o injuria verbalmente; el que excita del mismo modo a la ejecución de un delito o lo manda ejecutar hace daño con sus palabras. El que calumnia, denuesta o injuria en sus escritos; el que excita en ellos a la perpetración de un crimen, o lo aconseja o manda, hace daño con sus escritos. El que ataca la persona o propiedad de otro; el que consuma un delito hace daño con sus acciones.

Los hombres más profundos en la jurisprudencia criminal, los genios que han sabido reformarla, perfeccionarla o adelantarla, han respetado una verdad tan clara y deducido de ella la división de diversas especies de delito.

Los que abusan de la palabra, dice un jurista sabio, empleándola en excitar al crimen; los que ocupan su pluma en estimular a su perpetración; y los que lo ejecutan y consuman son cooperadores del delito. Unos son la voluntad que quiere y otros son la mano que ejecuta.

En todos los códigos legislativos de todas las naciones cultas, en los de Roma antigua, en los de España, en los de Inglaterra, en los de Francia, que son los que manifiestan más sabiduría, se ha sancionado la misma verdad. En todos se declaran reos y se designan penas a los que injurian con palabras o calumnian con libelos, a los que excitan por escrito o verbalmente a la ejecución de un crimen, a los que lo aconsejan o mandan del mismo modo.

Todos los que cooperan a que sea atacada por la fuerza o violada de otra manera la independencia e integridad de nuestra patria son reos del delito contra la seguridad exterior de la república. Pero la cooperación puede ser diversa; y esa diversidad de cooperación debe producir diversidad de especies o clases en un mismo género de delito.

Los que abusan de la palabra empleándola en excitar a que se ataque la independencia de nuestra patria forman una clase. Los que abusan de la escritura empleándola en provocar a que se ataque la misma independencia forman otra clase. Los que efectivamente la atacan de hecho forman otra clase. Los que, sabiendo que se maquina aquel delito, no lo manifiestan inmediatamente a la autoridad respectiva forman otra clase. Los que, siendo funcionarios y teniendo aviso o denuncia del crimen que se proyecta, no proveen o acuerdan lo que corresponde según sus atribuciones forman otra clase. Cada una de estas clases tiene caracteres específicos que determinan del modo más claro los actos precisos que constituyen su criminalidad respectiva. Los que abusan de la palabra son los que excitan, aconsejan o mandan que se ataque la independencia e integridad de la república. Los que abusan de la escritura son los que circulan manuscritos o publican impresos con aquel fin, etc.

Este es el orden que sigue el proyecto de ley que se discute. El artículo 1.° presenta la esencia del delito que forma su objeto. El artículo 2.° distingue sus especies o clases y hace una división precisa para dar orden al mismo proyecto.

El artículo 3.° y los demás que siguen caracterizan y especifican cada una de aquellas clases para que no haya dudas en ellas. El artículo 2.° dice: Los reos de este delito (contra la seguridad exterior de la república) son de cinco clases: 1, los que cooperan con palabras a que sea atacada por la fuerza o violada de otra manera la independencia o integridad de la república, etc.; y el artículo 3.° añade: Son reos de la primera clase los que aconsejan o mandan que se ataque por la fuerza o se viole de otro modo la independencia e integridad de la república.

Declarando reos a los que abusan de la palabra aconsejando o mandando que se ataque la independencia o integridad de la república no se obra contra la Constitución que dice: El Congreso ni las asambleas pueden coartar en ningún caso la libertad de la palabra.

La Constitución que en el artículo 175 dice que no se puede coartar la libertad de hablar y escribir declara en el artículo 1.° que la república de Centroamérica es soberana e independiente. Y una Constitución que declara la soberanía e independencia de la república, ¿querrá que se abuse de la palabra o escritura empleándola en excitar a que se ataque esa soberanía e independencia?

La Constitución declara en el artículo 4.° que todos estamos obligados a defender la república con las armas. Y una Constitución que nos obliga a defenderla con las armas, ¿querrá que abusemos de la palabra empleándola en excitar a que se tomen armas contra la misma república?

Permítaseme preguntar al P. Alegría y a los demás diputados eclesiásticos que votaron contra la primera y segunda parte del artículo del proyecto de ley. ¿El artículo de la Constitución que dice que no puede coartarse la libertad de la palabra deroga la ley que prohíbe el perjurio? ¿Deroga la ley que prohíbe la blasfemia? ¿Deroga la ley que prohíbe levantar testimonios falsos? ¿Deroga la teología moral que no permite hacer daño con palabras, ni con escritos, ni con la obra? ¿Deroga el artículo 11 de la Constitución que dice que la religión católica es la de la república?

La Constitución dice que no puede coartarse en ningún caso la libertad de la palabra. Pero, sin embargo de esto, debe seguir coartada la palabra del perjuro, del blasfemo y del que quiera hablar o escribir contra la religión. La Constitución declara que no puede coartarse en ningún caso la libertad de la palabra; y por este motivo no debe coartarse la palabra del traidor que quiera emplearla en excitar a que se ataque nuestra independencia.

Yo no entiendo esta lengua. Lo único que comprendo es que la Constitución no es enemiga de nuestra patria; que la Constitución quiere que la república sea independiente; que la independencia de la nación es uno de sus grandes objetos; y quien desea el fin quiere los medios; que la Constitución declara que las asambleas de los Estados pueden formar códigos legislativos; que en esos códigos pueden imponer pena a los que dicen injurias o escriben libelos; y que esto no sería contrario al artículo 175 de la misma Constitución.

Me parecen muy claras estas reflexiones. Se empató, sin embargo, la votación sobre la primera parte del artículo 2 que dice: Los reos de este delito son de cinco clases: 1.º los que cooperan con palabras a que sea atacada o violada la independencia o integridad de la república. Se reprobó la segunda parte del mismo artículo que dice: Son reos los que cooperan con sus escritos a que sea atacada o violada la independencia o integridad de la república. Se aprobó la tercera que dice: Son reos los que cooperan con obras a que sea atacada o violada la independencia o integridad de la república, sin embargo de que el digno diputado Castro dijo: Si es permitido cooperar con escritos a que sea atacada la independencia de la república, debe serlo también el cooperar con obras al mismo fin. Y últimamente se aprobó el artículo 3, que dice: Son reos de la primera clase los que excitan, aconsejan o mandan que se ataque o viole la independencia o integridad de la república.

Yo veo en estos acuerdos alguna contradicción; y para que no la haya: para que del seno del congreso no salgan más que leyes acordes entre sí, pido, que el artículo 2, del proyecto de ley quede reducido a es tas precisas palabras: Los reos de este delito son de cinco clases.

(Sesión del 27 de mayo).

El artículo que se discute dice así: Son reos de la segunda clase: 1.°, las personas privadas que escriben anónimos o firman manuscritos provocando o aconsejando en ellos que se ataque por la fuerza o se viole de otra manera la independencia o integridad de la república, o que se separen de ella y se unan con otra nación pueblos que le corresponden.

El diputado Güell, que repugna un artículo tan justo, no ha hecho más que repetir lo que ha dicho el presbítero diputado Alegría; y ya he contestado a este.

El diputado Montúfar, que también lo resiste, alega el artículo 175 de la Constitución que prohíbe coartar la libertad de la palabra, la de la escritura y la de la imprenta. Yo admiro que de este artículo se deriven objeciones. Ya he manifestado su verdadero sentido. Es claro, y me parece que no puede haber dudas sobre el que tiene. Pero voy a desarrollarlo más.

Todos los ciudadanos de la república son libres. Nadie puede dudarlo. Pero si un solo individuo puede ofender la libertad o derechos de los demás, ese solo individuo sería libre. Los demás no lo serían porque su libertad podría ser ofendida por aquel que pudiese deprimirla.

La libertad de todos exige que la libertad de cada uno consista en poder decir, escribir o hacer lo que no ofenda a la libertad de los demás. A la ley corresponde designar esos límites; y debiendo entenderse por ley la razón universal pronunciada por la misma nación o por sus legítimos representantes, se infiere en último resultado que libertad es el derecho de hablar, escribir, imprimir o hacer todo aquello que no esté prohibido por la ley.

No soy yo el primero que digo esto. Los escritores más populares, los demócratas más decididos han respetado y publicado un principio tan evidente. Permítaseme leer sus mismas palabras.

Montesquieu, en su Espíritu de las leyes, lib. 11, cap. 3, dice: La libertad es el derecho de hacer todo lo que permiten las leyes. Pétion, en su declaración de los derechos del hombre, dice: La libertad de los ciudadanos debe ser sagrada y no debe tener otros límites que aquellos que han fijado las leyes. Touret, en su análisis de las ideas principales sobre el reconocimiento de los derechos del hombre en sociedad, dice: El primer derecho del hombre es el de la propiedad y libertad de su persona. De este derecho primitivo e inalienable se deduce: 1.°, el de no poder ser violentado o embarazado en sus acciones sino en virtud de las leyes; 2.°, el de pensar, hablar y escribir sin ser molestado por sus opiniones, discursos y escritos sino en virtud de las leyes. Sieyès, en su exposición razonada de los derechos del hombre y del ciudadano, dice: Los límites de la libertad están en el punto donde comienza a ofender la libertad de otros; y a la ley toca marcar esos límites. Mirabeau, en su declaración de los derechos del hombre, dice: La libertad del ciudadano consiste en no estar sometido más que a la ley, en poder hacer de sus facultades todo aquel uso que no esté prohibido por la ley.

En Inglaterra hay libertad de hablar, escribir e imprimir. Y en Inglaterra hay una ley que suplico se me permita leer: Traición es un delito contra la seguridad del rey, reina y primogénito; esta se efectúa aconsejando que se le haga la guerra, escribiendo a otros para que contribuyan a ello, persuadiendo así públicamente, etc.

Francia fue, a la época de su revolución, el país de más entusiasmo por la libertad, y, sin embargo de esto, dictó la ley siguiente: La Constitución garantiza como derechos naturales y civiles la libertad de hablar, escribir, imprimir y publicar sus pensamientos; la de juntarse pacíficamente sin armas cumpliendo las leyes de policía; la de dirigir a las autoridades constituidas peticiones firmadas individualmente. El Poder Legislativo no puede dictar leyes que ataquen o pongan obstáculos al ejercicio de estos derechos naturales y civiles. Pero como la libertad no consiste sino en poder hacer lo que no ofende a la seguridad pública y derechos de otros, la ley puede establecer penas contra los actos que, atacando la seguridad pública o los derechos de otros, sean dañosos a la sociedad.

España supo también respetar la libertad de hablar y escribir en el tiempo glorioso de su Constitución; y la ley de 19 de junio de 1813, que pido igualmente se me permita leer, declaró reos a los autores de escritos o impresos subversivos de las leyes fundamentales.

México ha reconocido también el derecho de la palabra, escritura e imprenta; y, sin ofender ese derecho, declaró lo siguiente en la ley de 31 de enero de 1824, que me tomo la licencia de leer: Todo habitante de la Federación tiene libertad de escribir, imprimir y publicar sus ideas políticas sin necesidad de licencia, revisión o aprobación, bajo la responsabilidad de las leyes.

La libertad de un centroamericano consiste en hacer lo que no ofenda a los derechos de la República de Centroamérica ni de los ciudadanos que la componen. La libertad de hablar, escribir e imprimir que el artículo 175 de la Constitución no quiere que se coarte es la de hablar, escribir e imprimir lo que no ofenda a los derechos de la nación o de sus individuos. La libertad de hablar, escribir e imprimir que concede la Constitución no es extensiva al extremo, prohibido en el artículo 152 de la misma Constitución, de atentar contra la república. La libertad de hablar, escribir e imprimir no puede existir si no existe la nación; y la existencia de la nación exige leyes represivas contra sus enemigos. La libertad de hablar, escribir e imprimir es respetada en las naciones que tienen gobiernos constitucionales; y en esas naciones hay leyes contra los traidores.

(Sesión del 29 de mayo).

IV

La aprobación de la 1.ª y 2.ª parte del artículo del proyecto de ley exige la de la 3.ª y 4.ª que se discute. En la 1.ª y 2.ª se declara que son reos: 1, las personas privadas; 2, las personas públicas que escriben anónimos y firman manuscritos provocando, aconsejando o mandando en ellos que se ataque por la fuerza o se viole de otro modo la independencia e integridad de la república, o que se separen de ella y se unan con otra nación pueblos que le corresponden. En la 3.ª y 4.ª se declara que son reos: 1, las personas privadas; 2, las públicas que escriben o publican impresos provocando, aconsejando o mandando en ellos que se ataque por la fuerza o se viole de otra manera la independencia e integridad de la república, o que se separen de ella y se unan con otra nación pueblos que le corresponden. Yo me asombro al ver que los diputados Guerrero y Córdova repugnan un artículo que no debe ser disputado.

Si en la discusión de la 1.ª y 2.ª parte no hubo objeción sólida, en la de la 3.ª y 4.ª tampoco puede haberla. Si en un manuscrito no es permitido provocar a que se ataque o viole la independencia e integridad de la república, en un impreso tampoco debe ser lícita aquella provocación. Decir que debe prohibirse lo uno y permitirse lo otro sería contradecirse sensiblemente y olvidar el principio de donde debe partir el raciocinio.

La imprenta no es más que una escritura más rápida y pública. En la una se escribe con la pluma y en la otra con caracteres de plomo. ¿Cómo puede ser lícito hacer con la imprenta el daño que no es permitido hacer con la escritura? El daño hecho con intención o voluntad de causarlo es lo que constituye el delito. Habiendo daño hay crimen, sea que se haga con manuscritos o con impresos. Los instrumentos con que se comete el delito lo agravan o disminuyen; pero no lo hacen desaparecer.

334

La esencia del delito consiste en la infracción voluntaria o premeditada de la ley. Quebrantando la que declara la independencia e integridad de la república hay delito, sea que se quebrante obrando contra ella en manuscritos o en impresos.

Un mismo artículo de la Constitución dice que no puede coartarse la libertad de la escritura ni la de la imprenta. Si no se creyó infringir ese artículo declarando que son criminales los que en un manuscrito aconsejan o mandan que se ataque o viole la independencia o integridad de la república, tampoco debe pensarse que se quebrante pronunciando reos a los que en un impreso aconsejan o mandan igual violación o ataque.

Un impreso puede hacer más daño que un manuscrito. Habiendo prohibido el Congreso el menor que puede hacerse contra la república en un manuscrito, debe prohibirse el mayor que puede causarse en un impreso.

Supóngase que un traidor escribe reservadamente cierto número de cartas a los enemigos exteriores de la república invitándolos a que vengan a atacarla, y que otro traidor con igual secreto les dirige igual número de impresos convidándolos al mismo fin. ¿Cuál es entre uno y otro caso la diferencia que los distingue? ¿Por qué es criminal el primero según la 1.ª y 2.ª parte aprobadas del artículo, y no debe serlo el segundo según la 3.ª y 4.ª que se resiste con tanto empeño?

El artículo no está redactado con expresiones vagas o equívocas. Está concretado a los casos precisos de provocar, aconsejar o mandar. La 3.ª y 4.ª parte que hablan de impresos están expresadas en los mismos términos que la 1.ª y 2.ª que tratan de manuscritos. Habiendo sido aprobadas estas, deben serlo aquellas. De otra suerte se deduciría una contradicción escandalosa que no haría honor al Congreso. Se inferiría que en un impreso puede invitarse a los enemigos de la república a atacarla con la fuerza, y que en un manuscrito no puede hacerse aquella invitación. Se inferiría que es criminal aquel que en una carta excita a los pueblos de la república a separarse de ella y unirse con otra nación, y no es reo aquel que en una proclama o impreso los excita al mismo fin empleando las mismas palabras.

Se dice que un manuscrito es reservado y un impreso es público; que, dirigiéndose el primero, no puede escribirse contra él, y enviándose el segundo puede haber muchos que lo contesten y sostengan los derechos de la nación. Pero estas son palabras; no son ideas. El traidor que escribe un papel y el impresor que lo imprime pueden convenirse en guardar tanto secreto como el que dicta una carta y el amanuense que la escribe. Impreso un papel antinacional puede haber patriotas que lo contesten. Pero esto no hace desaparecer el crimen. Publicado un libelo contra alguno, pueden responder a él sus enemigos; pero el autor del libelo es un criminal y merece pena por serlo. Intentándose o cometiéndose un homicidio en la plaza, puede haber muchos que embaracen su ejecución o escarmienten al que lo perpetre; pero el homicida es reo y debe sufrir el castigo de la ley.

Aquel que calumnia en un papel público a un individuo particular comete un delito y se hace digno de pena. Aquel que ofende a la república en un impreso comete crimen más grande y debe sujetarse a pena mayor. Si el que excita a otros a que ofendan a un ciudadano privado es un criminal, ¿el que provoca a los enemigos de la patria a que se vuelvan contra ella podrá dejar de ser reo?

Yo repito. Me asombro al oír objeciones contra un artículo tan claro. La razón habla a su favor; y debe aprobarse sin discusión ulterior.

(Sesión del 30 de mayo).

V

Vuelvo a hacer uso de la palabra para contestar al diputado Vasconcelos (Simón). Es triste la opinión que ha manifestado. Yo siento que la tenga una persona que estimo. Ni la moral, ni la jurisprudencia, ni el interés de los pueblos pueden aprobarla.

Si no deben acordarse penas contra los que injurian o calumnian en un papel público; si el injuriado puede contestar con otras injurias, los pueblos serían al fin inhabitables. De una injuria se pasaría a otra injuria. La venganza llegaría a derramar sangre; y las sociedades políticas serían lastimosamente un caos de muerte y horror.

Que se censuren libremente los actos del hombre público que infringe la ley en el ejercicio de su empleo. Ese derecho es el paladín de la libertad. Pero la injuria que calumnia la vida privada debe ser prohibida y escarmentada. Yo veo penas contra ella aun en los códigos de las naciones que han dado más extensión a la libertad. La naturaleza ha hablado en todos los pueblos. No desoigamos su voz.

En el primer período de la marcha que han seguido los hombres no había jueces ni tribunales. El que recibía daño lo vengaba por sí mismo. El ofensor volvía a hacerlo y el ofendido tornaba a causarlo. Estas acciones y reacciones produjeron males de diversa especie. El hombre sintió la necesidad de poner término a ellos. Se conoció que debía haber una persona imparcial que terminase pacíficamente las diferencias del ofensor y el agraviado; se fueron creando jueces y organizando tribunales; y esa institución respetable, esa creación de juzgados y magistraturas tan necesaria para la conservación de la paz, sería inútil si el ofendido fuese el que debía escarmentar al ofensor.

Esto es claro. El desagrado con que se ha oído lo que impugno me indica que no hay necesidad de extenderme sobre un punto tan evidente. Yo repito lo que he dicho. Aquel que calumnia en un papel público a un individuo particular comete un delito y se hace digno de pena. Aquel que ofende a la república en un impreso comete crimen más grande y debe sujetarse a pena mayor. Si el que excita a otros a que ofendan a un ciudadano privado es un criminal, el que provoca a los enemigos de la patria a que se vuelvan contra ella ¿podrá dejar de ser reo?

(Sesión del 30 de mayo).

VI

Volvemos a la discusión del proyecto de ley sobre los delitos contra la seguridad exterior de la república después de una interrupción de 16 días.

El 30 de mayo se discutió la 3.ª parte del art. 4.º que dice: Son reos de la segunda clase las personas privadas que escriben o publican impresos provocando o aconsejando que se ataque por la fuerza o se viole de otra manera la independencia de la república o la integridad de su territorio, o que se separen de ella y se unan con otra nación pueblos que son parte suya integrante.

Ahora se discute la 4.ª parte del mismo artículo que dice: Son reos (de la misma segunda clase) las personas públicas que escriben o dan a luz impresos provocando o mandando que se ataque por la fuerza o se viole de otra manera la independencia de la república o la integridad de su territorio, o que se separen de ella y se unan con otra nación pueblos que son parte suya integrante.

Yo recuerdo en la discusión de la 4.ª parte las razones que manifesté en la de la 3.ª. Olvidarlas, reprobar lo que se discute sería declarar que no son criminales los funcionarios que publican impresos provocando o mandando que se ataque la independencia o integridad de la república. Esto sería escandaloso y haría responsables a los diputados que cooperasen con su voto a un acuerdo que a mi juicio merecería el nombre de traición.

VII

El artículo que se discute dice así: Los reos de la 1.ª clase sufrirán la pena de destierro al lugar que designe y por el número de años que señale el juez o tribunal respectivo desde tres hasta cinco, si son personas que no tienen autoridad alguna; desde cuatro hasta seis, si son personas que tienen autoridad privada; desde cinco hasta siete si son personas que tienen autoridad pública, en el caso de que a la excitación, consejo o mandato no haya seguido la separación de algún pueblo o la violación efectiva de la independencia o integridad de la república.

La teoría en que se funda este artículo es incontestable. Las penas deben tener dos caracteres grandes: el de ser derivadas de la naturaleza del crimen, y el de guardar proporción con él.

Triunfa la libertad, dice Montesquieu, cuando las leyes deducen las penas de la naturaleza particular de cada delito. Cesa entonces la arbitrariedad, y la pena no nace del capricho del legislador sino de la naturaleza de las cosas. Que sea expelido de los templos y separado de la congregación de los fieles el sacrílego que ataca a la religión. Que sea desterrado de la sociedad política el que turba su sosiego o tranquilidad.

El objeto de la ley en la imposición de penas decía Filangieri, no puede ser otro que impedir al reo la repetición de sus delitos y retraer a otros de la imitación funesta de su mal ejemplo. Si puede conseguirse este objeto con una pena, no debe acordarse otra más severa. El legislador no debe permitirse sino aquel grado de severidad necesario para reprimir la voluntad viciosa que produce el crimen. Es necesario que la pena sea proporcional al crimen. El talento menos penetrante conoce la necesidad. Pero ¿cómo guardar esa proporción en la variedad infinita de delitos? Formar escalas de todas las especies de ellos y de todos los grados de criminalidad en cada especie sería formar volúmenes inmensos. Dar a los jueces libertad ilimitada de aplicar las penas que creyesen proporcionales a cada delito sería abrir un campo vasto a la arbitrariedad.

Los legisladores fueron muchos siglos embarazados con esta dificultad. Unos decretaron una misma pena a delitos absolutamente diversos; otros lo abandonaron casi todo al arbitrio de los jueces. La especie humana sufrió y los delitos se aumentaron.

Pero al fin se descubrió un medio que concilia extremos y acerca del modo posible a la proporción deseada. Que se fijen las clases y especies principales de delitos, dijeron los hombres que han perfeccionado la ciencia; que se designen las penas correspondientes a cada especie según su naturaleza respectiva; que se señale en cada una el máximum y el mínimum; y que el arbitrio prudente del juez, sin subir del uno ni descender del otro, pueda aumentar el tiempo de la pena según las circunstancias agravantes del crimen.

Este descubrimiento feliz mudará el aspecto de la jurisprudencia y mejorará sucesivamente en beneficio de los pueblos todas las leyes penales de las naciones ilustradas. Los legisladores de Francia lo tuvieron presente en el código memorable de 1810; y la comisión no lo ha olvidado en el proyecto de ley que se examina.

Se propone la pena que exige la naturaleza misma del delito; se designa la de destierro porque no debe gozar las ventajas de una sociedad el que aconseja o procura su destrucción.

Se fija el número (mínimo y máximo) de años que puede durar el destierro porque es conveniente fijar los puntos hasta dónde puede llegar el juez para que no sea ilimitada su libertad aumentando o disminuyendo el tiempo más allá de lo que sea justo.

Se deja al arbitrio racional del juez el derecho de aumentar el tiempo sin exceder jamás los términos prefinidos por la ley, para que su prudencia pueda proporcionar más la pena a la multitud de circunstancias que pueden agravar un delito sin variar su especie.

La ley designa la proporción principal que debe haber entre la pena y el delito; y la prudencia del juez fija los detalles o pormenores de aquella proporción. Si el juez es sospechoso, el reo puede recusarlo. Si el juez no respeta la justicia, el reo puede apelar.

No hay objeción que pueda resistir la fuerza del raciocinio. La ley que se propone es muy interesante para una república naciente. No debe embarazarse con discusiones prolongadas. Son pocos los días que restan de sesiones. Es preciso aprovecharlos para concluir una ley que tiende a reprimir o escarmentar a los traidores.

(Sesión del 17 de junio).

Contra la Unanimidad de Votos para Condenar a un Diputado

Mi opinión es diversa de la de los individuos de la comisión de legislación. El artículo que proponen a la deliberación del congreso exige unanimidad de votos para que pueda haber sentencia condenatoria en el tribunal de jurados que juzgue a un diputado; y yo veo esa unanimidad en contradicción con los principios que deben servir de base a nuestros raciocinios.

Todos los centroamericanos somos iguales ante la ley. Si basta mayoría de votos para imponer penas a los demás ciudadanos, ¿por qué se exige unanimidad de sufragios para condenar a los representantes de esos ciudadanos?

Conviene a los intereses de los comitentes que los comisionados puedan ejercer libremente, sin obstáculos ni peligros, su comisión importante. Conviene que los apoderados cumplan la voluntad de los poderdantes sin influencias ni temores que puedan alejarles de sus deberes. Pero ¿no basta declarar en el artículo 63 de la Constitución que no son responsables por proposición, discurso o debate en el congreso o fuera de él sobre asuntos relativos a su encargo? ¿No basta decir en el mismo artículo que durante las sesiones y un mes después no pueden ser demandados civilmente ni ejecutados por deudas? ¿No basta decretar en el artículo 143 que no deben ser procesados sin que se declare previamente haber lugar a la formación de causa por el congreso de que son individuos? ¿No basta acordar en uno de los artículos aprobados que un jurado compuesto de compañeros suyos es el que debe juzgarlos? ¿Se declarará a más de esto que no pueden ser condenados sino por unanimidad absoluta de sufragios?

La mayoría de votos hace elecciones populares y eleva a las primeras alturas de la república a los ciudadanos que tienen más número de ellos. La mayoría de votos forma los acuerdos y dicta las leyes en el congreso y asambleas que deciden la suerte de los pueblos. La mayoría de votos fija las resoluciones en el Senado y consejos que dan o niegan la sanción a las leyes. La mayoría de votos absuelve o condena en las cortes de justicia que ponen en libertad a los inocentes o envían al patíbulo a los infelices que tienen la desgracia de ser reos. Todo se hace por mayoría de votos; y casi nada se haría si fuera precisa la unanimidad de sufragios. ¿Cómo puede esperarse unanimidad en una república compuesta, como las demás de América, de elementos tan heterogéneos?

Acaban de nacer las repúblicas del nuevo mundo. Ahora empiezan a ser Estados independientes los que antes eran provincias sometidas a España. Todavía no se han cruzado unas con otras las que se llamaban castas; todavía no se han fundido en un molde los cerebros; todavía no ha desaparecido la diversidad de educaciones recibidas; todavía no se han difundido los principios que son como una lengua universal que aproxima a la uniformidad; todavía se habla un idioma por unos y otro por otros; todavía hay diversidad de fisonomías y colores. La opinión trabaja para poner acordes a los americanos en todos los puntos en que debe haber armonía. Pero antes de concluir su obra, ¿podemos suponer que la haya en los asuntos en que es más difícil que exista?

En los congresos ha habido siempre, y es natural que haya, divergencia de opiniones. Formados de individuos de diversos estados, de diversas profesiones, de diversas edades, de diversos intereses, de diversas educaciones, es preciso que los sentimientos y votos sean también distintos. Yo recorro la historia y veo en ella a los parlamentos, a las Cortes, a las asambleas y a los congresos divididos generalmente en dos secciones. La suerte vendada, la suerte ciega elige jueces entre diputados de dos partidos. Es natural que los elegidos no sean de uno solo; es regular que disienta de los demás conjueces aquel que sea de partido contrario al del acusado. No habrá unanimidad; y por no haberla será absuelto quien merezca ser condenado.

El señor Ricardo Phillips, que supo desarrollar la teoría de jurados, defiende la unanimidad de sufragios[147]. "La decisión del jury —permítaseme leer lo que ha escrito— no es ni una aproximación a la verdad ni una declaración de simple probabilidad; ella es, en el sentido de la ley, la cúpula de la verdad: certeza, no probabilidad, este es el objeto del jury. La señal más segura de la verdad es el ascenso general del género humano; y la unánime declaración de un jury compuesto de doce hombres sin amistad ni relaciones entre sí y exentos de toda parcialidad es la señal menos equívoca de tal asenso."

Yo veo en estos pensamientos una equivocación fundamental. Puede haber certeza en las decisiones de la unanimidad y en las de la mayoría. Puede haber error en las sentencias de la primera y en los fallos de la segunda. Los autos o decretos de un tribunal compuesto de jurados o de jueces ordinarios no son, hablando en general, más que declaraciones de probabilidad, más o menos aproximadas a la verdad o al error. "Las cuestiones más importantes de la vida —dijo el hombre[148] que supo someter al cálculo las ciencias naturales y morales, los acuerdos de las asambleas y las sentencias de los tribunales— no son más que problemas de probabilidad." Voy a leer lo que dice sobre jurados: "En un jurado de

---

[147] De las facultades y obligaciones de los jurados.
[148] El marqués de La Place

doce individuos, si la pluralidad que se exige para condenar es de ocho votos sobre doce, la probabilidad de error es 1093/8192, o un poco menos que un octavo; pero si aquella pluralidad es de nueve sufragios, entonces la probabilidad es casi de 1/2. En el caso de unanimidad, la probabilidad es de 1/8192; y esto supone que la unanimidad resulta únicamente de las pruebas favorables o contrarias al acusado; pero motivos absolutamente extraños deben muchas veces concurrir a producirla cuando se impone al jurado como una condición necesaria. Entonces, dependiendo sus decisiones del temperamento, del carácter de los jurados, son algunas veces contrarias a las resoluciones que hubiera acordado la mayoría si no hubiera atendido más que a las pruebas; y este es un defecto grande en este modo de juzgar."

Una sentencia pronunciada por unanimidad tiene a su favor la presunción de acercarse a la verdad más que otra sentencia fallada solo por la mayoría. Pero una sentencia dictada por un juez y autorizada por un escribano que, a más de la prueba ordinaria, tiene la de haber visto con sus ojos cometer el crimen, reúne también más presunciones de probabilidad que una sentencia dictada por juez y autorizada por escribano que no han sido testigos oculares del crimen. ¿Y la ley exige por esto que no haya sentencia sino en el caso de haberse perpetrado el delito a presencia del juez y del escribano? Un hecho probado por las deposiciones acordes de veinte testigos tiene más probabilidades que un hecho acreditado por la declaración de dos testigos contestes. ¿Y la ley declarará por esto que es necesario el testimonio de veinte testigos para que pueda haber sentencia condenatoria?

La ley debe dar garantías a la inocencia calumniada; pero debe darlas también a la sociedad ofendida. No debe condenar por presunciones vagas porque entonces serían víctimas algunos inocentes; pero tampoco puede exigir todas las probabilidades posibles porque en tal caso quedarían impunes muchos crímenes. Hay un medio entre el máximum y el mínimum de las probabilidades que bastan para una fe legal. Ni todos los votos ni un solo voto. Ni la unanimidad ni la singularidad. La mayoría de sufragios, absoluta o más o menos elevada, es la que debe declararse bastante según la naturaleza respectiva de las instituciones.

La institución del jurado no exige por su naturaleza unanimidad de votos. En Francia hay jurado, y dos tercios bastan para formar sentencia. En Inglaterra es condición precisa la unanimidad. Pero las leyes de Inglaterra hablan a una nación que no está compuesta de elementos tan heterogéneos como la nuestra; hablan a pueblos donde está ya formado el espíritu público y consolidada la opinión en los puntos más principales; hablan a un reino donde el monarca tiene influencia grande en el poder judicial; hablan a un país donde es general para todos los reos la institución del jury; hablan de un jurado cuyos individuos deben ser propietarios o francos tenedores, y no deben tener relaciones con el acusado ni ser compañeros suyos.

"Se exige la unanimidad —dice otro escritor cuyas palabras me tomo la libertad de recordar— precisamente para que los delitos no queden impunes. Aun siendo positivamente reo el acusado, cuesta repugnancia condenarlo, y una delicadeza mal entendida haría faltar a muchos si se persuadiesen de que su voto no había de influir. La unanimidad cierra la puerta a ese subterfugio, y si hay algún jurado que no se haya podido vencer, sabe que tiene que responder a toda la sociedad de las consecuencias de la impunidad."

Pero ¿no son muchos los que olvidan sus deberes aun sabiendo que serán responsables ante la sociedad? ¿El poder presente de la amistad, aumentado por el de la conmiseración, no es multitud de veces más grande que el poder futuro de la censura pública? ¿La certeza de ser decisivo el voto de cada juez en un tribunal que no puede condenar sin unanimidad de sufragios no hará que aquel que tiene relaciones con el acusado discurra de este modo?: "Mis conjueces están determinados a condenar a mi compañero y amigo. Solo mi voto falta para que haya sentencia. De mí depende la suerte de la persona que amo. Es perdido mi amigo si lo condeno. Es feliz si lo absuelvo. ¿Seré insensible a su desgracia?"

Es viciosa, es injusta toda ley que hace depender las resoluciones de un cuerpo de la voluntad de uno solo de sus miembros; y ese carácter de injusticia es el que veo en un artículo que exige unanimidad de votos para condenar a un diputado: en un artículo que sacrifica los sufragios de muchos al sufragio de uno solo; en un artículo que hace triunfar la opinión singular de uno solo sobre la opinión acorde de varios; en un artículo que expone la rectitud de varias personas a ser burlada por la amistad o pasiones de una sola; en un artículo que tiende a la impunidad de los diputados pidiendo para condenarlos condiciones que es muy difícil cumplir.

(Sesión del 29 de junio).

Vegetales Que Necesitamos

Antes de cerrarse las sesiones del congreso quiero hacer un pequeño bien a mi Patria. Quiero que se multipliquen las plantas útiles y se aumenten con ellas la riqueza y comodidades de mis conciudadanos. Amigo constante de los vegetales, porque veo que una sola semilla puede hacer rico al país que la cultiva y fomenta, he procurado que germinen en Guatemala las que no son conocidas en su suelo.

El año anterior de 1814 propuse al gobierno que se pidiesen a México estacas de olivos para que la república tuviese este artículo nuevo de riqueza; y acordado así, el C. José Sacasa trajo las que están dando brotes que llenan de delicias y anuncian los olivares que tendremos algún día.

En el presente suplico al congreso se sirva aprovechar la ocasión que se ofrece tan felizmente. El C. Juan de Dios Mayorga, nuestro enviado cerca del gobierno mexicano, debe regresar a esta capital después que llegue a la de Nueva España su sucesor. Puede traer semillas y estacas de vegetales que todavía no tenemos; puede traer las del maíz que da 400 fanegas de cosecha por una de siembra, las de diversas especies de peras que son desconocidas aquí, las de los perones hermosos de San Ángel y las de otras plantas de provecho y regalo.

El C. Mayorga es activo y sabrá hacer este servicio a la Patria. Yo pido al congreso se digne acordar: 1.º, que el gobierno le recomiende que cuando verifique su viaje a esta capital traiga semillas y estacas bien conservadas de los vegetales que, no existiendo en nuestras tierras, puedan ser de mayor provecho; 2.º, que ponga a su disposición 100 pesos para gastos de conducción de las que trajere.

(Sesión del 29 de junio).

Discurso pronunciado en el acto de la instalación de la Sociedad Económica, por su Director

29 de noviembre de 1829

El objeto de la asamblea que acordó, y del gobierno que ha cumplido el decreto de 30 de septiembre último, es importante en todos sus aspectos.

La Sociedad Económica fue fundada en 1795 por el patriotismo del señor don Jacobo Villaurrutia, que amó el bien de Guatemala y supo promoverlo.

Las sociedades o academias creadas en el siglo XVII, aumentadas en el XVIII y multiplicadas en el XIX, han sido en Europa uno de los motores más activos de su prosperidad. La de Amantes de Guatemala hizo mucho bien en los períodos de su existencia y fue la primera en difundir conocimientos útiles. El principio grande de la ciencia social consiste en formar un espíritu único de los espíritus diversos de una nación compuesta de millares de individuos. Y la divisa de los gobiernos benéficos es unir a los hombres, así como la de dividirlos es de los despóticos.

No debía haber dudas en el acuerdo. "Se establecerá —dijo la asamblea— una Sociedad de Amantes de la Patria bajo la protección de ella misma y del Poder Ejecutivo del Estado. El objeto de esta asociación será el de fomentar la ilustración y progreso de las artes, del comercio y la agricultura."

A esta voz, agüero feliz de grandes bienes, nos hemos reunido para corresponder a la voluntad del primer Poder del Estado. Hoy se instala la sociedad, y yo, electo para ser individuo suyo, voy a unir mi voz con la del gobierno, que acaba de oírse; voy a presentar algunos pensamientos sobre el instituto de nuestra sociedad.

Cuando se establece un cuerpo, el primer paso que debe darse es evidenciar la importancia y latitud de su objeto. Convencidos de ella, los que son miembros suyos trabajan con celo más activo; y los que no lo son, quieren serlo para el mismo fin. Se forma una suma hermosa de patriotismos individuales; y la divisa de la sociedad —el celo unido produce la abundancia— llega a ser una demostración de la experiencia.

El Centro de la América puede serlo de luces y riquezas. Está colocado en medio de un continente inmenso, venero inagotable de preciosidades. El Atlántico baña al norte sus costas y, dándole puertos por aquel lado, le facilita las comunicaciones de la América Septentrional, de Europa y África. El Pacífico fecunda al sur su litoral y, proporcionándole puertos por aquel rumbo, lo abre a las relaciones del Asia y de la Oceanía. Un lago grande y hermoso de 150 leguas de bojeo puede facilitar la unión de los mares que circundan la República y hacer que sea centro de civilización y comercio. Una cordillera empinada, dividida en ramales diversos, la atraviesa de un extremo a otro y, alzarla sobre el nivel del mar, varía las temperaturas y forma escalas útiles desde el calor que abrasa hasta el frío que hace tiritar. Ríos de aguas frescas y claras, partidos en riachuelo más o menos grandes, descienden de las cumbres y, corriendo libremente por los campos, deslizándose por las laderas, llegan hasta el océano fertilizando las tierras de su tránsito. Vegetales de todas clases presentan en ella otra escala tan maravillosa como la de los climas: mangles en las playas, costas, árboles de países templados en el medio, plantas del Norte en las alturas, deleitan al viajero que camina desde los puertos hasta las poblaciones del centro.

No es una hipérbole nacida del amor al país natal. Es una verdad de hecho, patente a todos los ojos. Son inmensas en Centroamérica las ventajas de su figura, de su posición, de su suelo y de todos los seres físicos que la pueblan.

Penetrado de ellas un gobierno digno de este título, puede hacer iguales o mayores prodigios que los operados por el de otros países menos distinguidos. La naturaleza presenta los gérmenes en abundancia: la mano del hombre debe desarrollarlos, y el gobierno, para hacer que se ejecute esta operación, la más importante de todas, debe dar su protección a los cooperadores primeros de ella.

La riqueza, objeto de todas las voluntades, es producto de los sabios que presentan sus conocimientos, de los propietarios que franquean sus capitales y de los operarios que ofrecen sus brazos para labrar la tierra o hermosear las producciones de ella. En todo lo que tiene valor, en los granos de las trojes, en los artefactos de los talleres, en los fardos de los almacenes, yo veo las luces de los sabios, los capitales de los propietarios y los trabajos de los obreros.

Los sabios observan toda la naturaleza sin arredrarles su inmensidad; estudian todas las creaciones, buscan todas sus leyes, recogen todas las observaciones, forman al fin las ciencias y las artes; y cada ciencia, cada arte, es productora de artículos de riqueza.

Recorriendo las secciones grandes en que se dividen los seres físicos; estudiando primero los minerales, subiendo después a los vegetales y trepando últimamente a los animales, los sabios abrazan la tierra en su inmensidad; clasifican todos los cuerpos que existen en ella; manifiestan sus caracteres más inequívocos; dan a conocer sus propiedades más eminentes; indican sus destinos más provechosos y abren las puertas de las tres creaciones. Los empresarios entran al museo de las ciencias naturales; perciben la utilidad de lo que pisaban o desdeñaban como inútil; hacen ensayos felices, meditan especulaciones importantes y presentan a los mercados artículos nuevos, desconocidos hasta entonces. Se aumenta la masa de riquezas. El comerciante ve que las tablas mineralógicas de Karsten, la nomenclatura de Werner, los cuadros de Cuvier, son depósitos de riquezas útiles para los pueblos, importantes para sus hijos. El economista publica como un descubrimiento experimental que los hombres ilustrados son coproductores necesarios de la riqueza. Y el estadista conoce que la balanza de las naciones es, como he dicho otra vez[149], equilibrada o inclinada por un fósil, por una planta, por el capullo de un insecto, por la cera de una flor, por la piel o lana de un animal descubierto, observado y clasificado por un sabio.

No se limitan a tamaños bienes los que tienen el honor de serlo. Suben a la región de lo más abstracto y sublime. Estudiando las leyes del movimiento, de los fluidos, de la luz, del sonido, etc., forman las ciencias que se llaman exactas, después de haber formado las que se denominan naturales. Crían un mundo que se cree de abstracciones y es en realidad el mismo mundo de que somos partes. Con números y líneas, haciendo figuras que parecen entretenimiento de ociosos, contando, midiendo y pesando, hacen verdaderos prodigios, honor del genio, provecho de los Estados. Ellos han llenado el mundo de instrumentos que multiplican los ojos, las manos y los poderes del hombre; han logrado que el trabajo de millones de individuos sea ejecutado por máquinas inanimadas que no exigen salarios por sus trabajos. Ellos han triunfado de la naturaleza, haciendo que las aguas condenadas por ella a bajar sean superiores a sus leyes y suban a regar las siembras del labrador. Ellos han creado tres épocas que serán gloria inmortal de su especie. Enseñaron primero a

---

[149] Lo dije en el discurso que publiqué en el año de 1815 sobre las ciencias en sus relaciones con la riqueza

servirse del hombre para la producción de la riqueza; hicieron después que emplease animales menos costosos que el hombre; sustituyeron últimamente seres inanimados, menos gravosos que los animales. Jornaleros que era necesario alimentar y vestir servían en la primera época para los trabajos de la industria rural, fabril o mercantil. El buey, que tiene menores necesidades, era colaborador del hombre en la segunda. El agua, el viento, el vapor, que no las tienen de ninguna especie, acaban sin gastos crecidos obras cuya ejecución exigiría pueblos enteros de operarios. Los artefactos son baratos; las clases más infelices pueden gozar de ellos; el bienestar no es un estanco de ricos; la prosperidad se extiende a todos; y esta influencia bienhechora de las máquinas, estos milagros del talento, estos triunfos de las ciencias cubren de honor a sus autores.

Servicios tan eminentes no bastan a su infatigable celo. La filantropía de su alma es inmensa como ella misma. Continuando la progresión de sus trabajos, se elevan al hombre y lo observan en todos los climas y gobiernos. Viajan por todos los pueblos, contemplando su marcha ascendente y descendente; miran a Roma subiendo desde el estado humilde de aldea formada de cabañas fabricadas sin orden, hasta el de ciudad eterna, capital respetable del mundo conocido; ven a los Estados Unidos volando desde la miseria de los desiertos hasta la altura de primera potencia de América; buscan hechos de toda clase y reúnen datos de toda especie; y, fuertes con los poderes de la experiencia, ilustrados con las luces de la razón, trabajan la teoría de más interés para los Estados. La ciencia de los gobiernos, que con una orden pueden abrir o cerrar las fuentes de la riqueza, es como las demás ciencias experimentales. El progreso de los Estados, su prosperidad más brillante, su decadencia y ruina son fenómenos producidos por causas tan invariables o constantes como el ascenso de unos cuerpos y el descenso de otros. Reuniendo hechos individuales, el físico llegó a conocer las leyes de la gravitación; y recogiendo observaciones particulares, el estadista aspira a descubrir las leyes de las sociedades. Posesor de ellas un gobierno instruido en el arte de aplicarlas, siguiendo el desarrollo natural del hombre, dando a pueblos niños las leyes que convienen a su tierna edad, dictando a las naciones adultas las que exige su madurez, la marcha de los Estados sería natural como la de las plantas regadas en un jardín. Florecerían y darían frutos en sus períodos respectivos. No habría violencia ni coacción. El movimiento sería espontáneo y la prosperidad resultado feliz de un sistema inspirado por los sabios.

Cada siglo, por ellos, ha ido mejorando o multiplicando las ciencias y las artes; y cada ciencia y arte ha ido aumentando las riquezas y comodidades. El siglo XV presentó el arte de la imprenta; el XVI el Nuevo Mundo, la cochinilla, el añil y el tabaco; el XVII el telescopio, el barómetro y el termómetro; el XVIII una filosofía nueva; y el XIX la independencia de la América y experiencias importantes de teorías y sistemas. El XX hará otros presentes de interés más grande. Los que le sigan serán superiores; y marchando sucesivamente, yo no sé hasta dónde llegarán los adelantamientos de las ciencias, los progresos de la riqueza, la mejora de los pueblos y las perfecciones de la especie.

Las ciencias y las artes son las que ponen la naturaleza entera a los pies del hombre, las que le dan el cetro del mar y la tierra. No puede haber riqueza, poder ni prosperidad sin ilustración. Las tierras donde no hay luces son bosques de lacandones o mosquitos desnudos, pobres y miserables; lagos de aguas estancadas sin movimiento ni corriente; pantanos cenagosos poblados de reptiles dañinos o inútiles. Los países iluminados son, por el contrario, praderas y trigales hermosos y dilatados; lugares ricos de talleres y manufacturas; plazas concurridas de tráfico y comercio. El África es un continente oscuro como el color de sus habitantes; y la Europa es el ornamento más bello del mundo civilizado.

La ilustración (vuelvo a repetirlo) es la productora grande de las riquezas. Conoce todo su precio el que dijo: "las ciencias son manufacturas[150]. Era sabio el que publicó que es pobre y miserable el pueblo donde no se sabe extraer la raíz cuadrada de un número[151]. Penetró todas las influencias del saber el que escribió: "no debe esperarse que haya operarios capaces de fabricar perfectamente una pieza de paño en una nación donde la astronomía es ignorada y la moral es despreciada"[152].

No hay riqueza que no se derive de los senos fecundos de la naturaleza. De ella sacan todos sus productos las tres industrias rural, fabril y mercantil. Dedicarse a conocer la naturaleza es consagrarse al conocimiento de la mina de donde se extraen los materiales; y esta es la ocupación constante de las ciencias y las artes.

---

[150] Gregoire en el dictamen de la comisión de instrucción pública.

[151] Genovesi. Lecciones de comercio

[152] Hume. Ensayos

Pero no bastan los conocimientos que presentan unas y otras para la obra importante de la producción de las riquezas. Es necesario que haya capitales para labrar la tierra o hermosear sus productos, para comprar los instrumentos con que se ha de hacer el trabajo y pagar a los operarios que deben ejecutarlo.

Los propietarios son precisos en todo país que quiera ser rico. El primero que dijo: "la propiedad es sagrada" fue un dios digno de la adoración de los pueblos.

La luz del sol, las aguas de la atmósfera pueden entrar en mi propiedad. El rayo puede hacerla cenizas; el huracán puede arrancarla del suelo donde existe y lanzarla por el aire a las montañas. Pero la mano del hombre no tiene derecho para tocarla. Es inviolable lo mío. Solo yo, que soy su dueño, puedo disponer de los productos de mi trabajo; solo la ley, merecedora de este nombre por su justicia y sabiduría, puede tomar de mis rentas lo que sea preciso para las necesidades positivas de la nación.

El pueblo donde se hable con sinceridad este idioma, el Estado donde se respete religiosamente el tuyo y el mío, será rico y poderoso. El hombre se dedicará gustosamente al trabajo sabiendo que los frutos de él son invulnerables o santos; hará ahorros o economías, acumulará valores, formará capitales; y con ellos será productor benéfico de la riqueza. Pero si la propiedad no es sagrada, si puede arrebatarla el crimen o violarla la fuerza, si no hay seguridad en su posesión ni tranquilidad en su goce, ¿quién será, en caso tan triste, el fatuo que quiera hacer los sacrificios, siempre penosos, que exige la acumulación de valores o producción de capital?

La existencia del hombre es un cálculo continuado desde que empieza a pensar hasta que cesa de discurrir. Las obras más costosas serán emprendidas para llevar a todas partes aguas de fecundidad y vida; la tierra será regada y sus gérmenes desarrollados; las alturas serán trigales y las costas cañales, si los propietarios saben que nadie osará violar el fruto de sus vigilias, el producto de sus sudores. La tierra seca y tostada por los rayos del sol se abrirá en grietas y quemará las plantas del caminante; los campos se cubrirán de espinas, caídas de arbustos dañosos como ellas, si el capitalista conoce que su propiedad puede ser arrancada de sus manos y trasladada a las de otros.

Fuimos los primeros en proclamar los derechos de libertad y propiedad el año de 1810, cuando se dieron instrucciones a nuestro representante en Cortes; los repetimos en 1821, cuando nos pronunciamos independientes de España; los reiteramos en 1824, cuando se decretó la Constitución Política; los ratificamos en 1825 cuando se sancionó la ley. No oscurezcamos jamás la gloria adquirida con pronunciamientos tan justos. Los principios abrazan todos los tiempos. Si la propiedad era sagrada entonces, debe serlo ahora y en lo futuro: la razón no es de este o de aquel año exclusivamente. Es de todos los años y días.

Los capitalistas, necesarios para la producción de la riqueza en los artículos establecidos, son también precisos en la creación de los nuevos. Ellos aventuran los primeros ensayos de las teorías publicadas por los sabios u hombres de luces; ellos acometen en todos los ramos económicos las primeras empresas y corren los primeros riesgos; ellos hacen las primeras plantaciones de semillas o estacas que no son conocidas ni aclimatadas en un país; ellos establecen las primeras fábricas o manufacturas costosas; ellos emprenden obras que los gobiernos temen o no pueden empezar ni concluir; ellos forman compañías de capitalistas millonarios para apertura de canales, construcción de caminos, explotación de minas, etc[153].; ellos tienen interés en las mejoras de la agricultura, perfección de la industria y extensión del comercio.

En todos los países cultos existen monumentos proporcionales a su riqueza, magnanimidad y magnificencia de los capitalistas. En Centroamérica, donde las fortunas no han subido jamás al máximum a que han sido elevadas en otras partes, vemos, sin embargo, los que ha levantado la beneficencia de algunos particulares. En México los vi yo mismo más costosos y respetables. En los Estados Unidos no corre un año sin presentar pruebas del patriotismo de algunos individuos. En Francia, los nombres Turgot, Seguier, Riquet, Choiseul, Laborde, D'Aguesseau, etc., son amados por las obras de beneficencia que emprendió su celo. ¿Y en la Gran Bretaña, los grandes capitalistas no han sido los creadores de obras grandiosas como sus fortunas? ¿No fue Sloane quien donó su museo, valuado en 250,000 pesos, para que se formase el Británico que hace tanto honor a Inglaterra? ¿No fueron Cavendish y Bedford los que hermosearon a Londres haciendo plazas

---

[153] El año de 1826 se dio noticia en Inglaterra de 33 compañias para canales y muelles con el capital de 88.765,000 pesos; 48 idem para caminos de hierro con el capital del 112.270,000: 34 idem para explotación de minas de oro y plata con 122.475,000: 5 idem para el cultivo del azúcar y añil con 52,500,000.

tan vastas como la de Luis XV? ¿No fue un comerciante el que construyó la Bolsa, y Portland el que hizo un camino de hierro de diez millas de longitud? El decreto de 22 de enero de 1824 dice: "Todos los extranjeros que quieran venir a Centroamérica podrán hacerlo de la manera que mejor les convenga y ocuparse con toda libertad y seguridad en el ejercicio que más les acomode"; el artículo 12 de la Constitución, que dice: "La república es un asilo sagrado para todo extranjero y la patria de todo el que quiera residir en su territorio", son leyes sabias y dignas por su influencia de cumplimiento y observancia. La Europa es el país de los capitales y luces. Abramos al europeo las puertas de la república, si queremos que Centroamérica sea ilustrada y rica. Un europeo (sabio, capitalista u obrero) es un productor nuevo de riqueza. La Prusia vio manufacturas que no tenía cuando recibió a los franceses que el edicto de Nantes había expulsado de su patria. Los hijos de Flandes tienen el honor de haber influido en la prosperidad de la Gran Bretaña, huyendo de las persecuciones de Felipe IV y buscando asilo en Inglaterra. Y el prodigio de los Estados Unidos, ese progreso asombroso de población, ilustración, riqueza y prosperidad se debe a la buena acogida que saben dar a los extranjeros.

Un capital que no ha sido formado por vicios atesta el trabajo, la economía y moralidad de su dueño. Respetar la propiedad y nacionalizar[154] al propietario; multiplicar los capitales dándoles garantía de seguridad; penetrar a los capitalistas del espíritu público, que debe ser el alma vivificadora de los Estados; hacerlos sensibles a las glorias del patriotismo; acercarlos a los intereses de la nación; identificar los del individuo con los del público: tales son los objetos sublimes a que debe elevarse una política ilustrada, digna de ser directora de los gobiernos. Ella haría que cesase o fuese menos viva la lucha que ha comprometido los destinos de tantas naciones; que se diese a los propietarios la consideración a que tienen títulos tan grandes; que sobreabundasen los capitales y su inversión cooperase a la prosperidad de los individuos y de los pueblos.

Pero si los capitalistas merecen, por su influencia en la producción de la riqueza, las miradas del gobierno, los operarios son por igual causa muy dignos de ellas. No hay riqueza faltando los brazos del obrero. Son improductivos en tal caso los capitales del propietario y los conocimientos del sabio.

---

[154] Permítaseme esta palabra. Es expresiva y puede enriquecer nuestra lengua

Ya corrieron los siglos en que todos los trabajos eran hechos por manos de esclavos; ya va pasando el tiempo en que los jornaleros eran vistos como siervos y los propietarios como dueños o señores de ellos.

También en esto tiene el género humano obligaciones muy grandes a las ciencias. Ellas levantaron la voz contra la esclavitud, y el imperio de la razón hizo que fuese desapareciendo de sobre la faz de la tierra. Sus cálculos demostraron que los esclavos, oprimidos y mal alimentados, no pueden interesarse en que sean grandes los productos de sus trabajos; que hombres degradados o envilecidos no son capaces de inventar o perfeccionar cosa alguna; que la cantidad gastada en el esclavo es en último análisis mayor que el salario pagado al hombre libre[155].

Un operario, obrero o jornalero no es siervo: es un coproductor de la riqueza. No es una servidumbre lo que se estipula: es un pacto el que se celebra. El operario ofrece brazos y el capitalista promete salarios. No se cría en este contrato una magistratura autorizada para castigos, violencias u opresiones. Se da al uno derecho para exigir los servicios estipulados y al otro acción para demandar el jornal ofrecido.

Yo manifiesto con placer los derechos de los obreros, hollados injustamente en los siglos pasados. Su causa es la de los desvalidos, la de los infelices, merecedores de la conmiseración de pechos sensibles. Pero sus mismos intereses y los de la nación exigen que se piense al fin en su educación y se les aleje del abismo a que podría llevarles la falta de ella.

Hay operarios honrados, inocentes y útiles, como los oficios a que se dedican. Yo, amigo suyo constante, lo publico con gusto. Pero otros no tienen la moralidad que debería embellecer todas sus acciones.

En los campos, morada antigua de la inocencia, van penetrando los vicios. Se está extendiendo en ellos la embriaguez, propagando el de la ociosidad y multiplicando el del hurto.

Familias desvalidas se ven en los últimos extremos de la miseria porque no procuran su subsistencia los que deben atender a ella; hijos infelices crecen totalmente abandonados porque sus padres, errantes por todas partes, no tienen cuidado de ellos; propietarios ansiosos de trabajos útiles no pueden emprenderlos porque no se encuentran manos que los

---

[155] El señor Flores Estrada, mi digno amigo, evidencia esta verdad en el capítulo 60, parte segunda del "Curso de Economía Política" que acaba de publicar.

ejecuten; tierras que darían cosechas grandes y ricas quedan incultas porque faltan brazos para su labranza.

Seamos sensibles a la humanidad. Su voz es la que clama para que se prevengan los vicios, siempre destructores de las víctimas que sacrifican; para que la honradez, que hace felices a los individuos de otras profesiones, extienda sus beneficios a los demás que puedan también serlo por ella.

Patriotismo es amor a la patria; y patria es la nación, el pueblo o la sociedad de hombres que, celebrando un mismo pacto, se han sometido a una misma ley. Amar a la nación o pueblo es querer que sea culto y moral; trabajar para que tenga luces y virtudes; interesarse en la educación que da unas y otras. Sócrates, enseñando virtudes a los griegos, era un patriota en Grecia. Catón, censurando los vicios del romano, era otro patriota en Roma.

La ilustración del siglo que marcha a pasos rápidos ha mejorado los pensamientos de Campomanes, amigo digno de las sociedades económicas. Pero la idea grande de su patriotismo, la educación popular, es eterna como la razón y debe ser la primera en la escala de los gobiernos.

No nos hagamos ilusión. Es imposible la producción de riqueza sin operarios, y lo es también la existencia de operarios sin educación.

Démosla a los obreros, y el vicio no los arrancará de los campos y talleres para llevarlos a la ruina o miseria. Trabajarán todos los días que no sean de asueto, mejorarán su fortuna privada, aumentarán la pública; y los patriotas verán el espectáculo que afecta más a un alma sensible: un pueblo ilustrado y virtuoso.

La riqueza es obra de tres agentes: sabios, capitalistas y obreros. La sociedad, que ama la de Centroamérica, nuestra patria querida, desea:

➢ Que los poderes del Estado procuren su ilustración, planteando el sistema conveniente de instrucción general, estrechando sus relaciones con Europa, de donde deben venir las luces, y manifestando gratitud a los sabios que desde aquella parte de la tierra se interesan por la independencia y felicidad de América.

➢ Que hagan respetar la propiedad, mirándola como sagrada y protegiendo a los capitalistas centroamericanos y extranjeros.

➢ Que nacionalicen a los propietarios, dándoles interés en la causa de la nación, inspirándoles el entusiasmo de la gloria y acercándolos a los objetos del patriotismo.

> Que vuelvan su atención a los obreros, cuidando la educación popular y dictando las leyes y acordando las providencias que exigen los deberes recíprocos de capitalistas y operarios.

Tales son los votos de la sociedad que se ha instalado. Yo tengo el honor de presentarlos. Yo los hago para que el gobierno se sirva tomarlos en consideración[156].

El discurso sobre la educación popular de los artesanos y el apéndice a la educación popular son obras de verdadero patriotismo. Yo los recomiendo a la sociedad. Ellos deben ser la lectura continua de sus individuos.

Memoria sobre la Educación

Las ciencias son el origen primero de todo bien. No hay en las sociedades políticas uno solo que no mane de ellas. Lo más bello, lo más grande, lo más sublime es obra suya. Yo las adoraría como divinidades si no existiera la que reclama nuestros cultos.

Eran diversos los pensamientos que inspiraba el entusiasmo o hacía nacer la meditación. Había visto distintos diccionarios filosóficos y literarios, todos de mérito eminente y utilidad acreditada. Pero no había leído uno que presentase ejecutada la idea que desde mucho tiempo había concebido. Deseaba un diccionario que, consagrado a las ciencias, ofreciese en la suma de sus artículos un sistema de métodos dirigidos a facilitar su adquisición, que desarrollase en el artículo Educación el plan de instrucción especial en cada una de ellas.

No era posible hacerme ilusión. Veía clara la inferioridad de mis conocimientos para llenar una idea superior a ellos. Pero pensaba sobre lo que era objeto del deseo; iba reuniendo en artículos distintos las que ocurrían sucesivamente; iba haciendo un libro de los artículos que formaba.

Algunos, escritos en posiciones memorables para mí, tienen caracteres que serán indelebles en mi alma. Uno de ellos es el artículo Educación, que escribí en México en 1822, cuando don Agustín Iturbide, emperador entonces de aquella nación, ordenó mi arresto y el de otros diputados, mis dignos compañeros.

---

[156] El discurso sobre la educación popular de los artesanos y el apéndice a la educación popular, con obras de verdadero patriotismo. Yo los recomiendo a la sociedad. Ellos deben ser la lectura continua de sus individuos.

Yo he sostenido, decía, los derechos de mi patria. Manifesté que ni el capitán general, ni la Junta Consultiva, ni los ayuntamientos tenían autoridad para sacrificar nuestra independencia, haciendo provincia subalterna la que era nación soberana. Demostré que la agregación de Guatemala a México era obra de la intriga y la violencia; y mi opinión era apoyada en hechos y deducida de principios. Si el pueblo guatemalteco fuera ilustrado en sus intereses, yo no habría venido a México ni estaría arrestado en un convento. La ignorancia del pueblo es el origen de la esclavitud que sufro y la prisión que padezco. Yo juro procurar su ilustración de la manera posible a mis facultades y alcances. Este es mi propósito más firme, mi voto más solemne. Yo trabajaré para cumplirlo.

Pensé entonces sobre la educación y formé un nuevo artículo para el diccionario. Mi viaje en 1823, las ocupaciones del gobierno de 1824 y principios de 1825 no habían permitido concluir el diccionario; y la falta de libertad de imprenta en los años siguientes de revolución horrorosa había embarazado la publicación del artículo.

No la hago todavía de la obra entera porque sería costosa su edición en un país donde es cara la imprenta y no son muchos los compradores de libros. Lo hago solamente del artículo, y son diversas las causas que me han decidido.

La Sociedad de París, que abraza al mundo entero en las concepciones vastas de su filantropía, procurando la ilustración de los pueblos para mejorar los destinos del género humano, se sirvió hacerme el honor de nombrarme socio suyo y remitirme el diploma que recibí en agosto de 1827, cuando seguía, cada vez más horrible, la marcha de la revolución que cesó en abril próximo.

Un título tan honroso, contesté a la sociedad, es para mí superior a los de la vanidad o del orgullo. Yo lo estimo en todo su valor y ofrezco a la sociedad mi gratitud y respetos. Son dignas de ellos las academias que ha creado el genio para hacer marchar las ciencias a pasos rápidos y acercarlas cada día más al objeto sublime de sus inquisiciones. Pero las ciencias que trabajan para hacer feliz al género humano no pueden existir sino en Estados regidos por gobiernos justos, protectores de los derechos que tiene el hombre para pensar y mejorar su ser; los gobiernos justos se conservan por el espíritu público de los pueblos que conocen sus derechos y saben sofocar la tiranía opresora de ellos; y los pueblos no pueden reunir estos conocimientos si no hay establecimientos que cuiden de su instrucción elemental. La ilustración es el principio primero de todo bien. Procurar la de los pueblos es abrir la fuente de donde fluyen todas sus venturas; es trabajar para su felicidad y mejorar la suerte de la especie humana. Este es el objeto, tan sublime como extenso, de esa importante sociedad; y, unido a ella por el nombramiento que se ha servido hacer en mí, yo me veo asociado a sus grandes miras.

Para empezar a corresponder a ellas, determiné hacer, al momento que hubiese libertad de imprenta, la publicación que hago ahora. Deseaba entonces y deseo al presente que, si hay algunos pensamientos útiles, comiencen a circular desde luego. Quiero que se piense al fin en la instrucción de este pueblo centroamericano, que sería más feliz o menos desgraciado si los cuidados empleados y los gastos invertidos para derramar su sangre, empobrecerlo, oprimirlo y anonadarlo se hubieran aplicado en plantear el sistema más conveniente de su ilustración y moralidad.

El despotismo destruye, y la educación conserva y mejora. ¡Qué diversa sería tu suerte, pueblo infeliz, si los días consumidos tristemente en los cuarteles y campos de batalla los hubieras pasado en el cultivo de la tierra, en los trabajos del taller o recibiendo lecciones en escuelas dominicales! ¡Qué distintos fueran tus destinos si tantos miles erogados en tantos instrumentos de destrucción horrible se hubieran gastado en establecimientos de instrucción benéfica! No hay libro, decía un escritor de la antigüedad, tan mal concebido y redactado que no sea útil en algún aspecto. Si hubiere suscriptores para el diccionario, se comenzará desde luego su impresión. Acaso contiene alguna idea útil; y un solo pensamiento provechoso difundido por todos los pueblos puede ser como una semilla que da frutos cuando germina felizmente.

Pero antes de plantear el sistema general de educación, importaría pensar desde luego en una de sus más principales partes. La Constitución que ha organizado la forma de nuestro gobierno ha creado tres poderes, y los agentes de ellos deben ser legisladores, gobernantes y jueces o magistrados. Yo deseo, pues, que se establezcan tres escuelas o aulas para enseñar al menos los principios de la ciencia de legislar en la primera, de la ciencia de gobernar en la segunda, de la ciencia de juzgar en la tercera. Si debemos tener legisladores, gobernantes y magistrados, es preciso que haya establecimientos donde se enseñe a serlo; y de otra suerte, los pueblos serían víctimas de malas leyes, de malos gobiernos y de malas sentencias.

En siglos oscuros, cuando eran poseedores exclusivos de los empleos los individuos de las clases altas que desdeñaban las ciencias y no tomaban el trabajo de cultivarlas, sucedió lo que era natural que sucediera.

Un hombre, tan elocuente como profundo, supo combatirla en una obra clásica. Otro abrió un curso importante y dio lecciones demostrativas de la verdad. La teoría y la experiencia se han unido para manifestar que en la ciencia de gobernar hay, como en las otras ciencias, principios positivos y reglas constantes.

En la naturaleza hay variedad casi infinita de fenómenos que se suceden unos a otros; todos son, sin embargo, efecto preciso de leyes invariables; y el conocimiento coordinado de estas leyes forma la ciencia. En las sociedades políticas hay diversidad menos numerosa de fenómenos o acaecimientos; todos son obra necesaria de leyes igualmente constantes; y el conocimiento de ellas, elevado a sistema o cuerpo organizado de doctrina, forma la ciencia.

No posees la de gobernar, dijo un escritor, si crees que en ella no hay principios ni reglas fijas.

Guatemala, 21 de junio de 1829.

La obra más grande entre todas las obras es la de crear; y la educación es una especie de creación.

Educar es formar un ser que no existía del modo que se ha formado; es darle los conocimientos útiles y hábitos morales que exige su conservación y perfección.

Los conocimientos y hábitos que miran a este grande objeto forman una escala inmensa que no puede abrazar la mente más vasta. Unos dan aptitud para conservarse y perfeccionarse de un modo; otros la dan para conservarse y perfeccionarse de otro. El salvaje solo la tiene para vegetar; el indio para sembrar y cosechar granos; el comerciante para meditar negociaciones complicadas y extensas; el economista para descubrir el origen de la riqueza y las leyes de su producción, circulación y consumo; el historiador para observar el nacimiento, progreso y decadencia de las naciones y presentar a un siglo la experiencia de todos los siglos; el estadista para conocer los intereses de millones de hombres y dar a todos una dirección que los haga marchar al bien general.

Negar a los hombres todos los conocimientos útiles y descuidar enteramente su educación moral sería condenarlos a la más absoluta ineptitud o incapacidad, dejarlos sin valor alguno, hacer que en la tierra no hubiese más que salvajes, lacandones o comanches y que la especie humana fuese una especie de horda de animales bípedos esparcidos por las selvas y bosques. Este es el espectáculo que presentaron las naciones antes de su civilización; este es el cuadro que quieren reproducir los tiranos para que no haya seres racionales, sino bestias domesticadas en toda el área donde pase el yugo de su despotismo.

Dar a todos la suma universal de conocimientos de toda clase e inspirarles al mismo tiempo todas las virtudes cívicas es imposible, tan grande como formar una nación de sabios o hacer que sean pueblos de filósofos millones de hombres ocupados triste y diariamente, unos en el arado, otros en el taller, etc. Platón, a quien se da el título de divino, quería que hubiese unidad en su república. "No debe haber familias, dijo, ni madres ni padres conocidos: todos debemos ser hijos comunes de la patria". Pero él mismo sintió la imposibilidad de dar a este pensamiento toda su extensión. "Unos deben quedar, añadió, confundidos en la masa de la nación; otros deben ser militares; y los que se distingan por los indicios de su talento deben separarse de la multitud, instruirse en las ciencias, elevarse a la sabiduría y, cuando esta les haya hecho superiores a sus semejantes, bajar a la tierra y ser jefes de su patria".

Dividir la enseñanza, comunicando a unos solamente los conocimientos groseros de los oficios mecánicos, dando a otros los más extensos del cálculo y elevando a otros a los más sublimes de las ciencias; dejar a los primeros en la abyección y abatimiento y levantar a los segundos a la altura del honor es dar a unos más aptitudes que a otros, hacer superiores e inferiores, sofocar la igualdad que debe haber del modo posible para que no haya opresores, destruir el equilibrio necesario para que todos respeten recíprocamente su dignidad y derechos.

La identidad de una misma educación no es posible en individuos de organizaciones diferentes, de profesiones diversas, de oficios y sexos distintos. La diversidad de educaciones produce diversidad de aptitudes; y la variedad de capacidades hace nacer todos los males que son resultado necesario o consecuencia precisa de ella.

La sociedad, que no puede ser un pueblo de Sócrates ni conviene que sea un bosque de chaimas, es un teatro de actores formados para representar diferentes papeles. En los tres planes hay males graves o se ofrecen dificultades grandes.

¿No habrá otro que prevenga aquellos y ocurra a estas? ¿Los pueblos serán, por ley irrevocable de la naturaleza, condenados a perpetua infelicidad? ¿No habrá otro medio que el de la resignación o paciencia en los males que sufren?

He aquí una cuestión superior a todas en importancia y dificultad. Animados por la primera y no arredrados por la segunda, son innumerables los autores que han escrito de educación. No está, sin embargo, agotada la materia. Puede todavía pensarse sobre ella; y esto es únicamente lo que voy a hacer.

Hombres, semejantes en la superficie exterior y diferentes en la estructura interna de su organización, se unieron en sociedad y comenzaron a formar lo que se llama Estado o nación.

Al principio, cuando sus necesidades eran pocas y sencillas, cada uno podía satisfacerlas por sí solo sin servirse de los brazos de otros. Pero en los siglos posteriores, desarrollándose y multiplicándose sucesivamente, no pudo un individuo solo abrazar todos los trabajos necesarios para llenarlas. ¿Cómo era posible ser simultáneamente labrador, artesano, arriero, mercader, sacerdote, etc.?

El hombre sintió la necesidad de dividir el trabajo. Hubo oficios, artes y ciencias; para cada oficio, arte y ciencia fue necesaria una educación particular más o menos dilatada, costosa y desagradable; la diversidad de educaciones produjo diversidad de conocimientos y hábitos morales; y la variedad de aptitud y moralidad hizo nacer la de sus valores.

Hubo ignorantes e ilustrados, pobres y ricos, desvalidos y poderosos, opresores y oprimidos; hubo clases separadas unas de otras por la diferencia de costumbres, capacidad, intereses y capitales; hubo desigualdad y brotaron las pasiones y vicios que existen siempre cuando unos pueden todo lo que quieren y otros son impotentes aun para lo que deben querer.

Un número grande de individuos ignorantes y pobres forma una parte o sección del Estado; un número menor de sacerdotes, ministros del culto establecido, forma otra; un número más pequeño de ricos, poseedores de las luces necesarias para conocer sus intereses, forma otra; un número mínimo de hombres dedicados al estudio de las ciencias forma otra.

La primera sección tiene el poder del número; la segunda, el del sacerdocio; la tercera, el de la riqueza; la cuarta, el de la ilustración. El poder del número es el más débil de todos. Una piedra no tiene otro que el de su peso; en un animal solo existe el de sus músculos; y en un hombre ignorante y pobre tampoco puede haber más que el de su fuerza física. Tiene necesidades y carece de recursos para satisfacerlas. No ha cultivado sus talentos ni es capaz de conocer las artes de la astucia que quiere sacrificarle o los resortes de un plan combinado para destruirle. Recibe pasivamente las ideas que le comunican, las creencias que le enseñan, las opiniones que le dictan y los movimientos que le dan el interés de unos y la ambición de otros. Es esclavo, siervo, jornalero, artesano o dependiente. Y el mismo número que, mirado en un aspecto, aumenta su poder multiplicando la fuerza de cada individuo, visto en otro lo debilita, multiplicando los jornaleros, artesanos y dependientes y haciendo por esta multiplicación que sean bajos los salarios y precios de los artefactos. Todo es en daño de los infelices. Su ignorancia hace su miseria; su número influye en su pobreza; y su pobreza ocasiona su ignorancia.

El poder civil o temporal del sacerdocio, pequeño en su origen, se fue aumentando con los siglos. Los eclesiásticos forman un cuerpo compuesto de miembros que existen en diversos estados y dilatan por todos ellos sus relaciones; se subdividen en diversas sociedades o comunidades, y cada una ofrece distinto punto de contacto con las secciones más interesantes del pueblo; unos dan lecciones a la juventud, otros auxilian a los agonizantes, otros sirven a los enfermos, otros asisten a los convalecientes, otros catequizan a los infieles, etc.; son confesores de los reyes, príncipes, magistrados, etc., y penetran los secretos más íntimos de los palacios y familias; pueden facilitar o dificultar los matrimonios que las enlazan e influyen en sus destinos; tienen el derecho de hablar a los pueblos reunidos en los templos y, como párrocos, obispos, etc., imprimir las ideas o sentimientos que quieren inspirarles con todo el poder de las ceremonias, símbolos, imágenes, etc.; son ministros o vicarios de Dios, señor universal de todo; y la idea del poder del uno se extiende al de los otros.

Gregorio VII meditó una monarquía universal y quiso subordinar la autoridad de los reyes a la de los pontífices. Adriano IV publicó que todas las islas donde se introdujese el cristianismo pertenecían al dominio de San Pedro. Martín V, Nicolás V y Calixto III donaron a Portugal todas las tierras que descubriese desde las Canarias hasta la India. Alejandro VI donó la América al Gobierno español.

El poder de la riqueza, menor que el del sacerdocio, es, sin embargo, de latitud muy grande.

Los ricos reúnen simultáneamente muchos poderes. Ejercen el que les dan sus capitales y relaciones; disponen del que tiene el número, siendo dependientes suyos los pobres; participan del de la religión, haciendo donaciones o limosnas a los templos y sus ministros; disfrutan hasta cierto grado el de la ilustración, teniendo tiempo, recursos y medios para adquirirla. Armados con todos estos poderes, se hacen dueños de los empleos que comunican el de la autoridad, o dominan a aquellos que los sirven.

Las leyes son en lo general dictadas, modificadas y variadas según el interés de su clase. Se han creado cámaras de pares o grandes, y no se tiene por ley sino la que es aprobada por ellos. La propiedad, de que son señores, ha merecido consideración más grande que la vida de los pobres. Se ha impuesto pena capital al hurto en diversos códigos de diferentes naciones.

Se hace esclavos a los hijos de un continente para que haya operarios en los cañales y cafetales de otro; se han hecho grandes revoluciones y derramada bastante sangre para tener o dar más extensión a las relaciones de su interés. El poder de la ilustración, noble en su objeto, pacífico en sus medios, es trascendental en sus efectos. Los sabios son los soles del mundo político.

De ellos salen los rayos que dan luz a todos los oficios y profesiones útiles; de ellos emanan los que disipan las nieblas o vapores de la superstición; los que ponen en claro los horrores de los fuertes con la fuerza de la razón; publican verdades inspiradas por ella misma. Pero este mismo oficio, el más noble de todos los oficios; esta función, la más sublime y benéfica; este trabajo, que debía ser título de gratitud, es origen de persecuciones. Un sistema de error no se consolida y perpetúa sino porque hay poderosos interesados en su establecimiento. Escribir contra él, conocerlo, dudar, es delito que no se perdona jamás. Se da veneno a Sócrates; se carga de cadenas a Anaxágoras; se asesina a Ramus; se pone en un calabozo a Galileo; se proscriben las producciones hermosas del siglo XVIII; se persigue a sus autores; se sofoca la libertad de leer y escribir. ¡Los que debían tener el poder más grande son débiles, deprimidos y degradados! ¡Los que debían ser sus defensores son instrumentos de los tiranos que los oprimen! ¡El pueblo a quien defiende Arístides vota el destierro de Arístides!

Cada fracción o clase tiene poder muy diverso, y no debe esperarse jamás un equilibrio perfecto entre ellas. Es preciso confesarlo. No hay en las ciencias políticas estática exacta como en las matemáticas. Esta es una de las mil desgracias de la especie humana. Pero puede haber aproximación; puede pensarse… Oídlo, hombres sensibles, amigos ilustrados de la humanidad: puede pensarse en aumentar los poderes de las clases débiles sin ofender la razón, y disminuir los de las fuertes sin agraviar la justicia… puede… Debe hacerse lo que inspira la razón y dicta la justicia; y la razón jamás aprobará, y la justicia nunca permitirá que se hunda en la nada a unas clases y se eleven otras a lo más alto del poder. Dar a las primeras lo que necesiten para ser o tener existencia; poner límites en las segundas a tanta sobreabundancia de poder; es restablecer las cosas al orden de la razón y justicia; impedir crímenes y multiplicar virtudes; quitar lo más horrible y sustituir lo más bello que puede adornar a los Estados.

Este es el punto grande de las sociedades políticas, lo más decisivo de sus destinos, lo más influyente en su futuro, próspero o adverso.

Yo deseo: 1º, que en todos los pueblos del mundo se establezca la forma de gobierno más útil, respectivamente, según la totalidad de circunstancias, para hacer que los individuos del Estado tengan la mayor suma posible de aptitud intelectual y moral; 2º, que se deroguen las leyes contrarias y se decreten las favorables a aquel fin; 3º, que se plantee el sistema de educación más benéfico para el mismo objeto.

I

Son muchas las formas de gobierno porque son diversas las que pueden darse a la combinación de los poderes supremos del Estado. Los poderes pueden acumularse en un solo hombre, depositarse en una corporación compuesta de individuos de una sola clase, fiarse a la masa del pueblo o dividirse con prudencia, dando el legislativo a cámaras, dietas o cortes de representantes electos por el pueblo; el ejecutivo a un jefe electivo o a un monarca hereditario; y el judicial a tribunales compuestos del número correspondiente de magistrados.

Un sistema de gobierno que acumula en un individuo todos los poderes somete a la voluntad de uno solo los destinos de millares. Ese individuo puede ser injusto, porque es fácil que quiera aun lo que no puede el hombre que puede todo cuanto quiere. La autoridad, expansible siempre por su misma naturaleza, se va dilatando progresivamente. El despotismo se presenta al fin sin velos ni máscaras, y para conservarse en el trono hace lo que le inspiran sus intereses. Sabe que un pueblo ilustrado y rico reúne los poderes de la ilustración y riqueza, y armado con ellos hace respetar sus derechos. Obstruye en consecuencia las fuentes de donde fluyen las luces y riqueza; mantiene al pueblo en la ignorancia y miseria, y eleva sobre su abyección y abatimiento a los que pueden ser apoyo de su tiranía. Mirad el estado de Roma desde que Augusto usurpó todos los poderes; el de las otras naciones de Europa en los siglos funestos del feudalismo; el de Turquía, el de Rusia y las monarquías absolutas. ¿El cuadro de ellas no ha sido desgraciadamente el de una masa bruta de hombres pobres, ignorantes y miserables, sacrificada al poder, riqueza y orgullo de un número pequeño de señores, tiranos subalternos de vasallos o esclavos? La servidumbre, la esclavitud, suerte triste de los pueblos en los siglos anteriores no fueron abolidas sino en los años de 1770 a 1790 en Alemania; en 1781 en Austria; en 1806 en Pomerania; en 1807 en Prusia y Varsovia; y en 1808 en Westfalia. Hasta 1761 la reina Sofía Magdalena emancipó en Dinamarca a los paisanos de sus dominios y dio a los propietarios este loable ejemplo. Hasta 1801 Alejandro I concedió a los rusos el derecho (que se les había arrebatado) de adquirir tierras. Hasta 1810 empezó América a pronunciar acentos de independencia y libertad. Grecia lucha todavía por la de sus hijos; y el África ve hasta ahora salir los suyos a donde los lleva la codicia, a servir como esclavos de dueños inhumanos o poco sensibles.

Si todos los poderes se depositan en individuos de una sola clase, se reproduce el mismo fenómeno con caracteres más odiosos. La que tiene la autoridad quiere extender la que ejerce para perpetuarse en el trono; está iniciada en los secretos del despotismo, y posesora de ellos, conoce que un hombre no es dominador injusto sino quitándose las fuerzas físicas y morales, debilitándose y anonadándose. Todo es nulidad en tal posición. Un orden solo reúne todas las existencias sociales que ha quitado a las demás clases; y ese orden no muere como los individuos. Es un cuerpo siempre existente; es un Nerón siempre vivo. En los tiempos del imperio respiraron los pueblos cuando Tito, Trajano, Antonino y Marco Aurelio sucedieron a Tiberio, Calígula, Claudio, etc. En los primeros siglos de la república el sistema tiránico de los patricios fue continuado sin interrupción. Derribaron el trono de los Tarquinos para sentarse orgullosos en él; se apoderaron de los poderes ejecutor y juzgador, y casi fueron árbitros del legislador; ocuparon todas las tierras, se hicieron dueños de todas las riquezas; prohibieron el enlace de sus hijos con los del pueblo; sintieron que este respirase el mismo aire que respiraban ellos; le sacrificaron en guerras lejanas para distraerle de reclamaciones contra su tiranía. La de los nobles de Venecia fue sutil en la opresión y fría en la crueldad. Un consejo formado de ellos proscribía el mérito y castigaba el pensamiento. El pueblo debía estar hundido en la nada; y el que subía, empujado por las fuerzas de su talento, era sospechado al instante, condenado sin proceso, ejecutado sin dilación.

No hay en un gobierno aristocrático otros intereses que los de la aristocracia; no se tiene otro objeto que el de su conservación. Si agota las fuerzas que lo sostienen, si no las encuentra en el pueblo que oprime, va a buscarlas en naciones extrañas. Poco importa la patria, de tanto precio para la razón y la virtud. El aristócrata ingrato la ofrece, como si fuera propiedad suya, al conquistador que promete conservarla superior al pueblo; sacrifica a un yo criminal millones de hombres inocentes, que no han cometido otro delito que el de no sufrir más tiempo la opresión. Los nobles de Génova, dijo una sociedad respetable que escribió en 1772 la historia de aquella república[157], querían más bien ver a su patria sometida a una dominación extraña, gimiendo bajo un yugo pesado, que verla feliz bajo el gobierno de hombres que no tenían nacimiento.

En Francia manifestó la nobleza el mismo carácter a fines del siglo último. Para recobrar sus injustos privilegios y su poder depresor, para no ser ciudadanos como los demás ni estar sometidos al imperio de una misma ley, los nobles galos salieron de sus hogares a conmover Europa y a armar las potencias extranjeras contra su patria. De la América, dice el barón ilustrado que supo observarla antes de su independencia en 1799 a 1804, en cada lugar hay un pequeño número de familias que, por una opulencia hereditaria, ejercen una verdadera aristocracia municipal. Ellas quieren más bien estar privadas de ciertos derechos que dividirlos con los demás; preferirían una dominación extraña a la autoridad ejercida por americanos de clase inferior; detestan toda constitución fundada en la igualdad de derecho; temen especialmente perder las condecoraciones y títulos que han adquirido con tanto trabajo y que forman una parte esencial de su felicidad doméstica[158].

La nación, que es la universalidad de individuos que la componen; la nación donde reside originariamente la soberanía parece llamada al ejercicio de los poderes que la constituyen. Todos serían en tal hipótesis legisladores, gobernadores y jueces; la educación se acercaría al grado posible de identidad; y la filosofía no vería oprimidos en una parte y opresores en otra. Pero es imposible la ejecución de un sistema tan brillante en la teoría y tan impracticable en la realidad. Una sociedad de hombres dilatados por un área de diez, quince o veinte mil leguas cuadradas no podría reunirse con la frecuencia que exigen las funciones

---

[157] Histoire universelle, par une société de gens de lettres, T. 36
[158] *Voyage aux regions équinoxiales du nouveau continent*, par A. de Humboldt, t. 4 lib. 4 c. 12.

de la soberanía sin movimientos dilatados, penosos y costosos. Ocupada diariamente en el ejercicio de los poderes supremos, era necesario que existiese otra nación de hombres condenados a servir a la de los legisladores; que hubiese ilotas destinados al servicio de los espartanos, o esclavos que trabajasen, o tributarios que contribuyesen para mantener el lujo o conservar la existencia del romano ocupado en el foro y el senado. Sacrificada la existencia de los primeros a la conservación de los segundos, la nación aparecería dividida en dos naciones, enemigas unas de otras, con intereses opuestos y tendencias muy contrarias.

La de legisladores, guiada por su interés, procuraría tener subyugada a la de siervos; y la de estos, impelida por la naturaleza, trabajaría para recobrar su libertad. La lucha sería al fin inevitable; las disensiones, precisas; las guerras intestinas, necesarias. Hay infaliblemente, tarde o temprano, combate encarnizado dondequiera que hay señores y esclavos. Los negros asesinaron en Santo Domingo a los amos que los oprimían. El Norte de América se levantó contra Inglaterra. El Centro y el Mediodía se pronunciaron independientes. Y Grecia sigue alzada contra el musulmán que la humillaba. En los periodos de paz, antes de las explosiones de la guerra, tampoco sería feliz su suerte. El pueblo más civilizado no sube jamás al grado de ilustración necesaria para saber dictar leyes y gobernar Estados. No ha habido en la extensión de lo pasado, ni habrá en la inmensidad de lo futuro naciones de sabios; y es preciso serlo para ser legislador. Puede el pueblo recibir las luces de un senado que tenga el derecho de presentar proyectos de ley; puede oír la voz de oradores inspirados por la elocuencia para defender unos la afirmativa y sostener otros la contraria. Pero no podrá elevarse a la altura precisa para juzgar desde ella el proyecto del senado, el pro de unos oradores y el contra de otros; no podrá reunir toda la masa de conocimientos indispensables para descubrir en el laberinto de los intereses y en el caos de las intrigas cuál es la voz de la razón, cuáles son los acentos de la verdad, dónde está el verdadero bien de la patria. Será juguete del partido más astuto y simulado; creerá voz del patriotismo lo que es vocinglería de las pasiones; desterrará a Temístocles que le ha salvado en Salamina; elevará a César, que medita su esclavitud; lanzará de Roma a Cicerón que acaba de ser padre sabio de la patria. Platón dijo, más de dos mil años ha: mientras los sabios no tengan el gobierno no cesarán los males del género humano[159].

La filosofía, sensible a ellos, debe repetirlo en este siglo de regeneración; debe reiterarlo en los siguientes que prometen más felicidad o menos desgracias; y no debe callar hasta que vea a sus hijos haciendo en el gobierno de los Estados la ventura de los pueblos.

Dividir los poderes con sabiduría previsora; dar el elector al pueblo, el legislador a cámaras de representantes, el ejecutor al rey de la monarquía o al jefe primero de la república, y el juzgador a los tribunales o cortes de justicia: este es el sistema más prudente para impedir males o asegurar bienes. Dividiendo los poderes se evita la acumulación de autoridad, productora casi siempre del despotismo que proscribe las ciencias y a los que las cultivan, y mantiene a los hijos de la nación ignorantes, pobres y débiles.

Dando al pueblo el poder elector, se le hace centro u origen de donde emana la autoridad legisladora; se le da parte en el ejercicio de la soberanía; se le guardan las consideraciones debidas siempre a los que tienen la facultad de nombrar para destinos elevados; se le pone en aptitud de elegir a los sabios que desprecian los grandes porque son defensores de las libertades y fueros de las naciones; se le saca de la humillación o envilecimiento en que se le haya tenido; se le inspira elevación y honor; y se le prepara a recibir la educación correspondiente.

Otorgando a cámaras de representantes el poder legislador, se pone el de dictar leyes en las manos de los que han elegido el que tiene más interés en que tiendan al mayor bien posible del mayor número posible; se establece la armonía que debe haber entre el gobierno y el pueblo; se hace amar la ley porque tiene el carácter de bien universal que debe distinguirla; se cumple con gozo por los ciudadanos; y se vuela a la prosperidad marchando por la vía que designa con este objeto.

Concediendo a un monarca hereditario o a un jefe electivo el poder ejecutor, se da a la administración la unidad y energía que debe tener; se impide la arbitrariedad y se asegura o consolida el imperio de la ley dictada por los electos del pueblo.

---

[159] *Nissi philosophi civitatibus dominentur, vel hi qui nunc reges potentes que dicuntur, legitime, sufficienterque philosophentur, in idemque civilis potentia et philosophia concurrant, non erit civitati vel, ut mea fert opinio, hominum generi requies ulla malorum.* De Rep. día 5.

Declarando a los tribunales o cortes el poder juzgador; no permitiéndoles otras funciones que las de dirimir o sentenciar causas, y sujetándolos a la responsabilidad severa de la ley, se hace expedita la administración de justicia y el propietario no es largo tiempo privado de su propiedad, ni el arrestado corrompido o viciado en las cárceles; se obliga a ser recta, como la perpendicular de los geómetras, la magistratura que decide sobre las personas y haberes y tiene puntos más inmediatos de contacto con los ciudadanos.

Todos los poderes tienen influencia muy activa en la educación intelectual y moral. Los representantes de los pueblos, los reyes o jefes, los magistrados y jueces son los institutores primeros de las naciones. Ellos les dan lecciones más trascendentales que las de un maestro, con su vida pública y privada, con sus leyes, reglamentos y sentencias.

No hay escuela, no hay academia, no hay liceo tan respetable y provechoso como una cámara, dieta o asamblea. Allí se aprende a hablar el idioma patrio, hermoseado con las bellezas que inspiran la importancia de los asuntos y el celo del patriotismo; allí se ve en acción el arte de la discusión y análisis en las cuestiones más difíciles de hacienda, guerra, política, etc.

Allí se oye hablar la elocuencia deliberativa sobre lo más sublime, delicado e interesante para el pueblo; allí resuena en toda su majestad la voz de Bailly, que dijo: La nación junta en cortes no recibe órdenes de nadie; allí se desarrollan en todas sus consecuencias los principios de las ciencias morales, políticas y económicas, y se forma la ley reguladora de las acciones del ciudadano y protectora de sus derechos y deberes; de allí salen los diarios que circulan por todas partes el espíritu que dicta la razón, que sirve de base y el objeto a que se dirige la ley; de allí salen los diputados que, al fin de la legislatura, vuelven a sus pueblos y propagan los conocimientos que han recibido. Esta circulación de luces, más preciosa que la del oro, aumenta las de los hombres de letras y, comunicando al pueblo las que no tenía, le ilustra y predispone a la conquista o conservación de sus derechos. Las del Parlamento británico, atravesando el océano, penetraron por el Norte de América e influyeron en la revolución de su independencia, origen de la riqueza y cultura del pueblo angloamericano. Y las de la Asamblea Nacional de Francia, después de haber subido los Pirineos, ilustrado a las Cortes de Cádiz y pasado el Atlántico, ¿no están actualmente ejerciendo su imperio en la revolución del Nuevo Mundo y la ilustración de sus hijos?

De los salones del poder ejecutivo, reservado siempre en todas sus conferencias y misterioso a veces en sus acuerdos, no salen luces en tanta abundancia. Pero es vasto su imperio y grande su influencia en la educación. Ejecuta la ley que da a los pueblos la primera dirección; plantea el sistema de instrucción decretado por el poder legislador; nombra los funcionarios que no cesan de obrar en el pueblo; gradúa los servicios y méritos; distribuye los honores y empleos; eleva o humilla, estimula o desalienta; da vida o muerte.

Sin sobreponerse a la ley, acordando su cumplimiento para evitar las consecuencias de la responsabilidad o el oprobio de una deposición, puede cumplirla de muchas maneras diversas. ¿Pero cuánta es la diferencia entre un ejecutor celoso, penetrado de la importancia del decreto que manda observar, y un ejecutor frío, contrario a la ley que ordena guardar? Fernando VII es ejemplo reciente que no deben olvidar jamás las generaciones futuras. Juró en 1820 la Constitución de 1812; prometió ser su apoyo más firme; añadió que en el centro de las Cortes, rodeado de los representantes de los pueblos, se placería en concurrir a la obra grande de la prosperidad nacional; y al mismo tiempo que se obligaba con palabras y juramento tan solemne, buscaba subterráneamente fuerzas para sofocar la voluntad de la nación, destruir su ley fundamental y volver a los pueblos a la ignorancia y miseria a que los precipitara el gobierno absoluto de sus predecesores.

Los tribunales, ejecutores, como el gobierno, de las leyes y los decretos, son como las asambleas escuelas de instrucción y moralidad. No es tan extensa su esfera ni tan grande su autoridad como la del poder legislador, pero ejercen sin duda una censura influyente en las costumbres y propagan luces que mejoran una de las secciones importantes del sistema de los conocimientos humanos. Los oradores de las partes contendoras defienden la inocencia, acusan el crimen y hacen hablar otro género de elocuencia menos augusta a la verdad que la deliberativa, pero útil para la moral, benéfica para la propiedad e interesante para los progresos de la jurisprudencia. Los magistrados discuten los puntos más importantes de la legislación; se ejercitan en el arte difícil de sacar la verdad pura y sencilla del caos de los procesos y de aplicar la ley a los hechos; abrazan todas las acciones de los ciudadanos; las califican declarándolas inocentes o criminales; castigan los delitos imponiéndoles las penas correspondientes; hacen de esta manera que las propiedades y personas sean respetadas; moralizan a los hombres y les dan el valor de las buenas costumbres. Si los censores de

Roma, que graduaban el haber y vigilaban la conducta de los ciudadanos, tenían tanto influjo en la moralidad, los magistrados de los tribunales que arrestan, destierran, decapitan, condenan o absuelven, ¿cuánto será el que ejercen con sus autos y sentencias?

Los gobiernos constitucionales producen del modo posible, a más de otros, cuatro bienes muy grandes: impiden el despotismo; dan al pueblo el poder de la ilustración y moralidad; dan a los hombres de letras el de la autoridad; forman el espíritu público, garantía la más sólida de los derechos del hombre y los fueros de las naciones.

Seguid, hombres benéficos, cultores de las ciencias y defensores de los pueblos, la lucha en que estáis empeñados para bien de la humanidad.

Uníos en sociedades de amigos del sistema constitucional para conservarlo en los Estados donde existe y plantearlo donde lo repugna el poder absoluto. Organizadlas sobre un plan combinado sabiamente para facilitar su correspondencia y armonía y aumentar sus fuerzas multiplicando sus relaciones. Acumulad todas sus luces; hablad todos los idiomas; usad todos los estilos; aprovechad todas las influencias; haced, en fin, rodar la razón por toda la tierra para que no haya en toda su extensión más que gobiernos constitucionales. Vuestros trabajos han sido hasta hoy victoriosos. Las regiones oscuras del poder absoluto se van disminuyendo, y las de los gobiernos constitucionales dilatando cada día más. No hace muchos siglos que el imperio del despotismo se extendía a todo el globo. América entera es ahora constitucional; Europa lo es también en gran parte de su territorio; Grecia combate por su libertad; y la Grecia, que en siglos remotos tuvo el honor de ilustrar al mundo entonces conocido y de cooperar en el XV al renacimiento de las letras, tendrá tal vez en el XIX la gloria de propagarlas por el África y el Asia. Donde hay compresión debe haber reacción. Es ley de la naturaleza, positiva como la de los cuerpos elásticos. Si ha habido en el mundo días de despotismo, tristes como los de invierno, debe haber días de libertad constitucional, alegres como los de primavera.

II

Pero no basta el establecimiento de una forma prudente de gobierno. Es preciso que lo sean también las leyes dictadas por el poder legislador y cumplidas por el ejecutor.

El género humano ha sido muchos siglos víctima infeliz de la ignorancia, superstición, fanatismo, interés y pasiones de los legisladores. Puede decirse, sin temor de equivocarse, que los enemigos más grandes de la especie humana han sido los legisladores.

Antes de tener la suma de observaciones y cantidad de conocimientos precisa para dictar leyes justas y previsoras, cuando eran todavía infantes que no poseían en su plenitud las ciencias morales, económicas y políticas o estaban infectados de pasiones que no permitían ver la verdad en toda su pureza, los hombres osaron ser legisladores de los hombres.

No hubo desde entonces género alguno de delito que no cometiera la ley. Holló los derechos más sagrados de propiedad y seguridad; puso en la clase de delitos acciones inocentes y en la de virtudes acciones criminales; dio más consideración al haber de los ricos que a la vida de los pobres, imponiendo al hurto pena capital; sofocó los sentimientos más tiernos de la naturaleza permitiendo que un padre comiese a su hijo en el caso de sitio[160]; inmoló multitud de víctimas mandando que las hubiese en los altares del fanatismo; condenó a muerte a los que mataban involuntariamente animales que se llamaban sagrados; a los que en un siglo no daban sus votos a una opinión y a los que en otro siglo creían en ella; a los que tenían pensamientos diversos de los del gobierno despótico o arbitrario que los regía; a los que defendían los derechos del pueblo o escribían para ilustrarle; a los que se elevaban sobre las supersticiones y enseñaban la moral en su verdadera pureza, etc.

Se ha burlado del hombre acordando unas veces que se le marcase como se marcan las bestias y decretando otras que se le cortase la mano, se le sacasen los ojos, se le ahorcase, se le arrojase de la altura de una roca, se le ahogase metido en un saco con monos, víboras y gallos, se le fusilase con ceremonia, se le quemase vivo, etc[161]. Los ladrones más codiciosos, los homicidas más depravados, no han sido tan devoradores ni tan asesinos como los legisladores de siglos oscuros o tiempos corrompidos.

Una época de luz promete futuros menos tristes. El malvado ofende y el legislador debe respetar los derechos del hombre. ¿Cuál es entre uno y otro la diferencia que los distingue, si ambos atacan lo que debe ser sagrado?

---

[160] La ley 80, Tít. 17, Part. 4, daba al padre esta horrorosa facultad.
[161] Todos estos géneros de pena capital han sido ordenados por las leyes de las naciones. Véanse las de Egipto, las de Grecia, las de Roma, las de España y otras naciones modernas.

La verdadera ley no es destructora sino protectora de los derechos de los hombres; y todos los que han recibido estos se reducen en último análisis a uno solo: el de ejercer, desarrollar y perfeccionar sus facultades y disponer libremente de los productos de ellas.

Cada individuo tiene su derecho para cultivar su espíritu y formar su corazón; para labrar sus tierras y mejorar sus propiedades; para elegir oficio y ocuparse en el electo; para comunicar privada o públicamente, por escrito o de palabra, sus pensamientos; para donar, vender o enajenar sus frutos, artefactos o mercaderías. Si tú puedes ilustrarte, enriquecerte y darte los valores de la belleza y de la virtud, yo, obra como tú de la creación, individuo de la misma especie, ¿no tendré la misma facultad? Este es el derecho primordial, fuente de donde fluyen los demás derechos.

No hay bien alguno físico o moral que no sea efecto del desarrollo bien dirigido de las potencias del hombre. La agilidad o destreza es resultado del ejercicio repetido de la facultad de moverse. La ilustración es obra de la de pensar y comunicar libremente el pensamiento. La riqueza es producto de la de trabajar y disponer con libertad del producto del trabajo. La moralidad es el hábito feliz de las virtudes, formado por la de sentir, pensar y conocer sus verdaderos intereses.

Las leyes que embarazan obstruyen o contrarían injustamente el desarrollo o ejercicio libre de las facultades del hombre producen su ignorancia, pobreza y corrupción. Las que facilitan y protegen en todas las clases aquel desarrollo o ejercicio influyen en su ilustración, riqueza y moralidad.

No hay en la historia una sola nación que no ateste este principio luminoso, guía de los legisladores que quieran ser dignos de título tan grande.

La opinión que en Grecia y Roma creía viles las ocupaciones importantes de la industria y comercio embarazaba en los ciudadanos que no querían vivir degradados el derecho que tenían para elegir libremente la profesión u oficio que les conviniese. Los de artesanos, mercaderes y artistas estaban en manos de esclavos. El pueblo era pobre, sometido a la influencia de los ricos, poseedores de los empleos, tierras y esclavos; y su pobreza influía en su ignorancia y poca moralidad.

El sistema mercantil, nacido en la época oscura del feudalismo y conservado hasta el último siglo, ese sistema injusto que por favorecer y llevar al mercado de más consumo sus granos y materias primas arrebataba al pueblo el derecho de comprar los artículos mejores o más baratos que manufacturase el extranjero, produjo, como era preciso, sus naturales efectos. Autorizó el monopolio, que no es otra cosa que dar a un número pequeño y quitar a la universalidad de individuos el derecho que deben disfrutar todos para disponer libremente de sus haberes; elevó al mínimo y humilló al máximo; hizo nacer las pasiones del orgullo y vanidad en el primero y las del abatimiento y miseria en el segundo.

La inquisición, establecida en el siglo XIII y perpetuada sucesivamente en Italia, Portugal, España y América, sofocó la facultad más noble del género humano; quitó el ornamento más bello de las naciones; mató la razón, quemó al hombre. No es una hipérbole exagerada. Es una verdad acreditada en los anales de aquel tribunal. Lo que eleva al hombre sobre la creación es la facultad de pensar; y esa potencia fue sofocada por los edictos que prohibían la publicación y circulación libre del pensamiento. Lo que hermosea más los Estados es la ilustración; y esta no puede existir donde la facultad de pensar no es desarrollada con libertad justa. Moría la razón en los edictos que prohibían lo que la forma, y el hombre que hacía uso de ella era condenado a las llamas.

La esclavitud, autorizada en Grecia, en Roma, en el imperio, en la Edad Media y en los siglos posteriores, disminuida al presente y no abolida todavía en algunos reinos, llevó la degradación al extremo último a que podía extenderse. Anonadó al hombre; le despojó de sus derechos; le privó del ejercicio de sus facultades; le redujo a propiedad semoviente, igual a la bestia que se vende, alquila y hace trabajar a voluntad de su dueño.

El sistema colonial, que gravitó cerca de tres siglos sobre América, ha sido la suma de los sistemas más funestos que han oprimido a los pueblos. Autorizó la opinión que envilecía las artes y oficios, abandonándolos a los brazos degradados de las que se llamaban castas; estableció la inquisición, que embarazaba el desarrollo de la facultad de pensar; elevó a ley el sistema mercantil, decretando para sostenerlo las penas más injustas; quitó a los mineros, que llamaba clase importante y privilegiada, el derecho de extraer su oro y plata; y a los agricultores, que creía dignos de protección, el de exportar sus frutos a las plazas donde valían más; cerró todos los puertos del Nuevo Mundo a todas las naciones del antiguo, excepto la conquistadora; sujetó los intereses de millones de hombres a los del comerciante de Cádiz; hizo aparecer delito enorme lo que llamaba contrabando y no era más que el uso que hacía de su propiedad un propietario legítimo; cerró las puertas del honor a los individuos del pueblo y estancó los primeros empleos en los hijos de España más adictos al sistema de aquella deplorable época[162]; mantuvo a los indígenas en la más estúpida ignorancia y los condenó a tutela perpetua en consideración a la ignorancia en que los tenía; mandó que en los reinos conquistados por la fuerza no se cultivasen los frutos ni se estableciesen las fábricas que se cultivaban y estaban establecidas en los reinos conquistadores; fundó los pueblos en la parte central del continente, lejos de las costas y puertos de extracción; aisló a América y la separó de las naciones donde se cultiva y hace progresos la razón; hizo sufrir los horrores de la esclavitud, condenando a ella a los indios que donaba a los conquistadores y encomenderos[163] y permitiendo el tráfico de negros para los trabajos de las minas y cultura de los campos; hizo pobre al país de la riqueza; anonadó un mundo entero.

El hombre, comprimido por los pesos del fanatismo, de opiniones erróneas, de leyes injustas y gobiernos despóticos, no ha podido hasta ahora, después de tantos siglos, desarrollar plenamente sus facultades o potencias. Ha habido siglos en que era Turquía la tierra entera. No ha existido uno solo en que el globo fuese iluminado en todas sus fases.

La Europa, conquistada por el romano y el romano deprimido por el orgullo de los patricios, tiranizada posteriormente por los Césares, devastada por los bárbaros del Norte, esclavizada por los señores de feudos, sometida al cetro de reyes absolutos, solo ha gozado momentos cortos de libertad en siglos largos de despotismo.

El Asia, cortada por desiertos tristes que dificultan las comunicaciones, cubierta de tártaros al Norte y de conquistadores al mediodía, infectada en algunos lugares de la religión de Mahoma, que aumenta las fuerzas de la tiranía reuniendo en un solo individuo los poderes de monarca y sacerdote supremo, y hace a los hombres siervos del gobierno y a las mujeres esclavas de los hombres; plagada en otros de la de Brahma, que manda adorar a los déspotas y sufrir en paciencia sus agravios y violencias, es desde la antigüedad el país de las

---

[162] El editor de la Biblioteca colombiana que empezó a publicarse en Lima el año de 1821 manifiesta, que de 170 virreyes que gobernaron la América, 166 fueron españoles, y 4 solamente americanos, y que de 602 capitanes generales, 588 fueron españoles y solo 14 americanos.

[163] Son diversas las Leyes de Indias que lo acreditan. Pero a más de ellas existe en el archivo de la casa del Estado en México el título de Marqués del Valle, concedido a Hernán Cortés por Carlos I. En él dijo el Rey Por cuanto nos habremos hecho merced a vos D. Hernán Cortés de 23,000
vasallos en la Nueva España

supersticiones, el teatro del despotismo, la tierra donde los reyes de Persia se hacen respetar como divinidades y el emperador de China gobierna su imperio como monarca absoluto y lo mantiene cerrado a las relaciones libres con el mundo.

El África, desde la caída de Tiro, Cartago y Egipto, no ha vuelto a ver luces en su suelo. Ha sido desde entonces el país de las tinieblas; es ahora el mercado donde se vende el hombre para ser esclavo del hombre.

La América, separada por el Océano de las otras partes de la tierra, sin relaciones con los pueblos donde primero nacieron y crecieron las ciencias, dominada en los siglos anteriores a su conquista por los reyes cakchiqueles, los incas, los moctezumas y caciques, subyugada después por los españoles, apenas comenzó en 1810 a desenvolver sus capacidades o potencias cuando fue turbada en su movimiento por el de las revoluciones que ocurren siempre que se mudan las formas de gobierno.

Recórranse uno a uno los diversos países de la tierra y se ofrecerá a los ojos un cálculo siempre triste. Las repúblicas donde se ha reconocido la soberanía del pueblo y fiado su ejercicio a él mismo o a autoridades electas por él han sido, en lo general, comparadas con otros gobiernos, como luces o fuegos que se apagan poco tiempo después o casi al instante mismo en que brillan. Las monarquías constitucionales, donde los poderes están positivamente divididos y se ejercen por autoridades en realidad independientes, son días tranquilos por la serenidad de la atmósfera, pero raros y de poca duración en el curso del tiempo. Las monarquías absolutas, donde el rey concentra en sus manos todos los poderes, son por el contrario tenebrosas y largas como las noches de los países inmediatos a los polos[164].

____

[164] Este pensamiento, que no he visto demostrado por el cálculo en los libros que he leído, fue objeto de los míos el año de 1827. Escribí una memoria que se publicará algún día y en ella, recorriendo la historia de las naciones, demuestro que los períodos de las monarquías absolutas han sido en cada una más dilatados que los de las repúblicas libres y las monarquías constitucionales. Este cálculo es profundamente triste; pero será infinitamente útil. Dará impulso al movimiento del siglo, hará que se trabaje para que en la tierra entera no haya más que formas liberales de gobierno.

Roma, que llegó a ser señora del mundo entonces conocido, cuenta 2,580 años desde su fundación; y en un número tan grande solo 495 fue república. En los restantes fue dominada 244 por reyes, expulsados al fin por su tiranía; 489 por emperadores que sofocaron las libertades patrias; 76 por reyes ostrogodos, bárbaros como los pueblos de su origen; 203 por reyes lombardos, semejantes a los ostrogodos y más de mil por los pontífices supremos, que comenzando en el siglo VIII a reunir las dos potestades, empezaron desde entonces a influir con doble poder.

Los períodos de libertad han sido un mínimo casi imperceptible en la extensión del tiempo y los de esclavitud un máximo que abraza los más grandes espacios. Si a pesar de esto el hombre, oprimido la mayor parte del tiempo, ha sabido crear las artes y ciencias y hacer progresos que asombran a quien se detiene a contemplarlos, ¿cuáles haría dejándole en libertad justa para desenvolver sus facultades, sin estorbos ni embarazos? ¿Quién osaría señalar en caso tan alegre la meta última hasta donde podría llegar marchando libremente en su carrera?

El uso de sus derechos, el ejercicio de sus facultades no es delito. Sería contradicción muy absurda crear al hombre con derechos y hacerle cargo por el uso de ellos. Delito es la acción con que un hombre embaraza los derechos de otro hombre. Lo comete el gobierno que prohíbe al labrador vender sus frutos en la plaza de más consumo o al hombre de letras publicar libremente sus pensamientos. No lo perpetra el cosechero que exporta sus granos a los mercados de más valor ni el escritor que ilustra a los pueblos dando a luz sus ideas.

Cada uno de los derechos y facultades del hombre es una fuente de prosperidad individual y nacional. En la de pensar y comunicar los pensamientos está el origen de las artes y ciencias; en la de trabajar y disponer de los productos del trabajo existe el de las riquezas y prosperidad. ¿Se ha pensado jamás impedir la facultad de germinar que tienen las semillas o la de desarrollar las que hay en la tierra o la de hermosear las producciones de la naturaleza y facilitar los trabajos del hombre que existen en las máquinas? Quitad al hombre el uso libre de sus facultades o ponedle trabas o limitaciones injustas y los pueblos y las naciones compuestas de ellos serán ignorantes, pobres y desventurados. Restituidle el goce de sus derechos; permitidle que ejerza libremente sus potencias y todo será riqueza, ilustración y felicidad. El hombre, sublime en un aspecto por el alma que lo anima, podría en otro considerarse como una máquina capaz de elaborar ciencias, artes y riquezas. ¿Será justo impedir los movimientos u obstruir los resortes de la máquina?

Legisladores: borrad de los códigos las leyes que hacen a los pueblos tan pobres y miserables que no pueden proporcionar a sus hijos aun la ilustración elemental; las que prohíben o embarazan la enseñanza de algunas ciencias o acumulan a favor de unas la protección, honores y rentas y las escasean a otras más útiles o de igual importancia; las que tienden a estancar los conocimientos de un orden o corporación, estableciendo academias de nobles, colegios de abogados con derecho exclusivo para ser ellos solos defensores de los otros, etc.; las que prohíben la comunicación libre de los pensamientos, prohibiendo la libertad de imprenta y estableciendo mesas censorias, policías severas o tribunales inquisitoriales, perseguidores de las luces o conocimientos; las que impiden la circulación de la propiedad autorizando los mayorazgos y manos muertas; las que estancan los frutos negando a los propietarios la facultad de cultivarlos en sus tierras; las que atacan sus derechos prohibiendo la libertad evidentemente justa de comercio; las que enriquecen a unos con perjuicio de otros concediendo privilegios exclusivos; las que fijan el interés de los capitales y el precio de los frutos, quitando este derecho al regateo libre de los contrayentes; las que tienden a acumular la propiedad territorial en una clase de individuos o establecer a favor de ellos el monopolio de riquezas o conocimientos; las que complican las formas o sustanciación de los procesos y hacen oscura la verdad, costosa y difícil la administración de justicia; las que adoptan un sistema de contribuciones que exige a los pueblos cantidad mayor que la precisa para los gastos del gobierno y oponen al movimiento de la agricultura, industria y comercio obstáculos que lo entorpecen y desalientan; las que trastornan las ideas de moral haciendo escalas injustas de delitos y penas o decretando castigos severos a culpas leves y suaves a crímenes; las que permiten espectáculos o diversiones que, sin dar luces ni inspirar virtudes, corrompen o hacen hipócritas, crueles o sanguinarios; últimamente, las que han sacrificado los derechos de la mayoría al interés del menor número, haciendo que las clases altas tuviesen primero multitud de siervos que trabajasen en su riqueza, declarándolas después privilegiadas o exentas de pechos o contribuciones, dándoles al fin exclusivamente los primeros empleos y tendiendo siempre a conservarlas en elevación a costa de los pobres o miserables. Todavía no se sabe lo que el hombre es capaz de ser. Haced, legisladores, el experimento. Permitid que desarrolle todas sus capacidades y desenvuelva todas sus energías.

Si se place el alma viendo a Newton y Buffon, a Sócrates y Franklin elevados por el ejercicio de sus facultades a la altura del saber y al sublime de la virtud, ¿no será infinitamente mayor el gozo contemplando otros genios elevados a mayores alturas por el desarrollo más pleno de sus potencias? Poned en lugar de las leyes que han hecho ignorante, pobre y corrompido al pueblo otras que sean expresión y garantía de sus derechos. Asegurad su cumplimiento exigiendo en los pretendientes de empleos las virtudes y talentos necesarios para su servicio. Mandad con el tono más firme, en los términos más decisivos, que ninguno sea colocado en las sillas del honor sin haber acreditado, de la manera que designe la ley, la moralidad de su conducta. Formad una clasificación de conocimientos proporcional a la de empleos.

Declarad que es necesaria la instrucción, comprobada también del modo que señale la ley, en las ciencias económicas para los de hacienda, en las militares para los de guerra, en las jurídicas para los de justicia, en las políticas para los de gobierno, en las legislativas para los de legislación. Dejad que el germen de la virtud y las semillas del talento sean todo lo que pueden ser. No cometáis el crimen de sofocarlas o impedir su germinación. Cultivadlas, por el contrario, acordando y protegiendo el sistema más útil de educación. Que Herschel subiese desde la clase humilde donde nació hasta los astros que supo descubrir y observar, ¿ha sufrido alguno por esto? ¿No han recibido bienes los mismos que desdeñan a los pueblos y sus hijos?

III

Hay un sistema de agricultura para desenvolver todas las capacidades de la tierra, labrándola y poniéndola por la labranza en aptitud de dar todas las producciones posibles.

Debe haber otro sistema de hominicultura para desarrollar todas las facultades del hombre, cultivándolo y poniéndolo por el cultivo en estado de producir cuanto sea capaz de dar.

Hombres y tierras son los elementos grandes de la felicidad social, la riqueza de los pueblos y el origen de ella, la causa del bien y el bien mismo, las potencias y los agentes de la prosperidad de los individuos y de las naciones.

No labrando la tierra ni cultivando a los hombres, la primera es un desierto triste sin vegetación ni vida, o un suelo de grama y abrojos, o un bosque enmarañado con sarmientos, y los segundos son salvajes y bárbaros, desnudos e infelices.

Cultivando la una y educando a los otros, los campos son jardines de flores, espigas y frutas regaladas, y los pueblos sociedades de virtudes, talentos y bellezas.

Todavía hay hombres y existen pueblos que no sienten toda la importancia de esta verdad. Cálculos falsos de interés les inclinan a preferir el salario mezquino de sus hijos en los primeros años de su edad a la ventaja infinitamente más grande de darles la educación que necesitan. Prevenciones contra las ciencias, hijas de la ignorancia que no conoce su precio, les hacen creer perdido el tiempo que se consagra a su estudio. Un almacén donde solo se habla de fardos y numerario parece a sus ojos establecimiento más útil que las clases donde se dan a los hombres todas las aptitudes posibles para ser grandes en todas las carreras. Las influencias de los siglos en que se desdeñaban las letras se sienten hasta ahora en muchos individuos de las clases ricas; el peso de las edades oscuras en que no se veía la trascendencia de la ilustración gravita todavía en los pueblos.

Es preciso volverse a los padres de familia, hablar a su alma interesando su ternura a favor de los que existen por su causa, convencer su espíritu manifestándoles la necesidad de la educación, imponer silencio a su interés haciéndoles cálculos demostrativos y palpables.

Un niño trabajando como operario 300 días anualmente y ganando con su trabajo 1 ½ o 2 reales diarios en 5 años corridos desde los 7 hasta los 11 de su edad adquiere al cabo de todos ellos 2,250 o 3,000 reales, que son 281 o 375 pesos. Pero queda condenado a no tener en toda su vida otra aptitud que la precisa para ser jornalero y no ganar en este concepto más que 2 reales al día o 75 pesos al año.

Otro niño se dedica a recibir la educación que se le da. Pierde en 5 años 281 o 375 pesos; pero cultiva su espíritu y se pone en aptitud de subir a destinos que le proporcionen una renta anual de 200, 400, 600 o más pesos, que en 5 años asciende a 1,000, 2,000, 3,000 o más pesos.

¿Cuál es en la comparación de estos cálculos el más ventajoso al interés? ¿El valor de 375 pesos será más grande que el de una educación productora de miles? Y el hombre, siervo de un trabajo diario y penoso, dependiente por su ignorancia de todos los que sean de más capacidad, ¿tendrá precio mayor que el hombre civilizado, superior a unos, independiente de otros y libre para elegir entre muchos trabajos el que sea más lucrativo?

Linneo, creador del sistema seguido con más universalidad, dio en Upsala lecciones de botánica. La fama de su nombre, el crédito de su doctrina atraía millares de discípulos, hijos de diversas naciones. Todos iban a Suecia a derramar la abundancia y Upsala se enriquecía por la educación que supo darse un hombre pobre y oscuro en sus primeros años, caballero y sabio en los últimos. Los que no la han recibido, ¿han sido jamás productores de tanta riqueza?

El hombre inculto, ¿ha producido nunca un centésimo al menos de lo que ha dado en los siglos anteriores y continuará dando en los futuros el inventor o perfeccionador de una máquina útil?

Un catecismo claro, breve y sencillo en que se evidencie la nulidad del hombre sin educación y los valores de quien la ha recibido es el primero que debe escribirse. Entre los libros elementales este sería el más importante. Prepararía los ánimos al cumplimiento puntual de la ley organizadora de la educación; apoyaría su observancia en la base que la asegura más, que es el convencimiento de su utilidad; haría a los padres dignos de este título; haría a los hijos dignos de la patria.

Pero no basta la voluntad para llegar a este objeto, el más recomendable de todos. Son precisos labradores instruidos por el arte y la experiencia para saber cultivar la tierra; son necesarios maestros ilustrados por una y otra para formar hombres.

Si hay ciencias y arte para hacer aritméticos, geómetras, etc., ¿no habrá para hacer maestros, profesores o institutores? Y si se han abierto clases para enseñar las ciencias y artes, ¿no deberán establecerse para enseñar la que da impulso o hace progresar a todas las demás?

Este raciocinio, obvio y sencillo, había escapado a los siglos. Francia, que tiene tantas glorias, ha tenido también la de concebirlo, perfeccionarlo y plantearlo. Que se establezcan, dijo el año de 1795, escuelas normales y en ellas no se enseñen las ciencias sino el arte de enseñar; que los sabios más eminentes, Lagrange, Laplace, Monge, Daubenton, Haüy, etc., sean los que las presidan abriendo cursos de cuatro meses al menos y manifestando cómo deben aplicarse a la enseñanza del arte de leer, escribir, calcular, etc., los métodos designados en los libros elementales adoptados por el gobierno; que los administradores de distritos envíen discípulos proporcionados a la población para que, aprendiendo el arte de enseñar, puedan al salir de las escuelas ser no solamente hombres instruidos, sino hombres capaces de instruir. Por primera vez en la tierra la razón y la filosofía van a tener su seminario. Por primera vez los hombres más distinguidos en las ciencias, los que han sido hasta ahora los profesores de los siglos, van a ser los primeros maestros de escuela. En los Pirineos y en los Alpes el arte de enseñar será el mismo que se adopte en París, y ese arte será el de la naturaleza y el genio. No se verán ya en la inteligencia de una nación grande espacios mínimos cultivados con el mayor cuidado y desiertos vastos sin labranza o cultura.

La razón humana, cultivada en todas partes con igual esmero, producirá los mismos efectos; y esos efectos serán la regeneración del entendimiento humano.

Era importante esta concepción sublime de genios ansiosos del bien universal de los pueblos. Pero no se le dio toda la extensión que exigía su objeto. Las madres son las institutrices primeras de los hombres. La primera leche que mama un niño, los primeros acentos, el primer idioma que oye, los primeros sentimientos, las primeras ideas, los primeros hábitos que recibe son los de la madre. Todo el orden moral depende de las madres, dijo el filósofo que escribiendo de educación se dirigió a ellas desde las primeras líneas.

Si debe haber escuelas normales para formar los maestros que han de dar las segundas, terceras y últimas lecciones, ¿no será preciso establecerlas para formar a las que han de dar las primeras y más trascendentales? ¿Un hombre que sabe hacer geómetras será digno de consideraciones más grandes que una madre que sabe educar hijos? El legislador debe organizar el sistema de educación de las madres y el gobierno ejecutar con celo el designado por la ley; la policía debe prevenir su inmoralidad y los magistrados castigar sus delitos; los sabios deben formar catecismos y enseñarles en ellos el método más fácil para educar a sus hijos. La moralidad de los pueblos es la suma de la moralidad de las familias; y en las virtudes domésticas es incalculable la influencia de las madres. Ellas son las primeras a quienes la naturaleza entrega la obra más preciosa de sus manos.

Formados institutores capaces de enseñar, debe pensarse en la enseñanza. Ya hay brazos labradores: cultívese la tierra. A las escuelas de maestros deben seguir las de discípulos.

No es posible dar en una sola la instrucción. Hay inmensidad en las ciencias y artes; y las facultades del hombre se van desarrollando gradualmente desde el momento en que nace hasta aquel en que cesa de progresar. Lo que es perceptible a la virilidad es oscuro a la adolescencia; y lo que ve claro un joven no puede entenderse por un niño. Las leyes de la naturaleza, constantes en este punto como en el desarrollo sucesivo de una planta, exigen que la enseñanza sea gradual y proporcionada a las facultades del hombre. Debe haber lecciones para la niñez que empieza a desenvolver sus potencias; lecciones distintas para la juventud, que las tiene más desarrolladas; lecciones diferentes para la virilidad, que las ha formado y aspira a la gloria de extender o perfeccionar las ciencias.

Son diversos los sistemas inventados para cultivarlas y propagarlas. Las generaciones futuras jamás olvidarán los nombres de Filangieri, Talleyrand, Condorcet y otros que se llenaron de gloria y la comunicaron al siglo XVIII, trabajando sin fatigarse para perfeccionar el plan de instrucción pública. Cada uno ha organizado la enseñanza de diverso modo; y las organizaciones que han querido darle prueban el interés que toman por el elemento más grande de prosperidad. Pero sucede en este punto lo mismo que en todos los otros. A excepción de las bases generales, todo lo demás debe ser local. Cada lugar debe tener sus leyes y establecimientos relativos a su posición política, así como tiene sus vegetales respectivos a su clima. El plan de Filangieri[165], el de Talleyrand[166], el de Condorcet[167], practicables en un Estado muy rico y abundante al mismo tiempo en sabios, no podría ejecutarse en otro donde faltasen ambos elementos de riqueza y sabiduría. ¿Quién osaría plantearlos en las repúblicas de América que están ahora consolidando sus gobiernos, formando su hacienda pública y pensando en la cultura primera de sus hijos descuidados anteriormente en la época deplorable de la dominación española?

Pero cualesquiera que sean las modificaciones de un plan de instrucción pública, debe haber escuelas elementales para enseñar los principios de las artes y ciencias, clases para enseñar las mismas artes y ciencias en toda su extensión, y academia, sociedad o instituto para darles impulso, dirección y perfección.

Escuelas Elementales

Se instituyen para empezar a desarrollar las facultades físicas, intelectuales y morales de la niñez; y este triple objeto de su establecimiento manifiesta:

Que deben establecerse doquiera que hay niños u hombres que sean niños, en las ciudades y en los pueblos, en las aldeas y en las haciendas

---

[165] Filangieri, en el libro IV de la Scienza della legislazione, publicó un plan hermoso de educación física, moral y literaria.

[166] Talleyrand presentó el 10 de septiembre de 1791 su proyecto de instrucción pública, mirando a esta como parte conservadora y vivificadora de la Constitución.

[167] Condorcet escribió un discurso bello también sobre organización general de la instrucción pública, leído en la Asamblea de Francia el 20 de abril de 1792.

o cortijos, en las cárceles y en los cuarteles. Todos deben ser socios, cooperadores del bien general; en una sociedad no debe haber individuos nulos, sin valor o aptitud para los servicios útiles; y la educación es la que da las aptitudes, capacidades o valores. El hombre que no los tiene gravita sobre los demás: es un impuesto vivo, una contribución o pecho siempre existente.

Que deben constituirse de la manera más propia para disponer los alumnos al ejercicio de las funciones a que serán un día llamado por la ley fundamental. El plan de las escuelas de Hazelwood, modificado o variado según la edad de los discípulos y las circunstancias del lugar, es digno de tenerse presente. "El principio que hemos seguido, dicen sus autores, ha sido dejar todo el poder posible en manos de los mismos niños. Fijos en este objeto, les permitimos elegir una comisión de su mismo seno, en la cual se propongan, discutan y decreten las leyes de la escuela; crear una especie de jurado presidido por un juez para la calificación de las faltas o culpas; y establecer un ejecutivo compuesto de oficiales o funcionarios nombrados por la comisión para el régimen de la escuela"[168]. Este plan, bosquejo sencillo del cuadro grande del sistema representativo, empezaría a dar a los niños las primeras ideas de sociedad, de gobierno, de división de autoridades y atribuciones de cada una de ellas; les enseñaría a ejercer los poderes electoral, legislador, ejecutor y juzgador; los iría preparando para ser ciudadanos dignos de los de la patria; y no habría males o daños, siendo el maestro el alma de la escuela, teniendo el derecho de dar o negar su sanción a los acuerdos de los pequeños legisladores y el de inspección sobre los demás agentes.

Que deben enseñar los principios o ideas fundamentales de las artes y ciencias de mayor importancia y necesidad. El hombre quiere conservarse de un modo feliz; y su conservación exige salud, virtud y alguna ilustración para no ser víctima de enfermedades, vicios y errores. Debe, pues, aprender los elementos: 1.º, de la higiene o arte de conservar la salud; 2.º, de la moral o ciencia de los derechos y deberes de los hombres privados en sus relaciones recíprocas; 3.º, de la jurisprudencia constitucional o ciencia de los derechos y deberes de los hombres privados en su relación con los hombres públicos que ejercen los poderes de la sociedad, y de estos en su relación con aquellos; 4.º, de la religión natural y revelada que sanciona aquellos derechos y deberes; 5.º, de la lógica o arte de pensar con exactitud; 6.º, de la gramática o arte que

---

[168] Plans for the government and liberal instruction of boys.

enseña a expresar o comunicar los pensamientos por medio de la palabra y de la escritura. Se dice que los niños no son capaces de conocimientos; que es necesario esperar la edad de la razón. No hay edad alguna, dijo el sucesor de Locke y preceptor del duque de Parma[169], en que puedan comprenderse los principios generales de una ciencia si no se han hecho las observaciones que han conducido a aquellos principios. La edad de la razón es aquella en que se ha observado; y, por consiguiente, la razón llegará pronto si sabemos interesar a los niños en hacer observaciones.

Que el maestro no debe ser un viejo adusto, censor eterno de la juventud, ni de genio o carácter severo. Es muy grande el espacio que separa a la vejez de los niños; y, atravesando las lecciones que diese la primera, serían muy lentos los progresos de los segundos.

Que tampoco debe ser individuo de aquellas clases u órdenes que por desgracia tienen intereses opuestos a los del pueblo. Si este ha sido ignorante, degradado y supersticioso, es, a más de otras causas, porque sus preceptores creían convenir a su elevación la ignorancia, superstición y envilecimiento de los pobres. Fiada a ellas la educación de los niños, el movimiento se dirigiría casi siempre al interés de quien diese el impulso. ¿No ha sido el de las familias reinantes el que lo ha dado en Europa a la instrucción pública antes de la era constitucional? ¿No es ese interés el que tiende todavía en algunos reinos a separar la atención de las ciencias morales y políticas y volverla a las naturales y físicas? ¿No es la misma causa la que ha abierto las cajas de los gobiernos para expediciones botánicas, geográficas, arqueológicas, etc., y no las ha franqueado con igual generosidad para viajes políticos o morales, para conocer los hombres y sus costumbres, los gobiernos y sus formas, las instituciones y sus efectos?

Cada clase es como la de los sacerdotes de Egipto. Tiene sus secretos o misterios, sus opiniones e intereses; no quiere hacer traición a ellos, trabaja, por el contrario, para mantenerlos inalterables en el pueblo; y la enseñanza sale corrompida cuando le dan labios que prefieren los intereses de su familia o clase a los de la verdad. ¿Dará un hombre prevenido por las preocupaciones del orgullo lecciones imparciales de derecho público? ¿O enseñará con placer los principios de una constitución formada sobre bases prudentes, pero liberales? Hay excepciones en todo lo general. El caballero Filangieri supo manifestar a las naciones las verdades que les interesan. El conde Stanhope fue defensor acérrimo del pueblo, y el conde de Mirabeau un Júpiter tonante

---

[169] Condillac. Cours d'etude. Discours préliminaire.

a favor de este. Pero las leyes no deben decretarse por las excepciones que ofrecen ejemplos particulares. Los individuos son por la naturaleza de las cosas llamados a propagar las opiniones y sostener los intereses de la clase a que pertenecen. Si alguno no tiene otros que los de la verdad, es necesario que pruebas intachables hablen a su favor.

Que el maestro de los niños debe ser individuo de la nación, sin otros intereses que los generales del pueblo, amigo sincero de la verdad, cultor ilustrado de la virtud, de buen genio y humor, amante de la niñez, capaz de achicarse y jugar con los niños, perfectamente instruido en los elementos de las artes y ciencias que ha de enseñar, dueño del idioma en que los ha de explicar clara y sencillamente.

Que sus lecciones no han de ser abstractas, sino proporcionales al alcance de los niños y siguiendo el método de la naturaleza, que nos presenta primero individuos y fenómenos particulares, nos hace percibir después relaciones de semejanza y diferencia, nos lleva a formar especies o géneros, nos enseña a clasificar y formar las teorías que constituyen las ciencias y artes. Un maestro debe dar a sus discípulos el hábito feliz de observar los hechos y averiguar las causas que los producen. Si la tierra se cubre de verdor y empieza a variarse la temperatura; si las espigas comienzan a sazonar sus granos y el calor a aumentar sus ardores; si los frutos llegan a madurarse y el labrador a hacer sus cosechas; si al calor de la atmósfera y a la florescencia y fructificación de la tierra sigue, por último, el frío y la escarcha da aridez y tristeza; explíqueles el curso de las cuatro estaciones, desenvolviendo a sus ojos la marcha asombrosa de la naturaleza y manifestándoles por qué da esos cuatro pasos y cuáles son los efectos inmensos de cada uno de ellos. Si tiembla, si truena, si llueve, etc., dígales lo que es el terremoto, el trueno, la lluvia, etc. No deje escapar fenómeno alguno notable sin aprovechar el momento de la oportunidad. ¿Quiere darles lecciones de higiene? Llévelos a un hospital para que vean todo lo que sufre un enfermo y aprendan a estimar la salud. Yo no soy médico, dígales; vosotros tampoco lo sois. Hagamos lo que hicieron los hombres antes que se formase la ciencia que se llama medicina. Estudiémonos a nosotros mismos; observemos cuáles alimentos alteran nuestra salud, cuáles vientos la trastornan, cuáles causas la destruyen. Hagamos una colección de observaciones y seamos creadores de una medicina pequeña como nosotros, pero fundada en hechos útiles para estar sanos, alegres y contentos. ¿Piensa en elevarlos a los principios del derecho público? Comience explicándoles el de la misma escuela; y del que organiza a este pase al que organiza a la nación. Vosotros, podría decirles, os habéis unido aquí para adquirir las aptitudes o capacidades precisas para ser felices. Todos juntos nombráis los diputados o representantes que deben acordar las leyes necesarias para el régimen de la escuela; un maestro lleno de experiencia y conocimientos examina vuestros acuerdos y los aprueba si son convenientes o los desaprueba en caso contrario; oficiales o funcionarios elegidos por vuestros diputados hacen cumplir vuestras leyes; y una especie de tribunal compuesto de jurados nombrados por vosotros califica vuestras faltas. Así es la nación o Estado de que sois miembros. El pueblo necesita hombres que dicten las leyes precisas para su gobierno; hombres que hagan cumplir esas leyes; hombres que, con arreglo a ellas, decidan sus diferencias. Ninguno ha nacido con derecho para imponer leyes a otro, para gobernarle o determinar sus pleitos. Yo tengo iguales derechos que mi vecino. Ni él puede mandarme a mí, ni yo tengo imperio sobre él. Solo podré tenerlo cuando su voluntad libre haya querido dármelo. Los individuos de una nación se hallan en el mismo caso. No pueden unos tener autoridad sobre otros porque todos tienen iguales derechos. Es preciso que se reúnan para darla a quien sea digno de ella. La nación es el origen de donde emana directa o indirectamente toda autoridad legítima. Ved aquí el principio fundamental de la ciencia del derecho público, es decir, de la ciencia que designa los derechos de las naciones y de los poderes o autoridades supremas que las gobiernan. Pensad sobre él; deducid consecuencias rectas; y vosotros mismos iréis formando la ciencia así como la formaron vuestros mayores.

Que el método que se adopte sea el que facilite más la instrucción, el que sensibilice las lecciones, el que haga intuitiva la enseñanza. Todo debe hablar a los ojos en una escuela. Todas las lecciones deben tener objetos que las hagan perceptibles a ellos. La niñez no está todavía elevada a la región de las abstracciones. Es preciso pintarle los pensamientos, las virtudes, el patriotismo. Estos cuadros deben ser el ornamento de la escuela.

Que el maestro, capaz de dar a sus discípulos conocimientos y virtudes, sea dotado y honrado como corresponde. Las escalas de premios formadas por los gobiernos han sido injustas. A empleos de menor importancia y trascendencia se han franqueado más honores y designados sueldos más grandes que a otros de mayor trabajo, delicadeza y utilidad.

Un hombre que debe olvidar su propia existencia para pensar solamente en la de sus alumnos; el maestro que empieza a formar los ciudadanos que han de ser la felicidad o la desgracia de la patria, debe disfrutar el sueldo y gozar los honores que exigen funciones tan importantes. Premiad a los maestros como merece este título y encontraréis hombres eminentes para desempeñarlo. Poned al frente de las escuelas profesores dignos de presidirlas y de ellas saldrán patriotas ilustrados.

Que el local mismo de las escuelas coopere también a llenar el objeto de su establecimiento; que no haya en él cosa alguna repulsiva; que, por el contrario, todo sea atractivo por el aseo y limpieza de las salas, el buen gusto de los muebles, la comodidad de los asientos, la belleza de los objetos, los jardines y entretenimientos; que la enseñanza sea una diversión y los niños asistan a la escuela con el mismo placer que los lleva a un lugar de recreo.

No es el castigo, no es el rigor el método más eficaz de educación. Es el cariño, es el amor. No hagas odioso lo que quieras que sea deseado y amado. ¿Cómo es posible aprender lo que se repugna y detesta? Un maestro debe ser un padre amante de sus discípulos; y aquel que lo es de sus hijos no habla otro idioma que el del amor. Si es permitido citar ejemplos, yo oso indicar el que es más experimental para mí. Jamás he castigado a mi hijo; nunca lo he visto con ceño ni tratado con rigor. Solo tiene ocho años; y a esta edad, en un país donde casi no hay otros objetos de instrucción que los de la naturaleza, posee ya algunos principios de gramática castellana, de aritmética, de geografía y de moral; traduce regularmente el francés; sabe distinguir y denominar las figuras principales de geometría y las partes más notables de un vegetal. Hombres que os encargáis de la educación de la juventud, amad a vuestros discípulos como yo amo a mi hijo y todo os será fácil para activar sus progresos.

Aulas Científicas

La organización de ellas no ha sido dictada por la razón. La ha dirigido el espíritu dominador de cada siglo y lugar; y ese espíritu no ha sido siempre racional. En unos han sobreabundado las aulas de teología y no se han establecido las de ciencias eminentemente útiles; en otros se han multiplicado las del derecho antiguo de los romanos y no se ha fundado una sola para el constitucional y patrio. Guiémonos al fin por la razón, superior a las pasiones y prevenciones de los siglos y lugares. El hombre es en las ciencias el mismo que en todas las demás cosas. Va aumentando sus fuerzas físicas, morales e intelectuales a proporción que las va ejercitando. Debe dedicarse a lo más fácil cuando es débil; debe subir a lo más difícil cuando ha llegado a ser fuerte. Las ciencias abrazan la naturaleza entera, y en la naturaleza hay seres más o menos difíciles de conocerse, fenómenos más o menos sencillos o complicados. Ved aquí el punto de donde debe partirse para organizar la enseñanza.

Estudiemos la materia bruta, que es lo más sencillo de la naturaleza; subamos después a la materia vegetal, que presenta fenómenos más difíciles; trepemos sucesivamente a la materia animal, que aparece más complicada en todas sus funciones; ascendamos al hombre, que es el ser más grande de la tierra.

Observemos al hombre solo o aislado primero y unido en sociedad después; estudiemos en el hombre aislado las partes o sistemas de que se compone y las acciones y reacciones de esas partes o sistemas; estudiemos en el hombre unido en sociedad sus relaciones con los demás hombres en particular y las que tiene con la sociedad de que es individuo. La naturaleza es un sistema sabiamente concatenado de seres; y las ciencias deben ser también un sistema organizado con sabiduría de conocimientos relativos a las partes y leyes de la naturaleza.

La Física da a conocer la materia manifestando sus propiedades y fenómenos; la Química descubre sus elementos; y las Matemáticas enseñan a calcularla o medirla. La materia se transforma en vegetal, y la Botánica hace conocer sus partes y funciones, sus clases y nomenclatura. Llega a ser animal dando un paso más prodigioso, y la Historia Natural hace su descripción anatómica, fija sus especies por caracteres inequívocos y manifiesta los fenómenos de cada una y las relaciones de todas entre sí y con los demás seres de la tierra.

El hombre es uno de los animales más respetables y dignos de las inquisiciones de las ciencias. La Anatomía se detiene a contemplarlo; hace su análisis y presenta a la vista su estructura orgánica describiendo las partes o sistemas de que se compone.

La Fisiología vuelve también a él sus ojos y examina las funciones de aquellos sistemas, su acción mutua o recíproca y la influencia de todas en sus fenómenos. La Medicina aprovecha las luces de una y otra ciencia, observa las enfermedades que afectan al hombre, estudia los efectos morales y literarios que producen y busca en la naturaleza remedios que las alivien.

De la estructura orgánica del hombre, observada por el anatómico, el fisiólogo y el médico, se derivan sus necesidades y las facultades que tiene para satisfacerlas; de sus necesidades y facultades nacen sus derechos y deberes; y la moral, en su significación más propia y exacta, es la ciencia de los derechos y deberes del hombre. Los derechos y deberes del hombre deben ser declarados por la ley; y la jurisprudencia, en la latitud de su acepción, es la ciencia de las leyes civiles y fundamentales.

Es maravilloso ese todo inmenso que se llama Naturaleza. Es más prodigioso este otro todo infinito que se llama Ciencia. El estudio de la materia bruta da luces al de la materia elevada a vegetal; el de la materia vegetal las da al de la materia elevada a animal; y el de los animales las comunica al hombre, que es uno de ellos.

En el hombre, el estudio de las partes o sistemas de que se compone esclarece el de sus movimientos, sensaciones, pensamientos, afecciones y lengua; el de todos estos fenómenos ilustra el de sus necesidades y facultad de satisfacerlas, que son efecto o producto de su organización física; y el de sus necesidades y facultades ilumina el de sus derechos y deberes que nacen de aquellas.

Todo es luz refleja en el sistema científico. Si se corta la comunicación de unas ciencias con otras; si se aíslan o separan por líneas impenetrables, no habrá reflexión de luces ni claridad en los espacios a que se extiende cada una de ellas. Todo será oscuridad y tinieblas. En todo Estado donde sea posible deben establecerse quince aulas que enseñen a conocer: 1.º, en la de Física, las propiedades y leyes generales de la materia; 2.º, en la de Química, sus elementos y análisis; 3.º, en la de Matemáticas, su medición o cálculo; 4.º, en la de Botánica, la estructura y clases de vegetales; 5.º, en la de Historia Natural, la organización, funciones y especies de animales; 6.º, en la de Anatomía, los diferentes sistemas o partes de que se compone el hombre; 7.º, en la de Fisiología, las funciones de cada uno de aquellos sistemas; 8.º, en la de Medicina, las enfermedades que los afectan y fenómenos que producen; 9.º, en la de Moral privada, los derechos y deberes del hombre con sus semejantes; 10.º, en la de Moral social, los derechos y deberes recíprocos del ciudadano con la nación y poderes que la gobiernan, y de estos poderes y de la nación con el ciudadano; 11.º, en la de Moral universal, los derechos y deberes de las naciones unas con otras[170]; 12.º, en la de Lógica, la marcha que ha seguido el hombre en la creación de cada ciencia, cómo ha hecho observaciones y descubrimientos, cómo ha discurrido sobre ellos y formado el cuerpo de doctrina; 13.º, en la de Gramática general y particular, el método que ha adoptado para ir formando el idioma de cada ciencia y la lengua respectiva de la nación; 14.º, en la de Retórica, el arte maravilloso de la palabra, hablada o escrita, que influye en los progresos de las ciencias y adelantamiento de la civilización, dando claridad, exactitud y gracia al idioma de aquellas y demostrando o sensibilizando a los pueblos los grandes principios y verdades benéficas; 15.º, en la de Enseñanza, el plan que debe seguir un maestro en la de sus discípulos, según el arte o ciencia que forme el objeto de sus lecciones.

Academia de Educación

Si los hombres malos se juntan para aumentar sus fuerzas y hacer con ellas todo el daño que maquinan, los amigos del bien saben igualmente unirse para operarlo con la reunión de sus poderes individuales. Es grande el número de sociedades establecidas en distintas naciones para multitud de fines benéficos. No hay objeto más interesante y digno de celo que la educación.

Los poderes supremos de una nación deben dirigirla y protegerla según sus atribuciones respectivas. Pero su atención es dividida entre muchos asuntos de especie diversa, y esa división debilita la energía que exige el más importante.

Debe haber un cuerpo dedicado a él exclusivamente; debe haber una Academia compuesta de los hombres más ilustrados y subdividida en secciones auxiliares.

Sería Conveniente:

Que existiese la Academia principal en la capital de la nación o Estado, y las auxiliares en la cabecera de cada provincia o departamento; y que el instituto de ellas fuese la educación en sus tres aspectos: físico, literario y moral.

---

[170] He dado el nombre de Moral Privada, Moral Social y Moral Universal a la que se llama Moral, Ciencia del Derecho Público y Ciencia del Derecho de Gentes, para hacer más perceptible la identidad de estas ciencias, para manifestar que todas ellas deben ser moral.

Que para llenarlo, las auxiliares reuniesen en su departamento o provincia respectiva y dirigiesen a la principal los informes o datos relativos al estado de educación, los manuscritos o documentos importantes para una biblioteca nacional y los minerales, vegetales y animales disecados o vivos que fuesen dignos de un jardín o museo.

Que la principal acordase y propusiese al gobierno lo que creyese interesante para organizar, mejorar o perfeccionar la educación; que estableciese un jardín botánico, un museo de Historia Natural y una biblioteca pública; que abriese correspondencia con las sociedades sabias de las demás naciones e hiciese con ellas un cambio recíproco de manuscritos, libros y curiosidades naturales; que destinase algunos de sus socios para manifestar lo más sublime o abstracto de las ciencias a los hombres instruidos en ellas que quisiesen penetrarlo; que nombrase comisiones que se dedicasen a escribir cartillas claras y sencillas de las artes y ciencias más útiles para la instrucción popular; que publicase un mensual, trimestre o semestre para dar a luz los métodos de educación que se inventasen o descubrimientos que se hiciesen en el propio país o en los extraños; que diese premios a los maestros que más se distinguiesen en la enseñanza de sus discípulos y a los autores de descubrimientos más útiles para la prosperidad nacional; que propusiese al gobierno los viajes o expediciones que juzgase provechosos para formar la estadística o escribir la historia natural, política y literaria de la república o reino o dar impulso a los progresos de las artes y ciencias; que a la apertura de las sesiones del congreso, asamblea o parlamento diese cuenta al Poder Legislativo de sus trabajos y tareas en el curso del año, de los progresos de la educación y de las medidas que conviniese acordar para activarlos más.

Que el Poder Legislativo tuviese bajo su inmediata protección a la Academia; diese a los comisionados u oradores de ella el derecho de fundar de palabra o por escrito en las sesiones de aquellos proyectos que presentase; y, últimamente, que le franquease todos los auxilios que necesitase para llenar los objetos nobles de su instituto.

Fondos

Las escuelas, las aulas y la Academia exigen gastos para su establecimiento y conservación; y esos gastos deben hacerse con las contribuciones de los discípulos y con los fondos municipales o con los de la hacienda pública.

Derivarlos de las contribuciones de los discípulos sería condenar a ignorancia perpetua a la clase más numerosa de la sociedad. Los pobres excusarían la educación de sus hijos para no disminuir el mínimo a que ven reducidos sus ingresos; la juventud quedaría inculta; y la nación poblada de hombres sin aptitud para los destinos en que es necesaria.

Deducirlos de los fondos municipales sería exponerse a iguales consecuencias. Son muchos en América los pueblos que no los tienen; muchos los que, por la miseria de sus hijos, no es fácil que los tengan. La administración en aquellos que los poseen no es tan arreglada como la del erario nacional. El uno es dirigido por funcionarios que han recibido alguna educación y tienen algunos principios financieros. Los otros son manejados por infelices que no saben leer ni escribir.

Ya ha hablado la experiencia, y su voz debe ser respetada. Jamás cesan de existir los funcionarios que paga la hacienda pública; y son reiterados los períodos en que no hay maestros de escuela aun en los pueblos que pueden tenerlos. Exigir contribuciones de los hijos de los pudientes; no exigirlas de los hijos de los pobres; aplicar el déficit, del modo que permiten las leyes, a los capitales destinados por los fundadores a establecimientos piadosos; formar y propagar la opinión en favor de la educación de la juventud; inclinar en beneficio de ella la voluntad de los propietarios; repetir sin cesar que el acto más digno de los votos de la religión y patriotismo es cooperar a que los hombres tengan virtudes y luces; llenar el vacío que hubiese con los fondos de la hacienda pública; poner a esta en aptitud de satisfacer todas las necesidades de la nación: esto es lo que inspira la razón y exige el interés general de los pueblos.

La primera necesidad de una nación es la educación de sus hijos. Es importante, es necesaria la existencia de los tres poderes que deben ejercer los de la soberanía. Ya lo he demostrado con evidencia. Pero ¿qué serían los congresos, los gobiernos y los tribunales si la educación no preparara y formara a los que ocupasen sus sillas?

La instrucción pública, dijo un escritor profundo, es parte conservadora y vivificadora de la constitución política. No cesaré de repetirlo. No hay riqueza, no hay libertad consolidada, no hay prosperidad nacional donde no hay espíritu público; y es imposible la existencia del espíritu público donde no hay ilustración que lo forme, dirija o sostenga.

Un factor, un intendente, un jefe político, un administrador no son seres más necesarios que un maestro de escuela o un profesor de moral.

Si los sueldos de los funcionarios son partidas justas del presupuesto anual de gastos, los de los preceptores de la juventud ¿no serán también partidas legítimas del mismo presupuesto? Han corrido millares de siglos. Ya es viejo el mundo. ¡Y todavía hemos de ser niños! ¡Educación en todos sus aspectos; educación en todos los puntos donde hay hombres! Este debe ser uno de los primeros objetos del celo.

La patria necesita diputados, senadores, presidentes, vicepresidentes, consejeros, jefes, vicejefes, magistrados, jueces, financieros, etc. Si la educación no da las aptitudes necesarias para saber servir estos oficios, ¿cuál será, pueblos infelices, vuestra suerte o destino?

Introducción
A las Memorias de la Sociedad Económica de Amantes de Guatemala

La marcha de los siglos ha sido la que era natural que fuese. Los primeros del renacimiento de las letras buscaron, entre las ruinas que dejaron los conquistadores del norte, los pensamientos de los sabios de Grecia y de Roma; los siguientes interpretaron, comentaron y tradujeron aquellos pensamientos; los posteriores los rectificaron, hermosearon, aumentaron y aplicaron a las necesidades del hombre y prosperidad de los pueblos; el presente los multiplica y propaga por el mundo, los circula por las naciones y los difunde por todas partes.

Es interesante su idioma y noble su objeto. Quiero, dice, que no haya en la tierra hordas de salvajes ni en los Estados clases de ignorantes. Civilización universal de todos los individuos de la familia humana es el fin de mis votos y el término de mis trabajos. Que haya una clase sublime de sabios ocupados principalmente en recorrer todas las ciencias y dilatar sus esferas; pero que no haya fatuos, estúpidos ni ignorantes en las inferiores del pueblo. Todo hombre debe saber los elementos de las ciencias o artes necesarios para mejorar su suerte y cooperar a la felicidad general... No publiquemos errores ni hagamos cálculos falsos. El error es siempre dañoso; y, comunicado a una generación, continúa haciendo mal a las que siguen. Todavía sufrimos las consecuencias de los publicados en los siglos precedentes; todavía lloramos algunas teorías que dio a luz el XVIII. Difundamos conocimientos útiles, conocimientos que jamás causen perjuicio y hagan siempre bien; conocimientos que influyan en la riqueza de las familias y contribuyan a la prosperidad de las naciones.

Esta es la lengua del siglo XIX, el impulso que da y el movimiento que produce. En todas partes ha comenzado a sentirse su influencia. En Londres se ha establecido una sociedad para propagar los conocimientos útiles; en París se ha instituido otra para difundir los elementos de las ciencias y artes; en las mismas y en otras capitales de Europa se han erigido otras para comunicar las nociones más importantes de agricultura, química, historia natural, etc.

Los sabios descienden de las alturas más elevadas a los principios más humildes de las artes y ciencias para formar y dar a luz los alfabetos de ellas mismas. Se publican epítomes, manuales, catecismos y bibliotecas populares; se trabaja para que la luz, estancada primero en los templos de Egipto, después en las escuelas de Epicuro y posteriormente en los colegios y universidades, penetre por todas partes en los palacios y cabañas, en las ciudades y en los campos. Los rayos del sol alumbran al mundo entero, y los de las ciencias deben ilustrar a todos los pueblos. La ilustración es el primero de los bienes; y todo lo que sea bien debe ser comunicado a todos.

El labrador debe saber lo que le interesa para el cultivo de la tierra; el artesano debe ser instruido en cuanto le conviene para el ejercicio de su arte. Todos los individuos de una nación deben tener respectivamente la instrucción y virtud necesarias para desempeñar su destino y hacer progresos en él. Este es el orden, la armonía, lo bello, lo perfecto y la felicidad.

En caso contrario, cuando el artista está en el campo y el agricultor en el taller, cuando labra la tierra quien no sabe cultivarla y fabrica telas el que no aprendió a tejerlas, cuando nadie marcha al paso del siglo ni hay uno que siga en su oficio el movimiento de la civilización, entonces se ve en todo su horror el atraso, el desorden, la confusión, el caos y el original del cuadro que pintó Delille[171].

---

[171] L'Imagination. Chant 7.

Lorsque les Dieux, dit-il[172],
au ciel prirent séance,
Nul ordre n'y régnait, et nulle préséance...
Neptune prenait place à côté d'un triton;
Près de Cybèle était la nymphe du bocage;
On vit d'Apollon un satyre sauvage,
Un monstre qui n'était homme et dieu qu'à moitié;
Et, pour tout dire enfin, les cieux faisaient pitié.

La Europa, ilustrada desde muchos años y afanada cada día más en aumentar su ilustración, no cesa de hacer descubrimientos para mejorar el cultivo y las artes, los oficios y el bienestar de todos los agentes de la riqueza. Está llena de principios y es maestra en el arte de desarrollarlos. Sus sabios parecen inteligencias puras; el terreno que antes daba diez ahora produce veinte; y un hombre solo ejecuta al presente lo que hacían cien en otro tiempo.

La América es, al contrario, un mundo nuevo que no ha mucho tiempo empezó a existir por sí mismo; no ha consolidado todavía sus gobiernos; y, agitada por guerras intestinas, no ha tenido la paz necesaria para pensar en calma y cultivar con tranquilidad las artes y ciencias.

Crear, inventar, descubrir es carrera tan dilatada como penosa, porque se necesitan siglos para reunir principios y ejercitarse en el arte difícil de la deducción de consecuencias. Aprender lo que ya está creado, inventado o descubierto, recibir las luces de otro, aprovechar sus pensamientos es camino más breve para llegar al goce de la riqueza y prosperidad.

---

[172] Ovidio

Cuando los Dioses al Empíreo fueron,
Dice la historia que en sesión completa,
No gastaron distancias ni etiqueta;
Se sentaron allí como pudieron,
En desorden jerárquico burlesco:
Un Tritón, de Neptuno fue a la vera:
De Cybeles, la Ninfa compañera:
Y con Apolo un Sátiro grotesco,
Que no era Dios sino cabrón odioso,
De un hibridismo que la vista asquea;
Y así fue del Olimpo la asamblea:
¡Espectáculo ruin y lastimoso!

Si se hace en Europa un descubrimiento feliz para mejorar el cultivo o las artes, ¿no será conveniente publicarlo en América para que sus hijos gocen de sus beneficios? Han corrido algunos años desde la libertad de nuestros puertos; se han hecho en Europa publicaciones importantes para todos los ramos de riqueza; no dejan de hacerse cada mes; y se marcha rápidamente a la perfectibilidad. Pero el movimiento de la civilización, visto en aquel punto, termina respecto de nosotros en el cabo de San Vicente o en el estrecho de Gibraltar. El océano que empieza allí y llega a Omoa parece innavegable.

No sabemos, como exigen nuestros intereses, cuáles son los descubrimientos que se hacen, los instrumentos que se inventan, los métodos que se simplifican, los diarios que llevan luces a los campos y talleres.

¿Se han leído las Memorias de la Sociedad instituida para perfeccionar los métodos? ¿Circulan en nuestros Estados el *Semanario de agricultura y artes*, el *Industrial*, destinado a propagar las luces e invenciones útiles, los *Anales de agricultura*, el *Diario de conocimientos usuales y prácticos*?

Europa no existe en este aspecto para Centro América. Estamos fuera del siglo XIX; vivimos en otro siglo, aislados todavía en este punto, sin las relaciones que tanto nos interesan, ocupados casi exclusivamente en lo que se llama político, hablando continuamente de derechos.

Es muy justo saber los que tenemos; lo es darles la protección que se merecen. Pero debe considerarse que no tendrían toda la importancia necesaria si no se diera toda la atención posible al comercio, industria y agricultura, sin las cuales no podrían sostenerse aquellos derechos.

Los de un mendigo están escritos en la ley, acordados por un poder y sancionados por otro. Pero, humillado a pedir pan de una puerta en otra, ¿hay en él la dignidad, la independencia, la libertad de un labrador honrado o de un comerciante rico que en sus graneros o almacenes tienen títulos para manifestarse dignos hijos de una nación protectora de las propiedades?

Si queremos que subsista lo político, pensemos, como corresponde, en lo económico. Tener derechos y vivir desnudos sería muy triste vivir. Ya sabemos que nuestra nación es independiente, libre y soberana. Volvamos la vista a los ramos de riqueza que deben ser base sólida de la independencia, libertad y soberanía. Aprendamos a ser verdaderos agricultores, artistas y comerciantes. Cuanto más observo nuestras tierras minerales, vegetales y animales, tanto más admiro la riqueza de las producciones naturales.

La Sociedad Económica, establecida para fomentar los progresos de la ilustración, cultivo, industria y comercio, y llamada especialmente por sus estatutos a publicar los ensayos, memorias, opúsculos o escritos importantes para la difusión de los conocimientos útiles, va a cumplir con gusto este provechoso deber; va a imprimir y circular, para bien universal de los labradores y artesanos, algunos descubrimientos o noticias de interés eminente para su prosperidad.

Desea que tengan la influencia que se promete de su utilidad. Pero quiere, además de esto, que el gobierno de cada uno de los cinco Estados en que está dividida la república ponga algún fondo a disposición del enviado, agentes y cónsul nombrados por el federal, para que compren y remitan los opúsculos y periódicos principales que se publiquen en los reinos o repúblicas donde residan, y sean importantes para adelantar la civilización, agricultura y artes; quiere que, extrayéndose de ellos lo más útil o fructuoso, se den a luz y circulen por todas partes los extractos.

El plan más importante de administración para hacer rico a un pueblo es dejar en libertad a los labradores, fabricantes, artesanos y comerciantes; procurarles toda la instrucción necesaria para que adelanten en su oficio respectivo; facilitar las comunicaciones por agua y tierra; moderar los impuestos que gravitan sobre ellos; y hacer respetar las propiedades.

Planteando este justo y benéfico sistema, el Estado irá subiendo progresivamente al grado que debe tener de riqueza y prosperidad; sus hijos serán más felices o menos desgraciados; y la sociedad, complacida en el bien de todos, gozará el premio único que desea en sus trabajos.

Guatemala, 10 de julio de 1831.

Las Matemáticas en sus relaciones con la prosperidad de los Estados

El 16 de mayo de 1831 se abrió en Santo Domingo un curso de Matemáticas, por solicitud de la Junta Directiva de la Sociedad Económica. La concurrencia fue numerosa. Presidió el acto el Director de aquella institución, quien pronunció el siguiente discurso:

Ciudadanos:

El establecimiento de cuatro clases donde se enseñen los elementos de las ciencias matemáticas, físicas, económicas y morales ha sido desde mucho tiempo objeto constante de mis deseos. Yo los manifesté a la sociedad que trabaja modestamente en el verdadero bien del Estado; yo busqué profesor para la enseñanza de las primeras. La sociedad conoció su importancia y trascendencia; y un hombre benéfico que reúne las tres cualidades que debe poseer un maestro, el deán de esta Santa Iglesia, que tiene ilustración, virtud y respetabilidad, ha ofrecido dar lecciones diarias de ellas. Se va a abrir la clase de Matemáticas; y unas ciencias de tanto interés para la república serán enseñadas a todos los que quieran aprenderlas. El impulso dado al mundo arrastra a lo que se llama político. Pero cuando no se ha aprendido a calcular ni se posee el arte de meditar con detenimiento y discurrir con exactitud, es grande el peligro de equivocarse; y los errores en política son plagas que sacrifican generaciones y hacen desaparecer pueblos enteros.

Las revoluciones comenzadas con objeto justo se alejan a veces del término propuesto y marchan a extremos dolorosos. Es, hablando en general sin contraerme a ningún país en particular, porque creciendo la efervescencia llega al fin a enmudecer la razón; toman la palabra las pasiones; suceden las exaltaciones del entusiasmo a los métodos severos del raciocinio; se habla como Dantón y no se piensa como Newton. Si los directores de las revoluciones fueran estadistas acostumbrados a tener siempre el compás en la mano y ejercitados en calcular las fuerzas y resistencias, las acciones y reacciones, los bienes y los males, la razón iría estableciendo su imperio sin derramar torrentes de sangre; la suerte de las naciones sería muy diversa, y para corregir un mal no se harían sufrir muchos males.

Las matemáticas tienen influencia muy lata. Ese compás, ese semicírculo, ese teodolito que parecen entretenimientos de la juventud son instrumentos de grandes operaciones en lo político, en lo económico, en lo físico y en todos los aspectos. Permítase contemplar las matemáticas en sus relaciones con la prosperidad de los Estados. Si lo político es lo que ocupa la atención, las matemáticas tienen aun en este sentido derechos muy grandes para reclamarla. Los elementos del poder de un Estado son la ilustración, la fuerza, la riqueza y la moralidad. Los salvajes que andan errantes por los bosques son cuadro vivo de la desnudez y miseria. Los pueblos inmorales abandonados a la corrupción son víctimas de sus vicios. Las naciones ilustradas, ricas, fuertes y virtuosas tienen los cetros del poder; y las matemáticas los ponen en sus manos.

Ilustración

El hombre desvalido en la ignorancia es poderoso en la ilustración. Las ciencias lo elevan del primero al segundo estado; las ciencias le dan el poder del pensamiento y el de la palabra; y estos poderes son, en la escala de la razón, los primeros del mundo. Las ciencias del pensamiento, subiendo al origen oscuro de las ideas y observando su formación y generaciones, enseñan a conocer los caracteres del error y la divisa de la verdad, dan al hombre la fuerza del raciocinio; y con ella mueve masas que no podría levantar con otro poder. Las de la palabra abrazan la inmensidad de los sonidos, los pulen y perfeccionan; los elevan a sistemas razonados de voces, forman los idiomas con que el hombre expresa sus sentimientos y necesidades; y poniendo en sus manos una nueva potencia, le dan la de convencer por la fuerza del discurso o de encantar por las dulzuras de la armonía. Las de la naturaleza corren los velos que la ocultan; levantan la corteza de los seres, descubren los tesoros del mundo y nos presentan el inventario de ellos. Las de la riqueza contemplan la de los hombres y sociedades políticas; se elevan a su origen y siguen su desarrollo, fijan las leyes de su producción, distribución y consumo, y trabajan para que el hombre no esté desnudo ni viva en las inmundicias de la miseria. Las de la moral son, en aspecto más interesante, la guía de los individuos y pueblos. Enseñan virtudes y perfecciones; forman Sócrates y Arístides, Antoninos y Marco Aurelio, y señalan la línea para no ser devorados por la anarquía ni sacrificados por el despotismo.

No hay ciencias inútiles. Todas hacen bienes muy grandes al género humano. Pero las matemáticas son las que ayudan a producirlas. Ellas enseñan a formar ideas exactas; ellas dan precisión, energía y fuerza al pensamiento.

Desde el siglo feliz en que las matemáticas empezaron a hacer progresos, las ciencias ideológicas comenzaron también a tomar un carácter que no tenían antes de aquella época venturosa. Locke, Condillac, Destutt de Tracy son descendencia noble de los matemáticos que fueron acostumbrando a la perfección en todos los raciocinios y ciencias. Del arte de pensar pasó la exactitud al de hablar y escribir. El uno es cuadro o imagen del otro; y ambos, perfeccionados por las matemáticas, son las bases de la elocuencia y la poesía.

El poeta que dictó los bellos versos sobre la virtud, moderación y naturaleza del hombre es el mismo que escribió los elementos de la filosofía, Newton. En la elocuencia de D'Alembert se conoce, a la primera lectura, al geómetra inmortal de la Francia; y si los oradores y poetas deben pintar la naturaleza, las ciencias que la dan a conocer ¿no serán importantes para hacer sus cuadros? La naturaleza sería un misterio impenetrable si las matemáticas no derramaran luces sobre ella.

El hombre, átomo de la tierra, átomo en el sistema de los mundos, no tenía esperanza de abrazarla en su inmensidad. El matemático enseñó a construir instrumentos de óptica, a calcular el tiempo, a medir los ángulos; y estas tres lecciones pusieron a los sabios en aptitud de penetrar lo que parecía imposible a sus alcances. Contaron los astros; midieron sus tamaños; determinaron sus figuras; calcularon sus movimientos; penetraron sus eclipses; manifestaron el sistema del universo. Copérnico, Galileo, Kepler, Newton, Laplace: estos hombres, épocas en la historia de las ciencias, son los maestros de los físicos y naturalistas. No es dado conocer la naturaleza sin las luces de las matemáticas; y de los senos de la naturaleza sale la riqueza, objeto interesante de la crisología o economía política. Esta ciencia vagó al principio por sistemas errados, origen de sacrificios dolorosos en los pueblos inmolados por ellos. Vio después el método de las matemáticas mixtas, que observan los hechos constantes y generales y deducen de ellos las leyes o causas que los producen. Adoptó este método feliz, y desde entonces cesó de ser sistemática; se elevó a verdadera ciencia o empezó a ser digna de este título. Las matemáticas subieron a Smith al rango que le han señalado los sabios; las matemáticas dieron a Canard las fórmulas del álgebra; las matemáticas han puesto a Say y a Ricardo en estado de perfeccionar y enriquecer esta sección importante del saber humano. La economía política es una ciencia de observación y cálculo; y las naciones que han sabido observar y calcular mejor son las que han hecho progresos más grandes. De la mayor cantidad posible de productos en el menor tiempo y con el menor trabajo posible es el asunto sublime de sus investigaciones y trabajos. Y este interesante objeto no podrá llenarse sin análisis y cálculos.

Los de las ciencias morales son más vastos y abrazan relaciones más complicadas. Si en todos los ramos de los conocimientos humanos es importante discurrir con la exactitud y precisión a que acostumbran las matemáticas, en los políticos, donde los resultados son más trascendentales, es sin duda mayor la necesidad. Los experimentos de un naturalista, los ensayos de un botánico solo sacrifican la vida del animal que se diseca o de la planta que se clasifica. Los de un estadista pueden matar millares de hombres y hacer víctimas a centenares de pueblos. Todas sus operaciones son delicadas; en todas es precisa la observación y necesario el cálculo. Si quiere tener a la vista el cuadro geográfico del Estado que debe conocer para saberlo gobernar, es preciso que las matemáticas enseñen a formarlo. Si quiere dictar una ley, es necesario que enumere los bienes y los males que puede hacer y compare los unos con los otros.

Si quiere crear un sistema justo de hacienda, es indispensable que calcule la riqueza de la nación o individuos que la componen; y, limitando los impuestos o las rentas, utilidades o ganancias, no toque jamás los capitales productores de ellas. Si quiere aprovechar las lecciones siempre importantes de la experiencia, debe hacer estudio profundo de la historia de las naciones; y la historia no puede atravesar los siglos ni recorrer los pueblos sin ser guiada por la cronología y geografía, secciones o partes de las matemáticas. Yo tiendo la vista por las ciencias que forman el árbol hermoso de los conocimientos, y en todas partes veo a las matemáticas presentándoles sus métodos de raciocinio, sus análisis, sus cálculos, sus fórmulas, sus cifras y sus máquinas.

Riqueza

Poderoso con estas fuerzas, el hombre pobre por falta de conocimientos llega por su instrucción a ser productor de riquezas. La naturaleza forma las materias primeras en sus prodigiosos laboratorios. Pero la agricultura las extrae de sus senos; las artes y oficios les dan las formas que exigen nuestras necesidades; el comercio las transporta a los mercados; y todos estos agentes de producción necesitan de las matemáticas. La agricultura progresa en las labores de la tierra a proporción que avanza en las observaciones del cielo. Es uno el todo inmenso que se llama universo. Todos los seres que lo forman están concatenados; todos se atraen; todos gravitan unos sobre otros. El movimiento de los planetas y sus satélites lo produce en la atmósfera y el océano; y el de los aires y las aguas influye siempre en el cultivo. Si el curso de los primeros está sujeto a leyes invariables, el de los segundos debe estarlo igualmente. Y si puede predecirse el uno, podrá también pronosticarse el otro. A los fenómenos del cielo siguen fenómenos proporcionales en la tierra. Hay verdadera correspondencia entre los primeros y los segundos; y, penetrado de esta idea, un escritor eminente[173] llegó a concebir la de elevar la agricultura al grado de ciencia fisicomatemática. "Cuando se propaguen —dice— las fórmulas de corrección de las alturas observadas por el barómetro y se tenga un gran número de observaciones exactas hechas en diferentes parajes y de modo que sean comparables, se podrán calcular las tempestades, las nevadas, las lluvias, los años secos, etc., con mucha anticipación y la misma exactitud y precisión con que ahora se calculan los eclipses".

Llegará algún día esta época feliz. Mi alma, ansiosa del bien, se inclina a creerlo. Las matemáticas aplican a los progresos de la ciencia todas las fuerzas del genio; los meteorologistas empiezan a ser infatigables en las investigaciones. Si la ley general del mundo, la gravitación, ha sido sometida al imperio de las matemáticas, los fenómenos derivados de ella ¿no podrán también en el transcurso del tiempo estar sujetos a sus cálculos?

Las artes hermosean las bellezas formadas por la naturaleza y extraídas por la agricultura. Un mundo nuevo, más bello en los aspectos que el mundo antiguo, sale de sus talleres para utilidad y placer del hombre. Lo más bruto aparece animado; lo más inculto se presenta civilizado. Pero los brazos de las artes, las manos con que operan esta especie de creación, son los instrumentos y máquinas; y aquellos y estas

---

[173] El señor doctor Mariano Vallejo autor del Tratado elemental de Matemáticas. Este sabio español que ha merecido tantos elogios a varias sociedades de Europa leyó en el Jardín Botánico de Madrid el año de 1815, una disertación sobre el método de perfeccionar la agricultura por los conocimientos astronómicos y físicos, y elevarla al grado de ciencia fisicomatemática. Yo cito su nombre con gratitud. El año anterior me dirigió varios opúsculos que ha publicado sobre su nuevo método para enseñar a leer y escribir; y esos opúsculos han empezado a ser útiles a mi patria. Los jóvenes de diversos países que iban a París a perfeccionar su educación corrían peligros por su inexperiencia en aquella inmensa capital. El señor Vallejo, tiene en ella, casa de educación e instrucción, que los ha disminuido o hecho cesar. Y hubo este estímulo más para aprovechar la gracia del excelentísimo señor ministro de Marina, que había resuelto que todos los jóvenes de América que quieran ir a Francia a perfeccionar su educación, gocen de libre pasaje en los buques del Estado.

son obras de las matemáticas. En Centroamérica, donde no se cultivan las ciencias exactas ni se estudia la mecánica ni se conocen las máquinas e instrumentos que enriquecen a la Europa, la industria es casi nula; y lo será mientras no se vuelva a estos objetos toda la atención necesaria.

La de Inglaterra se ha elevado al grado más alto porque la Inglaterra es país de los cálculos, la región de las matemáticas, el taller de los instrumentos y máquinas. Y la Francia empezó a hacer progresos asombrosos desde que las ciencias comenzaron a ser aplicadas a las artes. El curso normal de la Geometría y Mecánica de las artes y oficios ha manifestado las relaciones que existen entre los talleres de los artesanos y los gabinetes de los sabios. Las matemáticas no son ya unas ciencias ocupadas exclusivamente en abstracciones.

Dando diversas figuras a los maderos, aprovechando la fuerza del agua, del aire y del vapor, calculando las de los brutos y colocándolos en diversas posiciones, aumentan los poderes del hombre y hacen que sea el dueño o señor de la naturaleza; el que ha hecho de la Europa el ornamento más bello de la tierra hará de la América otro ornamento más grande y hermoso cuando a esta época de juventud, volubilidad, exaltación y movimientos suceda la de madurez, experiencia, firmeza y tranquilidad. Solo en los tiempos de paz adelantan las artes ilustradas por los conocimientos de las matemáticas. Solo en los períodos de calma avanza el comercio guiado por las mismas. El comercio interior es torpe cuando no le auxilian las matemáticas; y el exterior no podría, sin ellas, dar un paso.

Las matemáticas presentan conocimientos para formar un sistema sabio de comunicaciones, necesario para la vida del comercio; ellas lo dan para hacer nivelaciones, abrir canales y construir caminos; ellas los ofrecen para que el hombre atraviese las zonas y recorra todos los climas. No habría comercio sin navegación, ni sería posible surcar el océano sin la astronomía, ni elevarse al conocimiento de los cielos sin la óptica y la geometría. Las matemáticas guiaron a Colón en el descubrimiento de la América y presentaron al comercio un nuevo mundo; las matemáticas llevaron a Cook a la Australia, y presentando otra parte de la tierra han abierto otra plaza al comercio. Las matemáticas acaban de dirigir a Dumont d'Urbille en su viaje al archipiélago inmenso de la Oceanía.

Los viajes que hacen más honor al espíritu humano se deben a las luces de las ciencias exactas; y si el comercio abraza la tierra entera en sus especulaciones, es porque las matemáticas, enseñando a conocer los astros, han enseñado a levantar cartas hidrográficas más exactas que las antiguas. Todo sería aislamiento, pobreza y miseria en los tiempos de paz; todo sería sangre, muerte y horror en los de guerra si no existieran las matemáticas.

Fuerza

En la América se ha derramado sangre a torrentes porque en la lucha de los partidos han peleado masas que, hablando en general, no han sido dirigidas por el genio de las matemáticas. Estas ciencias áridas, abstractas, indiferentes, a primera vista, a los males del género humano, son eminentemente sensibles a todos los que sufre nuestra especie. Donde puede haber lágrimas, allí están las matemáticas meditando y calculando para disminuir su número. Los ejércitos no son masas inorgánicas de hombres armados para atacar o defender. Son cuerpos mecánicos organizados por los principios de las ciencias exactas. Sus pasos, sus marchas, su acción, su reacción, sus movimientos, sus evoluciones, todo es medido o calculado. Si las artes piden luces a las matemáticas, el arte de la guerra tiene de ellas necesidad muy grande. La aritmética y el álgebra le dan lecciones de cálculo; la geometría le enseña a levantar planos; la geografía le da conocimientos del terreno; la mecánica se los ofrece sobre el choque de los cuerpos, sus movimientos y resistencias.

Reunir toda la fuerza necesaria en un tiempo y punto dados es el problema difícil a que, en último análisis, redujo la ciencia militar el hombre extraordinario de nuestro siglo; y este problema, el más delicado de todos, no pudo resolverse sin el auxilio de las matemáticas. Sea que busque posiciones ofensivas o defensivas; que haga fosos o abra minas; que ponga sitio o sea sitiado; que levante fortalezas o quiera destruir las levantadas; que ataque o defienda, el militar necesita los conocimientos de las matemáticas. Para ser digno de aquel título es preciso hacer estudio profundo de ellas. Los que lo han hecho con más talento y método son los que más se han distinguido en la historia de las naciones; y el que tiene en la del mundo lugar más eminente debió a las matemáticas uno de los títulos más grandes de su gloria. Si es necesario tener defensores armados de nuestros derechos, es preciso también comunicarles la ciencia que debe formar sus mentes y medir sus pasos. En todos los países cultos hay escuelas militares; y la base de ellas es el estudio de las matemáticas. Los sabios han demostrado su necesidad; los gobiernos han conocido sus relaciones con el arte de la guerra.

Moralidad

Las que tienen con las costumbres son también obvias a quien se dedique a meditarlas. Sentir, pensar, discurrir, obrar son actos sucesivos que tienen relaciones muy estrechas. El que aprende a pensar aprende a obrar; el que sabe contar no sacrifica futuros largos a presentes breves; el que se ejercita en cálculos no se expone a sufrir años enteros de fuga, cárcel, hospital, pobreza y miseria por gozar momentos de placer. Uno de los matemáticos[174] que hizo viaje al círculo polar para medir un grado del meridiano y terminar la disputa de cincuenta años sobre la figura de la tierra escribió un *Ensayo de filosofía moral*, en que dio a esta ciencia el idioma y carácter de las exactas.

Calculó los placeres y penas; enseñó a graduar su valor, y manifestó que la estimación de los momentos felices o infelices es el producto de la intensidad del placer o pena por su duración. "Todo crimen es un falso cálculo del espíritu", dijo un orador[175] coronado muchas veces por la Academia Francesa. Si hay pueblos que tienen la desgracia de ser inmorales, es porque las fuerzas que los impelen al vicio son mayores que las que los alejan de él. No se les ilustra sobre sus verdaderos intereses; no se les enseña a calcular; no se trabaja para que vayan desde la infancia adquiriendo los hábitos felices de la virtud; y al mismo tiempo los placeres que promete el vicio hacen sensación muy viva; los ejemplos de corrupción obran todos los días; y la ley, que debía ser siempre reguladora sabia de sus acciones, es a veces extraviadora funesta de ellas. Cuando el legislador no sabe calcular, es natural que el pueblo dirigido por él tenga ideas falsas y marche por curvas que lo lleven al abismo. Ya se han manifestado los daños que hacen los legisladores que no saben

---

[174] Mr. de Maupertuis, a quien las matemáticas y la física deben varias obras que han influido en sus progresos.

[175] Mr. Thomas en el discurso que pronunció el día de su recepción en la Academia Francesa.

sumar y restar bienes y males. El jurisconsulto del siglo[176] ha hecho al género humano este gran presente. Su genio feliz ha elevado el análisis legislativo a un grado a que no lo había llevado ninguno de los sabios que le han precedido. Sus obras de jurisprudencia tienen el sello de las matemáticas; y las tablas que ha hecho, guiado por ellas, deben estar a la vista de los legisladores. La influencia de las matemáticas es universal: se extiende a todos los elementos de prosperidad; abraza todas las clases de los Estados.

Convencida de esto, la Sociedad hace los votos que inspira el verdadero patriotismo. Desea:

- Que las luces de aquellas ciencias entren en los colegios de los que se dedican a las letras, en los talleres de los artesanos y en los almacenes de los comerciantes; en los campos del labrador y en los cuarteles del militar; en las masas de los pueblos y en los salones de los poderes.

- Que el Gobierno se sirva con este objeto acordar las medidas más eficaces para propagar conocimientos tan útiles; que el estudio de las matemáticas sea una sección del plan general de la universidad; y que, entre tanto, se conceda a la clase que se abre en este día la protección que debe tener mientras exista.

- Que los padres de familia envíen a ella sus hijos para que, acostumbrándose desde su primera edad a pensar con exactitud, sepan en las siguientes hacer su felicidad y la de su patria.

---

[176] El señor Bentham, honor de la Inglaterra donde nació y de la especie humana de que es individuo. Cincuenta y cuatro años hace que comenzó a dar a luz y ha seguido publicando diversas obras para ilustración de los gobiernos y pueblos. Fragments of Government fue la primera. Jeremy Bentham to his fellow citizens of France es la última. Publicó aquella el año de 1776 criticando varias opiniones de Blackstone en sus comentarios. Dio a luz el año próximo de 1830, después de los acaecimientos de París en los días memorables de julio, contestando al general Lafayette que quiso saber su opinión sobre las Cámaras de París y Senado. Me la remitió en enero último; la recibí en el mes anterior, y en ella he admirado el análisis que distingue sus producciones. ¡Con qué placer las traduciría todas del inglés al castellano si hubiera suscriptores bastantes para el costo de su impresión! La América ha comenzado a ser legisladora de sus hijos y le interesan especialmente las obras del jurista que sabe analizar y pensar con exactitud; del talento que enseña a obrar con circunspección y detenimiento en la ciencia más delicada por sus consecuencias y resultados; del genio que ha publicado un volumen intitulado "Aptitud de los funcionarios elevada al máximum. Gastos del Gobierno reducidos al mínimum".

La desgracia de un individuo, la de una familia, la de un Estado, cuando no son producidas por algún acaecimiento o fenómeno de la naturaleza, tienen origen en algún error o cálculo falso. Hagamos esta observación y conoceremos todos los valores de la educación de la juventud. Las ciencias, dijo un matemático[177], serán siempre señales de la grandeza y felicidad de los pueblos; y la ignorancia será constantemente signo cierto de su miseria. Abundan los elementos de riqueza en este hermoso Estado de Guatemala; y penetra de gozo la generosidad con que la naturaleza los ha derramado por todas partes. Multipliquemos las manos que deben desarrollarlos; formemos hombres aptos para todos los oficios que hacen la prosperidad general. El Estado más floreciente es el que resume en sus hijos suma más grande de aptitudes.

El Estado más feliz es el que tiene mayores capacidades. Un individuo que no sabe pensar, leer, medir ni contar es un ser dependiente de los que tienen estas aptitudes. Y una nación ignorante estará también en dependencia proporcional a su ignorancia. La verdadera libertad exige ilustración; la educación da la ilustración que se necesita; y el estudio de las matemáticas es parte eminente de la educación.

---

[177] Mr. de Maupertuis en el discurso que dijo en su recepción de la Academia Francesa.

Discurso pronunciado por M. Baron, profesor de Literatura General, en la instalación del Museo de Ciencias y Bellas Letras de Bruselas

Traducido y anotado por José del Valle en Guatemala.

Señores:

Antes que mis compañeros presenten, a la apertura de sus respectivos cursos, el plan que ha formado cada uno de ellos, permitidme que en breves palabras manifieste las ventajas de esos estudios, cuya importancia han proclamado del modo más decisivo nuestro Rey y Magistrados, creando el Museo de Ciencias y Bellas Letras de Bruselas. Cuando el orador de Roma, obligado por las costumbres públicas a justificar ante sus conciudadanos su pasión a las letras, empleaba su elocuencia en hacer el elogio del estudio, se contraía especialmente a manifestar los bienes que procura a quien lo cultiva, haciéndolo mejor y más feliz. El estudio, decía, es el único placer de todos los tiempos, de todas las edades y de todos los lugares; es la pasión de la juventud, el descanso de la vejez, el ornamento de la prosperidad, el asilo y consuelo de la adversidad; en lo interior de las familias alegra o encanta los cuidados domésticos, y fuera de ellas embellece o hermosea a la misma naturaleza.

Pero en estas frases tan armoniosas, en estas imágenes tan patéticas no vemos más que las relaciones de las ciencias con los individuos; parece que Cicerón no quiere de intento considerarlas en sus relaciones con la república. Sin duda no podía verlas en este aspecto porque hablaba a los ciudadanos de un Estado enorgullecido, que creía deber la conquista del mundo a virtudes incultas y fuerzas brutales.

Un campo más vasto se abre ahora al panegirista de las ciencias. Entiendo por esta palabra el ejercicio de la inteligencia dirigida como un medio para llegar a un resultado. Ya no basta alabar sus beneficios individuales; es preciso mirarlas como el tesoro común de las sociedades políticas. En este aspecto es como puede hacerse su panegírico dignamente; y el presidente de los Estados Unidos de América fue intérprete de su siglo cuando, abrazando la humanidad entera con miras más extensas que el romano, publicó esta verdad ante los representantes de su nación: las ciencias son el instrumento más cierto de toda mejora social.

En efecto, señores, en el siglo en que vivimos las ciencias penetran por todas partes y se unen íntimamente con la existencia de las naciones. En otros tiempos eran el superfluo del rico; ahora son el necesario de los pobres. Ellas arrastraban a su dominio los sentimientos morales y los instintos físicos; ni la fatalidad imperiosa de los unos ni la exaltación espontánea de los otros pueden substraerse al análisis omnipotente de la inteligencia. A proporción que domina esta, nos da mejores lecciones para satisfacer las necesidades del corazón y del cuerpo, sometiendo todos los movimientos que tienden a buscar el bien y huir del mal a un estudio preliminar fundado en la distinción de lo verdadero y lo falso. La experiencia, confirmada todos los días por los hechos, atesta que en todas las cuestiones de que dependen los intereses o deberes de la humanidad se extravían los hombres en errores o declamaciones vagas cuando desprecian las ciencias; y, por el contrario, cuando se les abre lugar, dan luz a las discusiones y llevan a resultados tan felices que no es permitido buscar fuera de ellas la solución.

La demostración de esta verdad es muy fácil, y sus desarrollos son inmensos. Pero sería necesario recorrer toda la historia del hombre; y ese estudio bien dirigido probaría que su perfección física y moral se deduce necesariamente de la perfección de su inteligencia; que, vistos en general, prescindiendo de excepciones individuales, los hombres no nacen más o menos hábiles, ni mejores ni peores unos que otros; que en riquezas, en población, en longitud, en salud, en necesidades reales, en aptitud o capacidad para el bienestar, un siglo o un país no es por su naturaleza superior o inferior a otro siglo u otro país; y que el misterio de las diferencias que se notan en estos puntos entre las diversas naciones y siglos solo puede ser ilustrado resolviendo esta cuestión: ¿cuál era en tal pueblo o siglo el grado de ejercicio intelectual? Sean las que fueren las consecuencias que se deduzcan de hechos particulares o aislados, la verdad es que los tiempos y los países menos ilustrados son simultáneamente más expuestos a guerras, pestes, hambres y plagas de todo género que destruyen la humanidad, y más fecundos en vicios y crímenes que la deshonran. He aquí lo que enseña la historia cuando se estudia, no superficialmente y en las gacetas y escritos de los gobiernos o cortes, sino profundamente en sus mismas fuentes y en el espíritu de los pueblos más bien que en las actas de los príncipes.

Sin subir a acontecimientos muy lejanos, detengámonos a contemplar lo que sucede alrededor de nosotros, y demos una ojeada sobre las mejoras que las sociedades políticas deben a las ciencias.

Querer examinarlas todas sería olvidar los límites de un discurso. Elijamos algunos hechos en la inmensidad de ellos. El instinto del bienestar busca la riqueza, y la riqueza depende especialmente de la multiplicación de productos y cambios. ¿Y en qué época han dado las ciencias más auxilios a la agricultura, manufacturas y comercio? ¿En qué tiempo han dado mejores lecciones para multiplicar los productos substituyendo a la debilidad de la mano del hombre agentes más poderosos, y para aumentar los cambios facilitando los transportes y extracciones?

Por los progresos del espíritu de asociación centuplican las fuerzas de los individuos; por la creación de los sistemas de seguros ponen las propiedades a cubierto del furor de los elementos y de los caprichos del azar que burlan tantas veces la prudencia; por el descubrimiento del poder del vapor, cuyos resultados infinitos no pueden todavía calcularse, reemplazan, con ahorro de tiempo y de gastos, los agentes más activos de los trabajos industriales y los medios más rápidos de transporte. Si las comunicaciones presentan al comercio, por tierra, muchos obstáculos y fatigas, y por agua mucha lentitud y extravíos, ellas construyen caminos de hierro que duplican el vigor y velocidad del compañero fiel de los esfuerzos del hombre, o abren y cierran estas innumerables esclusas; ellas abren esa infinidad de canales por donde la riqueza y la vida circulan con rapidez hasta el centro de las provincias más lejanas.

¿Teméis que, arrojado un puente sobre ese vasto río, no sea arrastrado por las olas, o preferís dar paso libre a los navíos? La necesidad de las comunicaciones invoca en su auxilio al genio de las ciencias; y al momento este abre nuevas rutas; se hace paso entre las tinieblas subterráneas; hace salir del negro carbón la luz brillante que debe alumbrarlo; y se ríe del Támesis que truena sobre su cabeza. Pero ¿para qué buscar ejemplos en otro suelo cuando nuestras provincias septentrionales nos ofrecen maravillas aún más prodigiosas? No se trataba aquí de necesidades secundarias ni de comodidades acaso superfluas. Existencia, vida era lo que un pueblo entero pedía a las ciencias; y las ciencias le han dado la vida pedida. Pacífica en el seno de los mares, la Holanda oye rugir las olas siempre prontas a devorarla, y estrellándose siempre contra esos diques milagrosos, esas playas aéreas, obra clásica de la industria humana.

El menor pescador de Amstel es un trofeo vivo que atesta al universo las conquistas de las ciencias sobre la naturaleza. Las ciencias hacen más. Contribuyendo por estas grandes empresas a la existencia y bienestar físico de los pueblos que las cultivan, derraman luces al mismo tiempo en las cuestiones más complicadas de la moralidad social. En vano recordaríais los principios de igualdad; en vano sonaría la voz de la conciencia al oído del egoísmo mercantil que reclama en favor de su industria la esclavitud de los hombres o las leyes prohibitivas. Él no enmudece sino cuando las ciencias, fuertes con el examen de los hechos y el rigor de los cálculos, le demuestran que el trabajo libre es cien veces más productivo que las manos encadenadas del esclavo, y que su interés bien entendido exige la libertad del comercio, principio fecundo que ha adoptado nuestro augusto monarca a pesar de las pasiones y dificultades del tiempo, y ha sabido reducir a acto antes que los sabios de un país vecino lo hubiesen creído posible. De este modo son destruidos los sofismas del vicio; de este modo se corrigen y rectifican los de la virtud, que los tiene también.

Las afecciones más nobles pueden extraviarse porque nacen en el corazón del hombre débil y sujeto al error. Pero considerad las lecciones que reciben cada día la piedad, por ejemplo, la caridad y la justicia, de la economía política, de la estadística, de la historia, de la filosofía y de todas las ciencias reunidas. A la luz de ellas se examina en Suiza y en los Estados Unidos hasta dónde llega el derecho de la sociedad para hacer desaparecer de su seno al criminal que viola sus leyes; si la vida de ese criminal sería más útil al Estado que su muerte; si los delitos son menos frecuentes en razón de la severidad de las penas; y la justicia que por ignorancia no llega a su objeto es sospechada de iniquidad.

En Inglaterra se demuestra que la caridad legal que alimenta una parte del pueblo a expensas de otra, envileciendo las almas, fomentando la pereza y la población, aumenta la miseria en vez de destruirla; y la caridad que por ignorancia no llega a su fin es acusada de barbarie. En todo el norte de la Europa se reconoce que la piedad intolerante que quiere un culto exclusivo y no distingue el sentimiento religioso de las formas exteriores con que se manifiesta, quita adoradores a la Divinidad en vez de atraérselos; y la piedad que por ignorancia no llega a su término es convencida de sacrilegio. Estos ejemplos, señores, no son únicos. Yo podría citar otros muchos, y la reunión de todos serviría para demostrar que cuanto más ilustrados son los pueblos sobre la naturaleza de la riqueza y de la virtud, tanto más avanzan en la carrera de la felicidad y, ¿diré también, de la libertad? Vosotros sabéis que es inseparable de la ilustración, y su nombre, tantas veces invocado por nuestros mayores, no será jamás pronunciado ni oído con un sentimiento tan profundo de fe en la necesidad de su existencia como el que hay en nuestros corazones ahora que es altamente reclamado por la inteligencia. En efecto, el primer resultado de la instrucción es convencernos de que lo falso no puede ser bien, ni lo verdadero mal. Admitido una vez este principio, y revelada la verdad a las sociedades por los progresos de las ciencias, aquellas, para asegurar su ventura, no tienen ya que pedir más que libertad. Sería muy absurdo suponerlas enemigas de sí mismas al grado de elegir el mal de intento; una depravación de esta clase sería contraria a la naturaleza. La conciencia de su interés les enseña que, dejándolas en libertad para obrar, elegirían siempre el bien; y, por consiguiente, no hay para ellas otro mal posible que la esclavitud que encadena su acción.

El despotismo sabe que para conservarse no tiene otro medio que prohibir o extinguir las luces. Las ciencias son el instrumento más cierto de toda mejora social precisamente porque necesitan para su desarrollo y progresos de una libertad sabia e incompatible con la licencia; y en este sentido son positivamente dignos del bello nombre de padres de los pueblos los reyes que dedican sus esfuerzos a familiarizarlas con todos. El interés de los soberanos está acorde en este punto con el de los súbditos; estos dones de ciencia y libertad prueban en el príncipe tan buen sentido como buen corazón. En efecto, el mismo fanatismo no puede suponer que en todos tiempos se hallará en aptitud de resistir a la fuerza de las cosas; no puede creer que tendrá largo tiempo extraviados a los pueblos. Llega un momento en que las ciencias, insinuándose por todas las clases, sus resultados llegan a ser positivos, sus aplicaciones universales; y el idioma de la razón es entonces el único que se puede hablar; los errores y preocupaciones no tienen ascendiente sobre las almas; y si algunos parecen todavía dormidos, su sueño no es muy largo. Señores, yo oso decirlo: ese día feliz se aproxima o ha llegado.

No es dado a la ligereza ignorante y presuntuosa denigrar o ridiculizar las ciencias, ni al fanatismo suspender su curso o extraviar su ruta. Están ya muy adelantadas; han marchado a pesar de los sarcasmos y amenazas; y sin perderse en las quimeras de una perfectibilidad ideal, se puede prever el momento en que serán las dispensadoras de la riqueza y poder, así como lo son de la felicidad, porque ahora aun la misma virtud, para ejercer sobre nosotros todo su imperio, debe ser sancionada por las ciencias. Y si tarde o temprano no ha de suceder esto, ¿por qué el autor de las cosas ha elevado a tanta altura la inteligencia humana? ¿Cuál sería el fin de esta facultad enérgica que unas veces sube a los astros, adivina y manifiesta sus leyes invisibles, y otras baja a las entrañas de la tierra, le arranca sus tesoros y la obliga a revelarnos la existencia de generaciones desconocidas? Aquí, para atravesar la barrera de los mares, toma armas del mismo elemento de quien triunfa; allí domina por medio de la palabra las pasiones de la multitud, excita y calma sus olas; y por todas partes nos lleva a regiones divinas sobre las alas encantadas de la filosofía y de la poesía. Si esta inteligencia no fuera destinada a dominar el universo, el señor de la naturaleza, ignorando su fuerza, no habría previsto toda la grandeza de su obra; y habría hecho más de lo que había intentado, así como el arquero cuya flecha pasa más allá del blanco a que apunta. Pero no es así, señores; tended la vista en derredor de vosotros.

Los Estados más poblados, aquellos a que la naturaleza ha prodigado todos sus presentes, ¿son por ventura los más poderosos y ricos? Si el tridente de Neptuno es, como dice un poeta, el cetro del mundo, ¿no será precisamente porque la marina, unida al comercio, a la industria, a las ciencias exactas, a los estudios astronómicos y geográficos, exige un ejercicio más grande de inteligencia en las naciones que quieren subir por esta vía a la superioridad? ¿No es la misma razón la que hace que un Estado despótico no se eleve jamás al rango primero de las potencias marítimas? ¿Cuál era la población de la Holanda, cuál era la riqueza efectiva de su suelo en los tiempos de Heemskerk, de Tromp, de Ruyter, y cuando la flota invencible de los dueños del Potosí huía dispersada a vista de nuestros marinos? Examinad especialmente los dos pueblos que se disputan ahora el imperio de los mares. ¿De dónde se deriva ese progreso de propiedad tan constante en el uno a pesar de sus largas guerras con el enemigo más formidable, y tan rápido en el otro a pesar de la lucha sangrienta que precedió a su emancipación? Es que allí, más que en otros países, todos los actos, todas las empresas de la vida pública y privada se apoyan en las ciencias; es que, lejos de dudar de la importancia de la instrucción, esta es el asunto principal de todos y cada uno de sus individuos; es que en uno de los dos Estados una ciudad de segundo orden hace gozar los beneficios de la enseñanza popular a un número de individuos tres veces mayor que el de los que aprenden en las escuelas de la capital de un reino que posee un territorio y tiene una población casi doble. Se creerá que esta observación es fútil cuando se trata del imperio del mundo; y efectivamente podría parecerlo antes que un académico ilustre hubiese publicado sobre la estadística de la instrucción esos trabajos admirables cuyos resultados no puedo dejar de recordar, sin embargo de tenerlos presentes los que me están oyendo, porque no es posible encontrar contra la ignorancia argumentos más decisivos.

Por la elocuencia irresistible de los números se ha probado que, de dos países dados, si la instrucción primaria es tres veces más difundida en el primero que en el segundo, el impuesto rural y fabril será en aquel doble, la perfección de las artes y ciencias de toda especie triple, los progresos de la industria cuádruples, la moralidad más grande en la proporción de siete a seis; y, últimamente, lo más notable es que, suponiendo estacionaria la población y que la duración media de la vida fuese de cuarenta años y seis meses en los países ilustrados, solo sería de treinta y ocho años y nueve meses en los ignorantes. Yo no sé si me equivoco, pero jamás se ha pronunciado en favor de la instrucción general una demostración tan convincente. Pruebas tan irrecusables bastarán sin duda para persuadir que la condición de un pueblo se mejora en todos sentidos a proporción que cultiva su inteligencia, cualquiera que sea el objeto en que se ejercite, pues el espíritu ilustrado sobre un punto percibe fácilmente todos los demás. Hermanas celestiales, las musas se dan la mano cuando descienden a la tierra, y en su marcha armoniosa y rápida no tardan en seguirse unas a otras en el asilo abierto a alguna de ellas. Volved los ojos al siglo XV. El renacimiento de las letras, dando a los espíritus un ardor desconocido hasta entonces, lleva al descubrimiento de la imprenta y telescopio, y a la perfección de la brújula; y un mundo nuevo se presenta en la tierra a los ojos de la navegación, y en el cielo a los de la filosofía.

Convencida de verdades tan importantes, la autoridad que nos gobierna ha empleado todos los medios posibles para propagar entre nosotros la instrucción elemental, y sus trabajos son coronados por un suceso que cada año hace más sólido y brillante. Pero no bastaba esto. Persuadido de que una instrucción difundida con generalidad y modificada según las diversas necesidades de las clases es el origen de la felicidad de las generaciones presentes y futuras, el Rey ha querido que la capital de las provincias meridionales goce el beneficio de una enseñanza superior. Ha abierto para todos los ciudadanos una fuente nueva de estudios; y, fundando establecimientos de esta especie, manifiesta el amor al bien público que le atormenta. Lejos de temer la perfección intelectual de los pueblos, la desea y favorece con todos sus esfuerzos, como si, por una combinación de amor propio enteramente real y deseoso de nuestros elogios, quisiera unir las aclamaciones de las clases más independientes con las bendiciones de los pobres y afligidos que no se retiran de él sino con frente serena y ojos llenos de lágrimas; como si presintiera que los ciudadanos sabrán apreciar en proporción de su ilustración a un príncipe que, proclamando a la faz de la Europa que ha recibido su corona, después de Dios, de la elección libre y voluntaria de sus pueblos, ha puesto el reconocimiento, que es una virtud del súbdito, entre las virtudes del soberano.

Que suban, pues, nuestros elogios hasta su trono; que no ofendan su modesta sencillez. Aquel que los recibe solo debe avergonzarse cuando se avergüenza aquel que los da. Honor también al ministro que se ha asociado a las concepciones nobles del monarca que abraza todas las esperanzas de mejoras con simpatía tan generosa. Que se felicite contemplando su obra lleno de gozo. ¡Quiera el cielo que esta obra tierna que nace en este día sea en el transcurso del tiempo digna de su autor! Reconocimiento a nuestros magistrados, celosos por todo lo que puede contribuir a elevar a Bruselas al rango de las primeras capitales de Europa y por todo lo que puede honrarla y embellecerla a los ojos de sus habitantes y de los extranjeros. Ellos han sabido manejar este agente nuevo de prosperidad, y su benevolencia no cesará de franquear todos los auxilios necesarios para asegurar a este museo la importancia que merece. A nosotros corresponde ahora auxiliar las miras patrióticas de la autoridad. Si nuestros jefes se manifiestan dignos de la nación abriéndole la carrera de las perfecciones intelectuales, la nación acreditará también por su parte que no es indigna de ellos penetrándose de sus pensamientos y correspondiendo a su invitación. Los belgas, señores, se han distinguido siempre entre todos los pueblos por una cualidad inapreciable, única que puede suplir las demás y sin la cual son nulas todas las otras: el buen juicio. Él es el que los aleja igualmente de las alegrías agitadas de la ambición y de los goces miserables de la vanidad; él es el que les inspira prudencia y moderación en sus trabajos y placeres, y les hace preferir en todo la realidad a la apariencia. Jóvenes que me estáis oyendo, yo apelo a vuestro juicio. Vosotros sabréis estimar en todo su valor las ventajas de una enseñanza sólida y severa. Las ciencias no son un entretenimiento pueril, y debe desterrarse de ellas la verbosidad fastidiosa del pedantismo. Sacrificaréis con placer algunas horas de vuestros ocios al estudio de esas doctrinas que deben manifestar a vuestros ojos toda la dignidad del hombre y daros las costumbres graves y fuertes del ciudadano. Y tú, sexo amable, ornamento bello de nuestras funciones, nosotros te invitamos también a estas fiestas de inteligencia. Ven a templar con tus gracias la seriedad de la instrucción. Los muros o valladares de separación que las preocupaciones habían levantado entre vosotras y las ciencias han desaparecido ya. Vuestros nombres están escritos con gloria en los fastos de los conocimientos humanos al lado de los nombres más ilustres de los hombres; nuestra lengua ha cesado de seros extraña; vuestras miradas, más elocuentes que nuestras palabras, y el deseo noble de merecer vuestra estimación, llamarán a las fuentes de las ciencias a los que pudieran ser distraídos por hábitos poco honrosos. La elección y diversidad de los objetos de enseñanza no contribuirán menos, satisfaciendo del modo posible la variedad de gustos y necesidades. Un curso de arquitectura y construcción es necesario en una capital como esta donde la población se aumenta con tanta rapidez, y a donde concurren extranjeros de todos los países de Europa, atraídos por la hospitalidad del gobierno, por la facilidad del comercio social, la salubridad del clima y la belleza de nuestros paisajes. En una ciudad de esta clase, el arte que da a los edificios públicos la magnificencia y armonía que debe haber entre su construcción y su destino, el arte que contribuye de un modo tan eficaz al bienestar físico dando solidez a las habitaciones privadas, no puede dejar de excitar un interés general.

Otra ciencia encantadora se presenta a nuestros ojos con un carácter especial de localidad. Hablo de la Botánica. Nuestro país es su tierra clásica; uniendo la teoría con la práctica justificaremos los elogios que la Europa entera da al ardor con que cultivamos las flores, y de que somos dignos por las exposiciones anuales en que el extranjero se asombraba viéndolas hijas bellas de la primavera en medio de los hielos del invierno, y se consolaba por su fresca y brillante variedad del espectáculo monótono de las nieves que nos circundaban. No hay necesidad, señores, de ocuparse en manifestar la utilidad de los cursos de zoología y de química general. ¿Quién es el que, pensando en la multitud infinita de habitantes que pueblan los aires, la tierra y las aguas, desde la ballena enorme hasta las tribus innumerables de insectos que bullen en cada planta, no ha deseado conocer los anillos que forman esta cadena inmensa de vivientes, y saber las leyes que determinan su existencia, su conformación, sus cualidades, sus instintos y sus hábitos? ¿Quién será el que no se ha convencido de la importancia de la química oyendo hablar de sus aplicaciones a la agricultura, a las manufacturas y a casi todas las artes industriales y mecánicas, de los conocimientos con que enriquece la medicina y de los pensamientos filosóficos sobre la esencia de las cosas que le deben todas las ciencias que tienen a la naturaleza por objeto?

Pero el asunto principal de vuestros trabajos, el que debe fijar particularmente vuestra atención, es el hombre. Sea que procuréis con el profesor de filosofía analizar sus facultades, conocer y descubrir el origen y enlace de sus ideas; sea que sigáis con el historiador de las ciencias la marcha de su inteligencia en sus relaciones con la naturaleza; sea que los maestros de historia y literatura general os expliquen sus costumbres, sus pasiones, sus resultados y su expresión; sea, en fin, que os limitéis a considerarle como un compatriota vuestro en los cursos de historia y literatura nacional, el número de estudios interesantes que se presenta a los ojos es inmenso; la materia de meditaciones es inagotable. Aquí admiraréis los progresos inmensos del espíritu humano desde el momento en que la astronomía y la geometría aparecieron por la primera vez al pastor de Babilonia y al labrador de Menfis hasta el tiempo en que Galileo sintió el movimiento de la tierra, Newton fijó las leyes de la atracción que mantienen el equilibrio de los mundos, Franklin quitó el rayo a los cielos, y el sistema de las ondulaciones explicó los fenómenos del calórico y de la luz.

Allí veréis a la ciencia filosófica replegarse sobre ella misma, renunciar esas teorías incompletas que la habían deslumbrado con una claridad aparente, y examinar al hombre verdadero de la naturaleza como ha sido formado por ella; a la metafísica substituir las realidades del buen juicio a las abstracciones del idealismo, y lanzar del trono a la sensación que lo había usurpado; a la moral reemplazar la doctrina del deber a la del interés, y volver, después de largos extravíos, a los principios sublimes del discípulo de Sócrates. La historia no será una serie vana de nombres y fechas, de paz y de guerras, de victorias y derrotas; ni la literatura una nomenclatura seca, una división de géneros fundada en una crítica arbitraria y desmentida en cada siglo por los hechos. Una y otra se dedicarán a presentar los pueblos como son positivamente, a dar a conocer sus ideas dominantes, pronunciadas en sus escritos o manifestadas en sus acciones, a tener siempre presentes, en la diversidad de composiciones, la expresión del pensamiento social; y en la diversidad de sucesos, las causas y resultados de las revoluciones políticas, intelectuales, religiosas e industriales que han activado o detenido la marcha de la civilización.

Este doble estudio os interesará especialmente cuando se trate del país a que tenéis el honor de pertenecer, cuando los nombres de Vondel, Helmers, Tollens, Bilderdyck resuenen en vuestros oídos, cuando sus obras clásicas sean analizadas a vuestra vista, cuando se abran a vuestra presencia los tesoros de esta literatura nacional que solo necesita ser conocida para ocupar el rango que merece entre las más ricas de la Europa. Pero ¿cuál será vuestro gozo y orgullo cuando el historiador de la Bélgica ostente a vuestros ojos el cuadro magnífico de los anales de la patria, cuando veáis a vuestros mayores hacerse ilustres en cada época con nuevas hazañas, derrotar las legiones romanas con Ambiorix y Civilis, dar un sucesor a Teodosio y un héroe a la epopeya en el tiempo de las cruzadas, elevarse, a fuerza de industria, unos simples mercaderes desde el seno de la barbarie hasta el rango de los reyes, lanzarse después, presididos por la libertad, desde el fondo de los lagos de Holanda para humillar el orgullo de España y de Luis XIV, hasta que la Bélgica y la misma Holanda, después de tantas revoluciones que las tenían separadas, reposan al fin unidas a la sombra del trono constitucional de los Nassaus? Tales son, señores, los diversos objetos a que deben guiaros las voces con que ya os habéis familiarizado.

Unas ilustran en vuestras academias las cuestiones más sublimes de la ciencia; otras resuenan en el foro; y las más merecen en vuestras escuelas esa aprobación respetuosa, ese éxito feliz, acreditado por hechos que hacen el elogio del carácter del hombre y de los talentos del profesor. Solo mi voz es todavía desconocida; y cuando mis compañeros dicen: continuad justos con nosotros, yo debo decir: empezad a ser indulgentes conmigo. ¡Quiera el cielo que mis palabras sean claras para vuestro espíritu y dulces para vuestros pechos! ¡Ojalá os inspiren ese amor al bien, a la verdad y a lo bello que el estudio produce necesariamente y que domina el alma tarde o temprano, aunque su debilidad o pasiones la hayan extraviado al principio! ¡Oh!, si mis palabras pudieran rejuvenecer o dar vida a las ideas que recordaban los sabios antiguos cuando querían encender en todos los corazones los fuegos puros de la ciencia. Si estas ideas, cuya contemplación es el único mérito que puedo presentar a vuestros ojos, pudieran dar a mis consejos la autoridad santa de los suyos, amad el estudio, os diría entonces; amadlo, señores, por los encantos que tiene y por el bien que ofrece a vosotros y a la patria.

No creáis que se ha acabado el siglo de las guerras y revoluciones; todavia vemos unirse unas sobre otras las nubes; todavía oímos tronar el rayo en atmósferas más tempestuosas que la nuestra. Anticipémonos a buscar un asilo en las ciencias, un muro en la razón fortificada por el ejercicio de ellas. Con las ciencias tendremos fuerza y libertad, porque la fuerza no puede ya ser propia de unas masas brutas y pasivas, sino de la inteligencia humana, ni es posible que haya libertad unida con la ignorancia. Ejemplos recientes lo han acreditado. Difundamos, pues, la ilustración de todos los modos posibles por todas las clases de la sociedad.

Nuestro país será entonces una tierra de paz y seguridad; desde ella podremos contemplar a pueblos menos felices, luchando con los vientos y tempestades, disputando a las olas agitadas los fragmentos de su gloria y fortuna; y este espectáculo nos dará el placer que decía el poeta:

"Suave mari magno, turbantibus aequora ventis,
E terra magnum alterius spectare laborem".

No queremos que haya guerras en otros países. El amor a las ciencias, que limpia el alma de toda preocupación de creencia o casta, la purifica también de todo egoísmo nacional; la armonía del mundo moral es un placer muy dulce a los ojos ilustrados por su luz para que puedan complacerse en la vista de discordias y combates. Las ciencias dan fuerza, y al mismo tiempo inspiran sentimientos de justicia y humanidad. La paz es su primer voto y su más caro interés. Por eso, en los símbolos de la antigüedad, la diosa de la sabiduría y de las artes tenía un casco en la frente y una de las gorgonas en el pecho, y el que era animado por ella triunfaba de Marte y de Venus; pero cuando hería la tierra con su lanza no salía de su seno el caballo belicoso sino el olivo pacífico.

"Non quia vexari quemquam est jucunda voluptas,
Sed quibus ipse malis careas, quia cernere suave est".

No se goza el alma en el mal de otros. Pero aun el sabio siente un placer secreto que no puede expresarse cuando, desde la altura de la filosofía, así como el viajero desde la cima de los Alpes, oye formarse a sus pies la tempestad. Las naciones ¿no podrán también llegar a este reposo del sabio? Bastante poderoso para no temer agresores, muy moderado para no serlo él mismo, aumentando cada día con la reflexión y la experiencia su amor al príncipe y las instituciones que lo gobiernan, un pueblo entero ¿no podrá igualmente habitar esos templos erigidos en la atmósfera serena de las altas doctrinas? Objeto de admiración y de envidia, no descendería jamás a la arena de las pasiones; sin irritar a los vencedores daría acogida a los vencidos; y al mismo tiempo que otros, abandonados a la incertidumbre de sus deseos, pasando sucesivamente de la fiebre turbulenta de la ambición a la degradación letárgica de la esclavitud, se extraviarían en las sendas diversas de la vida, él, tranquilo en las regiones superiores de una política sana e inmutable, podría decir con el poeta:

"Sed nihil dulcius est bene quam munitis tenere
Edita doctrina sapientum templa serena;
Despicere unde queas alios, passimque videre
Errare atque viam palantes quaerere vitae".

Notas

(1) Graco, hombre obscuro, puso acusación a A. Licinio Archias, poeta de crédito, diciendo que se suponía ciudadano romano sin serlo en realidad. Archias había sido preceptor de Cicerón y estaba escribiendo un poema sobre su consulado. Era natural la gratitud. Cicerón se encargó de su defensa, y en la alegación que pronunció ante el pretor de Roma, después de haber probado que Archias era positivamente ciudadano romano, indicó que no debía extrañarse el interés que tomaba en su causa por los servicios que le debía; manifestó con este motivo su inclinación a la bella literatura, y dijo entonces que debían avergonzarse de tenerla aquellos que, dedicados exclusivamente al estudio, no cooperan al bien público ni dan a luz sus pensamientos; que él daba a las letras los días que concedían a otros para que se ocupasen en sus asuntos personales o tuviesen el descanso necesario; que por su aplicación jamás había faltado a sus deberes; que el estudio presenta ejemplos de hombres grandes dignos de imitarse, y él se los había propuesto por modelos en el gobierno de la República; y cuando no hubiese en las letras estas ventajas, tienen la de formar la juventud, dar placeres puros a la vejez, embellecer la prosperidad y servir de asilo en las desgracias[178]. Cicerón no justificó en este discurso su amor a las ciencias porque fuese censurable el tenerlo. El mismo era un testimonio vivo que atestaba lo contrario. No era un general de nombre, ni un patricio descendiente de familias senatorias, ni un rico millonario como Craso. Era un sabio virtuoso; Roma lo elevó, por serlo, a la primera magistratura de la república; y un pueblo que da a sabios los primeros empleos no es tan ignorante que juzgue digna de censura la dedicación a las ciencias, ni tan bárbaro que crea deber la conquista del mundo a virtudes incultas y fuerzas brutales. Es verosímil, es natural la ignorancia más crasa en un

---

[178] Oratio pro Archia poeta.

Estado regido por un gobierno despótico que trata misteriosamente en los secretos de su gabinete todos los asuntos de la administración, y no permite sobre ellos ni el derecho de escribir ni el de hablar.

Pero no puede suponerse tanta barbarie en un pueblo que ejercía por sí mismo el Poder Legislativo, oía a los oradores más ilustrados, examinaba los negocios de más alta importancia, dictaba las leyes, elegía sus primeros magistrados, reclamaba al senado sus derechos y sabía sostenerlos con energía. Las naciones bárbaras que no tienen otras dotes que virtudes incultas y fuerzas brutales no dejan otros rastros que los de su misma barbarie. La Italia culta, la Italia ilustrada, se gloría de ser posesora de los fragmentos de Roma, busca todavía los que quedaron sepultados en la tierra y se enorgullece cuando llega a encontrarlos. Cicerón tenía de su patria idea muy alta. Siempre he opinado, decía[179], que los romanos han mejorado lo que han recibido de los griegos e inventado con más sabiduría lo que no ha venido de ellos. Nuestras leyes, nuestras instituciones son mejores y nuestra lengua más rica que la suya[180]. Si consideraba que su país era superior al más ilustrado de la tierra, ¿podría creer peligroso hacer el elogio de las ciencias en sus relaciones con las sociedades políticas? Hubiera sido imprudente hacerlo entre los bárbaros del norte que despreciaban y juzgaban dañosas las ciencias.

Pero en Roma, ¿podía pensar que lo fuese el romano que la creía más elevada acaso de lo que era en realidad? El ser más grande entre todos los seres era, a los ojos de Cicerón, el orador. Aquel que quería merecer este título debía, a su juicio, poseer todas las ciencias y ponerse en aptitud de hablar sobre todo con sabiduría, elegancia y exactitud[181]. Hacer el elogio del orador era hacerlo de las ciencias que lo forman; manifestar las relaciones del uno con la república era manifestar las que tienen las otras con el Estado. El imperio del orador dice Cicerón, es inmenso. Él da su opinión al senado del modo más digno; él suspende los movimientos sediciosos; él despierta al pueblo cuando duerme sobre sus intereses; él protege la inocencia y hace que los malos se compliquen en sus mismas intrigas; él excita a la virtud y retrae del vicio...[182]

¿Qué príncipe tuvo jamás poder igual al de un orador que calma las sediciones y dicta las sentencias de los jueces y los decretos del

---

[179] Tusculanarum quaestionum y Brutus, liber 1.
[180] De finibus bonorum et malorum, liber 2.
[181] De Oratore, liber 2.
[182] Ibídem, lib. 2.

senado?[183] Este cuadro de las influencias del orador en el Estado es el del imperio de las ciencias en la república. Cicerón no se contentó con hacerlo. Excitó a la juventud a contemplarlo; la estimuló a seguir la carrera de las letras. "Jóvenes, dijo, que os dedicáis a la elocuencia, seguid vuestra marcha, duplicad vuestro celo para que podáis defender a vuestros amigos, servir al Estado y llenaros de gloria"[184]. Cicerón no era un hombre simulado. Era, por el contrario, un carácter sincero. Tenía sabiduría para conocer las relaciones benéficas de las ciencias con los Estados, y amor a la república, y franqueza bastante para manifestarlas. Cuando escribió sus diálogos sobre los oradores ilustres, después de la muerte de Hortensio, su amigo caro, la posición de la república era crítica. No ocultó, sin embargo, los sentimientos que ocupaban su alma. Yo perdí, dijo, un amigo que me había hecho muchos servicios y dado momentos muy dulces... Él murió en un tiempo en que carecíamos de buenos ciudadanos y de hombres sabios... Si viviera ahora, lloraría con las pocas almas fuertes que han quedado la decadencia de la ley y la pérdida de la libertad; se afligiría viendo sola la tribuna y cerrado el senado; se contristaría sabiendo que la fuerza de las armas es la que lo decide todo, que la elocuencia, tan digna de dominar en una república bien administrada, no tiene ya imperio sobre los espíritus, y oradores patriotas no han podido desarmar a ciudadanos ambiciosos...[185] Si en circunstancias tan delicadas, cuando la expresión de sus opiniones podía comprometerlo, tuvo entereza noble para manifestarlas de una manera que interesará a cuantos amen a su patria y la vean en posición tan triste como la de Roma, ¿le habría faltado para demostrar las relaciones de las ciencias con el Estado, en tiempos menos infelices, cuando había libertad de hablar y de escribir? Su alegación en defensa de Archias fue pronunciada ante un concurso de hombres que estimaban y poseían la bella literatura[186];

y delante de personas ilustradas no hay motivo para retraerse de hacer el panegírico de la ilustración en todos los aspectos en que puede ser considerada. Quien hizo el elogio de la filosofía y se gloriaba de haberlo hecho[187], ¿temería hacer el de las letras? Cicerón no trató de

---

[183] Ibídem, lib. 1.
[184] Ibídem.
[185] De claris oratoribus.
[186] Lo dice el mismo Cicerón en su Oratio pro Archia poeta.
[187] De finibus bonorum et malorum, lib. 2.

justificar su amor a las ciencias por las cuales le había elevado el pueblo romano. Lo que se propuso fue lo que habría sido objeto de cualquiera otro filósofo en el país más ilustrado del mundo. Era un hombre público; temía que se dijese que, debiendo ocuparse en el servicio de la república, empleaba el tiempo en las bellas letras; y para que se sofocara o no corriera esta voz, contestó que solo daba al estudio los días que se concedían a otros para su descanso o sus negocios privados. Indicó las relaciones de las letras con los individuos cuando dijo que eran el placer de todas las edades; y descubrió las que tienen con el Estado cuando manifestó que ofrecen modelos dignos de imitarse en el gobierno de la república. Consideró las letras en ambos aspectos; y si no se extendió en el uno, tampoco fue difuso en el otro. Su asunto principal era la defensa de Archias; lo demás era incidencia[188].

Heineck dijo: "Filosofía es el conocimiento de la verdad y del bien, deducido de la razón y dirigido a la felicidad del hombre". D'Alembert dio de ella otra definición diciendo[189] que es "la aplicación de la razón a los diversos objetos en que puede ejercitarse". Wolf definió la ciencia manifestando[190] que es "el hábito de demostrar o inferir consecuencias exactas de principios ciertos". Saint Pierre dijo: "Ciencia es el sentimiento de las leyes de la naturaleza relativas al hombre"[191]. "Explicar un hecho, dice Mr. Flourens, es compararle con otros hechos, esto es, descubrir sus relaciones. Ciencia es la expresión de estas relaciones: donde no hay relaciones expresadas, no hay ciencia"[192]. Y Mr. Baron dice: "que es el ejercicio de la inteligencia dirigida como medio para llegar a un fin".

No me parece exacta esta definición. Aquel que maquina un crimen contra su patria o los hijos de esta ejercita su inteligencia como un medio para conseguir el objeto que se propone; y ese ejercicio de su entendimiento no puede llamarse ciencia sin violentar la acepción general que se da a esta palabra o dar mérito para que, en vez de útil, se crea dañosa la ciencia. Verres, cuando era gobernante de Sicilia, arbitraba medios para usurpar las propiedades de los ciudadanos; César, cuando meditaba el plan funesto de destruir la república romana y levantar la tiranía sobre sus ruinas, pensaba también en los medios que

---

[188] Elementa philosophiae, cap. 1.
[189] Essai sur les éléments de philosophie.
[190] Philosophia rationalis, cap. 2.
[191] Harmonies de la nature, t. 2, lib. 6.
[192] Revue encyclopédique, t. 6, pág. 487.

podían llevarle a este fin. Ambos ejercían sus facultades intelectuales, y en ninguno de ellos ha tenido aquel ejercicio el nombre ilustre de ciencia. Si yo fuera panegirista de las ciencias, diría lo que dije en 1820 cuando escribí sobre ellas un pequeño discurso[193]: "El hombre siente la acción de los seres que obran en él; y sus sensaciones son de dos clases, agradables y molestas. Quiere aumentar el número de las primeras y disminuir el de las segundas; busca en la naturaleza los seres que pueden llenar este deseo; reúne pensamientos y observaciones; y esta suma o sistema de conocimientos deducidos y ordenados por la razón para satisfacer las necesidades del hombre es lo que llama ciencia. Era desagradable la impresión de los sures o nortes destemplados y de los rayos ardientes del sol.

El hombre sintió la necesidad de evitarla; buscó al principio árboles hojosos que lo cubriesen con su sombra; fabricó cabañas después; quiso ahorrarse el trabajo de hacerlas cada año; pensó últimamente en edificios de mayor comodidad y duración; reunió pensamientos; y la suma coordinada por la razón de los que fue desabriendo para construir edificios bellos, cómodos y sólidos es lo que se denomina Arquitectura. Eran grandes los males que hacía el poder arbitrario. Sintieron la necesidad de precaver a los hombres que los sufrían; meditaron formas distintas de gobierno; pensaron en diversas leyes de administración; unieron las observaciones de la experiencia; y este cuerpo o sistema de pensamientos exactos organizados u ordenados por la razón para dictar leyes capaces de hacer felices a los pueblos es lo que tiene el nombre de ciencia legislativa".

Considerando las ciencias en este aspecto, se demuestra su utilidad al momento que se da idea de ellas. Su definición es un principio tan fecundo como luminoso. Basta deducir consecuencias para manifestar la inmensidad de bienes que ofrecen a los individuos y pueblos donde se cultivan. Habría unidad en el discurso. Sería este una serie metódica de pensamientos derivados de un solo origen.

(3) La ilustración es el necesario de todas las naciones y de todas las clases e individuos de que se componen las naciones. No es feliz el hombre que no puede satisfacer las necesidades que sufre; no puede satisfacer las que siente si no tiene libertad para pensar, hablar y hacer cuanto le convenga y no sea dañoso a otro; no puede tener libertad si hay alguno que pueda privarle de ella injustamente, u oprimirle, o vejarle o

---

subyugarle; puede haber opresores entre los ciudadanos privados si la constitución no los declara iguales ante la ley, y entre los funcionarios públicos si la misma constitución no pone límites a sus facultades y declara su responsabilidad en el caso de excederlas; puede hollarse, abolirse o variarse la constitución si no hay espíritu público, nacional o popular que la sostenga con energía; no puede haber espíritu público si no hay opinión general sobre las ventajas de la constitución, las artes con que puede ser atacada y los medios justos con que debe ser defendida; y no puede haber opinión general de esta clase si no hay en los pueblos los elementos necesarios de ilustración para formarla.

Todas las naciones que existen en la extensión de la tierra quieren ser independientes y libres; y no habría una que no levantase sus brazos para sofocar al atrevido que osase decirle: quiero ser vuestro tirano; quiero hacer pedazos esa ley que protege vuestra libertad. Supóngase que Napoleón, abriendo su alma francamente, hubiera dicho a los franceses: los tiempos de revolución son los más bellos para los militares que tienen viveza y valor. Yo engañaré a todos los partidos, hablando a cada uno su idioma; no descubriré de una vez toda la inmensidad de mi ambición. Seré primero general del ejército; luego cónsul temporal; después cónsul perpetuo; y al fin emperador, rey, tirano y déspota. Mi elevación será realmente obra de la fuerza; pero aparecerá con el carácter de voluntad general de la nación.

Disolveré esa asamblea de representantes del pueblo; desterraré; decapitaré a los hombres de bien que amen la libertad de su patria; pondré en los departamentos jefes de mi confianza; levantaré una fuerza respetable; y preguntaré seguidamente a los pueblos desarmados si quieren que sea cónsul vitalicio primero y emperador después. Crearé enemigos a la Francia; formaré un ejército no visto en los siglos; no atacaré simultáneamente a todos los pueblos; venceré a los del norte con los del mediodía y a los del mediodía con los del norte; apearé de los tronos a los reyes legítimos y colocaré en ellos a mis hermanos. Consolidaré de este modo mi poder. Seré emperador absoluto; y mi familia será una familia de reyes.

¿Hablando este idioma Napoleón hubiera podido ejecutar su odioso plan? ¿No habría sido sofocado al momento mismo de proponerlo? ¿No se hubiera cortado en su primer eslabón esa cadena eterna de males fabricada por su mano? Si se ejecutan los planes de esclavitud que maquina la ambición, es porque faltan luces para prevenirlos, luces para conocerlos y luces para saber sofocarlos. Cuando se restablecen los derechos de una nación, si los que plantean al principio y dirigen después el sistema de su libertad no tienen la ilustración necesaria para saber fundar y consolidar las instituciones, sus errores o desaciertos producen por una parte nuevos desafectos e irritan por otra a los que en todos siglos y países son enemigos de los gobiernos liberales.

Los ambiciosos que quieren ser tiranos, los que aspiran a este título de oprobio, se unen con ellos para sofocar la libertad; combinan su funesto plan; esconden profundamente sus miras; manifiestan distintas fisonomías; hablan diversas lenguas. Los reyes, individuos de la liga formada para impedir en unos lugares y sofocar en otros la libertad del mundo, dicen que se han unido a nombre de la Santísima Trinidad para conservar la religión y mantener el orden. César se manifiesta amigo del pueblo que quiere oprimir; multiplica los servicios y liberalidades; y propone la distribución de tierras entre los pobres. Napoleón se firma ciudadano sans-culotte, publica proclamas democráticas, organiza repúblicas en Italia y jura ser defensor de la igualdad y libertad en Francia. Engañando a los amigos sencillos de las instituciones liberales y uniéndose con los enemigos constantes de ellas, suben a los primeros empleos los que desean el de tiranos. Levantan entonces fuerzas respetables con diversos pretextos; atacan a pueblos desarmados; y si estos no saben defender sus fueros, se consuma al fin el sistema de su esclavitud.

La necesidad de la ilustración se presenta clara en todos aspectos. Es precisa en los legisladores para dictar leyes justas y prudentes que vayan haciendo el bien sin precipitarlo ni violentarlo; es precisa en los funcionarios para saber ejecutar las leyes con sabiduría; es precisa en los pueblos para elegir legisladores y funcionarios dignos de este ilustre título, para observar la conducta política de los electos, para penetrar las miras de los que maquinen su esclavitud, para defender sus fueros y libertades y formar el espíritu público, que es el muro de bronce donde se estrellan las olas o embates del poder absoluto o arbitrario; es precisa finalmente en los individuos de los pueblos para hacerse merecedores de los empleos que la ley ofrece a todos los que posean las cualidades necesarias.

Un cuadro de todos los que han meditado la esclavitud de los pueblos antiguos y modernos sería obra muy luminosa. Comparando con exactitud: 1° el momento o circunstancias en que cada uno de ellos ha concebido el pensamiento inhumano de destruir la libertad de su patria; 2° el plan que han formado para llenar su objeto; 3° los medios de que se han valido y las manos que han empleado para ejecutarlo; 4° la resistencia que se les ha opuesto para impedirlo; 5° el resultado final de la lucha o combate de la libertad con la tiranía; estudiando bajo estos cinco puntos de vista a los destructores de la primera y fundadores de la segunda, se darían lecciones muy importantes a los pueblos y se aumentarían materiales para adelantar la ciencia no acabada todavía de los gobiernos libres.

El retrato de los treinta tiranos de Atenas; el de Filipo; el de Alejandro; el de Sila; el de César; el de Augusto; el de Carlos V; el de Felipe II; el de Guillermo III; el de Cromwell; el de Robespierre; el de Napoleón, etc., son cuadros muy interesantes para las repúblicas que quieran conservar su libertad. Yo quisiera que en todas las del mundo, y especialmente en las de América, se agregase a las escuelas de instrucción una particularmente dedicada a desenvolver el sistema de cada uno de los que han querido abolir las instituciones liberales de los pueblos. ¿Habría un ramo más importante de historia? ¿Habría un curso más útil y bienhechor de ciencia experimental? Pueblos, procurad seriamente la educación de vuestros hijos. Si no hay luces y virtudes en ellos, la libertad solo estará escrita en la constitución que la declara. El hombre vicioso es esclavo de sus vicios; el hombre ignorante es juguete de los que quieran engañarle.

La ley abre a todas las puertas de los empleos; pero los que no conocen aún el alfabeto ¿podrán pretenderlos? La ley los declara iguales sin excepción; pero los que son condenados a la oscuridad por una impotencia total ¿gozarán en realidad los mismos derechos que los que tienen todas las aptitudes o reúnen todos los méritos? La ley reconoce la soberanía de la nación; pero si los individuos de esta son por su ignorancia víctimas de la intriga, de la seducción y arterias de sus enemigos, ¿disfrutarán los bienes que les promete la ley?

Pueblos, sentid al fin la necesidad absoluta de la educación. Las leyes más benéficas son imaginarias cuando no hay aptitud para gozarlas ni ilustración para conservarlas. Pueblos, buscad la instrucción por todas partes. No hay capital más productivo que el que se emplea en proporcionarla. ¿No están produciendo todavía los que se gastaron en la de los inventores o perfeccionadores de los instrumentos con que trabajáis todos los días?

Pueblos, sacrificad, si es necesario, la mitad del pan que os alimenta para dar educación a vuestros hijos. Costoso al principio ese sacrificio, será después manantial abundante de riquezas y prosperidades. A los goces de la cosecha es necesario que precedan los trabajos de la siembra. Cultivad ahora, y cogeréis a su tiempo frutos regalados. Educación. Ilustración. Esta es la garantía grande de las libertades y fueros de los pueblos[194].

---

[194] El Amigo de la Patria. tom. 1. pág. 69.

Caracteres del Siglo XV y Apreciaciones sobre el Descubrimiento y la Conquista

En la América había diversos reinos más o menos extendidos a diversos grados y en distintas posiciones de su inmenso continente. Existían el de los Zutuhiles, el de los Quichees, el de los Cakehique les o Guatemalas, etc., en la que ahora se llama república del Centro; el de los Azteques o Mexicanos, el de los Tepaneques, el de Acolhuacán, etc., en la Mexicana; el de los Incas en la Peruana, etc. Reyes hereditarios en unos, electivos en otros, los gobernaban según sus leyes, usos y costumbres: caciques más o menos notables por los capitales e ilustración que podían tener en aquellos tiempos formaban su nobleza o aristocracia; sacerdotes depositarios de los conocimientos litúrgicos y astronómicos eran los ministros de su religión.

Los europeos ignoraron mucho tiempo la existencia de la América; y esa ignorancia fue feliz para sus indígenas. Pero llegó al fin el siglo XV, eterno en la historia de ambos mundos, y en él ocurrieron sucesos que tuvieron influencia activa en los descubrimientos del nuevo, en la conquista de sus estados y en el sistema de gobierno establecido en ellos. La geografía, creada por la necesidad de relaciones recíprocas en las primeras sociedades del hombre y enriquecida sucesivamente en Egipto y Fenicia por las colonias que de ambas naciones pasaron a Grecia; en Cartago, por los viajes que hicieron emprender los intereses del comercio; en la Grecia, por las colonias que se establecieron; en Sicilia, Italia y África, por las guerras que sostuvieron con los persas, por los viajes que hicieron sus filósofos, por las conquistas de Alejandro y los conocimientos de Eratóstenes, Hiparco, Posidonio y Estrabón, que se dedicaron al estudio de la geografía; en Roma, por la multitud de conquistas que hizo en el período de los reyes, en el tiempo de la república y en la época de los emperadores; por los viajes de sus oradores más célebres y los trabajos de sus geógrafos Dionisio Periegeta, Pomponio Mela y Ptolomeo; en los tiempos posteriores, por la invasión de los conquistadores del Norte y Oriente, que, trayendo conocimientos de aquellas regiones, los recibían de los que conquistaban; por la ilustración de los árabes que la difundieron en los estados europeos;

el uso de la brújula empezó a generalizarse en Italia; por la religión, que enviaba misioneros a predicar el Evangelio en diferentes países; por las cruzadas, que influyeron en la civilización y nuevo sistema de la

Europa; y por los estudios de los geógrafos y viajeros que cultivaron la ciencia con ardor, fue haciendo adelantamientos progresivos en los espacios corridos desde su creación.

Lo que tiene poder más grande en los hombres —la religión, el gobierno y el comercio— tenían interés en sus progresos para propagar sus dogmas, la primera; hacer conquistas, el segundo; y abrir nuevos mercados, el tercero. En el siglo XV recibió impulsos que la hicieron avanzar más. El infante don Enrique estableció en Portugal, el año de 1415, una Academia de Náutica; llamó y honró a los matemáticos y marinos de más crédito; estimuló al estudio de la astronomía y geografía; introdujo el uso del astrolabio, útil para observaciones astronómicas y determinar la latitud en el mar; promovió viajes importantes y logró resultados muy felices.

En 1440 se inventó la imprenta, y este interesante descubrimiento, cooperando a los progresos de todas las ciencias, influyó también en los de la geografía. Posteriormente los turcos tomaron a Constantinopla en 1453 y destruyeron el Imperio de Oriente. Los hombres ilustrados no quisieron sufrir el yugo de una ignorancia despótica; emigraron a Italia; llevaron luces a Florencia, y de allí se fueron difundiendo a las demás naciones de Europa. Los italianos recorrieron el mar del Norte y levantaron cartas geográficas que indicaban las tierras de Groenlandia; los rusos extendieron sus conquistas hasta Finlandia; los portugueses descubrieron la isla de Madera, las del Cabo Verde, las Azores, las de Santo Tomás, el Senegal, el Congo, etc.; atravesaron la línea equinoccial en 1471; y Bartolomé Díaz descubrió, en 1486, el Cabo de Buena Esperanza.

La religión, que tenía tanto interés en los adelantamientos de la geografía, era también objeto de los pensamientos. El cisma de Occidente, origen de disputas y contiendas acaloradas; multitud de concilios, generales unos, nacionales otros y diocesanos o provinciales los demás; la institución de diversas órdenes regulares, establecidas en varias partes, ocuparon la atención en asuntos religiosos y exaltaron sobremanera el celo por la religión.

Los ultramontanos continuaban sus doctrinas sobre el poder universal que atribuían al Pontífice. Seguía la de Adriano IV, que en 1155 había dicho que todas las islas donde se introdujese la religión cristiana eran del dominio de San Pedro. Se creía que el Vicario de Dios, Señor de todas las cosas, era dueño de toda la tierra y monarca universal. Nicolás V, Calixto III y Sixto IV donaron a los portugueses, en 1452, 54,

55 y 81, los países que descubriesen en las Indias Orientales. Fernando, rey de Castilla y de León, recibió del Papa el título de Católico para él y sus sucesores. En Aragón y en Castilla se estableció la Inquisición en 1478, y los inquisidores dieron en un solo año el espectáculo horroroso de haber quemado más de dos mil personas en Valencia y otros lugares. Lutero, nacido en 1483, comenzó, a principios del siglo siguiente, a inspirar dudas sobre los dogmas de la religión católica y la autoridad de los Papas. Brotó el Protestantismo, que adoptó el Norte y repugnó el Mediodía de Europa. En el primero los príncipes tenían interés en que se disminuyese o limitase la autoridad del Papa y los eclesiásticos que creían haberse elevado demasiado sobre la potestad temporal. En el segundo, los reyes temieron que el mismo espíritu que había sometido a su examen el poder eclesiástico quisiese también sujetar el civil; que las mismas manos que habían conmovido las bases del primero conmoviesen después las del segundo. La dominación del clero secular y regular no se limitaba en España a la Iglesia. Se extendía también al Estado; y los empleos de honor e influencia eran, en su mayor número, servidos por eclesiásticos. El gobierno español volvió el celo a la religión católica; creyó identificados con ella sus intereses; y la sostuvo y quiso propagar con nuevo ardor y entusiasmo.

En lo político hubo igualmente mutaciones grandes de trascendencia muy lata. El sistema feudal tenía a la época de su existencia oprimidos los pueblos y casi anonadado el poder de los monarcas. El rey o general que tenía aquel nombre dividía entre los principales oficiales el territorio de los vencidos, con calidad de servirle en tiempo de guerra cada uno con cierto número de soldados. Los oficiales subdividían con la misma condición la parte que les tocaba. La propiedad y la fuerza estaban de esta manera en manos de los oficiales; y con el poder que recibían de una y otra, llegaron a hacer siervos a los que vivían en sus tierras, a crear una aristocracia orgullosa, transmitiendo a sus hijos las propiedades y siervos que poseían, y a deprimir la autoridad de los monarcas, teniéndolos dependientes de sus fuerzas. Era violenta esta posición. Los reyes, inspirados por la necesidad, formaron el plan de humillar el poder de los aristócratas y restablecer el que creían necesario a la dignidad real. Procuraron con este objeto atraer a sus intereses a los vecinos de las ciudades, villas y poblaciones que no eran siervos de la aristocracia; les concedieron libertad de comercio; les permitieron formar gremios y corporaciones; y mandaron que ningún individuo estableciese fábrica ni ejerciese oficio sin previo permiso de ellos; fomentaron su industria prohibiendo la introducción de artículos fabricados en otros países, para que no concurriesen con los de las villas privilegiadas; la extracción de granos, para que sus alimentos fuesen baratos; la exportación de materias primeras, para que no fuesen costosos los productos de sus manufacturas; y la del oro y plata, porque se creía que estos metales eran únicamente la riqueza de un país y deseaban que la hubiese en los súbditos que querían atraerse para que fuesen apoyos suyos contra la aristocracia.

Este sistema, que era el económico de aquella edad y tuvo en las siguientes un influjo tan poderoso, hizo que desde entonces fuesen sacrificados a los intereses del comercio y de la industria los de la agricultura, que los tiene en vender libremente a todos los países o naciones sus granos y materias primeras. El cultivo de los señoríos sujetos a la aristocracia fue desmayado y pobre; el comercio y la industria de las poblaciones que no estaban sometidas a ella fueron fomentados y florecientes.

Los reyes tuvieron en las contribuciones de los pueblos protegidos por sus gracias la real hacienda que debía proveer a los gastos de su gobierno; y entre los fabricantes y comerciantes enriquecidos por sus privilegios encontraron súbditos poderosos que sabían servirles en los momentos de oportunidad. Se inventó la pólvora a fines del siglo XIV, según parece; se varió entonces el sistema militar, y empezaron los reyes a tener ejércitos que no tenían antes. La autoridad, siempre expansible, quiso dilatarse más allá del círculo a que debía circunscribirse. Maquiavelo, nacido a mediados del siglo XV y muerto a principios del XVI, dio lecciones a los tiranos.

Poder absoluto; celo exaltado por la religión; autoridad ilimitada del Papa; espíritu de descubrimientos y conquistas; sistema horrible de policía; dedicación a los estudios geográficos e interés por sus progresos, son los caracteres principales que distinguieron al siglo XV.

En él nació Cristóbal Colón, geógrafo eminente, formado en medio de los progresos que hacía la ciencia a que supo dedicarse. Inspirado por ella hizo el descubrimiento eternamente importante para los europeos, pero largamente funesto para los indios. Desde el antiguo mundo dijo que debía haber otro nuevo; y este pensamiento inocente, desdeñado al principio por las cortes de Europa y adoptado después con entusiasmo, fue el origen primero de una de las revoluciones más grandes que vieran los siglos.

España dio a Colón la cantidad mezquina de 16 mil ducados para que descubriese el mundo que había de llenarla de millones de pesos. Colón partió de Palos el 3 de agosto de 1492; y empezó a hacer sus importantes descubrimientos. Hubo entonces diferencias entre los gobiernos español y portugués; y el Pontífice de la religión de Jesucristo, que dijo: Mi reino no es de este mundo, Alejandro VI, hijo de España, las terminó donando a los reyes de España, en bula memorable de 1493, todas las tierras y pueblos que hubiese al occidente de una línea tirada de uno a otro polo a 100 leguas de las Azores y el Cabo Verde. El gobierno español envió conquistadores y misioneros; y desde aquella época, eterna en la historia, comenzó el período de la fuerza, de la sangre y del horror. Hernán Cortés conquistó a México y envió para que conquistase a estas provincias a los capitanes Pedro de Alvarado, Cristóbal de Olid y otros. No era Alvarado un militar común. Era un oficial valiente, activo, ambicioso, emprendedor, superior a los peligros y capaz de hacer víctimas si la sangre de ellas era necesaria para ejecutar sus proyectos. Recogió todas las noticias posibles sobre estas tierras; supo que estaban divididas en pequeños reinos y que por estarlo no podían tener la fuerza que tuvieran formando un solo reino; se informó del número y carácter de los indígenas, de su gobierno o instituciones, de sus rivalidades y alianzas, de los caminos y veredas de los pueblos, de sus posiciones de ataque y defensa. Formó el plan de agresión con detenimiento y supo ejecutarlo con energía. Salió de México el día 13 de noviembre de 1523 con una fuerza combinada de españoles, tlascaltecas y mexicanos; y haciendo circular la voz de que el imperio de Moctezuma se había rendido al gobierno español, alarmando a las naciones con esta noticia, ofreciendo amistad y alianza, seduciendo y armando a unos pueblos contra otros, dividiéndolos a todos, sirviéndose de una religión de paz y caridad para hacer guerra horrorosa y muertes inhumanas, suponiendo milagros y predicciones, manejando simultáneamente las armas de la intriga y las de la fuerza, desconocidas en América, fue extendiendo sus conquistas y dilatando la opresión.

La primera provincia que conquistó fue la de Soconusco; y abriéndose paso por allí y por Zapotitlán y venciendo en diversas acciones a los indios que al tránsito le hicieron resistencia vigorosa, llegó al fin a la corte de los Cakchiqueles en junio (según dice un historiador) o en julio (según opina otro) de 1524, y acampó su ejército en el sitio que está entre dos volcanes, llamados uno de Fuego, por sus frecuentes erupciones, y otro de Agua, por los arroyos que, descendiendo de su cumbre, van a fertilizar el valle que domina.

En ese sitio, que los indígenas llaman Panchoy y los mexicanos Almolonga, fundó Alvarado la villa de Santiago el 25 de julio de dicho año; construyó una pequeña iglesia; erigió un Cabildo o Ayuntamiento; nombró alcaldes a Diego Rojas y Baltasar Mendoza; regidores a Pedro Portocarrero, Juan Pérez Ardón y Domingo Salvatierra; alguacil mayor a Gonzalo Alvarado, y cura al capellán de ejército Juan Godínez; marchó con tropas a la ciudad de Atitlán, contigua a la laguna del mismo nombre, a sojuzgar a los indios que no querían sacrificar su independencia y libertad; fue con el mismo objeto a Escuintla, Guazacapán, Taxisco, etc.; conquistó a Comayagua el mismo año de 1524; subyugó el siguiente de 1525 a San Salvador, llamado Cuscatlán por los indígenas; volvió a la ciudad de Santiago; nombró teniente suyo a Gonzalo Alvarado, hombre de genio duro y codicia insaciable; y después de este nombramiento hizo viaje en enero de 1526 con la fuerza correspondiente de españoles y tlascaltecas al puerto de Trujillo, a donde tuvo noticia que había llegado Hernán Cortés con el proyecto (que varió después) de volver por tierra a México atravesando y reconociendo estas provincias. Los indios, que no olvidaban sus derechos y los veían hollados por los españoles con tanta injusticia, aprovecharon la ausencia de Pedro Alvarado. Reunieron fuerza bastante para hacerse respetar; destacaron una división en el camino de Petapa para que impidiese el regreso de Alvarado; y con el resto de su ejército atacaron a los españoles y mexicanos que había en la ciudad de Santiago, y los obligaron a huir vergonzosamente, desalojar el valle de Almolonga y buscar asilo en Quezaltenango y Olintepec, donde habían quedado otros españoles y tlascaltecas para poblar a Talkaha al mando de Juan de León y Cardona, teniente de Alvarado en aquel territorio.

Los caciques de Cuscatlán o San Salvador tampoco fueron indiferentes a los sentimientos de independencia y libertad que inspira la naturaleza a todos los individuos de la especie. Veían sus fueros deprimidos por la violencia de los conquistadores; y se alzaron gloriosamente contra ellos. Pero Alvarado supo en el camino que Cortés había vuelto a México, dejándole para que le auxiliase en la conquista injusta de estas provincias al capitán Luis Marín y algunos soldados. Reforzó con ellos su fuerza, y sin llegar a Trujillo marchó a San Salvador, y aprovechando la superioridad de sus armas y empleando las artes que acostumbraba, venció, después de una resistencia heroica, a los indígenas que defendían sus derechos y luchaban por los de su patria.

No fue esta acción la última en que triunfó la injusticia. Alvarado tuvo a su regreso noticia de la derrota de sus paisanos en la ciudad de Santiago. Quiso desde luego vengarla con todo el furor del orgullo irritado; pero vio que los caminos de Petapa estaban cortados con fosos y estacas, y los indios victoriosos y decididos a defender su justa causa. Creyó necesario diferir el ataque para no ser víctima del valor de los indígenas; marchó por otros caminos para recoger a los españoles y mexicanos que habían huido de Almolonga; fue a Quezaltenango a reunirse con los que habían quedado en aquella provincia; se atrajo a los indios que estaban quejosos o disgustados con sus reyes; formó de todos un ejército respetable; entró con él en acción, y después de algunos días de lucha obstinada tomó al fin la ciudad, y los indios se retiraron con honor llevando los pertrechos de boca y guerra que tenían. Con ellos se situaron en la montaña de Nimache a esperar allí a sus injustos agresores a las órdenes del valiente Ahpoxahil. Fue sangriento el ataque por una y otra parte; y triunfando por último la superioridad de las armas que tenían los españoles y no conocían los indios, vencieron aquellos a estos e hicieron prisionero a su rey el 22 de noviembre de 1526; día memorable que, celebrándose anualmente por el orgullo castellano, recordaba los derechos de los centroamericanos y las injusticias de los españoles.

Alvarado, después de sojuzgadas por la fuerza las provincias de Guatemala, hizo viaje a México dejando el gobierno a su hermano Jorge Alvarado, y de allí se trasladó a España en febrero de 1527. Había representaciones enérgicas contra él por su codicia y poca humanidad. Pero el conquistador de un país rico tiene siempre justicia en una corte corrompida. Francisco Cobos, secretario del rey, le franqueó su protección, y el gobierno español le dio la cruz de Santiago y el título de Adelantado, Gobernador y Capitán General de Guatemala, en cédula fechada en Burgos a 18 de diciembre de 1527. Decorado con tales títulos estaba en México (a donde había regresado) cuando tuvo noticia de las incidencias ocurridas en estas provincias. El amor a la independencia y libertad es indeleble. No hay en la tierra mano bastante fuerte para borrarlo enteramente. Los indios, humillados, vejados, tiranizados por los españoles, volvieron a ponerse en movimiento para repeler la fuerza que los oprimía.

Alvarado voló de México con nueva fuerza para restituirlos al sosiego y reposo del despotismo. Empleó los medios acostumbrados por los castellanos: división para debilitar; intriga para seducir; religión para engañar; superioridad de armas para vencer; y a beneficio de estos instrumentos llegó a conseguir su objeto. Quiso después, arrastrado de la inquietud de su genio o impelido por la codicia de su alma, extender sus conquistas. Mandó a recorrer la costa del Sur para descubrir algún puerto, y habiéndose encontrado el de Iztapa, a quince leguas de la antigua capital, construyó algunos navíos, y embarcado en ellos con algunos soldados y naturales de Guatemala hizo viaje a la América meridional; descubrió de paso el puerto de Acajutla; llegó a Quito, en donde tuvo diferencias serias con el capitán Diego de Almagro; y después de haberlas terminado cediendo a Pizarro su flotilla y recibiendo de él 100 mil pesos de oro, volvió a Guatemala con la satisfacción de que se hubiesen poblado las ciudades de Lima y de Quito con las gentes que llevó de estas provincias. A su arribo a ellas tuvo contestaciones con don Francisco Montejo, Adelantado de Yucatán; determinó por este motivo volver a España por el golfo, y despachados sus asuntos en la corte regresó a este país con 300 arcabuceros y otros militares que trajo para ir a descubrir las islas de la Especiería; trató entonces de construir otra flota, y debiendo formar asiento de navíos con el virrey de México, don Antonio Mendoza, fue por mar a la provincia de Jalisco, en donde Cristóbal de Oñate o Diego López estaba en guerra con los indios. Alvarado, decidido siempre contra la causa justa de los indios, quiso auxiliarle y recibió el premio que merecían tantas injusticias cometidas en tan pequeño número de años. Una piedra lanzada por los indígenas desde la altura donde se habían situado lo hirió gravemente; se hizo conducir entonces a Guadalajara, en donde murió el 5 de julio de 1541, y al cabo de años se trasladaron sus cenizas a la Catedral de Guatemala, donde solo debían reposar las del hombre justo que respeta los derechos del hombre y los fueros y libertades de los pueblos.

Mujeres

Yo vuelvo a ellas el pensamiento; yo les dirijo mis reflexiones. Los jardines, las flores, las rosas, las gracias, ¿no serán dignas de nuestras miradas?

Centroamericanas, oíd la voz de quien desea vuestra felicidad. No seáis indiferentes a los intereses de la patria. Vuestros destinos dependen de los de la nación; vuestra suerte está unida con la de la república. Una nación es una sociedad o reunión de mujeres y hombres dirigidos por unas mismas leyes.

Si el gobierno que la rige es opresor; si no respeta las personas y propiedades; si viola los fueros y derechos más santos, todos sufren en todos aspectos; todos son miserables e infelices. La esposa ve oprimido a su marido; la madre ve hollados a sus hijos; la hermana ve ultrajados a sus hermanos. El despotismo no respeta sexos ni edades. Es una bestia famélica que devora los tallos más tiernos, las cortezas más duras y las flores más bellas. Los destinos de las mujeres están enlazados con los de los hombres. Una misma suerte tienen siempre; un mismo movimiento las lleva al abismo de las desgracias o al paraíso de las felicidades. Mujeres de salvajes son salvajes ellas mismas, miserables y desventuradas. Mujeres de hombres civilizados son cultas y gozan los bienes inmensos de la civilización. Las cadenas que pesan sobre un esclavo gravitan sobre su mujer. Los bienes que disfruta un hombre libre lo son también para la suya. Mirad en un mapa las partes que dividen la tierra o los Estados que existen sobre su superficie. Leed en la historia de cada uno la de las mujeres que lo pueblan. En África son vendidas como las ovejas que pacen en un prado. En Asia tienen una existencia triste como la servidumbre. En Oceanía siguen los pasos de la civilización que va progresando con rapidez. En América empiezan a sentir las influencias de los nuevos gobiernos. En Europa avanzan cada día más en la ilustración; son pulcras y dignas muchas de entrar en conversación con hombres eminentes, honor del siglo y del país donde viven. La historia de Centro América es libro muy instructivo en cada una de sus épocas. Recorramos sus páginas y en todas encontraremos pruebas luminosas y convincentes. Antes de la independencia, las leyes negaban los empleos políticos, eclesiásticos y militares a todos los que no eran españoles o descendientes de españoles. Todos los hombres, a excepción de un número mínimo, estaban hundidos en la nada. En vano tenía alguno talento y virtudes, origen primero del valor de un individuo. Nadie podía elevarse a los destinos a que le llamaba su inteligencia y moralidad. Las mujeres se enlazaban, por necesidad, con hombres nulos, abyectos o abatidos; y debían, por consecuencia, ser nulas como ellos, oscuras, pobres y miserables. Proclamada nuestra independencia, amanecieron días alegres como la primavera. La ley abrió las puertas del honor a los que tuviesen las aptitudes precisas. Renacieron esperanzas que estaban muertas. Conocieron los hombres que no era inútil el mérito, y empezaron a hacer esfuerzos para tenerlo; procuraron ilustrarse, y hubo más decoro en su conducta. Las mujeres, sumergidas antes en el mismo abismo donde estaban arrojados los hombres, comenzaron a salir de la abyección; y fueron compañeras de maridos menos incultos, más ilustrados o menos ignorantes; gozaron ventajas que no habían disfrutado; tuvieron un ser nuevo o una existencia que lo era. Progresaba la república, tranquila y contenta, en el seno de la paz, cuando en 1825 dieron el primer paso los que habían meditado su trastorno. En 1826 empezó a estallar la revolución maquinada por los mismos; en 1827 alzó su frente orgullosa y estúpida el despotismo más irreligioso, más inmoral y más inhumano. Los propietarios fueron saqueados, con el nombre de empréstitos, en sus casas y haciendas; los pobres arrancados de sus ocupaciones inocentes y llevados a los campos de muerte y horror; y todos privados de las garantías más respetables, de los derechos más sagrados. Eran naturales las consecuencias o precisos los resultados. Han quedado las esposas viudas; las hijas huérfanas; las mujeres miserables, desvalidas y expuestas a todas las tentaciones de la indigencia. Centroamericanas, no lo olvidéis jamás. Vuestra suerte, venturosa o desgraciada, depende de las leyes que se dicten, del gobierno que se establezca.

El Pícaro

Pícaro es una de las palabras que se repiten en las situaciones más diversas. La cólera la arroja como un dardo para herir a su objeto; el amor la pronuncia para celebrar el talento o gracias del suyo; y el hombre justo para manifestar su celo.

➢ Todos usan aquella voz. Cada uno tiene distinta idea; pero todos son acordes en un punto.

➢ El que hace daño repeliendo la fuerza que le ataca; el que lo causa con nobleza, sin traición ni disimulo; el que ofende en un movimiento de ira no es llamado pícaro.

➢ Pícaro es aquel que lo es realmente y afecta no serlo. La divergencia de su pecho y su fisonomía; la disonancia de sus sentimientos y voces; maquinar una cosa y ostentar otra, es el carácter principal que le distingue.

➢ Si hubiera pícaros en el reino vegetal no lo serían aquellas plantas venenosas que por su fetidez, sabor desagradable y aspecto lúgubre manifiestan que lo son. Tampoco lo serían las asclepias y apocinos que cierran los pétalos y aprisionan la mosca que osa hurtar el néctar de sus flores. Lo sería la dionea muscípula, que teniendo tendidas sus hermosas hojas las cierra al momento para sofocar al insecto inocente que posa en ellas.

- El león que solo ataca cuando es ofendido o hambriento no sería pícaro aun habiéndolos en el reino animal. Lo sería la araña que tiende la red y se retira, o el murciélago que bebe la sangre del hombre dormido, o la zorra, emblema de la astucia.

- Pero no hay pícaros en ninguno de los tres reinos de la naturaleza. Los hay solo en la especie humana. Sabedlo, hombres orgullosos. Este es uno de los timbres exclusivos de la familia que se cree primera entre todas las del globo.

- El sabio perfecto no es pícaro porque conoce sus verdaderos intereses; y el fatuo tampoco lo es porque no tiene talento para serlo. El espacio que separa estos extremos es inmenso y todo él se ve poblado de hombres más o menos pícaros según la distancia respectiva de aquellos puntos.

- En todas partes hay gobierno, leyes, penas, premios, moral, cadalsos, verdugos; y en todas partes hay pícaros, siempre en número mayor que el de los hombres de bien. Venga una copa, Pascual. Otra me da. Vuelve a llenarla. Embriágame al fin. El pensar es tormento. ¿Las ciencias no han podido en tantos siglos discurrir un sistema que produzca efecto contrario? ¿El pícaro será superior a la filosofía? ¿Será más poderoso que todo poder?

- Todos los pícaros deciden el daño de su víctima; esconden su resolución y maquinan medios para ejecutarla. Pero la especie y medios de ejecución los distinguen unos de otros.

- En sociedad alguna, desde el Norte de la Tartaria hasta el Cabo de Buena Esperanza, y desde la embocadura de la Plata hasta más allá del lago Assiniboils, no hay una sola clase que pueda gloriarse de no tener pícaros entre sus individuos.

- Los pícaros del Norte son diversos de los del Mediodía. La picardía de las mujeres es distinta de la de los hombres; la de un dervís no se parece a la de un mandarín; y la de un militar tampoco se asemeja a la de un letrado.

- Unos descubren cierta sencillez en la misma picardía. Otros parecen manifestar malicia en la misma virtud.

- Los malos gobiernos, las leyes mal calculadas, las falsas religiones, los usos, las costumbres, los idiomas, las opiniones, los empleos, los oficios, el espíritu de corporación, el calor, el frío, la humedad, la sequedad, la atmósfera, el sistema físico de cada país influyen en la producción de tantos bichos.

- Un pícaro poderoso calcula daño más grande y toma menos cuidados para ocultar su voluntad. Un pícaro pobre es tímido; maquina daño más pequeño y trabaja para esconder su intención.

- Si se pensara en la clasificación de pícaros, se sucederían unos a otros los sistemas como se han sucedido en la de serpientes y víboras. Uno los clasificaría por las causas que influyen en su producción; otro por la especie y cantidad de daño que hacen; otro por la fisonomía política, literaria, etc., con que se ocultan; otro por la pasión que sirven. Al fin se adoptaría el último por ser más nuevo o por la necesidad de fijarse en alguno. Formada entonces la nomenclatura, se observarían a vista de un pícaro sus caracteres distintos; se buscaría la clase, orden, género y especie a que correspondiese; y, puesto en la que le toca, se sabrían sus artes, objeto y medios viendo los de su género.

- Dijo una verdad quien dijo que los lacayos son pícaros y los aprendices deben serlo.

- Todo aquello que presenta objetos de deseo y embaraza su goce produce pícaros. Sociedades, ved aquí vuestra imagen. Creáis mil necesidades; irritáis los deseos; presentáis objetos a cada momento, y solo concedéis su uso a pocos seres privilegiados.

- En todos los pueblos del globo se odia al pícaro y se ama al justo; y en todas partes se ve triunfante y alegre la picardía, ajada y triste la virtud. No es contradicción. Sucede lo primero porque el hombre huye de todo lo que le hace daño y busca lo que le hace bien; y lo segundo porque la astucia y número crecido de pícaros aumenta su poder, y la sencillez y número escaso de justos influyen en su debilidad.

- Los hombres se unieron en sociedad para aumentar la fuerza que sofoca o repele el mal; y las sociedades, produciendo pícaros en número tan grande, aumentan la fuerza que hace el mal. Esta es contradicción triste.

- Hay picarillos en la infancia, en la juventud, en la virilidad y en la vejez. Pero el viejo ha observado sus propias picardías, las del hombre viril, las del joven y las del infante; el hombre viril, las suyas, las del joven y las del infante; el joven, las propias y las de la infancia; y el infante solo las suyas. El viejo es pícaro más experimentado y, por consiguiente, más pícaro. Esta es la escala en igualdad de casos.

➢ Cada especie distinta de pícaros debe tener fisonomía diversa, porque el hábito de acciones semejantes da igual movimiento a los músculos; pone en situación idéntica las facciones; y llegan estas a fijarse en la posición que les da el hábito. La hipocresía es pintada en la cara de un Tartufo; la adulación, en el aspecto de un cortesano; y la fiereza, en los ojos de un bandolero.

➢ La observación constante del rostro de un triste, alegre, airado, etc., dio al fin la fisonomía técnica de cada pasión[195].

➢ La observación asidua del rostro de cada especie de pícaros daría también la fisonomía de cada uno; y si no hay equivocaciones en lo primero, podría avanzarse la ciencia al grado de no haberlas en lo segundo.

➢ Esta ciencia sería útil, especialmente para los reyes, los ministros de gobierno y los gobernadores, los magistrados, las doncellas, los jóvenes y los pastores que danzaron en Belén.

➢ El pícaro respeta al justo aun haciéndole mal, y el justo teme al pícaro aun siendo justo.

➢ Uno y otro, el pícaro y el hombre de bien, trabajan para poseer el objeto respectivo de sus deseos. Pero el primero dilata, extiende los suyos a todo lo que apetece; cree consumir menor cantidad de movimiento para llegar al término de sus votos; y por la libertad que da a sus deseos y la economía de trabajo, prefiere la picardía a la hombría de bien.

➢ La picardía es, en este sentido, una especie de pereza. El ejercicio es, en esta clase, maestro como en las demás. Un pícaro se vuelve más pícaro ejercitando la picardía.

➢ Un pícaro conoce a otro pícaro al momento por una palabra, un ademán, una mirada. Un justo tarda mucho en conocerle; no le conoce a veces hasta después de ser inmolado. Los primeros hablan un mismo idioma; y el segundo no entiende el de los pícaros.

➢ Hay pícaros que desenvuelven en sus planes tantos talentos como los creadores de las ciencias. Hacer que millones de hombres libres fuesen esclavos de un individuo es problema resuelto por César, más difícil que los de Arquímedes.

➢ Las ciencias formadas por muchos individuos en la marcha lenta de los siglos no pueden gloriarse de haber sido justos todos sus padres,

---

[195] En el Estudio de Valle hay un cuadro que se refiere a la fisonomía de las pasiones. N. de los C.

así como el hidalgo de Castilla no puede jactarse de haber sido Lucrecias todas sus abuelas.

➢ Las ciencias han sido creadas por pícaros y hombres de bien; y sirven a unos y otros.

➢ Las morales, únicas que levantan la voz contra el pícaro, son también las únicas contra las cuales se vuelve el pícaro. Es como el tigre que ruge y muerde la cadena que le liga.

La Constitución Federal

La constitución política de una nación es siempre objeto de las atenciones. Obra diariamente en todas las clases e individuos; se siente cada día su influencia dañosa o benéfica. Los pueblos de Centroamérica han fijado sus pensamientos en la que comenzó a regirlos desde 1824. Cada partido la ha visto en distinto aspecto o por distintas fases. Han sido diversas las observaciones; se han formado opiniones diferentes. Se pidió la decisión a la fuerza en años anteriores; se espera ahora de una convención o congreso constituyente; se pregunta, se consulta; y estos primeros pasos llenan de gozo a los que conocen todos los valores de la paz. ¿Debe abolirse la ley fundamental que nos ha dirigido por espacio de más de ocho años? Derogada por autoridad legítima, ¿cuál es el sistema de gobierno que debe adoptarse? ¿Será el central que reúne los poderes en un centro? ¿Será el federal, simplificado de la manera que exigen nuestras necesidades? Tales son las cuestiones que ocupan la atención; estos son los puntos a que se llama la mía. Yo desoigo la vocinglería de los partidos; yo olvido los intereses privados. No escucho otros acentos que los de la razón; no tengo otros intereses que los del público. Fijo en este grande objeto, examinaré primero la constitución que nos está rigiendo; meditaré después el sistema central; pensaré últimamente en el federal. No infrinjo la ley examinando respetuosamente su texto. Ella misma, deseosa de la perfección, se presenta a los ojos de todos para que, viéndose todas sus partes y observándose todas sus manchas, puedan corregirse las que se noten. El pintor de Atenas exponía sus cuadros a la vista de las que pasaban; aprovechaba las críticas que se hacían; y trabajaba después para que fuesen acabados los que no lo eran. Pero examinando la ley, recuerdo las consideraciones que merecen, mientras no son derogadas por autoridad legítima, aun las que no han sido bien meditadas. Manifestemos sus vacíos y defectos; hagamos representaciones decorosas al poder legislador. No conmovamos jamás a los pueblos; no incendiemos sus hogares ni talemos sus propiedades. Dado el primer impulso, es difícil detener el movimiento, y los de las masas son siempre muy horrorosos. Es un derecho el de petición. Es un deber el de la paz.

La que se llama Era Constitucional empezó en Europa a fines del siglo próximo pasado, cuando se veían los horrores del despotismo que se había sufrido y no se miraban los infiernos de la anarquía que no se había experimentado; cuando los talentos vagaban en los espacios de las abstracciones y no habían descendido al de los experimentos; cuando escribían de ciencias políticas filósofos espirituales, distantes de la materia, lejos de los pueblos, retirados del mundo, sin conocimiento práctico de los asuntos; cuando no estaban todavía probadas en las secretarías y oficinas las teorías de los gabinetes. Era preciso que las constituciones tuviesen el sello de la experiencia; era necesario que empezasen a sufrir los males de los gobiernos que se llamaban constitucionales los mismos que habían sufrido los de aquellos que se denominaban absolutos. Los hombres marchan siempre de un extremo a otro extremo; y no se fijan jamás en el medio de la prudencia sino después de experimentos dolorosos y sacrificios sangrientos. Treinta años corridos desde 1789, dice de Francia un hijo suyo[196], han sido treinta años de desgracia, crímenes y errores. Veintidós años pasados desde 1810, digo yo de la América, mi patria, han sido veintidós años de equivocaciones, sangre y lágrimas. Éramos súbditos del gobierno español en una de las provincias menos adelantadas de América; y de repente, sin aprendizajes preparatorios, subimos al trono de los legisladores para organizar repúblicas, formar Estados y dictar leyes fundamentales. No buscamos el bello relativo; no aspiramos a aquel perfecto proporcional a nuestro ser. El entusiasmo del patriotismo no quiso pensar en la humildad de nuestras aptitudes. Voló a un bello ideal, a un hermoso imaginario, a un perfecto de que no somos capaces.

Del mismo salón de donde salió el decreto que acordó tertulias patrióticas en los pueblos más estúpidos de indígenas para que en ellas se discutiesen los principios políticos de las naciones más ilustradas de Europa, salió también la constitución que en la Capitanía General de Guatemala creó una República Federal y cinco Estados soberanos, un congreso y cinco asambleas legislativas, un senado y cinco consejos de Estado, un presidente y un vicepresidente de la república, cinco jefes y cinco vicejefes de los Estados, una Corte Suprema y cinco cortes

---

[196] Dupin. Forces productives et commerciales de la France.

superiores de justicia, veintiuna secretarías para todas estas autoridades, y la multitud de funcionarios que exigen seis gobiernos supremos establecidos en una sola república. Vista esta constitución en su aspecto político; examinada en el económico; considerada en el moral; meditada en el literario, presenta sin duda reflexiones tan tristes como trascendentales. Yo indicaré algunas, y de ellas se deducirá la necesidad de su reforma. Cuatro son los poderes creados por la constitución: el electoral, el legislador, el ejecutor, el juzgador; y ninguno de ellos se presenta bien organizado.

El poder electoral, de donde emanan los demás poderes, el derecho de elegir, que decide nuestra suerte desgraciada o feliz dándonos legisladores, gobernantes y magistrados, es el que menos consideración ha merecido a la ley. Otras constituciones circunspectas en punto tan delicado no dan el derecho de ser electores sino a los mayores de edad, dueños o usufructuarios de una propiedad. La nuestra, menos escrupulosa, lo concede en el artículo 14 a los menores que tengan dieciocho años y cualquiera medio conocido de subsistir; lo concede, en el 18, a todo americano que manifieste voluntad de vivir en esta república. El que no sabe cuáles son los conocimientos y virtudes que es preciso tener para ser legislador, jefe o juez; el indio más rudo; el joven más corrompido; el peruano o chileno o colombiano o bonaerense más perverso, pueden ser electores, siempre que no estén procesados criminalmente, ni sentenciados por delito que merezca pena más que correccional, ni sean deudores fraudulentos o de la hacienda pública, ni sirvientes domésticos, ni su corrupción o perversidad haya llegado al punto de ser notoria (artículos 20 y 21). Siendo dueños de las elecciones los infelices que se ven condenados a trabajar diariamente desde el nacimiento hasta el ocaso del sol para ganar un salario pequeño; dependiendo de su voluntad el salir de una vida tan miserable como penosa y elevarse a la de funcionarios que con poco o ningún trabajo llegan a tener honor, sueldo y poder; no designando ley alguna la aptitud moral ni la capacidad científica que son necesarias para subir a los primeros empleos, la voz de la naturaleza humana, los acentos del amor propio es regular que se hagan oír. Ascenderán a los destinos más altos los que sin culpa suya tienen menor aptitud para legislar, gobernar y juzgar; gozarán sueldos ciento o doscientos individuos poco capaces de las funciones que ejercen; y sufrirán por su incapacidad dos millones o millón y medio de hombres. El pueblo, dijo Montesquieu, es admirable para elegir los funcionarios a quienes fía una porción de su autoridad. Si renaciera aquel publicista y viera la América, borraría de su obra inmortal aquellas y otras líneas que merecen testarse.

Que elija el pueblo a los que le han de gobernar; que nombren los socios a los directores de la sociedad, es muy propio de los gobiernos populares. Pero que se designen las cualidades que deben tener los electores y los electos para que no sufra el pueblo por la ineptitud o inmoralidad de sus funcionarios; que se acuerden las medidas que dicta la prudencia para asegurar el acierto de las elecciones; que las haga el pueblo y no la intriga; que se deje en libertad la voluntad de aquel y se sofoquen las arterías de esta. Dar tanta latitud al derecho de elección y hacer que por esa latitud sufran los pueblos tantos males es olvidar sus verdaderos intereses y sacrificar al bien de pocos individuos la suerte de una nación entera. No importa al pueblo que haga botas, tejidos, casas, etc., cualquiera que tenga voluntad de hacerlas. Le interesa que las haga el que aprendió a hacerlas, el que sabe fabricarlas y formarlas acabadas. Si este principio es indudable en todos los géneros de trabajos, ¿por qué causa original cesará de serlo en el más importante de todos? ¿Legislar, gobernar, juzgar son acaso obras más fáciles que hacer botas, tejidos o casas? Si es preciso un aprendizaje largo y muy aprovechado para lo uno, ¿por qué anomalía será innecesario para lo otro?

El poder legislador tampoco ha merecido todas las consideraciones que exige su influencia infinita. La constitución lo ha dado al congreso que acuerda la ley, y al senado que la sanciona; y en ninguno de estos cuerpos se ve la organización que debían tener. Rousseau, el ídolo de las repúblicas, deseaba dioses para dar leyes a los hombres; quería una inteligencia superior que viese todas las pasiones de ellos y no tuviese ninguna; y nuestra constitución no exige en los diputados aun la edad de veinticinco años que las leyes creen necesaria para manejar un hombre sus propios bienes, y en los senadores se contenta con que tengan treinta años y hayan sido ciudadanos siete (artículos 61 y 90). Un menor que tenga veintitrés años y un mayor que cumpla treinta pueden dictar y sancionar leyes a toda la república, aunque no posean los elementos de la ciencia legislativa, aunque sean inmorales, siempre que sus vicios no tengan el carácter de notorios. El congreso y el senado pueden componerse de tales individuos. La constitución no lo prohíbe. Ha organizado, por el contrario, el sistema de elecciones de tal manera que el movimiento del tiempo irá poniendo la facultad de legislar en manos que no han aprendido este oficio. El poder legislador, que debía ser el primero en sabiduría y virtud, llegará a ser el último en ambos aspectos;

y a cuerpos que pueden formarse de miembros ineptos ha dado la facultad de dictar leyes, levantar el ejército y armada nacional, formar la ordenanza de una y otra fuerza, conceder al poder ejecutivo facultades extraordinarias, fijar los gastos de la administración general, designar rentas, arreglar la administración de ellas, decretar préstamos e impuestos, calificar y reconocer la deuda nacional, destinar fondos para su amortización, contraer deudas sobre el erario nacional, suministrar empréstitos a otras naciones, dirigir la educación, declarar la guerra, ratificar tratados, arreglar el comercio, habilitar puertos, determinar el valor, ley, tipo y peso de la moneda nacional y el precio de la extranjera, abrir los grandes caminos y canales de comunicación, formar la ordenanza del corso, etc.

Las sesiones del congreso deben empezar a las nueve de la mañana y concluirse a la una de la tarde. En estas cuatro horas un diputado está ocupado en oír las notas del poder ejecutivo sobre diversos puntos y las proposiciones que se hacen sobre negocios de hacienda, guerra, instrucción pública, relaciones exteriores, etc., y en discutir sobre el asunto puesto a discusión. A la una de la tarde sale, fatigada la cabeza, a gozar en su casa de las horas precisas de descanso. A las cuatro vuelve a la sala de comisiones a examinar con sus compañeros algunos de los expedientes pasados a su vista; y al principio de la noche estudia y medita alguno de los puntos que se han de discutir en el congreso o despachar en las comisiones de que es individuo. ¿Y los demás que despachan las comisiones de que no es vocal? ¿Y los otros que se tratan de discutir en el congreso? Y los que se proponen de repente y se declaran del momento, ¿a cuál hora del día o de la noche podrán ser estudiados, examinados y meditados? Llamada la atención a tantos asuntos de especie tan diversa; presentado en este momento un negocio de rentas, en el que sigue otro de marina, en el que sucede otro de educación, y en los demás otros de guerra, de tranquilidad pública, de tratados de comercio, etc., ¿podrá el talento más vasto formar al instante juicio exacto, decir discursos razonados y dar votos juiciosos sobre todos? El hombre ilustrado, laborioso, retirado de la sociedad y sus entretenimientos, ¿no sentirá penas infinitas para dilatar su atención a un espacio tan extenso de negocios y dar lleno completo a los deberes de diputado? Y el que no tiene principios, ni ama el trabajo, ni sabe arrancarse de los paseos y diversiones, ¿podrá cumplirlos y corresponder a las confianzas del pueblo? Yo pido permiso para decirlo. El congreso, en su actual organización, es necesario que cometa errores dolorosos; y el senado, instituido para rectificarlos, dando sanción a lo justo y negándola a lo que no lo es, ha sido concebido de una manera que dificulta el lleno de su instituto.

En otras naciones, amaestradas por la experiencia, infalible siempre en sus decisiones, los poderes supremos han sido combinados con tanta sabiduría que el uno no es sofocador del otro. Una cámara, derivada de un origen y representando una clase, propone y acuerda la ley. Otra cámara, emanada de otro principio y representante de otra clase, revisa la que ha sido acordada; y el ejecutivo, que por su elevación no pertenece a ninguna clase ni es de ningún partido, da o niega su sanción. Los acuerdos suben al rango de ley por la concurrencia de los poderes y clases; y la ley marcha a hacer la felicidad de la nación sin tropiezos ni embarazos, en paz y sosiego, sin tumultos ni guerras. La clase representada por la Cámara de Diputados no le opone obstáculos porque ha sido dictada por ella; la que es representada por la de Senadores tampoco la embaraza porque le ha dado sus votos; y el ejecutivo la cumple con energía porque ha tenido su aprobación. Todo es armonía en la ley; todo es paz; todo es celo.

En caso contrario, cuando las cámaras nacen de un mismo origen y representan una misma clase; cuando el ejecutivo no tiene derecho alguno de sanción, los efectos producidos por sistema tan triste son absolutamente diversos. El poder legislador marcha a la omnipotencia y el ejecutor elude o cumple fríamente leyes dictadas muchas veces contra su opinión. Las leyes tienden al beneficio de una clase y al daño de otra. La clase beneficiada las recibe con entusiasmo; y la perjudicada las mira con horror. La ley no marcha tranquila, en paz y sosiego. Unos quieren sostenerla; otros pretenden sofocarla. Se suceden unas a otras las guerras intestinas. Cada partido que triunfa se sienta sobre ruinas; y la total de la república será, al fin, el último resultado. La marcha de Centroamérica atesta estos principios. La constitución ha creado dos cámaras, el congreso y el senado; pero manda que una y otra salgan de un mismo origen; dispone que ambas representen un mismo pueblo. El mismo partido que triunfa en las elecciones elige a los individuos del congreso y a los vocales del senado. La masa del pueblo, representada por el primero, lo es también por el segundo; y de las dos clases en que se dividen las naciones del mundo, la una no tiene cámara que la represente y la otra tiene dos que la sostengan.

Todos los pueblos de la tierra han sido y serán en todos los siglos y climas divididos en dos clases: los propietarios o capitalistas y los que no lo son. Los primeros no tienen en Centroamérica representación especial y los segundos son representados por el congreso y senado. Este y aquel, derivados de un mismo origen, son (en lo general, sin perjuicio de algunas excepciones) penetrados de un mismo espíritu. El congreso es un senado de muchos individuos; el senado es un congreso de pocos vocales; y el ejecutivo no tiene el derecho de sancionar. La marcha de la constitución no ha sido tranquila. Hubo revolución sangrienta y horrible en 1826, 27, 28 y 29; la hubo en 1831; la hay al presente; y el motivo de ellas ha sido la constitución. El poder ejecutivo se levantó contra ella en años anteriores. Unos han querido variarla y otros han luchado por conservarla. Un congreso autorizado con atribuciones tan grandes, un poder tan omnipotente, podría ser moderado por una cámara representante de los propietarios, por el derecho de sanción que tuviese el ejecutivo, por la educación de los individuos del legislativo, por la responsabilidad de ellos, por la publicidad de sus sesiones. Pero la constitución no ha creado cámara de propietarios; la constitución no ha dado al Ejecutivo el derecho de sanción; la constitución no exige en los diputados toda la educación que es necesaria para ser legislador; la constitución, que no fio al poder ejecutivo la facultad de juzgar a los individuos que lo ejercen ni al judicial la de juzgar a sus agentes, olvidó esta delicadeza cuando trató del legislativo. Los diputados son los que declaran si debe formarse causa a sus compañeros; los diputados son los que juzgan a sus colegas; y la publicidad que ordena en las sesiones del congreso es casi imaginaria, porque el pueblo no concurre a ellas, la imprenta no las da a luz y la opinión carece de datos para ejercer su imperio. Si el poder legislador marcha sin haber por la ley otro que modere su movimiento y el ejecutor es ligado por ella en todos sus pasos, el primero es omnipotente por la constitución y el segundo es casi nulo por la misma. El ejecutor de una república dividida en cinco Estados debe ser un poder fuerte, independiente y respetable por su autoridad y hacienda. No está, como el gobierno de una República Central, rodeado de individuos y pueblos. Se halla en medio de Estados soberanos; y si el primero hace respetar la ley a particulares y poblaciones débiles, el segundo la debe presentar a Estados respectivamente poderosos, armados y dueños de rentas propias. Si solo debía haber Estados, la constitución obró mal creando un Gobierno Nacional; y si, a más de los Estados, debe haber nación o república, la constitución debió establecer un centro de unión, y ese centro debe ser fuerte y respetable. Querer que haya nación y no establecer un Gobierno Nacional, o crearlo débil y de existencia precaria, sin rentas ni fuerza, es contradecirse o manifestar muy poca previsión en un punto en que era de desear la de un Dios. La constitución puso el poder ejecutor en manos de un presidente elegido por los pueblos de los Estados; mandó en los artículos 114 y 116 que pidiese consejo a los senadores que eligiesen y enviasen los Estados; dispuso en el 117 que proveyese los empleados en los individuos que propusiesen los senadores de los Estados; acordó en el 121 que concediese premios honoríficos si lo aprobaren los senadores de los Estados; ordenó en el 122 que depusiese a los funcionarios con acuerdo de los senadores de los Estados; previno en el 69 que, para su existencia, pidiese fondos a los Estados si no alcanzan las rentas; expresó en el 124 que diese a los senadores de los Estados los informes que le pidiesen; manifestó en el 120 que podía usar de la fuerza para repeler invasiones o contener insurrecciones, dando cuenta a los senadores de los Estados en receso del congreso; mandó en el 123 que cada año diese cuenta a los diputados elegidos por los Estados de todos los ramos de administración pública y del ejército y marina; acordó en el 149 que los diputados nombrados por los Estados tuviesen la facultad de declarar si hay o no hay lugar a formarle causa; no le señaló un palmo de tierra en toda la extensión de la república; y aunque dijo en el 65 que se construyese una ciudad federal cuando lo permitiesen las circunstancias, han corrido más de ocho años y todavía no se ha puesto la primera piedra; no le concedió el veto absoluto ni suspensivo; le dio solamente el derecho de informar a los senadores de los Estados sobre las leyes u órdenes acordadas por el congreso; y esta disposición le puso en la alternativa triste de informar contra su conciencia para no desagradar al congreso, que puede declararle la responsabilidad, o de exponerse a su resentimiento manifestando francamente su contraria opinión.

Tal es la autoridad, tales son las atribuciones del Supremo Poder Ejecutivo de la República de Centroamérica. No es un poder independiente, investido de las facultades, rico con las rentas y fuerte con las fuerzas necesarias para mantener el orden y hacer que la república marche a la prosperidad. Es un ser débil, sujeto a la acción poderosa de los Estados, sin facultades, sin tierras, sin rentas ni fuerzas. Vivirá si los Estados quieren que viva; vivirá el tiempo que quieran los Estados; vivirá de la manera que agrade a los Estados. La existencia de los Gobiernos de los Estados es una existencia independiente en su administración interior. La del gobierno nacional es una existencia precaria. El ser de los Estados es fuerte; el de la nación es débil.

Organizados de esta manera los gobiernos, desaparecerá el federal y quedarán solamente los de los Estados. Cesará de haber nación y solo existirán los Estados. Habrá cinco repúblicas débiles por no haber un vínculo de unión. Las de mayor poder rehusarán respetar la justicia de las menos fuertes. La de más riqueza y fuerza aspirará a ser señora de las otras. El genio de las guerras intestinas levantará su odiosa frente. Triunfará la más fuerte, o la anarquía sepultará a todas en la nada. No habiendo equilibrio de riqueza, fuerza y poder en los Estados, es necesario que exista un gobierno nacional que socorra a los Estados débiles contra los embates de los fuertes. Querer que desaparezca el Gobierno Federal y dejar solos a los Estados sería querer que los menos fuertes sean víctimas del más poderoso. Crear un gobierno nacional rico, fuerte y poderoso que sofoque las injusticias y sostenga el equilibrio del orden es lo que importa a los Estados e interesa a la República.

El poder judicial tampoco ha sido organizado como es de desear ni levantado sobre las bases que corresponden. La constitución facilita la impunidad, pone la magistratura en manos ineptas y no designa con exactitud las atribuciones de la Corte Suprema de Justicia. Manda en el art. 158 que la detención de un hombre no dure más de dos días y que pasado este término se le debe reducir a prisión o poner en libertad; y ordena en el 160 que todo preso debe ser interrogado dentro de cuarenta y ocho horas, y el juez está obligado a decretar su libertad o permanencia en la prisión dentro de las veinticuatro siguientes. Son muchos los casos en que, siendo positiva la criminalidad de un hombre, no puede acreditarla el celo más activo en dos ni en tres días. Hay pruebas plenas; hay testigos fidedignos. Pero en término tan breve no pueden reunirse aquellas ni traerse estos de los lugares de su residencia. Poner en libertad al detenido o preso contra quien hay prueba semiplena sería en tal caso abrir la puerta a la impunidad y ofender los derechos del público. Dispone en el art. 132 que haya una Corte Suprema de Justicia compuesta de individuos elegidos por el pueblo; y para ser electo solo exige en el 133 que sean americanos con siete años de residencia, mayores de treinta, seculares y ciudadanos. No exige virtudes ni luces en jurisprudencia. Sin haber visto jamás los Códigos Legislativos puede ser magistrado supremo el hombre más ignorante; sin tener conocimiento de las leyes puede pronunciar sentencias arregladas a las leyes. Es un prodigio la constitución que les da derecho para ser elegidos jueces y les da también jurisprudencia. La soberanía del pueblo se extiende hasta este punto. Eligiendo a un hombre lo hace magistrado y jurista. Formada de tales sabios, la Corte Suprema conocerá, dice el art. 136, en los casos emanados de la constitución, de las leyes generales, de los tratados hechos por la república, de jurisdicción marítima y de competencia sobre jurisdicción en controversia de ciudadanos o habitantes de diferentes Estados. Esta es la ley que fija las atribuciones del Tribunal Supremo de Justicia. Yo no sé si el pueblo será capaz de entenderla. Lo que veo es que le falta el carácter grande que debe haber en una ley: el de ser tan clara que pueda entenderla cualquiera del pueblo; el de no anunciarse jamás con términos vagos[197].

1832

---

[197] Faltan las otras partes de este trabajo, relativas a los sistemas Central y Federal. N. de los C.

Del Absolutismo a la Libertad

Después de siglos de gobiernos absolutos, opresores de los pueblos, los hombres pensaron en gobiernos constitucionales, protectores de sus derechos. La primera época debía producir la segunda. Era cosa muy natural. El dolor hace siempre pensar en el remedio. La tierra ofrecía en otro tiempo el espectáculo triste de naciones enteras sometidas a la voluntad de un solo individuo o a los caprichos de sus válidos. Los reyes donaban, legaban y vendían pueblos así como los ricos venden, arriendan o regalan cabras, ovejas y caballos. Millones de hombres eran propiedad de un solo hombre. La filosofía, sensible siempre a las desgracias de la especie, pensó en las de los pueblos que las sufrían, y los pueblos oyeron gozosos sus dulces acentos. El hombre no es propiedad del hombre. Todos son individuos de una especie; en todos hay derechos que el movimiento del tiempo no puede hacer que sean proscritos. Si se han unido en sociedad, no es para ser unos esclavos de otros. Es para su procomunal. Las selvas serían preferibles a las poblaciones si en aquellas hubiera libertad y en estas esclavitud. Debe haber poderes directores de la sociedad, ¿quién puede dudarlo? Pero esos poderes no deben ser absolutos ni estar acumulados en un solo individuo. A excepción de la acumulación de virtudes y conocimientos, todas las demás son peligrosas cuando dan influencias excesivamente grandes. La acumulación de riquezas inmensas en una mano es temible; la de muchas autoridades en un funcionario lo es igualmente... Los poderes deben estar sabiamente distribuidos y limitados.

Este es el objeto noble de una constitución; esta es la necesidad primera de un Estado. El despotismo sube al trono y oprime con su masa de hierro cuando un solo hombre puede todo lo que es capaz de querer. La discordia divide a la sociedad cuando la ley no ha sabido fijar los linderos de cada poder. Estos principios, concentrados al principio en los gabinetes de los sabios, cultores infatigables de las ciencias políticas, se fueron transmitiendo después de unas a otras clases de la sociedad. Comenzó el ejemplo en unos países, la imitación en otros y el deseo en los demás. Inglaterra, luchando con el poder arbitrario, conquistando sus fueros y libertades, tuvo carta al fin, y el espíritu público de su ilustración, creado por ella, manifestó en la marcha, en el poder de su marina, en la inmensidad de su comercio y riqueza, la superioridad de los gobiernos constitucionales sobre los absolutos. Holanda sacudió en el siglo XVI el yugo de Felipe II; se pronunció independiente del gobierno español; se constituyó en República Federal, desarrolló una energía que admiró al mundo y fue un ejemplo vivo que debía influir en los siglos siguientes. Portugal se levantó en el XVII contra el Gobierno de España, que por la fuerza lo había sometido; y tuvo también la influencia que tienen siempre los actos de libertad justa contra la tiranía opresora. El Norte de América aprovechó las lecciones que le habían dado Portugal, Holanda e Inglaterra y las dio al centro y mediodía del Nuevo Mundo. En el siglo XVIII proclamó su independencia del gobierno británico; se erigió en República Federal; y su marcha es desde entonces un desarrollo prodigioso de población, riqueza y civilización progresiva. Francia, posesora de todos los conocimientos adquiridos en las otras naciones y creadora de otros nuevos, era imposible que estuviese más tiempo sometida al poder de un gobierno absoluto. Se conmovió al fin en los últimos años del mismo siglo, y su movimiento fue como el de las masas enormes o colosales. Se hizo sentir en ambos mundos. Monarquía constitucional primero; República central después; Imperio posteriormente; en todas las épocas de su espantosa revolución fue un astro que lanzó fuegos y derramó luces por todas partes. Del seno de ella salió un hombre que no tuvo igual; y ese hombre, elevado al trono, quiso destruir los tronos antiguos y crear otros para que no quedase aislado el suyo. Derribó el de España y la invadió por la fuerza, sin derechos ni títulos.

Los españoles se alzaron heroicamente contra un agresor tan injusto; proclamaron los derechos de los pueblos y decretaron en 1812 la constitución que dice: «La soberanía reside radicalmente en la nación». América, invadida por los españoles en el siglo XVI, no había olvidado la memoria de esta agresión y aplicaba a ella los principios que España publicaba sobre la de los franceses. Veía a la Península ocupada por fuerzas extrañas superiores a las suyas, privada del rey legítimo que la mandaba; gobernada primero por juntas creadas en cada una de sus provincias, sin título alguno para mandar en las de América; regida después por la central, compuesta de individuos nombrados por las provinciales que no tenían derecho sobre las americanas; administrada posteriormente por la Regencia formada por la central, que tampoco lo tenía sobre las del Nuevo Mundo; y dirigida últimamente por las cortes que daban a España, siendo menor su población, el máximum de diputados, y a América el mínimum, siendo más grande el número de sus habitantes; veía que la Regencia misma, hablando a los americanos en uno de sus manifiestos, confesaba que cerca de tres siglos habían sido oprimidos por el peso del despotismo; veía que los españoles publicaban en diversos impresos los derechos de los pueblos contra la tiranía o despotismo; veía que, restituido el rey al trono de sus mayores, sus primeros actos habían sido abolir la ley fundamental decretada por las cortes y arrestar a diversos diputados de sus pueblos; veía que la naturaleza había puesto un océano inmenso entre el Nuevo y el Antiguo Mundo. Yo debo ser independiente, dijo el americano, en el silencio de toda pasión. La ley fundamental de España es uno de mis títulos. La soberanía reside en la nación; lo que acuerda la mayoría debe ser ley; y América, que es la mayoría, quiere su independencia. Continentes separados por la naturaleza deben estarlo por la ley. El gobierno del uno no puede, a distancia tan inmensa, administrar bien al otro. Si España quiere tener el que la administra en el centro mismo de sus pueblos, América desea también establecer el suyo en el seno de sus provincias. Son iguales los derechos de individuos de una especie. Los títulos del español sobre América son la fuerza con que la conquistó y la bula en que el Papa se la donó. La fuerza no es derecho, y no puede regalar mundos el vicario de quien dijo: Mi reino no es de este mundo. La independencia era una voz encantadora que ofrecía a todos esperanzas lisonjeras. Prometía a los pueblos el beneficio de ser ellos mismos los que constituyesen las formas de sus gobiernos; a las clases elevadas, los primeros empleos del Estado; y a las inferiores, la abolición de las leyes que las degradaban y la apertura de las puertas del honor; a los eclesiásticos, las prelacias, dignidades, prebendas y beneficios sin partirlos con los españoles; a los comerciantes, la libertad de abrir relaciones con todas las plazas del mundo, llevar a ellas los frutos y recibir de las mismas sus mercaderías; a los labradores, la ventaja de dar valor más grande a los productos de la tierra, extendiéndose el comercio y multiplicándose los compradores; a los hombres de talento, el derecho de cultivarlo libremente, entrando en correspondencia con los sabios de Europa, luciendo sus más eminentes producciones, viajando por el Antiguo u oyendo a los viajeros del Nuevo.

Todos los intereses de todo género esperaban bienes de la independencia. Llegó a haber espíritu general; y el espíritu público triunfa siempre, en todos tiempos y lugares. Los caraqueños, en 19 de abril; los bonaerenses, en 25 de mayo; los bogotanos, en 20 de julio; los mexicanos, en 14; y los chilenos, en 18 de septiembre de 1810, empezaron a pronunciar acentos de libertad. El movimiento del Norte y del Mediodía era preciso que se comunicase al centro. América es una masa compuesta de los mismos elementos, sometida a la misma suerte, llamada a los mismos destinos.

La aristocracia municipal de Guatemala era, como todas las aristocracias, enemiga decidida de los derechos de igualdad. Pero supo, como las demás, hablar idioma que no era el de su pecho. Para elevarse más sobre las que se llamaban castas, para no estar sometida a un gobierno que daba a los españoles los empleos más importantes, para subir a los primeros puestos y gobernar desde allí a los pueblos, quiso la independencia y trabajó para ella con aquel objeto[198].

---

[198] No se encontró la siguiente parte de este estudio. N. de los C.

Al Ciudadano José del Valle

ODA

A par de los robustos árboles corpulentos,
del cedro que a los cielos se levanta, no es dado a los arbustos
formar altos intentos:
y a par de la dulcísima garganta con que el jilguero canta,
la débil avecilla
teme soltar su voz tenue y se humilla.
Así yo me contemplo ante el coro armonioso
de los sagrados cisnes de Hipocrene: tomo la lira y templo;
mas el labio medroso
por un secreto impulso se detiene, se anima y le contiene
el respeto que sólo
vosotros me inspiráis, hijos de Apolo.
¡Oh númenes gloriosos! Cantores de Helicona,
cuyas cimas augustas penetrando, de laureles hermosos ceñisteis la
corona
que vuestras sienes veis hoy adornando; perdonad si deseando
seguir vuestros caminos
se extravía mi pie, genios divinos.
Mas si el ilustre nombre, en cadencioso verso,
sonoro a publicar mi voz no acierta; ya tan digno renombre
en el culto universo
de la inmortalidad le abre la puerta: por él veo cubierta
a mi patria de gloria,
y Clío eternizando su memoria.
Oigo el nombre funesto de mil conquistadores,
aplaudidos en vida, en muerte odiados: veo el puñal enhiesto
sobre los opresores
de nuestros pueblos señoriados; mientras que miro alzados soberbios
monumentos
a la sabiduría y los talentos.
Así, jamás honrada del sabio la memoria
verás ¡oh, Valle! nunca confundida tu gloria señalada
con esa falsa gloria
que al destructor del hombre es atribuida: la tuya está erigida
en propender humano

al lustre y libertad del centroindiano.
Tu pericia y tu celo enfrenó la discordia
que derramara en León tantos estragos; por ti aquel triste suelo
vio reír a la concordia:
la paz brilló con mil nuevos halagos; y los días aciagos
de la guerra, olvidando,
iba ya por la influencia de tu mando.
Mas ¡ah! que apenas sueltas de tus manos las bridas,
torna a encender la tea cruel Belona; míranse ¡oh Dios! envueltas
en lides fratricidas
las provincias; alarma, sus, se entona; la ambición se corona,
todo el orden se invierte
y la patria ¡ay! infausto lloro vierte.
¿Y en tan lúgubres días, de nublados cubiertos,
mi lira ha de sonar? Sí, caro amigo; en horas tan sombrías recuerdo
bienes ciertos
que gozó la nación bajo tu abrigo; partícipe y testigo
fui yo del dulce fruto
que le ofrece tu celo en fiel tributo.
La paz, la ley augusta, tú solo conservaste
a despecho del genio turbulento
que de tornarlas gusta:
la obediencia enseñaste,
pero con suavidad y blando acento.
¿Se oyó por ti el lamento que la alegría aleja?
¿Vertió alguno una lágrima, una queja?
¡Oh, si cuando llamado de las leyes al templo
a defender del pueblo los derechos, te hubiesen escuchado
y seguido tu ejemplo…!
la angustia no afligiera a tantos pechos; ni se vieran deshechos
los lazos fraternales,
ni los altos poderes nacionales;
y no que ahora, sumidos en una guerra infanda,
gime la viuda, el hijo, el tierno esposo, de miseria oprimidos;
la doncella demanda
socorro inútilmente al poderoso; allí espira angustioso
el mísero artesano;
contra un hermano, allá, lidia otro hermano.
Tal es el cuadro horrible de desgracias sin cuento,

fruto de la ambición y la locura.
¡Oh si fuese posible ahora, en este momento,
volver a aquellos tiempos de ventura! La triste desventura
los pueblos no probaran;
en dichas y contentos rebosaran.
Mas baste: acaso un día despertará risueño,
y volaré a pedirle albricias de que la guerra impía depuso el fiero ceño:
Jano y Temis se harán mutuas caricias; se inundará en delicias
la corte y ruda aldea; renacerá la próvida Amaltea.
Pero en tanto que llega momento tan glorioso,
y que el grito feroz del arma calle, mi labio humilde os ruega aceptes
bondadoso
estos poéticos ocios, caro Valle; la envidia vil estalle
contra ellos su veneno,
que yo veré su cólera sereno.

Miguel Álvarez Castro
(Salvadoreño)

Al Señor Licdo. don José del Valle, remitió el poeta en diferentes ocasiones y con los motivos que en algunas de ellas se indican, las siguientes

Décimas
Cuando el astro luminoso asoma en el horizonte
ilustra al excelso monte
primero que al valle umbroso;
y cuando el astro glorioso
de las ciencias se ha mostrado
de este imperio dilatado
en los bellos señoríos,
miro entre montes sombríos
un Valle solo ilustrado.
Bajo el dorado dosel
de la justicia descansa,
Valle arregla su balanza
equilibrando su fiel:
en el sellado papel
se graban los fundamentos
de sus altos pensamientos;
pero yo gusto de aquellos
papelitos que, sin sellos,
revelan sus sentimientos.
Aquel que del aire viva
con heroico y noble paso
huelle del monte Parnaso
la difícil cumbre altiva.
Yo hice alguna tentativa,
respiré su éter sereno,
y dije al fin: es muy bueno,
mas sin sustancia este fluido;
y a un Valle bajé florido,
profundo, abundante, ameno.
Desde el bufete fiscal
en que por la ley trabajas,
dulce amigo, sé que viajas
por el orbe universal.
El polo ártico y austral,

términos de nuestra esfera,
no limitan tu carrera;
pues en extático vuelo,
tu espíritu sube al cielo
y al sol mismo considera.
	Esa mole casi inmensa
de luz finísima, fluida,
observas obscurecida
con alguna mancha densa;
y tu espíritu que piensa
(huyendo del expediente
sucio, obsceno, delincuente),
hallar pureza en los rayos
del sol, encuentra desmayos
de su luz resplandeciente.
	Corra el humano deseo
tras el resplandor del oro,
o en pos del lustre y decoro
del honorífico empleo:
yo con Buffon y Linneo,
en la natural historia,
logro más satisfactoria
la verdad sencilla que halle
en el dulce ameno Valle,
que todo el oro y la gloria.
	Como la química ciencia
de una piedra calcinada,
que reduce casi a nada,
viene a deducir su esencia:
así, Valle, tu prudencia
analizando entidades
de humanas debilidades,
que autoriza la ignorancia,
consigue sacar sustancia
de las mismas vanidades.

Remitiéndole Un Insecto

A ti, dulce amigo caro,
a quien pasma y embelesa
la sabia naturaleza,
remito ese insecto raro.
Yo no distingo a lo claro
si es una aurelia durmiente,
o gusano dependiente
del granado, que le es propio:
tú, allá con el microscopio,
le observarás diligente.
Por desquite del tormento
que te causan los delitos
en los procesos escritos
contra el hombre fraudulento,
bajo tu cristal de aumento
examina ese frailucho,
que encerrado en su capucho
predica a quien lo comprende:
«Que este mundo no se entiende
ni en lo poco ni en lo mucho».

Remitiéndole La Flor De Un Arbusto

Mientras con ojos atentos
el buen filósofo observa
la estructura de una yerba,
su principio y sus aumentos;
una tropa de jumentos,
que la misma yerba pace,
de gustarla se complace
sin meterse a definirla,
porque solo digerirla
es lo que le satisface.

Dándole Las Pascuas

Si oyes cantar en Belén
Paz en la tierra a los hombres,
dulce amigo, no te asombres
que tanto anuncio nos den:
sabes que es el mayor bien
que da la divinidad,
y se promete, en verdad,
a nuestra especie infelices;
pero el texto al hombre dice
que es de buena voluntad.
Hoc opus, amigo Valle,
para el hombre es tanto bien,
pero para el hombre en quien
la buena voluntad se halle.
Antes que tu pluma falle,
en vista del requisito
que pide el texto bendito,
si hay paz en la realidad,
yo, con buena voluntad,
las pascuas te felicito.

Dr. Rafael García Goyena
(Guatemalteco)
Año de 1823

A la muerte del ciudadano José del Valle
"Justum Minerva laurea"

El domingo 2 del mes corriente a las 10 de la mañana ha fallecido cerca de Corral de Piedra el ciudadano José del Valle a los 54 años de su edad. Enfermo desde su hacienda venía en una litera a recibir en Guatemala los recursos del arte, y en el camino mismo, a 14 leguas de esta ciudad, en el campo abierto, ni aun bajo el rústico techo del campesino, sino bajo los rayos abrasadores del sol de la mañana, ha exhalado su postrer aliento el primer hombre de Centroamérica. No se ve a su muerte, como en los funerales de otros hombres, el ansioso afán de un pueblo entero por ofrecerle un último homenaje: no las lágrimas de mil vivientes que el médico ha levantado del lecho de la enfermedad, ni el sentimiento de la muchedumbre que el sacerdote elocuente entusiasmaba desde el púlpito; mas para los verdaderos patriotas, para los amigos de las letras, para los que aprecian el mérito y estiman cual se debe los dotes del genio, ¡cuán irreparable este golpe del destino! Valle no existe. El talento feliz, el escritor hermoso, el americano de nombre en Europa, el Cicerón de los Andes, como le ha llamado un escritor de Inglaterra, ha finado su existencia. El hombre a quien los pueblos elegían actualmente para la primera magistratura, el que debía salvar la república de la disolución que la amenaza, yace en el sepulcro. Vista bajo el aspecto literario, su falta es sin comparación funesta. Aun se hallaba en todo el vigor del genio y madurado con la experiencia y enriquecida su cabeza cada día más y más con un estudio incesante, treinta años más de vida, ¡cuán útiles iban a ser a las ciencias! Considerada su pérdida para la patria, ¡cuán tristísima también! Probablemente él iba a ocupar ahora la silla del gobierno. Él era ya el presidente popularmente electo. Después de tantos años de calamidades y de errores, adicionados en la escuela de la desgracia, nos dirigimos ya por las intrigas de un partido, ni más deslumbrados por la brillantez de una gloria alcanzada en combates de hermanos contra hermanos, pagábamos este obsequio a la capacidad. La votación unánime de los Estados de El Salvador y Costa Rica, y numerosos sufragios en los demás Estados, el clamor de los hombres sensatos, y las instancias de los verdaderos patriotas, llamaban a Valle al frente de la república. Centroamérica bajo su administración iba a adquirir crédito, iba a borrar la mala reputación que hoy tiene en el extranjero, y las ciencias y toda clase de conocimientos útiles iban a cultivarse y propagarse y a mudar en risueñas esperanzas de bienestar futuro los elementos de guerra civil, y de miseria, y de males sin cuento que hoy amenazan por doquier. Valle era en América el sacerdote de Minerva. Las artes útiles, los progresos de las ciencias, los diarios descubrimientos e invenciones de la industria y de la civilización de Europa, arrebataban su alma. Formado en su juventud para la carrera del foro, había cultivado después todas las ciencias. Su mérito consiste en haberse formado solo, y sobreponiéndose a la ignorancia y a las preocupaciones del país en que nació, en haberse elevado a una inmensa altura. Los grandes hombres en Europa se forman en los grandes colegios, en las universidades y academias, en las cátedras de los sabios: Valle lo debió todo a sí y tuvo que luchar con los obstáculos de toda clase con que el yugo colonial contenía siempre el vuelo del genio y los esfuerzos de la aplicación. ¡Ah! El hacer su completo elogio es obra de más segura pluma que la que traza esta hoja, y algún día la historia americana, al recordar los patriotas, los héroes y los sabios del hemisferio occidental, inscribirá en sus páginas el nombre de nuestro compatriota con elogios. Yo me atrevo, no obstante, con mano trémula a ofrecer este corto homenaje a sus cenizas venerables.

Bajo la losa helada
el hombre grande de la patria yace:
la muerte despiadada
en herir se complace
al hombre sabio, al útil, al virtuoso, y conserva al guerrero,
al mortal ambicioso,
al déspota opresor de un pueblo entero...
Pero Valle no existe,
y en sentimiento amargo de negro luto viste
al patriotismo su eternal letargo.
El tiempo a su memoria
hará justicia, y un futuro día
constituirá su nombre nuestra gloria:
permítaseme en tanto aproximarme a su ceniza fría con planta
respetuosa,
y cubierto de llanto derramar una flor sobre su losa.

Z. G.
Guatemala, marzo 7 de 1834
Imprenta Mayor

Necrología

El célebre y elocuente Pradt invocó el numen de Bossuet para pintar con colores propios la muerte del gigante de la Europa, Napoleón; para delinear la del gigante literario de Centroamérica, licenciado José del Valle, que acaba de suceder hoy 2 del que comienza, era preciso implorar no solo la inspiración de Bossuet, sino la del mismo Monseñor Pradt, que sin duda fue el Bossuet y Fenelón de su época; mas no es nuestro ánimo hacer la completa biografía de este sabio centroamericano; tal honor está reservado únicamente a otros tales como él. Así, con estas mal escritas páginas, que consagramos a su memoria, no hacemos otra cosa que bosquejar el cuadro: los Apeles y Rafael(es) centroamericanos lo acabarán, o levantarán sobre mejores trazos. Valle nació en la villa de Choluteca, Estado de Honduras en la América Central. Se formó y educó en Guatemala sin salir de su recinto jamás, y en tiempos en que no se adquiría ilustración sino a merced de estudio incesante y trabajos asiduos. La principal carrera que eligió fue la de la abogacía, que desempeñó con tantos talentos como probidad. Cuando Guatemala era colonia del Gobierno Español, Valle mereció las consideraciones de aquel gobierno y sirvió destinos de representación. Cuando se proclamó nación independiente, Valle fue individuo de la junta de gobierno, y notoriamente uno de los más eficaces colaboradores que salvaron la patria de los horrores de la anarquía en aquella transición tan peligrosa como necesaria.

Cuando por el error, el engaño o cualquiera otra causa se sometieron a México los pueblos de la república con excepción de la provincia de El Salvador, Valle fue diputado al Congreso Mexicano, donde por haber sostenido con energía los derechos del hombre, fue reducido a prisión dura; mas era tanto el concepto que gozaba este literato, que de las cadenas mismas que Iturbide le pusiera, fue elevado por él mismo al eminente empleo de su primer ministro. Desapareció el nuevo imperio mexicano, como desapareció el de Moctezuma, el de los Incas, y como desaparecen todas las cosas. Guatemala entonces se erigió en nación independiente, y Valle aun estando en México fue nombrado individuo del primer P. E. que la gobernara. Se procedió a elegir presidente, y Valle obtuvo para aquel destino votos populares. Este insigne literato ha sido autor de varios escritos que le honrarán para siempre. Fue editor único del periódico titulado Amigo de la Patria. Lo fue también del que se llamó **Redactor General**: estos escritos con muchos otros que dio a luz y su concepto literario difundidos por la Europa culta, le adquirieron el aprecio de los sabios, con quienes mantuvo correspondencia, y el honroso diploma de individuo de la Academia de Ciencias en París. En las actuales elecciones se asegura que Valle reunía elección popular para la primera magistratura de la república. Su muerte pues será, sin duda, de influencia muy grande en el orden político; y aunque el genio de la Francia, Napoleón, decía que no había hombre necesario, porque habían muerto muchos hombres grandes y el mundo marchaba sin detenerse: nosotros respetamos su dicho, pero no somos de su sentir, porque, aunque es verdad que el mundo siempre marcha, no es cierto que marcha siempre bien. Valle en su vida privada fue ejemplo de moralidad: sus costumbres tan puras como las de un sabio y hombre de bien, y la mayoría de sus escritos no respiran sino orden y respeto a la propiedad: fue en fin buen esposo, buen padre y excelente ciudadano; y si como hombre no estuvo acaso exento de defectos, los que se le hayan podido notar más bien serían hijos de alguna falta de mundo, que de malicia o perversidad de corazón. Valle, en fin, ha sido un centroamericano que hizo honor a su país con su nombre, y que con sus escritos le procuró opinión, ya dando a conocer sus valores en los tres reinos de la naturaleza, ya demostrando con exactitud las ventajas de su posición topográfica.

Tendría enemigos; pero la envidia, que como la lisonja no puede penetrar la tumba, hoy calla de contado, y por una especie de orgullo nacional, no hay centroamericano de mediana educación que no derrame lágrimas sobre el sepulcro de este grande hombre. Nosotros las derramamos tiernas como amantes de la civilización, de los que la poseen y de los que la procuran: las derramamos también como idólatras de nuestro país, a quien no quisiéramos ver despojado de sus adornos, y las derramamos en fin de gratitud porque nos honró con su amistad inestimable. ¡Valle, caro amigo! Recibid nuestros sentimientos que son puros como la verdad: no los dicta la lisonja que es muy ajena de nuestro carácter y de nuestras circunstancias. Y si aun muerto quieres publicar verdades, permitidnos que con tan noble objeto grabemos sobre tu losa el siguiente:

EPITAFIO
NO HA QUERIDO EL DESTINO ETERNIZAR A LOS SABIOS,
COMO DEBIERA.
POR ESTO,
Y PARA PROBAR TODA LA NADA DEL HOMBRE, YACE AQUÍ
EL CÉLEBRE LITERATO JOSÉ DEL VALLE, MUERTO EL 2 DE
MARZO DE 1834.

UNOS GUATEMALTECOS

Imprenta Nueva

A La Muerte De José Cecilio Del Valle

Ya no existe el sabio, honor de su país, que enriqueció su talento cultivando las ciencias: murió el hombre amante de la humanidad, y amigo conocido de los hombres ilustres en sus pensamientos luminosos: falleció el mentor centroamericano, que difundió luces a su amada patria: desapareció para siempre el grande y florido Valle de Centroamérica, en donde germinaban las simientes de las ciencias como un campo fecundo preparado por la naturaleza. Centroamérica ¿cuánto tiempo necesitas para producir otro segundo sabio como el primero que has perdido, arrebatado por la suerte de los mortales? Centroamérica, no te manifiestes indiferente a la pérdida que has tenido, no te acusen de insensata los que conocieron la brillantez de aquel hombre inmortal que tenías en tu seno. Elévate a un reconocimiento eterno y con mano liberal graba en el bronce o en el mármol un rasgo que te haga honor, y que inmortalice con caracteres indestructibles la memoria del grande JOSÉ DEL VALLE.

Metapán, abril 20 de 1834
MANUEL PERAZA
Imprenta del Estado

Exacta Necrología

Nunca podrá recordarse a don José del Valle sin llorar la pérdida de un centroamericano que tanto honor hizo a su patria. El señor Valle no solo poseyó toda clase de ciencias, sino que las supo cultivar, reduciendo a una fuente de bienes efectivos los progresos de la ilustración; no de aquella que se ha hecho consistir en vanas teorías combinadas en el caos de las abstracciones: la ilustración que difundió Valle fue aquella que nace de principios fijos de exacta demostración; y de ahí es que sus escritos y producciones científicas merecieron el aplauso general y la digna estimación de los sabios.

La estadística, la economía política, la moral, el derecho público, las matemáticas y todas las ciencias demostradas, fueron el objeto exclusivo de sus meditaciones. Jamás concibió proyectos que no los creyese capaces de producir algún bien efectivo. "Una espiga más; una lágrima menos es el máximum de nuestra felicidad", dijo aquel patriota sabio, resolviendo en uno mil problemas que se ocultaron a otros políticos, que no fueran un Valle fecundo. Después de una carrera en que brilló mereciendo distinciones las más honoríficas, se dedicó a escribir para los pueblos. De su pluma salieron producciones muy sabias, y siempre acomodadas a la posibilidad de realizarse en beneficio de todos. Fue el autor del memorable periódico Amigo de la Patria. En él consignó pensamientos de original belleza, que hasta hoy se conservan como unos dogmas en la ciencia política. Deseando solo la felicidad de los pueblos, se ocupó de remover todo lo que consideraba podía influir en su decadencia, y promovió con actividad cuanto les fuera útil. Entre sus planes de beneficencia, el que más dio a conocer las luces de Valle y los nobles sentimientos que abrigaba su corazón, fue el amor con que se dedicó a hacer el mayor bien posible para el mayor número posible, estudiando y escribiendo por los pueblos y para los pueblos. Lamentaba su situación, y conociendo que una de las causas que más han obrado en la desgracia de los de Guatemala provenía de la lucha que ha existido siempre entre los intereses de la generalidad y el de algunos particulares, se empeñó en querer nivelar los derechos de todos; y descubriendo la tendencia de pocos para oprimir a muchos, señaló al espíritu de familia como su primera causa: se puso al frente para combatirlo, y lo hizo de una manera tan victoriosa, que hasta hoy reciben los pueblos beneficios y le retornan bendiciones. Sus costumbres religiosas, su vasta ilustración y su amor a la patria, les llamaron a los primeros destinos de la república.

Dos veces fue electo su presidente por el voto general de los pueblos. Pero el espíritu de familia, vigilante para no dejar subir al solio al que miraba como su enemigo, porque era amigo de los pueblos, preparó un acecho que favoreció el hado adverso de esta desgraciada patria. El espíritu de familia arrebató a Valle una elección popular, como fue público, y lo demostró matemáticamente un ilustrado patriota; colocó al que convenía a sus planes futuros, y robó al pueblo de Centroamérica su felicidad.

Porque es seguro que, presidiéndolo Valle, se habrían ahorrado tanta sangre, tantos horrores, tantas víctimas y desolación como cuestan a la república las guerras civiles, que comenzaron desde aquel atentado, el mayor de lesa nación y justicia, que perpetró el espíritu de familia en unión de su cómplice el doctor Gálvez. Pasaron días después de esta horrible catástrofe: el espíritu de familia volvió a sucumbir; y ya impotente para desarrollar los planes de ambición que le son innatos, por un deber de justicia y gratitud volvieron los pueblos a elegir a su digno protector para que presidiera sus destinos. El señor Valle se hallaba a la vez iniciado de una grave enfermedad, la que, como por simpatía, obrando de acuerdo con el espíritu de familia, privó a las generaciones de Centroamérica de su bienhechor, y a la patria de su mejor amigo. Su alma voló al cielo, donde habrá recibido el galardón de la verdadera caridad que ejerció en favor de sus semejantes, redimiéndolos de la odiosa servidumbre del espíritu de familia. El amor, la tierna gratitud y los sentimientos que inspira la razón a los que saben apreciar la virtud y el mérito, piden que se escriba en la historia del verdadero patriotismo el nombre del ilustre VALLE. Y debiendo concluir aquí este recuerdo triste; séanos permitido derramar una lágrima sobre la tumba de aquel GENIO de la patria y que sus llorosos manes nos acompañen a dirigirle una expresión de nuestro dolor en el siguiente:

Soneto

No ha muerto, patriotas, el grande VALLE
que iluminaba la fulgente aurora,
cuando Guatemala, lo mismo que ahora,
salvó otro tiempo con su gobernalle.
Fue el primero que combatió en detalle
los planes de ambición usurpadora;
y la PATRIA siempre será deudora
a su AMIGO, que en santa gloria se halle.
Recordad, pueblos, cuantos bienes hizo
por las artes y el campo discurriendo
el que supo emplear su saber y hechizo
vuestros sacros derechos protegiendo.
Haced pues, en loor de este ilustre sabio
una memoria con su amigo Fabio.

ASTREA Y AGRÍCOLA
Guatemala, junio 26 de 1841
Imprenta del Ejército

CONTENIDO